两年玩转世界

跟团篇

鲍威 著

中国旅游出版社

塞纳河，埃菲尔铁塔，法国巴黎城市中心区风光如画

屹立在匈牙利首都布达佩斯城中心的古建筑群，身姿奇特，造型精美，吸引着来自世界各地的游客

君士坦丁凯旋门，意大利罗马知名度最高、最具代表性的古迹名胜

罗马斗兽场，与君士坦丁凯旋门紧紧相邻，规模宏大，引人入胜

意大利威尼斯黄金大运河水上风光

圣母百花大教堂，意大利佛罗伦萨城中最壮丽恢宏的古典建筑

意大利米兰大教堂，外景同样壮观迷人

法兰克福，德国重要城市，亦是诸多旅游团队赴西欧观光的起始点。这是城市中心罗马广场上的特色山形建筑群

新天鹅堡，矗立在阿尔卑斯山麓，是德国最气派、最漂亮的城堡建筑之一，亦是各国游客到德国后的必观之景

卢塞恩，瑞士著名的旅游城市，这里山光水色齐备，风光如诗如画，吸引着各国游客的目光

卢塞恩湖区美景

卢塞恩城区秀丽景色

阿美琳堡宫，丹麦哥本哈根最漂亮、最著名的王宫建筑群

丹麦哥本哈根滨海风情

安徒生铜像坐落在哥本哈根市中心，这位童话大师的作品感动了无数人

华沙老城，波兰首都最具魅力的旅游观光区，这是老城中心的美人鱼铜像广场

华沙老城街景——古风浓郁，美景袭人

波兰克拉科夫大教堂迷人风姿

坐落在斯洛伐克首都、多瑙河边的布拉迪斯拉发城堡，造型精美、风姿诱人

身着漂亮民族服装的女马车夫，正驾车在克拉科夫古城中迎候游人

布拉迪斯拉发城堡，斯洛伐克首都最漂亮的风景名胜

渔人堡，位于匈牙利布达佩斯城中心，这里不光有诸多精美建筑，还是眺望市区全景的绝佳地点

西班牙艺术科学城秀丽外景

太阳门广场，位于西班牙首都马德里的城市中心，广场上的雕像是西班牙的标志和象征

圣彼得堡，俄罗斯著名的旅游城市，风光秀丽，美景云集。本图是当地名景彼得大帝夏宫中的精美建筑群

夏宫中的大型音乐喷泉，每到喷发之时泉流会合着音乐声欢快奔涌、翩翩起舞，场面欢乐，激动人心

夏日的涅瓦河河滨美景——涅瓦河贯穿圣彼得堡城市中心，为整座城市带来了无限的生机和活力，能在盛夏时节畅观河上美景是特别令人快乐开心的事

游览萨拉热窝古城的人们——波黑首都萨拉热窝真是一座特殊的城市，它的历史耐人寻味——这里曾谱写过抗击德国法西斯侵略的光荣历史，还拍摄过与之相关且那么有意思的军事题材的电影《瓦尔特保卫萨拉热窝》。而在20世纪90年代，这里又爆发了战乱，目睹了长达数年的血雨腥风。现在拂去了战争阴云，古城内外一片祥和宁静，当地众多的自然和人文佳景为游客带来味道独特、与众不同的观光感受

俄罗斯的教堂建筑真是多：叶卡捷琳堡滴血教堂、喀山大教堂、圣母大教堂、瓦西里升天大教堂——个个都有悠久的历史和凝重美丽的外观造型，本图为圣彼得堡伊萨基耶夫大教堂秀丽风姿

悉尼大剧院，澳大利亚最有名的标志性建筑。一般的大剧院外观照片都是从"那个角度"拍的，可本图是从"这个角度"拍的。当然无论从哪个角度观拍，悉尼大剧院都那么风姿独具，魅力袭人

黄金海岸，澳大利亚东海岸最有名的旅游城市之一，每年吸引着来自世界各地的游客。本图为黄金海岸海滨度假区的碧水金沙

罗托鲁瓦艺术历史博物馆，新西兰北岛上最漂亮的人文景观

从直升机上拍摄的澳大利亚黄金海岸城市全景

玛丽亚大教堂，悉尼著名的古典建筑。它与悉尼歌剧院一样，是城市的标志和名片

屹立在南非比勒陀尼亚市中心的纳尔逊·曼德拉的巨型雕像，是南非首都最著名的标志性景观

先民纪念馆，南非首都重要的特色建筑之一

大名鼎鼎的非洲好望角海滨观光区，游人都在这里拍摄纪念照，记录自己在天之涯、海之角留下的难忘游历

从信号山上竖立的取景框中拍摄前方桌山的优美轮廓，是在南非开普敦观光游览过程中十分有意义的事

南非豪特湾海上风情，游人在此乘船，到著名的海豹岛去欢乐一游

埃尔·杰姆斗兽场，是突尼斯最有名的名胜古迹，也是世人公认的保存得最好的古代斗兽场之一———这里的观拍效果，比意大利罗马斗兽场更胜一筹

13

伞街，毛里求斯首都路易港最负盛名的特色街区

哈桑二世清真寺，矗立在摩洛哥卡萨布兰卡市区海滨，身姿挺拔、造型奇美，吸引着慕名而来的各国游人

红顶教堂，毛里求斯岛上人气最旺的网红打卡地

观赏和追逐海豚之旅，是毛里求斯观光过程中最富特色的游览项目之一

自然桥，亦称天生桥，是毛里求斯海滨火山喷发后形成的岩熔奇观——海水以雷霆万钧之力，从海面冲进桥底，发出震耳欲聋般的巨大轰鸣。白天即使是胆大的男士来到这里，也会被吓得腿软；晚上，如果您敢孤身一人到此一游，那就是无敌勇士

斐济丹娜努岛游船码头，漂亮的各式游船，将带您到外海去开心游乐

斐济玛拉玛拉岛水上风光，
这里风光如画，给人留下
的美好感受永生难忘

沙巴马尼亚湿婆庙，斐济
南迪岛上最漂亮最美观的
寺庙景观——一定要以它
为背景，拍下您秀丽的纪
念照

令人难忘的斐济柔软时
光——拍摄于斐济丹娜努
岛海滨

16

巴西独立纪念碑，坐落在圣保罗市中心，气势恢宏、巍峨高耸，是巴西国家人民主权和尊严的标志和象征

屹立在美国圣地亚哥海滨的"胜利之吻"雕塑，把二战结束时人们的狂喜心情展示得无比准确和经典，且造型逼真、感人至深

总督府，加拿大渥太华市区最具迷人风韵的古建筑群，它的身姿和外形真是美极了

蒂华纳，墨西哥著名旅游城市，城市虽小但风光秀美，别具风姿神韵

越南芽庄占婆塔，历史悠久，造型独特，是各国游客抵达芽庄后的必观之景

海面辽阔，海水清澈，游艇穿梭，景色秀美而生动——芽庄海上风光醉煞游人

大阪阁，日本大阪公园内极其漂亮精美的标志性建筑

圣剑寺，柬埔寨吴哥窟古建筑群中形态最美的寺庙，尖塔秀立、宏伟迷人

粉红教堂，越南胡志明市区最亮丽的街头风景，只有以它为背景拍下珍贵的留念照，您的越南南部之旅才算不虚此行

塔銮寺，老挝首都万象城中的绝佳所在——塔身在阳光映照下发出耀眼的光芒，金辉夺目，蔚为壮观

水上清真寺，寺体洁白、圣洁高雅，是文莱首都斯里巴加湾市区动人的城市风景

文莱斯里巴加湾都市风情

宿务大教堂，菲律宾宿务岛上人气极旺的观光胜景

风之宫殿，结构精巧、外观独特、颜色鲜艳、身姿动人，是印度斋浦尔市区最具特色的古代建筑之一

天生桥，印度尼西亚巴厘岛海上最奇异的礁岩景观

泰国普吉岛的风光真是棒，论水色与马尔代夫有一拼，论山光比马尔代夫要略胜一筹

目　录

CONTENTS

1

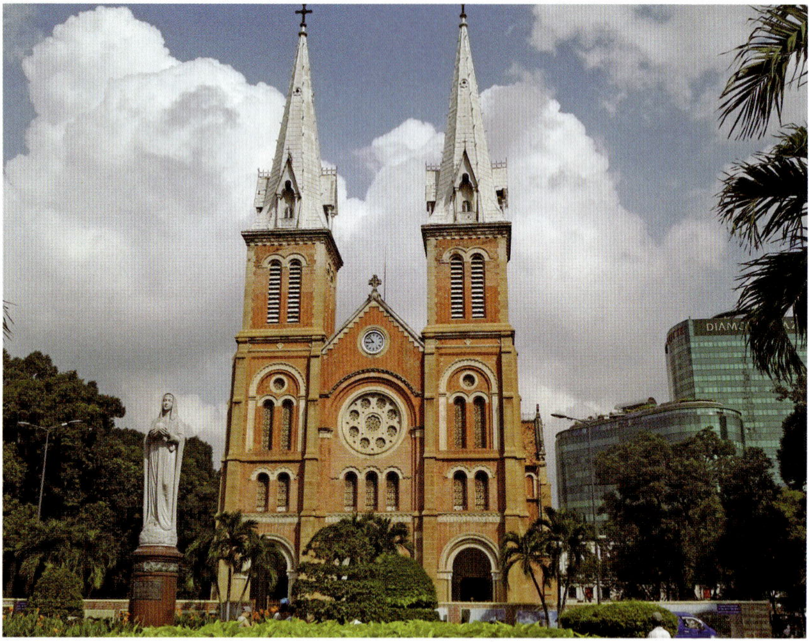
DIAMS

前　言

　　我们生存的地方，是浩瀚宇宙中一颗美丽的蓝色星球。它的赤道直径约 1.28 万千米、周长约 4 万千米、面积达到 5.1 亿平方千米，为人类的生存生活提供了广袤的地域和空间。

　　这颗星球的地形地貌异常复杂，堪称千姿百态，这里山川高耸、河流纵横、原野壮阔、海洋浩瀚无垠。这里的自然风光美丽动人、多彩多姿——蓝天白云、青山翠谷、碧澈河湖与金色大漠交映生辉，景色之奇丽真是到了无与伦比、登峰造极般的境地。

　　然而，地球上的人并不都能畅观整个星球的奇丽，并不都能畅享缤纷多样的美丽风景——因为许多人居住或驻足的只是地球上的一个小小的点，比如某某大洲某个国家某个省某个市某个区县的某条街道，生活的轨迹和范围也只是限于自己家的周边地带。无法观览自己家园以外的所有风光美景，这或许是许多人的遗憾。

　　但是有一种方法可以改变这一切，那就是旅游。携带行装，走出家门，用尽可能宽阔的视角和各种先进的技术手段就可以最大限度地观赏和记录地球上的一切。从自己居住的地方全方位领略整个地球村的美景，可真是人世间高级的快乐与享受。

　　如今人们对境内游可能早已司空见惯了，而境外游这件美事又在向我们充满诱惑力地招手。通过领略全世界风光的美妙，我们能够增长见识，增强获得感和幸福感。

　　社会生活方式的变革，为人们提供了可以自由支配的时间；现代交通方式的发展，为人们畅游世界提供了快捷方便的条件。我们完全可以开始一场说走就走的旅行，走出家门和国门，去畅观全世界的美丽风光！

　　本书正是为想要走出国门畅游世界的人所写。书中介绍了现在中国游客去境外观光具体、可行的方式，既有参团境外游，又有自助、半自助境外游；既推出观光线路，又介绍旅途中与吃、住、行、游各个环节有关的技巧和窍门，通俗易懂好掌握，方法简单切实可行。用我们书中介绍的方式方法，您可以在两年时间内走访 70 余个国家，开心便捷地游遍五大洲。

希望本书提供的内容和信息，能成为您旅行中的向导和帮手；笔者也希望通过这本书的创作编写，与各位读者互动交流，从而成为真诚的朋友，让我们携手并肩，共同享受出境游这件美事带给我们的愉悦和欢欣。

关于本书内容的提示和说明

1. 本书提供和推荐了30条境外旅游线路，以参团游和半参团游的方式为主，且都是国内各著名旅行社过去经营多年的标准和经典线路，游客在国内报名参团，即可由旅行社提供吃住行游各方面的全包式综合服务：出得去、回得来，观光效果很好，境外安全有保证。这是国内游客去境外观光的绝佳选择。

2. 笔者个人认为国内游览采用自助游方式优点明显，日程灵活且可自行安排。但是出境游采用参团的方式效果更佳——因为首先旅行社有价格优势，在机票和酒店方面得到的打折优惠幅度很大，而散客出行很难享受到这个待遇。其次途中有领队和导游带领与照料，没有语言方面的障碍，且如遇意外困难和突发事件有人帮助有人救援，游客在境外观光可以高枕无忧。

3. 书中线路作者全部亲自去参团旅游过，详细记录了旅途中的各个环节的一切应该重视的注意事项，并且在书中以第一人称的方式叙事，保证角度新且通俗易懂。

4. 本书每个篇章的行文次序是：

    A. 先介绍这条线路的概况和观光效果。

    B. 说清在国内参团的方式、价位和注意事项。

    C. 介绍本条线路的标准行程，在每天的行程之后都附上自己根据亲身经历总结出的观光指导、安全提示和省钱窍门等等，争取在书中说清游客想知道的一切主要问题，让游客在旅途中踏实自信，一切胸中有数。

5. 对于参团游面临的行程死板和观光时间有限的问题，本书会介绍相应的技巧加以解决，力争让游客在境外最大限度地玩得高兴舒心！

6. 本书各条旅游线路的参考价格均为作者写作时的价格。本书作者及编辑部尽力为您提供最新的价格参考，但由于旅游的价格受市场、季节、政策等影响，各条线路的实时实际价格和出行手续可能会产生变动，请以您在网络查询或与旅行社咨询的信息为准。本指南仅供参考，请读者朋友们实际游览时根据实地情况自行判断并自负责任。

两年玩转世界，境外观光真开心
——本书作者写给各位读者的话

新年伊始，我把自己创作的旅游指南新作《两年玩转世界》一书奉献给广大的读者和旅游爱好者朋友。

我过去曾经创作出版过19本自助游指南类图书，都是写国内旅游的。本书是第20本，是专门写国外观光的，这本书的主题和主旨就是两句话——"两年玩转世界，境外观光真开心"。

下边我就把本书的内容介绍和阅览要点提示给各位读者，如果您从我的书中得到了真实有用的导游信息和观光指导，从而在境外游览的过程中获取了愉悦和欢欣，我将感到非常快活和荣幸！

1. 生在福中要知福

巴黎凯旋门秀美风姿

当您通过辛勤的劳动和创造积累了一定的财富，当您积极创造条件有了一部分可以自由支配的时间，这时您是否意识到，这已经是一件非常幸福和欢乐的事了呢？

之所以说是幸福和欢乐，是因为您可以运用手中已有的这部分经费和时间，到全世界范围内开心旅游，按照我们书中介绍的方式和手段，您真可以在两年的时间跨度内，玩转世界、游览五大洲。

2. 旅游是人类高级的享受

当人们背起行囊，三两相约，走出家门，融入大自然，漫游在江海之上，浪迹在山水之间，抛去一切烦恼不快，换得一身轻松潇洒，这是一件多么快活而开心的美事啊！

在旅途中，我们可以充分发现和体味到众多自然和人文佳景的美丽和动人；我们能够发现和认识到大自然和人类社会中存在的千差万别和其中的妙趣横生；我们会感受到不同国家不同地区人民生活方式中的优点和长处，并互相学习，锐意改进，从而让自己和别人都生活得更美好。毫不夸张地说，我一直认为，能生存在浩瀚的宇宙间、能生活在地球这颗美丽的蓝色星球上是我们的荣幸和福分。不论我们身处哪个国家，不论我们的生活是贫穷还是富有，不论我们的社会地位是尊贵还是卑微，只要我们热爱旅游、喜欢观光，并且能在有限的人生中领略到地球上无与伦比的精彩和美丽，同时又能关注和领悟到浩瀚宇宙中的无限神奇和美妙，那我们的人生经历就一定会是很精彩、很美妙、很幸福、很开心的！

3. 游遍全中国是令人开心愉悦的事，玩转世界也是一件令人欣喜和振奋的事

我们的祖国幅员辽阔、美景众多，960万平方千米的范围内遍布奇山丽水，真是佳景如云。这里有精美绝伦的桂林山水，有气势磅礴的长江三峡，有四季常青的海南宝岛，有辽阔壮美的青藏高原，有黄果树和长白山的飞瀑壮景，还有神奇梦幻般的黄山、庐山、雁荡山，它们都是那样的气象万千、风光无限。

我国的气候条件也是丰富多样且千差万别，这为我们提供了选择观光地点的无限可能：春天我们可以去苏州、杭州、扬州，遨游在"人间天堂"的感觉一定很好；夏天我们可以去威海、青岛、大连，北国海风凉爽宜人；秋天我们可以去四川，九寨沟和稻城，秋韵美不胜收；冬天我们可以游海南、云南，南国秀色足以陶醉人心。

能游遍全中国已经是极度的骄傲和幸运，如果能游遍全世界，那就是锦上再添花、美感更上一层楼。

谁不想到非洲的好望角瞭望天尽头的巨浪狂涛和大洋美景？谁不想乘船观览北欧松恩峡湾两侧的如画风光？谁不想在澳大利亚的大堡礁和黄金海岸畅观滨海秀色？谁不想在罗马斗兽场和埃及的金字塔旁追忆历史烟云？当巴黎塞纳河边的埃菲尔铁塔、莫斯科红场旁的克里姆林宫和圣母升天大教堂、巴西圣保罗的独立纪念碑和美国的自由女神像被您触手可及，近距离地观拍并把它们的风姿情影埋藏在心中的时候，一种无可比拟的骄傲自豪和开心幸福的感觉，一定会油然而生并冲击和震撼着您的心灵。谁能否认这其中的无尽欢欣快慰呢？

观赏世界五大洲的山水风光和古迹名胜已经足够让人心动，而能到世界各地发现和体察自然界和人类社会的新奇丰富和千差万别，更会让人感到新奇惊异、趣味盎然。

当居住在北非撒哈拉沙漠边上的人们正在一点一滴地节约饮用水源的时候，南美的巴西亚马孙河每秒钟竟有22亿立方米的淡水泻入大海；当俄罗斯和北欧各国正在滴水成冰的冬季于凛冽的寒风中忍受刺骨严寒的时候，在南大洋的澳大利亚，人们却在黄金海岸的碧水金沙间开心嬉戏游泳冲浪。南极和北极都是冰雪世界，但南极以冰山和企鹅构筑天然而生动的立体画面，而北极却以瑰丽灿烂的天空极光映照天下、打动人心。能够生存生活在这颗美丽星球上是我们的幸运，能够在这颗星球上任意行走，饱览其间的奇异和美妙，足以让人感到幸福万分，不虚此生。

4. 本书就是为了想要游遍全世界的人所写，它不是导游而胜似导游

本书的目的就是要把我们想要走出国门周游世界的想法和欲望，变成实实在在的计划和行动，把人们去国外观光的愿望变成真实具体、切实可行的出游方案。本书既为大家介绍旅游线路，又提供旅游技巧，能让读者在充分领略书中内容含义的基础上，用恰当的方式和途径，两年轻松玩转五大洲。

5. 下边专门为您介绍境外观光游的有关知识和学问

观拍维纳斯雕像的人们（拍摄于法国巴黎卢浮宫）

用什么样的方式才能去境外观光游览呢？这个问题很简单，主要有以下两种方式：

A. 自助游

是指自己到各国使馆、领事馆办理去境外观光的签证手续，自己购买机票、车票，自己找餐厅、订酒店，自己安排旅途中与食宿和游览有关的一切事项的旅游方式。

自助游的方式有利也有弊，它的优点是日程灵活、时间充足，能够比较深入细致地观览当地的自然风光和古迹名胜，取得良好的游览效果。它的缺点是自己办理签证手续、自己解决在境外的交通食宿问题，太麻烦、太费心、太费力。况且自己订车票、机票和酒店，自己解决交通问题，难以拿到旅行社那样低的折扣，所以开支较大，也就是说太费钱。自助游的另一个短板是与外国人沟通交流可能会有语言方面的障碍，在境外出了问题可能没人帮助、没人救援、安全方面有隐患，不得不让人担忧。

B. 参团游

即参加国内旅行社组织的出境游团队，交纳团费后所有问题如签证、交通、餐饮、住宿、游览及安全等，全部交给旅行社代办和处理，自己只管在领队和导游的带领下专心游览的旅游方式，只要能按时出发随团行进，就能玩得高兴开心！

参团去境外游览的优越性太多太明显了！首先是游客只需要交钱，其余的事什么都不用管，坐享其成、省力省心。其次是由于旅行社在订机票和酒店方面可以拿到较低的折扣，所以游客支出的团费数量比自助游的支出更少，甚至是会少很多。因此在国内旅行可能是自助游省钱、参团游费钱；但是去境外旅游，走相同的国家和相同的线路，结果一定是参团游省钱而自助游费钱。

参团去境外游的另一个优点就是快捷简单，出了机场就有专车迎接，之后便是餐饮、住宿、观光的一条龙服务，非常方便顺畅。而自助游就很难把各个环节衔接得这么好，稍有疏忽或是变故，行程就要停顿，观光就要受到影响。

参团游览还让人倍感踏实和安全。在境外，出了任何问题旅行社都会给您兜底，都有救援方案，确保您能安全往返。这一点特别令人舒心和放心。

参团游的短板和软肋是行程死板不能做大的调整，还有就是观光时间有限制，一般不能明显超时，所以有时会让游客感到观光不尽兴，这也是不能回避和否认的事实。但是十全十美的事是不存在的，甘蔗不能两头甜。因此我们也不能求全责备，只要利明显大于弊、优点明显大于缺点，那就完全可以分清高低和优劣。综上所述，笔者认为在国内旅游，参团游和自助游的效果各有千秋，而去境外观光，参团游的优点和长处明显大于自助游。所以参团游应该是目前国人去外国观光最可行的方式，也是最佳的方式。至于行程死板、观光时间有限这个问题，本书会在后边的内容中，向您介绍一些经验和技巧，只要您能悉心掌握并灵活运用，就能有效地扬长避短，就能在相当大的程度上改善上述弊端，提高观光质量和效果，玩得高兴又开心！

6. 本书推荐的旅行方式是以参团游的方式为主，以半参团游的方式为辅

把团费交纳给旅行社，选取最佳的旅行线路参团出行，一次游览一国或者是多国（最多能一次游览 10 余个国家），出得去，回得来，在境外吃好住好玩好，高高兴兴看世界，舒适满意又轻松。这件事要多美有多美，要多幸福有多幸福。关于去境外五大洲游览的主要观光路线，签证手续、旅游季节、时差、吃、住、行、游、购物、娱乐各环节的注意事项，本书都会向您做介绍和提示；并且还会为您介绍不少能节省旅费玩得开心的窍门；还会讲述旅途中的逸闻趣事，既让您玩得快捷顺利，又让您感到新鲜奇异、充满趣味性。总之您看了这本书后就能对境外游的概况有个清楚明确的了解——按照本书中介绍的方式，您可在两年时间内游遍世界五大洲的近 70 个国家（开销约需人民币 20 万~25 万元，需间断出行近 30 次），一举实现您游遍全球的梦想。

7. 如何确定出游的时间和季节

不论到哪个大洲哪个国家去旅行，一定要找准季节，也就是说要在适合旅游的季节去游览，反季节前往不合逻辑和情理，并且观光拍照效果极差。比如北半球的国家一定要在春、夏、秋三季前往——4 月至 10 月最好，而 11 月至来年 3 月风光暗淡、观光效果很可能不好。反之去南半球的国家如澳大利亚、新西兰、南非、阿根廷，那一定要赶在每年的 9 月至来年 4 月前往，在 6 月至 8 月前去可能看不到好风光。

捷克布拉格广场上的漂亮古建筑群

当然，许多国家距地球赤道比较近，气候温暖，四季皆可畅游，这又当别论。总之，旅游观光最简明的标准和目的，就是能看到好风景、拍出好图片，这不应该有什么疑问。

8. 如何选择合适的旅游线路，收到事半功倍的好效果

若想玩遍五大洲，看遍世界上有代表性的风景名胜，那最好去 60~70 个国家和地区，

可世界上共有200多个国家和地区，我们该如何选择目的地，如何选择观光的先后次序呢？这可是个大问题。

笔者给您的建议很简单，200多个国家和地区不用一一都去，而是选取有代表性的地方前往，这样即可获得满意的观光效果。

这个问题看似复杂实则简单，因为国内各大旅行社早就把合适的目标和线路筛选、确定好了，这些目标和线路是以不同的大洲和区域来划分和认定的：

A. 亚洲

最常见的连线游是新马泰3国行（当然也可单独游泰国或新加坡）；还有越南和柬埔寨也可连线游（越、柬分开游的团队也多）；其余的国家像日本、韩国、蒙古、印尼（巴厘岛）、文莱、老挝、印度、尼泊尔、斯里兰卡、缅甸等，都是以单独一国游览为主。

B. 非洲

目前常见的有4条旅游线路，分别是南非与阿联酋连线游（属于亚、非跨洲际旅行）；埃及与土耳其连线游（亚、非跨洲际旅行）；北非两国连线游即摩洛哥、突尼斯（这条线路热度不高）；中非4~5国连线游即肯尼亚、纳米比亚、博茨瓦纳、赞比亚、津巴布韦等（这条线费用很贵，去的人更少）。

C. 欧洲

主要有5条线路：1.西欧德、法、意、瑞连线游；2.北欧4国游，即丹麦、挪威、瑞典、芬兰连线游；3.中东欧多国连线游，即波兰、斯洛伐克、匈牙利、塞尔维亚、奥地利、捷克等；4.南欧2~3国游，即西班牙、葡萄牙连线游，有时会带上安道尔；5.英国、爱尔兰、冰岛3国连线游。

D. 南美

主要有1条线路，就是巴西、阿根廷、秘鲁、智利连线游，有时会带上乌拉圭。

E. 北美

主要有1条线路即美国、加拿大连线游（当然美、加两国可以分开单独游览）。此外，中部美洲主要是古巴、巴拿马、墨西哥、牙买加、哥斯达黎加多国连线游。

F. 大洋洲

主要是澳大利亚和新西兰两国连线游（两国分开单独游览也行）。

G. 此外还应该单独确立一个部分叫海岛游

世界上可以观光的海岛极多，国内常去的大致有马尔代夫、毛里求斯、帕劳、斐济等，这几个岛国需要分别单独前往。

综上所述，除了亚洲的一些国家和大洋上的几个岛国之外，我们去世界各大洲旅行都可以按旅行社推出的固定线路前往，循线行进，明确可行。

把上述各大洲已成型的旅游线路加起来，总共大概有16条，大家每次出行可以玩其中的一条线路；加上需要单独前往的国家有十几个，所以我们出国旅行约30次，每次时间为4~17天不等，就可以基本上游遍全世界了。以上的国家不论是一国单独游，还是多国连线游，我们国内的各大旅行社均有成熟的经验，只要您提供护照和相应的申办材料并交纳团费，旅行社就会代您把一切手续办好。剩下的事就是整理好行囊，在指定的时间去机场集合，之后就能"一羽凌霄上碧空，开心飞往五大洲"了。

9. 如何选好旅行社

一定要选级别高、资质好、实力雄厚的名牌（至少是正牌）旅行社，它们的信誉好、服务质量好，能充分保证游客的权益。尽量不要选规模小、名气小、不太正规的旅行社，这一点非常重要。

10. 如何在旅途行程中与领队和导游相处好、配合好，获取最理想的观光效果

这又是个大学问，因为去境外游不是个人行动，是需要有领队和导游引领、安排、照顾的——与领队和导游的关系协调得好不好、以及与二者相处得好不好，会直接影响您在旅途中观光游玩的效果。笔者提示您必须要弄清以下观念和事项。

A. 导游和游客是什么关系？您一定要把这个事弄清楚、整明白

简单说，游客是客户，领队和导游是旅行社派来的工作人员，是为游客服务的。之所以把这么简单的问题和概念单独明确地说出来，是因为有些游客不能认清这一点。他们意

多瑙河之波（拍摄于匈牙利布达佩斯）

识不到自己的合法权益，也意识不到在旅途中自己有知情权和话语权，也就是说有说话的份，而不是任凭导游的安排。举例说，旅途中的餐饮食宿标准在合同中规定得非常明确，导游必须让游客享受到达标的服务。而可能有个别导游不太厚道，安排的团餐质量和分量太差，或者是酒店设施有问题，游客不能很好地休息。还有的导游安排的观光时间太短，游客来去匆匆，根本玩不痛快。遇到上述情况，游客必须敢于说话、敢于说"不"、敢于据理力争，一定要保护自己的权益。

B. 更重要的事是必须确保游客在每个景点景区的逗留和观光的时间

因为足够的时间是保证游客玩好拍好的重要前提条件：首先说旅游合同上规定的观光时间必须给够，否则游客就可以或应该提起抗议。再有到了有些大型景区和重点景区，确实需要相应的观光时段，时间太短了肯定是看不清、拍不全的。这时游客是可以申请和要求导游延长或增加一些逗留时间的，这对导游来说并非难事。因为观光时间并不是不能改

变，导游是掌握一些机动时间的。关键是游客敢不敢开口提要求，如果游客自己不提，导游也没必要考虑；但是游客表示了自己的需求，导游大多数时候是会通融的，是可以适度延长一点时间的。

11. 要及时总结经验，吸取教训，以利再战

游遍全世界是一个循序渐进的过程，也是一个可以和应该不断改进、不断提高、不断完善的过程。建议您每次出境游回来，都把游览的全过程好好回忆一下、整理一下，看看有哪些成功的地方和欠缺的地方。成功的经验一定要发扬光大，欠缺的环节一定要认真改进，这样不断学习和提高，您的出国游览就会一次比一次圆满、一次比一次更顺利、更开心！

瑞士因特拉肯旅游小镇田园秀色

五彩缤纷观世界，形形色色话导游

——旅游经验谈·本书作者与读者朋友之间的真诚交流

到世界各大洲观光游览，是一件特别令人欣欣鼓舞的事，参加旅行社组织的团队出境游玩，更是非常舒适、安全和令人开心的高级享受。参团游真好，踏实稳定，什么事情都有人管，有专人为您操心、为您服务，一切都可以坐享其成。

我们就从第一天出发时开始说起吧：到了机场，导游会为您讲清楚一切注意事项，帮助您办好一切登机手续，之后会带领全团游客顺利登机，飞往目的地。抵达后会有专车迎接，顺利入住酒店，之后开始欢乐的游程。

从这时起，您每天都可以享受无穷的乐趣和快慰，还有无尽的轻松和开心——每天早晨一觉醒来，就可以下楼去餐厅品尝丰盛的早餐。吃饱喝足后一出酒店门，豪华的观光大巴一定会在那里恭候。开车后导游会送上清晨的问候，然后讲述今天的行程、景点景区的观光，还有旅途中的注意事项，总之您想听的、不想听的，导游全为您讲清楚了。之后

到了第一个景点，大家下车观光游乐，导游会认真引导、讲解和服务。游毕返回，重新开车。之后又到了下一个景点，再开心游乐一回。重新回到车上，就该去餐厅享用丰盛的午餐。下午再如法炮制，观光拍照，尽享美丽风光。之后又该去餐厅或是酒店，享受丰盛的晚餐或是晚宴了。一天又一天，每天在观光和美食中轮番度过，真是舒服极了。

巴黎塞纳河水上风光

游客应该感谢旅行社设计提供的美妙行程，也应该感谢和庆幸自己经过辛勤劳动和创造，从而获取了回报，能够支付相应的费用，获取开心游览的权利和资格。然而，我们还应该向一个人表达谢意、致以敬礼，那就是本团的导游。正是导游带领大家完成了旅行社精心安排的游程和观光内容，正是导游引导和呵护各位团友，平安顺畅地走完了欢乐旅程并从中获取了巨大的愉悦和欢欣。毫不夸张地说，导游的素质是高是低，导游能否敬业能否尽全力为游客服务，直接关系到大家出境游览的效果和结局。而游客如何处理好同导游的关系，从而互相支持互相配合，这也是一个严肃的话题。笔者这些年出境游览了许多次，接触了各式各样的导游，目睹了游客与导游之间发生的各种故事。下面我就结合自己的经

历和记忆，向大家分享一下自己的见闻和感想。

导游是个复杂的差事，集幸福欢乐和辛苦劳累于一身

首先说导游是个美差，可以免费游览全国乃至全世界各地，观赏各种各样的好风光，品尝各地各国的风味食品，真可谓是美景看不厌、美食吃不完。

可导游又是个辛苦的差事，每出一次国就要有十天八天甚至是十几二十天的受累和操心，甚至是24小时连轴转——全团人的吃、住、行、游、娱乐和购物，各个环节都要计划和安排好，稍有欠缺就会影响团员的旅游效果，甚至引起不满、对立和矛盾。团员玩累了，晚上回酒店可以休息呼呼大睡、彻底放松，而导游还必须筹划次日的活动和事项，通常会起得很早、睡得很晚，劳神又费心！

辛苦劳累还只是一方面，导游身上还背着巨大的责任。首先是为旅行社和自己创收的责任，一方面要争取游客多消费，另一方面又要尽可能地让游客舒心、顺心。这个分寸和火候真挺难拿捏和把握的。

而安全方面的责任更大更严峻，把客人平安地带出去再平安地带回来，这是不容置疑的硬性要求，旅游中发生了人身安全问题可是天大的事，会引起一系列不良的后果。如果途中有人失联、失踪或人为地离团，就更麻烦了，那绝对会拿导游是问，还要追究旅行社的责任。

综上所述，我们可知导游是很辛苦的，他们身上的责任和压力也是非常大的。我们应该理解他们、支持他们、配合他们，并与他们相互协调、互相体谅，共同走完在境外的观光旅程。

五彩缤纷观美景，形形色色话导游

去境外旅游观赏各国的美丽风光是特别幸福开心的事，因为什么样的好风景都能见到，真是美景如织、异彩纷呈。而观察和琢磨不同团队不同导游的不同处事方式，也是件特别有意思的事，因为什么样的导游都有，他们的导游方式和办事方法差别很大，让人觉得耐人寻味、妙趣横生。

首先，什么样的导游都有，男的女的、高的矮的、胖的瘦的、年长的年轻的，这一点没什么不好理解的，关键是他们的语言方式和办事方式差别很大，让人感到非常新奇和不同。

就拿出团前宣布注意事项这件事来说吧，有的导游事无巨细全盘灌输，一会儿说您要注意这个，一会儿说又要注意那个；如果在这里不注意就有可能被人偷了，而在那里不小心又会被人抢了，说得人心惶惶，好像随时都会大难临头。

但您仔细想想会不会存在夸大的情况？首先是旅行社推出的行程都是成熟的线路，旅途安全是有保证的。反过来说如果是极度不安全，随时会偷被抢，那这样的地方，旅行社能带您去吗？出了问题它们负得起责任吗？而导游之所以那么说，有可能是危言耸听，目的是警示和震慑大家，让大家不要乱走乱动，不要离团队太远，这是为了保证游客的安全，导游的出发点还是好的。

相比之下，有的导游说话方式就条理清楚、言辞简明，更让大家感到舒服。他们善于

菲律宾宿务岛滨海秀色

抓住要点，重要的问题认真强调、枝节问题一带而过，话说的分寸火候很合适，既让大家明确了注意事项，又让人感到很亲切、很轻松、不夸张、不啰唆、不絮叨，这样更能让人信服和接受。

在境外，如何遵守观光时间，并在观景后及时回团，这也是令人纠结的事。观光时间短了游客肯定不开心、不尽兴、不过瘾，而超时了就有可能影响下边行程的推进，这也很麻烦。一般的导游会用普通的方式来强调按时归队的重要性，但是也有导游用超常规的另类方式来处理这个问题。有的方式不能以理服人，让人不好接受；而有的方式则很柔和很友善，让人乐于接受。

比如说有的导游在一个海岛景区说："大家必须在几点钟前回来，到时候没回来，我们就把您甩在这儿，让您自己租船回去，一艘船的费用至少要1000元人民币。"这话听起来很严厉，但是人们不会害怕，因为您把游客甩在海岛上，那后果就麻烦了，是可能要花1000元船费，可这1000元多半要旅行社来掏，因为把人甩在这儿，最终要让旅行社来负责任。

还有的导游说："在境外只要您晚回来半小时，我就报失踪，让警察来处理。"这话听起来很凶，但也是危言耸听。报失踪就那么简单吗？您要是真报了，导游首先要接受警察的传唤，您要到警察局里去说明一切情况，弄不好全团人都走不了，这是天大的事，旅行社首先要被追责。所以说这个导游说的话一点水平也没有，吓唬不住人。

也有灵活友好的导游，上次去斯里兰卡，那个导游小姑娘对这个环节就有独到的处理方式，她说："谁要是超时不回来，我们团的处理方式是发红包，超过10分钟，向团友每人发20元，超过20分钟，向每个团友发50元。"大家听了都觉得这个方式不错，也都乐于接受。

团友中也有会办事的，那次在东欧，几个人确实回来晚了，大家确实有点不高兴；但晚餐时他们自费给每桌加了两个好菜，所以别人也没多计较，一会儿就其乐融融了。

不同的国家或城市，地陪社接机的导游在语言方式上也有很大的不同，在上了旅游大巴后向大家介绍情况的时候，真是各有各的套路和风格。

一种是"婆婆妈妈型"：就是说得特别详细，什么问题都要掰开了揉碎了告诉您，造成他的介绍进程特别迟缓，挺简单的事要半天才能说得清——太拖泥带水，让人觉得啰嗦、不痛快、不简明。

还有一种是"耐心友善型"：就是介绍情况时说的口才、水平、速度和效果一般般，但是说完后会特别认真耐心地解释和回答游客提出的问题，真是有问必答，每个问题都会向您讲清楚，没有丝毫的厌烦。

上边两种导游的职业素质都很高，都是想努力为游客服务，我们应该感谢他们。但是他们的表述方式都不太理想，前一个太啰嗦、费工夫；后一个也显得太拖拉、没完没了。其实笔者觉得这个问题好解决，作为导游不要前面自己说得太多，也不要说得太少，而只需要分清侧重点就行了。介绍开始时，导游以比较明确的语言方式说清 70% 的问题就行，都是主要的环节，留下 30% 的细枝末节交由游客来提问，这一问一答就是互动，有单方面的讲解，又有适当的互动，效果就会非常好了。

当然也有其他的类型，比如我在马来西亚，遇到一位中年女性导游，她的语言方式应该叫"高屋建瓴型"。她在旅游车上一开始就发表了长篇的主题式、全景式的讲解和阐述，其间她不喜欢别人提任何问题，如果有人插嘴、有人问话，她就说："您先别说，先听我说，您问的事我一会儿都会说到。"于是她就长篇大论从头讲到尾，把景点风光、交通食宿以及一切注意事项都说得一清二楚。这篇发言稿她肯定是宣讲许多回也改进了许多回，所以是面面俱到，没有任何遗漏，但同时还特别简洁凝练、毫不拖泥带水，一个字的废话都没有。待她说完后，没有一个游客提出问题，因为所有的事都说清楚了，没有必要再问了。这时车上的游客是什么感觉？没有人觉得她粗暴、武断，只顾自己宣讲而不准别人插话，反而大家都觉得她口才好、水平高，让人听了特别过瘾、特别酣畅淋漓，真让人感觉很享受，所以"高屋建瓴型"的表达方式也挺好的。哈哈！

在带团的总体方针和技巧上，不同的导游其方式和水平也有较大差别。不成熟的导游太认真太用力，总想弄出快乐欢欣的效果，于是他们在大巴车上总是喋喋不休，这也提示，那也关照。自己辛苦不说，还要鼓动团员，一会儿让每个人都表演一个节目，一会儿又让

观赏和追逐海豚，是毛里求斯最吸引人的特色观光项目

大家都说一段自己最难忘的事，好像车厢内必须每分每秒都充满欢声笑语才行，否则安静就代表气氛的冷漠和萧条，好像导游自己失职或是无能似的。

　　其实根本不是这么回事，如果一个单位的员工单独组团出去玩，旅游车上是可以弄得快乐热闹一点的，因为大家都是熟人。可要是互不相识临时凑在一起的人组团，那毕竟有一个相处的火候和分寸，生人之间在旅游车上欢歌曼舞或是尽情表演，这不合常理和逻辑，大家也不会情愿，反而觉得太勉强、太闹腾。况且旅游是很辛苦的，车厢里总体的基调应是安宁清净，偶尔有人唱首歌、哼个曲可以，但更多的时间应该让大家安静地欣赏车窗外的风光，如觉得疲倦劳累了马上可以眯上眼睛休息一会儿。养好了精神到了景区再欢欣振奋地去观光游乐，这才是正确的方式。

　　许多有经验的导游办事方式就很成熟妥当，在旅途中话不多，不光不会鼓动这个唱歌、那个表演，反而会主动关照大家："今天的路途比较远，行车会很辛苦，现在咱们不听音乐，让大家在车上好好安静地休息一下，这样到景区后观光效果才会好。"这样的导游才算水平高、境界高，他们自己不辛苦还让游客感到很舒服。所以说，在大巴车上"无为而治比较好，有为而治反而不好"。那些体力好、精力充沛的小导游们，你们喜欢欢乐和喧嚣，但游客可能更想安静休息或是平静地观赏车窗外的风光。分析和揣摩游客的心情和习惯，才是导游们应该追求的目标和境界。是不是这样呢？

如何保证在景区有足够的观光时间，是旅途中的头等大事

　　在景区景点，要有必要的时间来观光拍照，这是游客观光游览取得好效果的前提和保证，没有时间，一切都无从谈起。说实话，即使是参团游，按指定的行程进行，游客在景区逗留的时间还是能达到一般水准的，这是有基本保证的。但是参团游毕竟不像自助游那样可以自由地延长时间，那如何能把这个环节处理得更好一些呢？我觉得可以从以下几个角度动动脑筋。

　　1. 行程内规定的观光时间必须要有保证，如果导游克扣观光时间，那绝对不能容忍。只要导游无故要求客人提前回来，那坚决不能接受，这是侵犯游客的权益，应该立即提出抗议，并且坚决不服从。

　　2. 旅游合同中在有的景点景区没有规定观光时间的长短，那游客是可以维护自己的权益的，至少是可以和导游商议的。不能让导游说一不二。个人感觉，导游说在这儿停留半小时的，那游客要求延长至 40 分钟，这个没有问题；如果导游要求在这儿停留 1 小时，那游客要求延长时间至 1 小时 20 分钟，那也完全可能。导游一开始说的只是个大概的时间，他也会看大家的反应，大家觉得时间够，那当然没问题；若是大家觉得时间不够用，并且明确地提出来了，那导游大概率是会同意的，是会照顾游客的情绪的（导游是想让大家玩好玩高兴。首先说导游的职业素质大多很好，愿意为游客服务，其次只有让游客高兴了、开心了，他们才愿意购物和参加自费项目）。可别小看这延长出来的 10~20 分钟，它足以让游客玩得更宽松更开心，拍出好的照片和视频。

　　3. 在出行前就应该做好功课，如果觉得在哪个景点的观光需要比较长的时间而合同上约定的逗留时长不太宽裕，在旅游车抵达景点前就可以同导游商议，这比下车后再说更合适。

　　4. 我们要心疼导游，他们在旅途中很辛苦；但是在观光时间这个问题上，又建议您不要太心疼导游，因为他们心中有数，他们手里是掌握着机动时间的，到底给不给游客使用

美国迈阿密城市风光，好华丽、好漂亮

这个时间，关键看游客说不说。许多团队似乎在合同中规定了严格的观光时间，但是一整天的观光内容并不多，可能下午三四点钟就到酒店了，之后就只能在酒店消磨时光。与其是这样，那上午、中午在景点游览的时候，要求增加 20~30 分钟的观光时间，这有什么不应该、又有什么不可能呢？

5. 要知道导游手中掌握了多少机动时间，那看看他们在引导游客购物时的心态和表现就会完全明白了——购物时他们从来不催促游客，在商场逗留多久都行，甚至购物结束，旅游车已经开出来了，这时候我们游客说还想再买点东西，导游都能让司机把车开回商厦去。所以这件事大家还不清楚吗？

6. 在景点观光时，有的时候确实需要超时一点点，比如说天是阴天，但是能看清楚云彩是移动的，10 多分钟后太阳就能露头，那就超时 10 分钟，等太阳出来吧（天晴时拍的图片比阴天时强得多），这不是什么难事。但这时应该给导游发个短信，告诉他一下，说晚点回去，让他放心，这也就不会产生什么大矛盾了。

7. 但是必须要强调，赶火车、赶飞机时要准时，不应该无故迟到，这是很重要的。

8. 如果有的时候确实超时了，让大家等待，影响导游的心情了，那最好做一些弥补：比如吃饭时给大家加个菜，比如帮导游提提行李箱，比如多参加个自费项目或者购物，这样团友们也不会说什么，导游也自然会高兴了。

总之，游客和导游的关系，是一种很奇妙的关系——它既复杂，又简单；既互惠互利互相依存，又会产生对立、矛盾和纷争；既应该互相体谅互相理解，但必要时又必须进行批评和"斗争"（"斗争"二字当然是开玩笑）。总而言之，只要游客和导游之间都能设身处地地为对方思考，只要双方都求同存异，互相配合互相支持，那就一定会携手并肩，在境外完成好自己的欢乐旅程。

最后说一句：凭笔者的感觉，在当今国内的各个行业中，旅行社是最重视服务质量的行业之一——首先是各个旅行社工作人员都具备崇高的职业道德和素质，都能热心地为游客服务。其次，游览效果好不好，游客的口碑和反馈如何，这都直接影响着旅行社的声誉和形象，都直接关系到回头客的规模和数量。所以旅行社一方会千方百计地改进工作，让游客玩得圆满和顺利，从而各大知名旅行社推出的旅行线路以及组织的境外游团队，国内游客尽可高度关注、积极参与。大家一定会在旅途中获取无尽的快乐和欢欣。

德 法 意 瑞 荷 梵

经 典 的 西 欧 黄 金 旅 游 线 路

1. 一次游览德、法、意、瑞、荷、梵6国，经典的西欧黄金旅游线路令人倍感开心振奋

如果您是第一次出国观光而又欲做跨洲际的长途旅行，哪些国家哪条黄金旅游线路能为您带来风味全新的观光感受，让您能高兴而来最后又带着沉甸甸的喜悦和收获满意而归呢？西欧的这条叫"德、法、意、瑞"的经典旅游线路绝对能满足您的希望和需求。

"德、法、意、瑞"是德国、法国、意大利、瑞士4个国家的简称和总称——上述4国同处欧洲西部，国与国之间紧紧相接相邻。这里山水秀丽、古迹众多、旅游资源开发和开放得都极好而又具备社会稳定、交通便利、旅游度假设施完善等优势，绝对能为八方游客带来精彩难忘而又舒适惬意的观光感受。

法国巴黎风光如画

目前国内各大中城市的旅行社都在经营"德、法、意、瑞"这条成熟而标准的旅游线路——但是各家旅行社都不愿墨守成规，而是很注意推陈出新，即在重点安排好"德、法、意、瑞"4个国家游览的同时，又在线路中添加了数个相邻的小国，比如荷兰、梵蒂冈、比利时，又比如卢森堡、列支敦士登、圣马利诺等。这样您去西欧一次，游览的就不仅是4个国家而是包含"德、法、意、瑞"在内的六七个国家了——行程10天左右，费用约需10000元，性价比优越，太具吸引力、诱惑力了。下面我们就为大家详细介绍这条超值的黄金旅游线路。

☀ **当地气候**

4至10月为旅游佳季。冬季风光水平会大打折扣，不建议游客冬天前往。

✈ **对外交通**

国内各大城市都有航班与西欧各主要城市对飞，航程10小时左右。

▣ **签证制度**

需办理欧洲申根签证，需提交个人收入证明和财产证明，交给旅行社代办非常简单。

🕐 **时差**

西欧国家的时间比北京时间晚7~8小时，视具体国家而异。

为您介绍此条线路的观光亮点和特点

沿此线出行，一次可以游览西欧的 6~7 个国家，用时不长，开销不大，虽然观光方式大都是蜻蜓点水、走马观花，对途经的某些国家不是太深度的游览，但一般的重要景观还是都看到了，且观光效果挺好，综合性价比甚佳，非常适合第一次出国或是第一次去西欧的游客。因此笔者向各位做强力推荐。

笔者对此条线路的总体观光指导

1. 欧洲的自然风光、名胜古迹和田园秀色特点鲜明、独树一帜且类型风格和亚洲有很大区别，可谓反差很大。所以沿此线出行可以获得全新观感，达到耳目一新、新奇惊讶的效果。

2. 此线由国内各旅行社运营多年，非常成熟。旅行社处理各个环节的问题均是轻车熟路，让人倍感踏实稳定，各位可以放心参团开心一游。

3. 由于西欧气候凉爽，故严冬时节不适合观光，即使去了游览效果也欠佳，所以欲参团前行，一般是每年 3 月中旬到 11 月初这个时间段最好。

4. 沿此线行进，德国的观光日程比较简单，只去了法兰克福和新天鹅堡，没去首都柏林。在意大利的行程比较全面详尽——首都罗马、艺术之都佛罗伦萨、水城威尼斯全去了，有可能会再顺路观览五渔村和比萨斜塔，观光效果是蛮好的。在瑞士只去了硫森、因特拉肯和阿尔卑斯雪山，没去苏黎士和伯尔尼等大城市，也算短暂观光但途中可见湖光山色、田园美景，收获也算丰富。在法国虽然只停留了一两天，但抓住了观光的"焦点和要害"即首都巴黎——当地主要景观基本没遗漏，所以游览效果尚好。

5. 对于上述线路的行程和观光方式，大家不必过分纠结它去了哪儿没去哪儿，是否遗漏了哪处城市和景观，而只需要了解到这条线路是各旅行社运营多年的标准线路和经典线路，也是最佳的观光路线之一，我们听从安排、随团行进即可。十全十美的事情是没有的，如果不是蜻蜓点水、走马观花而是对上述国家都做深度游，那恐怕要花 3 倍的时间和 3 倍的价钱，反而不够"多快好省"。

6. 综上所述，我认为上面这条线路很常规、很标准、很经典、观光效果也很好。所以建议和希望大家"随团游乐、高兴开心"。

旅行社公布的指定游程安排：西欧德、法、意、瑞、荷、梵 6 国 12 日游

第 1 天 晚间 21：00 在首都机场集合

专业领队将协助您办理登机手续，搭乘国际航班飞往欧洲。

第2天 北京→阿姆斯特丹→法兰克福

抵达阿姆斯特丹后，驱车前往德国法兰克福。法兰克福位于美茵河右岸，临近美茵河与莱茵河的交汇点，是重要的工商业、金融和交通中心，也是欧陆文化中心。罗马广场是法兰克福现代化市容中唯一保留着中世纪古街道面貌的广场。广场旁边的建筑物有旧市政厅，其阶梯状的人字形屋顶，别具特色。罗马广场西侧三个山形墙的建筑物，可以说是法兰克福的标志和象征。罗马广场东侧的哥特式建筑是法兰克福大教堂，它是法兰克福重要的景观之一。此外，美茵河河滨的风景和河上的铁桥，也是游客应重点观拍的内容。随后入住酒店休息。

第3天 法兰克福→富森

乘车前往新天鹅堡（参观外观），探访这座白色大理石古堡在连绵起伏的黛色群山中若隐若现的秀丽身影。新天鹅堡造型别致，犹如圣洁高雅、展翅欲飞的白天鹅；其尖塔高耸，风格独特，风光奇美，被誉为"童话般的城堡"，是德国富森最著名的人文佳景。后参观高天鹅堡（外观），它是国王路德维希二世度过童年的地方。高天鹅堡的黄色建筑，在外貌上虽然没有新天鹅堡那样美观迷人，但是它有比新天鹅还丰富的馆藏，亦值得适当关注。

第4天 富森→威尼斯

乘车前往水城威尼斯游览（城市游览时间约3小时），她不仅是充满梦想与魔力的艺术城市，更是世人眼中浪漫的化身。搭船抵达威尼斯后参观祥鸽群集的圣马可广场和集拜占庭建筑之大成的圣马可教堂（不入内参观）、道奇宫、叹息桥等景观，然后参观闻名古今的水晶玻璃工厂，目睹精美玻璃的制作过程。闲余时间您可以在岛上自由活动，悠闲地体会威尼斯多姿多彩的浪漫情调。亦可乘坐贡多拉游船（含船票），搭乘这种威尼斯特有的船头船尾高高翘起的小船，在这座闻名于世的城市街巷间自由穿行。

第5天 威尼斯→罗马

前往拥有悠久历史和辉煌古代文明的城市——罗马，这座古城至今还有许多保存

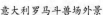

意大利罗马斗兽场外景

甚好的古迹名胜。经历沧桑岁月，许多古代建筑仍显示着这个"永恒之都"的庄严和神圣。斗兽场位于市中心，是古罗马时期最大的圆形角斗场之一，外观威严而壮观（不入内参观）；旁边是公元315年修建的君士坦丁凯旋门。经历了2000年的风风雨雨，凯旋门仍保存了当初的完美造型，吸引着八方游客的目光。最后参观全世界天主教的中心教

皇国——梵蒂冈，参观世界上最大、历时150年修建而成的圣彼得大教堂（如遇宗教活动或教堂关闭则只参观外景）。这座雄伟壮丽的大教堂内外各式雕刻精美和色彩艳丽的彩石马赛克壁画等，无一不是超凡入胜的艺术结晶。别忘了一定要在巴洛克式风格的圣彼得广场和方尖碑前留影。

第6天 罗马→佛罗伦萨→博洛尼亚

前往游览意大利文艺复兴运动发源——佛罗伦萨，无论您是漫步在古城的大街小巷，还是来到博物馆、美术馆或教堂参观，都会感受到佛罗伦萨那浓郁的文化氛围，凝结着人类艺术天赋的经典之作处处可见。橘红色圆顶的圣母百花大教堂（不入内参观）是佛罗伦萨最重要的地标，由教堂、洗礼堂、钟楼组成，洗礼堂的正门因大师米开朗基罗的赞誉而得到"天堂之门"的美誉。后驱车去博洛尼亚。

第7天 博洛尼亚→因特拉肯

前往游览瑞士著名小镇因特拉肯。这个度假胜地因为拉丁文中因特拉肯的语义得名，意思是"两湖之间"。因特拉肯小镇位于图恩湖及布里恩茨湖湖滨，又名湖间镇。因为是前往阿尔卑斯雪山的必经之地而成为欧洲著名的度假胜地。这里整年气候温和，湖光山色绚丽，环境整洁而优美，令游客倍感惬意舒适、心旷神怡。

第8天 因特拉肯→卢塞恩→第戎

驱车前往瑞士最美丽的旅游城市——卢塞恩，感受无数艺术家在此获得无穷的智慧和灵感的历史文化名城。前往卢塞恩市区游览，参观了为了纪念在法国大革命时期誓死保卫法国国王路易十六而战死的瑞士雇佣军而修建的狮子像纪念碑以及琉森市的精神象征——卡佩尔桥、天鹅广场。还可乘船在卢塞恩湖上观赏美景。之后驱车前往第戎。

第9天 第戎→巴黎

驱车前往法国，游览法国首都巴黎，开始令人难忘的浪漫之旅。参观闻名世界的埃菲尔铁塔（远眺，不上塔），该塔已有百年历史，在1889年时为纪念法国大革命100周年和当时举办的万国博览会而建，现已成为巴黎城市的标志性建筑。巴黎既是一座拥有众多古迹建筑和深厚历史文化底蕴的世界历史名城，同时也是融文化与艺术精华于一身的文化之都。游客会乘车经过豪华优雅的世界第一街——香榭丽舍大道。街西侧的凯旋门既是香榭丽舍大道的起点（车览），也是巴黎主要庆典活动的中心会场。以凯旋门为中心，延伸出去的12条街道，犹如12道光柱，映射着这座光芒四射的城市。之后乘船游览塞纳河（含船票），塞纳河蜿蜒穿过城市，形成两座河心岛（斯德和圣路易），两岸迷人的风光定会让人流连忘返。

第10天 游览巴黎

参观世界三大博物馆之一的卢浮宫（含门票，不含中文讲解），这个神圣殿堂的建筑本身就是艺术杰作。它坐落在塞纳河北岸，在博物馆中您可欣赏到著名的镇馆三宝：《蒙娜丽莎》、维纳斯雕像和胜利女神像。之后前往巴黎圣母院（入内参观，如遇宗教活动或教堂关闭时只参观外景），圣母的法文原名"Notre Dame"意为"我们的女士"——这位女士正是指耶稣的母亲圣母玛利亚。巴黎圣母院是巴黎最有代表性的历史古迹和观光名胜。在圣母院门口外的圣母广场上，有个原点纪念标志，是法国丈量全国各地里程时所使用的起测点，这也使得圣母院被视为法国文化中心点的象征意义变得非常明确。最后游览凡尔赛宫（含门票及耳机讲解，不含中文讲解），富丽堂皇的宫殿，美轮美奂的御花园，令人叹为观止。

第 11 天 巴黎→阿姆斯特丹

离开浪漫而时尚的花都巴黎，我们驱车前往荷兰名城阿姆斯特丹城市中心水坝广场，参观专为皇室接待外宾之用的场所荷兰皇宫（外观）。聪明的荷兰人发明了木鞋来应对因低洼而潮湿的环境，在木鞋加工厂里可以看到制作木鞋的全过程。而城市内外随处可见一座座形态各异的风车，它们是荷兰的象征，游客可在著名的桑斯安斯风车度假村中尽情观览它们的风姿倩影。

第 12 天 阿姆斯特丹→北京

整理行李，驱车前往机场，乘坐国际航班返回北京。

笔者对每天具体游程做出的观光指导和提示

第 1 天 晚 21：00 前后在机场集合
第 2 天 北京→阿姆斯特丹→法兰克福 零点过后乘机飞往欧洲

1. 由于要节省机票费用，旅行社出行肯定选择"红眼航班"，即在晚上出发。去欧洲的航班时刻通常在零点前后。请注意出发前一天一定要休息好，保证充足的睡眠。一定要在导游和领队要求的时间内抵达机场，因为有很烦琐的准备工作要在登机前一一完成。

2. 此行飞机一般要飞 11 个小时，请注意在领登机牌的时候一定要申请一个靠窗的座位，这样才能不受干扰好好休息。抵达目的地后不会马上进酒店休息而是要安排一整天的行车和观光游览，不睡足觉是根本坚持不下来的。

3. 飞机上一般供应两顿正餐，一定要吃饱喝足，吃不下的也要"兜着走"，因为下飞机后可能并不会为您提供早餐。

4. 从荷兰阿姆斯特丹到德国法兰克福要行车约 5 个小时，可以在旅游大巴上观景和适度休息。

5. 抵达法兰克福后先安排午餐，之后安排游览。法兰克福的景点集中在市中心的罗马广场周围，景观有广场中心的雕像、广场东西两侧的特色"山形建筑"、广场东侧的法兰克福大教堂，还有南边不远处的美茵河和河上的铁桥。此外不远处还有一个"欧元大厦"，主要景观就是这些了。

6. 建议先在罗马广场中央拍摄，然后进大教堂内部参观，之后到美茵河边观景并沿大铁桥走到对岸观拍河上风光和法兰克福大教堂的远景，再去欧元大厦前拍个外景。上述游览 2~2.5 小时足够，效果很好。之后，旅游大巴就会带您离开这里去酒店住宿休息了。

第3天 法兰克福→富森

第 3 天的观光景点是新天鹅堡和高天鹅堡两座著名的古堡型建筑。一般在午后抵达景区，下观光车后应首先从山下仰拍一下山上的新天鹅堡远景，这个画面很好。然后上山抵近观拍这座高大、精美的建筑。上山有步行和乘车两个方式，步行上山累且慢，强力推荐乘专线车上山，车行约 15 分钟，车费 1~2 欧元。下车后立刻步行 3 分钟到玛丽安桥上，这座桥上是公认的拍摄新天鹅堡的最佳地点，停留 15 分钟即可。之后可以步行下山，途中走到新天鹅堡的前门，如时间充裕还可自费进其内部参观。这样后山、前山的风景就看全了。对于另一建筑高天鹅堡，它的观赏价值稍稍逊色于新天鹅堡，简单观拍即可。

第4天 富森→威尼斯

上午行车，下午抵达水城威尼斯，在此停留 3 小时左右。下船后导游会带您途经并观赏叹息桥、总督府和威尼斯监狱等几个景点，之后在中心的圣玛可教堂前进入自由活动时间——请立即抓紧时间观拍这个教堂和广场，它是威尼斯的标志性景观。之后请向北走街穿巷（每条小巷都行），约 10 分钟后到达黄金大运河河边，运河两岸遍布古典建筑，河心百舸争流，船艇穿梭，充满欢乐动感。一定要穿过河上的里亚托桥，走到运河对岸看一下，这样河两边的风光您都看全了，威尼斯之行基本圆满。

至于贡多拉游船，个人感觉可坐可不坐。因为船经过的水巷步行也看得见，效果不比坐船观光差，还能节省一笔开支，此建议供您参考。

第5天 威尼斯→罗马

抵达意大利首都罗马，观光焦点是君士坦丁凯旋门和斗兽场，一般停留两小时左右。首先应以凯旋门为背景，拍下珍贵的纪念照，可以拍到凯旋门的全景和斗兽场的一半。之后可沿斗兽场走一圈，每个细节都看全拍全，还可自己购票进斗兽场参观。在两地都浏览完后便来到了"国中之国"梵蒂冈，它只有 0.44 平方千米大，主要景观是圣彼得大教堂和教堂外的广场，1.5 小时时间可以观拍得很充裕。

第6天 罗马→佛罗伦萨→博洛尼亚

参观"艺术之都"佛罗伦萨，在古城内逗留约 3.5 小时，重要景观是圣母百花大教堂，这是一片宏伟华丽的古建筑群，颇具历史、文化、艺术和观赏价值，一定要仔细观赏、记录它的风姿倩影。如能挤出时间进入教堂内参观并登顶，即可获得锦上添花般的美感和更好的观光效果。

第7天 博洛尼亚→因特拉肯

午后到达瑞士因特拉肯旅游小镇，它位于阿尔卑斯山脚下，蓝天白云与雪山绿地相映，风光非常美丽宁静。一定要围着小镇完整地走一圈，镇东边的教堂等建筑群、镇北边的清澈溪流和窄轨铁路及缓缓驶过的外观古朴的旅客列车，都是可以入画的美景，请慢慢观赏和体味。

这里有一个重要的自费项目，就是攀登阿尔卑斯山脉主峰之一的雪朗峰。山顶风光非常壮美且有缆车载客，上山毫不费劲。这笔钱不应节省，这个登山项目一定要参加。

第8天 因特拉肯→卢塞恩→第戎

游览瑞士名城卢塞恩（亦称为琉森），这个城市山水相映，有一片巨大的湖水叫卢塞恩湖，城市风光与我国杭州很相似。团队在这儿停留3~4小时，导游只带领大家参观狮子纪念碑一个景点，之后就是自由活动（很多人此时会各去各类专卖店购买名牌商品）。笔者不建议把这段时间全花在购物上，还是应该好好沿湖观赏美景——湖东北侧的卢塞恩大教堂，湖西侧的卡佩尔桥、天鹅广场都不应遗漏。然后一定爱乘游船在湖上绕行整一圈，城市风光尽收眼底——太精彩圆满了。

瑞士卢塞恩大教堂巍峨身姿

第9天 第戎→巴黎

中午抵达法国巴黎，先是乘车游凯旋门和香榭里舍大街，然后吃午餐，饭后看埃菲尔铁塔（短暂观光），之后乘船游览塞纳河上的一个区段，途中可见著名的巴黎圣母院。随后去老佛爷等名店购物，购物时间约3小时。笔者建议花很短时间购物，然后自己步行或打车到塞纳河边继续观拍河上的美丽风光和不同角度的埃菲尔铁塔等美景，主要观光亮点还有亚历山大三世桥、大小皇宫、新桥、西岱岛、艺术桥等，它们都是巴黎市内极具价值的精华所在。

第10天 巴黎游览

全天游览巴黎的三大古建筑博物馆，即卢浮宫、巴黎圣母院和凡尔赛宫，每个宫殿都应该细看。在卢浮宫里，一定要把《蒙娜丽莎》、维纳斯雕像和胜利女神像三大镇馆之宝看全。卢浮宫内空间极大且人头攒动拥挤异常，但每个工作人员都乐意为您指路，找到三大镇馆之宝毫不困难。在凡尔赛宫内，一定要认真聆听耳机讲解的内容，这样才能充分领略艺术瑰宝的价值和魅力。

第 11 天 巴黎→阿姆斯特丹

离开巴黎去阿姆斯特丹——下午或黄昏时抵达著名的桑斯安斯风车度假村。风车是荷兰的标志，这里巨型风车数不胜数，建议抓紧时间观览拍照，否则一会儿太阳就落山了。之后大约在华灯初上时到达阿姆斯特丹，此时只能观赏城市夜景了，主要观光点有荷兰皇宫等。至此观光内容全部结束。

第 12 天 从阿姆斯特丹乘机飞回北京

关于此线餐饮、住宿、行车、游览、购物、娱乐各个环节的具体说明和指导

1. 🍚 餐饮

早餐都是在居住的酒店内吃的——全是西式早餐，主要品种是面包、饼干、点心、牛奶、咖啡、果汁及黄瓜、西红柿等生菜，也有少量的肉食比如切成薄片的午餐肉或是香肠一类的，吃饱吃好没问题。

正餐都是到当地华人开的中餐馆去吃，标准很明确，就是"十人一桌，五菜一汤"。五个菜基本上是三荤两素，荤菜以鸡块、牛肉、红烧猪肉、烧全鱼等"纯肉菜"为主，"含肉量"挺高。两个素菜量也不太少，此外一定会有鸡蛋西红柿汤或是紫菜鸡蛋汤，主食全是米饭，非常符合国人的口味，吃饱没问题。

还有一些时候旅行社是不管正餐的（或者一天中只管一顿正餐），那这时就需要游客自己解决了。在当地买到"洋快餐"很容易，如一份汉堡或三明治价钱大约需要人民币 20~30 元，全是果酱、奶油的味，很甜很腻，中国人不一定吃得惯，所以带上一些食品是有必要的。笔者建议带些方便面、榨菜、炒熟的花生米，以及萨其马和绿豆糕等，总之要体积小、热量高、包装好，便于携带即可。

2. 🏠 住宿

这条线路的普通团住宿标准不是太高，顶多是四星级的酒店，有时会是普通商务宾馆，甚至会住民宿或汽车旅馆。但欧洲的宾馆酒店条件是好的，可能设施不太新，但一般不破也不会脏，除了有时房间不太大以外住宿时不会有什么明显的不舒服。

许多酒店提供洗浴液、洗发液、肥皂和牙膏，但一般没有拖鞋，上述物品游客全部带上为好，以备所需。

3. 🚌 行车

欧洲这些国家大多属于欧共体，所以这条线路可以一辆旅行大巴车一次开到底，

中途不换车。好在欧洲的车况和路况都还不错，车上肯定有空调，途中没有土路也不会太颠。就是每天的行驶里程不算少，少则 100 千米，多则 600 千米甚至是 700 千米，就看您对长时间的公路行车是否适应了——如果您可以忍受每天数小时的公路行车，那此行就是正常之旅；如果您能在车上吃得饱睡得香，还能高兴地观看沿途风景，那此行就是舒适之旅、幸福之旅；但如果您不擅于长途乘车，会晕车呕吐，此行则会是艰辛之旅。

4. 👤 游览

此线算是覆盖了西欧几国的主要景点，至少在意大利和法国的观光效果是好的，每天随团行进，按既定日程观光就挺好的。当然旅行社还会增加一些自费游览的景观和项目，游客可以自由取舍，笔者下面也会为您做分析和推介。

5. 🛒 购物

此线主要购物点：一是在瑞士的琉森，可以选购名牌手表和衣服；二是在巴黎，这里会安排老佛爷等数家著名商店，游客视自己的爱好和经济实力安排购物即可。

6. 🔋 娱乐

此线的团队一般不会居住在市中心的繁华地段，所以晚上没有什么娱乐的机会。但是在巴黎停留的那一晚，您可以视情况选择娱乐活动。

关于上面西欧旅行线路行程的补充提示和说明

以上我们介绍的是西欧六国即德、法、意、瑞加上梵蒂冈和荷兰的旅游线路和行程，但有时国内有的旅行社还会推出其他小有区别的行程，比如以德、法、意、瑞为主干，但添加的国家不是梵蒂冈和荷兰，而是卢森堡、列支敦士登和比利时等国家，对此笔者也相应地做些指导和说明。

1.如果加上卢森堡，那必定是在游程的首日，即先游卢森堡，再去法兰克福。卢森堡国家很小，首都面积也不大，团队在此逗留一般不超过 2 小时。主要观光要点是胜利纪念碑、卢森堡大教堂等，沿城市中心走一圈 1 小时就差不多了，所以观光时间正好够用。

2.也可能加上列支敦士登，通常是在旅途的第 6 天。它也是个袖珍国，首都只有几条街道，团队停留时间也不会超过 2 小时。观光要点是城市中心街、邮票博物馆和艺术博物馆等。之后会离开奔向下一个国家。

3.如果加上比利时，那大多是在游程的最后一天。观光要点是原子球塔、布鲁塞尔中心广场和撒尿小童雕像。原子球塔是路过简单游览，停留时间约 20 分钟。中心广场会比较详细地游览，广场周边尽是精美建筑，停留一般不超过 2 小时；撒尿小童的雕像距广场很近，几分钟就能走到，一并观赏即可。如果当晚住的酒店距布鲁塞尔中心广场不远，建议您晚上回来再看看这里的广场夜景，漂亮极了！

旅行家指导：为您介绍在西欧能玩得高兴开心的窍门

1. 在德国法兰克福，按我们分日观光指导提供的信息即可。

2. 在新天鹅堡和高天鹅堡按我们的建议行事也会玩得省力和开心。

3. 在意大利威尼斯，团队提供的停留时间很短，大约 2~3 小时，但是有的导游还要请游客参加一个购物项目——去参观和购买玻璃制品，对此我的意见是最好婉拒，找个理由比如去洗手间一类的，尽快跑出去看看自己想看的景观，时间不等人。

4. 在佛罗伦萨，观光时间也不充裕，抓紧时间观拍美景，如能挤出 40~50 分钟时间进入圣母百花大教堂参观并登上教堂顶上的观景台，那效果绝对不一般。

5. 在瑞士一定会有登上阿尔卑斯山雪朗峰的自费项目，力荐您参与，雪山之巅的壮景会令人深受震撼。

6. 在瑞士卢塞恩，一定要乘游轮在卢塞恩湖上转一圈，这样您对这个城市的观感才会丰富圆满。

7. 在法国巴黎，如果您不是购物狂而又对观光拍照有较高要求，那建议您缩短购物时间去塞纳河边观赏美景，鱼和熊掌不可兼得——那些名牌货在其他地方也可以买到，但是团队在巴黎的停留时间只有一天半，过了这个村就没有这个店了。

法国名景巴黎凯旋门

发烧友关照：为您介绍节约旅费的窍门

此线是随团行进，在指定的观光项目上不再需要有什么额外的花销和支出，但是在自费项目的参与上，笔者有可以省钱的窍门提供给您。

1. 意大利的比萨斜塔是可能增加的自费项目，旅行社收费大约人民币 450 元。但是这个塔很高大很醒目，很容易看清它的位置。因此欲参观此塔的游客会被导游直接带去，而不参加这个项目的人会被送到一个超市购物，时间约两个小时。您可以先去超市，之后自己打车去斜塔（车费是起步价，约人民币 40 元）。斜塔大门不收门票，观拍外观没问题。之后步行回超市即可。此举可以省下人民币 400 元。

2. 卢塞恩湖上的游船也是自费项目，一般收费 400~450 元。而笔者在湖边码头自己刷银联卡买船票，只花了 122 元，此举可省钱约 300 元。

3. 在巴黎，导游力推的自费项目是城市夜游（收费约 350~400 元）——到小街小巷里去看当地人的生活场景——笔者觉得意义不大，比在塞纳河边看埃菲尔铁塔的夜景效果差远了，您就省了这份支出吧。埃菲尔铁塔晚上的灯光秀非常漂亮，您可尽情观赏，不用花一分钱。

旅行家关照：如何在旅游大巴上选择合适的座位，以便在行车途中获取舒适开心的观光感觉

1. 在国外旅行，尤其是去欧洲旅行，旅途中主要的交通工具就是大巴车——如今的大巴车内设施条件都很现代化，一定是高靠背的航空座椅，后仰角度可以调整；车内肯定有空调、音响、视频显示器，乘坐时的感觉应该是非常的舒服和惬意，这一点没有任何疑问。

2. 但是坐在大巴车内的不同位置，感觉和效果还是有很大的差别的——首先说坐在前几排（一般第一排不让坐，游人必须从第二排开始坐起）的优点是视野好，可以从左、右和前面 3 个方向眺望外边的风景；但缺点是离领队或是导游太近，他（她）们在行车途中总是说话（并且通常用麦克风），所以显得很闹腾、不安静。坐在车的尾部空间大，很宽松，有一些活动腿脚或是全身的地方，甚至可以躺在最后一排座位上睡觉；但缺点是路不平时会略显颠簸，转弯时会感到一定程度上的甩动，所以这个位置也不是十全十美。让人感到最舒服的地方就是在车的中部了，这里在 4 个车轮之间（可谓是四脚着地、四平八稳），行车途中很平稳、无颠簸、无甩动，一般人都喜欢坐在这个位置。

3. 喜欢坐在哪个位置主要是看个人的喜好，可谓是萝卜青菜，各有所爱。但是有一点几乎是所有人都有共识的，那就是如果自己不擅坐车，行车途中会晕车、呕吐，那还是坐在平稳的车身中部为好，这个地方最能减轻您在行车中可能产生的眩晕和痛苦。

4. 那如何能在旅游大巴上选到自己心仪的位置呢？这里有一点技巧和学问。在乘飞机抵达目的地并由领队和导游点齐人数带领大家走出候机楼走向大巴停车场时，一定要紧紧跟着领队和导游（不要落在后边），这样走到接机的大巴车处后，可以迅速放好行李箱，之后马上上车选取想要的位置——这时车上是空的，想坐哪里可以随心所欲，而落在后边上车的，就只能坐别人挑剩下的座位了。

5. 上边提示的这些并不是提倡游客自私自利、只考虑自己，只是在不影响他人的前提下选一个适合自己的位置，仅此而已。这完全是正当的权益。我不止一次见到过有的游客明明知道自己会晕车，但是他们上车时不着急、不着慌，慢吞吞地落在后边，上车后发现前边和中部都坐满了，就只能坐在车的尾部了，但行车途中感到难受，只好再请求领队和导游帮自己调换座位，这样更麻烦、更被动，还会惹得别人不高兴。既然游客有选择座位的权利和可能，那为什么上车时不抓紧时间把自己安排好，反而

要到开车后再去麻烦别人给人家添麻烦呢？

6. 当然，游客中也不乏有那种体力极好、承受力超强而又心态绝佳的"乐天派"，他们对座位没有任何要求，坐在哪里都舒服、高兴，这种人就根本不用考虑上边这些事情。

7. 上边说的有关选取座位的知识和技巧对游客来说还是挺重要的，因为不论是去西欧、东欧还是南欧，10天左右或是更长的观光时间内是一辆大巴车从头开到底的（中途不换车）。而每个游客在车上的座位一般说是以第一天的位置为准的，也就是说第一天坐的位置以后就固定下来不再调换了。所以坐在什么位置上真能关系到您在旅途中的观感和幸福指数。因此，在下飞机后第一次登上大巴车时用一点心思，会给以后的整个行程都带来好结果、好心态，您何乐而不为呢？

发烧友关照：说说携带和食用方便面的小知识小学问

1. 去国外旅游，许多国家的餐食口味不适合中国人，比如西餐又甜又腻，又比如阿拉伯餐少油无盐，根本激不起人的食欲。所以外出时携带一点方便食品（比如方便面）是很常见的事。

2. 其实在国外，也可以买到方便面，但价位不一定合适——比如在西欧，方便面的价格大约是国内的6倍——差别很明显。为了节省成本，游客带上些方便面去国外食用，这无可厚非。

3. 问题是带什么样的方便面更妥当更合适更能便于携带食用并且更环保呢？这似乎有点差别，也有点知识和学问——大部分人会带圆桶装的，也就是我们说的"碗面"，它浇上开水浸泡片刻即可食用，确实是方便。可是我却建议您携带袋装的，因为袋装的方便面有很多优点。

4. 优点之一是袋装的比桶装的便宜，同等份量的面至少要便宜 20%~30%。二是袋装的体积小，便于叠起来码成方块形状包装携带，而桶装的即便放在塑料袋内，也是"圆咕隆咚"的一大堆，太占地方。三是袋装的面吃完后包装袋好处理，把它叠好了扔进垃圾桶就万事大吉；但是桶装的吃完后的包装桶不论扔

意大利威尼斯水上风光

在哪儿都不方便，还会发出气味来——中国人或许不反感，但许多外国人特别反感这个气味。所以从卫生和环保的角度衡量，袋装的方便面有长处和优点。

5. 可是袋装的方便面在旅途中如何浇水浸泡食用呢？办法很简单——您可携带一个碗壁很薄、很轻巧的铝质或不锈钢的小碗和一把汤匙。国外的酒店和高速路服务区内是有开水供应的，吃时就将方便面放入这个碗中浇开水浸泡，吃完了先用纸巾擦拭，再用水冲洗一下就可以了。便于携带，可重复使用，吃完了不用遗弃，不污染环境——用这个方法食用方便面就能扬长避短。希望您郑重考虑我上面的这个提议。

旅游家指导：如何在参团游的旅途中拍出好的图片和视频

自助游有自助游的好处，行程灵活，观光时间不受限制——在哪个地方没玩好、没拍好，就可以任意延长逗留时间，直到玩好了、拍好了为止。参团游可就不行了，行程固定而死板，游客本身又不可能调整和变通，不论在景区玩好没玩好、拍好没拍好，反正到了指定的时间都是要走的。尤其是由于天气的原因（阴天下雨）没有拍好照片，但又没法等到天晴的时候，那离开时肯定让人很感惋惜和遗憾。这确是参团游的短板和软肋。那如何才能最大限度地避免和改变这个先天不足呢？笔者向您提出以下建议。

1. 出发前要做好功课，弄清目的地的天气状况，选取合适的季节和时间前去观光拍照

每个国家每个城市的天气状况，在网上是完全可以查清楚的——哪个月份平均温度是多少？平均降水量是多少？全年的晴天是多少天？全年的雨天又是多少天？这些都是有规律有定论的，要想搞清楚真是易如反掌。所以如果对观拍自然风光和人文佳景的效果有强烈明确的要求，那就应该选择天气相对晴好的时间和季节前往，这一点至关重要。

2. 还是要强调出发前的准备工作，对要准备拍摄的城市、景区景点和具体景观的状况要烂熟于心，这样到达后可以立即开始拍摄，无须浪费时间

有时游友不注意出行前的准备工作，心中没数，到了景区后两眼一抹黑——不知道观拍重点和要点在哪儿，只能拍到哪儿算哪儿，这怎么行呢？现在网上对各国各地各主要景观的介绍和评述，真是到了深入人心的地步。所以出发前我们一定要对拍摄对象有充分的了解，一定要胸有成竹——拍的景物是什么画面什么形态？它朝向东、南、西、北哪个方向？哪边拍是顺光和侧光，哪边拍是逆光？它与什么样的背景结合起来的画面更好？从哪个方向拍效果更佳更能震撼人心？这些早就应该弄明白，这样一到景区，能立马开始工作，三下五除二，几分钟就能解决问题。

若是要拍多处景观，一定要弄清它们之间的距离和方位，先拍哪个后拍哪个？这个次序和流程一定要设计安排得清晰和流畅，这样绝对会事半功倍。总之要做好准备工作，有的放矢比没的放矢的结果要强百倍，这一点不应有疑问。

3. 要注意休息、养精蓄锐，以饱满的热情和抖擞的精神面貌进入创作状态

不要在旅行车上玩扑克、说段子、长时间看手机，而是该观景就观景，该休息就休息。养好了精神憋足了劲，这样车子一到目的地，马上就能走下车精神饱满、生龙活虎地进入景区开始观拍。头脑清醒精神抖擞与身心疲惫时的拍摄和创作效果绝对不一样，这一点也应切记。

4. 鱼与熊掌不可兼得，要把时间和精力用在观拍而不是其他事情上，有大舍才有大取

参团游在景区的停留时间是固定的，到了点就必须走，所以就这点时间，干了这个就干不了那个，一定要取舍分明。比如在瑞士卢塞恩，大约有 3 小时的停留时间，这时大部分团友都去购物，买名牌衣服和名表，可我全用在拍摄上，最后的效果很满意。又比如有次到法国巴黎，团队计划停留两天——前一天下午是自由活动，大家全是去老佛爷等名店购物扫货，而我看天气很好，就去塞纳河边尽情观拍，想要的画面全拍下来了，很满意、很开心、很过瘾。当天晚上给团友们看了我拍的美图，但他们不以为然，说第二天他们也能拍下来。但是次日乌云密布还有降雨，根本不适合拍摄，于是我满心欢喜，他们只能悻悻而归，带着极度失望的心情回到国内。所以要想要好的结果，就必须舍去其他事全身心地追求和投入，难道不是这样吗？

5. 要协调并处理好与领队和导游的关系，敢于维护自己的权益

有的导游很专业也能为游客着想，会在景区留出充足的时间让大家游览拍照；但也有的导游太死板，留给游客的时间不宽裕；还有的导游不厚道，克扣游客的观光时间挪用到购物等环节上。对此，游客有权据理力争——首先说旅游合同中规定的观光时间必须给足给够，否则就一定要提出抗议；其次有的时候在景区停留的时间可长可短，凭导游的心情而定，这时候就要好言好语地与他（她）商量，告诉他们我们是第一次来，希望多给点时间观拍美景——只要您的话说得到位了并且情真意切，人家大多是会通融的。因为团队有机动时间，稍稍延长一点不会影响行程。而有的时候天阴有云但云彩在移动，可以看得出来，5~10 分钟后太阳就会钻出云层来普照大地，这时候即使观光时间已到，我也一定会等到太阳出来了拍好了照片再回去——因为天晴和天阴时的拍摄效果有天地之差，游客花了许多费用、飞行了很长距离，到了异国他乡连张美图也拍不出来，那真是太遗憾了。

当然在等待太阳出来的这段时间里，我不会无组织无纪律，我会发个短信告诉导游我马上就回去，让他们放心。他们胸有数了，也就不会过分责怪您了。总而言之，虽然是参团游，时间相对短暂和死板，但是如果用心设计就会获取更多的时间和机会，就有可能拍出自己想要的美图来。您说是不是呢？

泰国、新加坡、马来西亚

超级简明实用的首选出国游方式

2. 游乐新、马、泰，超级简明实用的首选出国游方式

新、马、泰是新加坡、马来西亚、泰国 3 个国家的简称和统称，它们都是中国的近邻。它们三国共具如下特点和优点：气候温暖（或称为炎热）、风光优美、民族风情浓郁、交通便利、经济发展状况好（在亚洲而言），在东南亚国家中占有举足轻重的地位。

泰国曼谷大皇宫秀丽外景

由于上述三国旅游资源丰富，开发开放的程度高且相距甚近，非常便于连线游览。加之与中国之间的空中航线开通多年，往返极为方便。所以当中国的国门刚一打开，中国人刚刚开始能到异国他乡游览的时候，新、马、泰就成了中国人出国游的首选和绝佳的目的地。

手续简便，开销不贵，仅花 10 天左右就可以把三个国家的美景尽收眼底，且四季皆可前往，太精彩太有诱惑力了。事到如今，去新、马、泰一游几乎成了中国游客出国旅游的首选线路，无论男女老幼，都可以前去欢乐一游。如果您想畅游全世界，那新、马、泰就是最好的开场白和欢乐序曲。

然而新、马、泰这 3 个字只是出于音节朗朗上口而形成的固定词组和口头语，如果真是去上述三国观光，那行进的顺序就不是新、马、泰而是泰新马了——先游泰国后去新加坡最后在马来西亚收尾，这是国内大多数旅行社推出的固定和标准线路。任何人沿此线一游，都可获取无限的欢乐，下面我们就为大家介绍去上述 3 个国家游览的知识和学问。

☀ 当地气候

泰国属热带气候，全年有 3 个季节。3 月至 5 月是热季，气温很高；6 月至 10 月为雨季，气温稍低，雨水多；11 月至来年 2 月为凉季，气温最低。游客可选择合适时间前往。

✈ 对外交通

国内各大城市有航班同新、马、泰对飞，从北京飞往曼谷约需 3.5 小时。

签证制度

新、马、泰对中国游客免签。

时差

新加坡、马来西亚与北京无时差，泰国曼谷时间比北京时间晚 1 小时。

为您介绍此条线路的观光亮点和特点

1. 新、马、泰三国气候温暖，没有明显旅游淡季，四季皆可开心游玩。

2. 泰国曼谷的寺庙和佛像很具历史文化和观光价值，芭提雅的海上风情很美游乐项目极多；新加坡是花园般的国家，国际大都市的派头和风姿绝对是世界一流，无比华丽动人。马来西亚的古迹名胜也有不俗之处。把以上三国线游览，观光效果很好。

笔者对此条线路的总体观光指导

目前国内各大中城市的旅行社都在经营新、马、泰的旅游线路，观光日程和内容都差不太多，虽然在具体的观光环节上小有差异，但万变不离其宗。本文推荐的这条线路是疫情解封后刚刚设计推出的，舍去了个别比较陈旧的景点，新增了水门大佛一类的观光亮点，观光效果有新意，不落俗，堪称新颖而经典，各位尽可放心参与。游人对规定线路内的观光内容不必多想也无须置疑，每天随团行进即可获取满意观光效果。

旅行社公布的指定游程安排：泰国、新加坡、马来西亚 3 国 10 日游

第 1 天 国内→曼谷

早：自理　午：自理　晚：自理　住宿：网评四钻酒店

各位游客于指定时间和地点集合，由专业领队办理登机手续。办完手续后，开始精心安排的泰、新、马精彩十天游，搭乘豪华客机飞往泰国首都曼谷。抵达后由领队指引经过移民局后提取行李，通过海关，由旅游专用贵宾出口出机场。乘车前往入住酒店休息。

第 2 天　游览曼谷→长尾船游湄南河→大皇宫→玉佛寺→水门大佛→大理石寺→人妖歌舞表演

用餐：早：酒店餐厅自助　午：泰式料理　晚：泰式风味餐　住宿：网评四钻酒店

酒店内早餐后，游览象征曼谷王朝辉煌昌盛的泰国大皇宫。它是曼谷保存最完美

也是最壮观、规模最宏大、最具民族特色的王宫，汇集了泰国建筑、绘画、雕刻和园林艺术的精粹。后参观供奉国宝"翡翠玉佛"的玉佛寺，它以尖顶造型、建筑装饰和回廊壁画三大特色名扬天下。然后，看曼谷的新地标水门寺大佛。抵达后前往昭拍耶码头，搭乘长尾船游湄南河，观赏两岸美景，游览水上市场，远眺郑王庙。接着前往大理石寺。大理石寺坐落在席阿他犹雅路，吉乐达宫的附近，这座佛寺的主殿是在泰皇拉玛五世在位时所建造的，历史悠久，知名度极高。晚餐后观赏闻名世界的人妖歌舞表演（含饮料一杯，演出大约 1 小时）。演出结束后游客还可与人妖合影留念。

❤ **温馨提示：**

　　1. 参观泰国大皇宫时对游客的服装要求较严格，不能穿无袖上衣、短裤。参观皇家景点请保持安静。

　　2. 泰国大皇宫为皇家景点，如因特殊原因关闭，将优先调整行程顺序，如调整行程顺序亦无法参观，将替换其他景点。

第 3 天 曼谷→芭提雅→东芭乐园→骑大象

　　用餐：早：酒店餐厅自助　午：泰式火锅　晚：泰式围餐　住宿：网评四钻酒店

　　酒店内早餐后，前往泰国皇家珠宝展示中心购物。后乘车往度假胜地芭提雅，车程约 2 小时。

　　午餐后前往东芭乐园，它距离南芭达雅 15 千米，占地 500 英亩，是一个泰式乡村风格的休闲度假公园，放眼望去尽是雅致的风景。园方精心安排了当地特色的歌舞表演及大象表演秀，妙趣横生很吸引人。之后体会骑大象环绕园区的美妙感觉（两人一骑，请提前准备 20 铢 / 人的小费）。晚餐后送回酒店休息。

第 4 天 芭提雅（金沙岛）→水上四季村→泰式古法按摩→原石博物馆→东方公主号

　　用餐：早：酒店餐厅自助　午：海鲜简餐　晚：泰式围餐　住宿：网评四钻酒店

　　酒店内用完早餐后乘快艇前往金沙岛（往返快艇大约 50 分钟），欣赏海上风光。该岛风景秀丽，沙滩洁白细腻，海水清澈见底，游客可尽情享受日光浴、沙滩浴的美妙滋味，也可自行自费参加各类水上活动，如海上降落伞、海底漫步、海上摩托艇等项目。午餐于岛上餐厅享用海鲜餐，餐后返回芭提雅，之

金沙岛滨海风情

后享受旅行社为大家特别安排的泰式古法按摩（小费自理，不按不退钱），缓解您旅途的辛劳和疲惫。接着前往电影《杜拉拉升职记》外景拍摄地之一的水上四季村，带您进入时光隧道，跨越世纪进入古暹罗，再现当时水上市场的繁荣。之后参观原石博物馆，馆内展示有各种特色宝石镶嵌制作的精美壁画、首饰和种类繁多的工艺纪念品，很有诱惑力。晚餐后前往东方公主号（或暹罗公主号），令此游船闻名遐迩的不是暹逻湾的夜景，而是东方公主们的美丽——泰国人妖的精彩歌舞表演特色鲜明，在船上我们将与她们近距离接触。

💙 **温馨提示**

1. 有对海鲜过敏者或肠胃欠佳者，请提前告知领队或者导游，他们将做妥善安排。

2. 年龄未满 18 岁或超过 55 岁的游客由于体质问题不适合参加泰式按摩活动，由于按摩属于行程赠送项目，费用不予退还。

3. 如遇台风或者雨季影响不适合出海时，出于安全考虑，将会取消出海观光或更改其他景点（泰国每逢 5—10 月为雨季）。

4. 因快艇颠簸，不适合 55 岁以上长者，旅行社将安排长者在酒店休息，提供午餐。

5. 金沙岛上有船家出售的各种海上游乐项目，如空中降落伞邀游、水上电单车、快艇、香蕉船、深海潜水等。这些项目游客可自愿参加，费用直接交予船家即可。但是上述游乐方式具有一定危险性且不在意外保险理赔范围内，请游客根据自己的身体状况慎重选择。

第5天 芭提雅→曼谷→热带水果园→金佛寺→四面佛→ Jodd Fairs 夜市

用餐：早：酒店餐厅自助　午：泰式围餐　晚：自理　住宿：网评四钻酒店

酒店内用早餐后，前往热带水果园，品尝各种时令水果，让各位一饱口福。接着前往金佛寺，参拜香火鼎盛的四面佛，并在专人指导下给佛像贴金，为自己及家人祈求吉祥平安。后返回曼谷（车程约 2 小时），接着前往乳胶特产店，在这里您可以购买到许多泰国本土特产和橡胶制品。后前往参观皇家毒蛇研究中心。毒蛇研究中心只在泰国、巴西、印度三国才有，只有这些地方有号称蛇王的"金刚王眼镜蛇"，以其蛇毒为主要原料制成的蛇药疗效好，知名度极高。

之后前往泰国王权免税店自由活动，它是泰国最大的免税商店，泰国机场免税店也属其独家经营。客户在曼谷市区购物后可在机场直接取货，您可在此买到泰国时尚的手工制品以及世界顶级豪华商品。

接着前往网红夜市 Jodd Fairs，其位置就在曼谷市中心，是当地人心目中数一数二的好玩、好逛、好吃的夜市。它集美食、购物、娱乐于一体，您在这里可以享受欢乐夜晚时光和当地美食。推荐品尝网红名吃"火山排骨""水果西施沙冰""海鲜大杂烩"等。游览后回酒店休息。

第6天 曼谷→新加坡→新加坡观光→圣淘沙名胜世界

用餐：早：酒店餐厅自助 午：机场自理 晚：中式围餐 (参考航班 FD355) 住宿：网评四钻酒店

领队带领前往曼谷机场办理登机手续后乘机前往有"花园城市"之称的新加坡。

抵达后乘车游览。前往克拉码头观看鱼尾狮身像，游览伊丽莎白大道、高等法院 (外观)、政府大厦广场 (外观)、国会大厦 (外观)。新加坡河是新加坡 32 条主要河流之一，河从西部的金声桥起源，向南倾入滨海湾蒸水池。自从英国殖民者斯坦福·莱佛士于1819 年 2 月 29 日在新加坡河口登陆之后，河的两岸就逐渐发展成新加坡的商贸中心。商家在河岸建起一排排货仓，而这些极具历史意义的房屋现已受到保护和整修，或被改成高级餐厅、酒吧等。现今，有许多小型机动船只每日穿梭于新加坡河上，载着游客欣赏沿河美景并了解新加坡的国家历史以及风土人情。

参观圣淘沙名胜世界娱乐城 (约 60 分钟)，它是新加坡前后耗资 300 多亿元人民币打造的世界一流水平级别的庞大游乐城，这里集娱乐、休闲、住宿、美食、购物诸多功能于一体，会带给您前所未有、无与伦比的全新旅游体验。游毕返回酒店休息。

❤ **温馨提示：**

1. 在新加坡，如游客参与博彩活动纯属个人行为，一切责任与旅行社无关。

2. 自由活动期间请注意人身和财产安全，保存领队和导游手机号码以便随时联系。

第7天 新加坡→马六甲

用餐：早：酒店餐厅自助 午：海南鸡饭 晚：娘惹餐 住宿：网评四钻酒店

早餐后乘车前往新加坡滨海湾南花园 (约 30 分钟)。这座屡获荣誉的园林景点占地面积达 101 公顷，里边收集并培植了超 38 万棵珍稀植物，其中有许多是世界上罕见的稀有品种。滨海湾南园区是当地最大的滨海花园，这里种植着令人惊叹的超级"大树"，在两座巨型花墙之间则架有一道 128 米长的"华侨银行空中过道"。沿着海滨步道行走，滨海湾金融区空中轮廓线那迷人壮观的景色尽入眼帘。然后前往珠宝、百货店购物，千里追风油、鳄鱼油、狮子油、钻石首饰品和其他各色土特产等都是深受游客青睐的抢手货。大家可根据自己喜好自由选择购买。

午餐后前往马来西亚马六甲，开始我们的南洋风情之旅 (约 20 分钟)，参观在当地保留至今的纪念中国伟大航海家的郑和下西洋时留下的遗迹——三宝庙、三宝井、中国山，其中三宝庙里供着三宝公泥塑像。欧洲风情之旅 (约 30 分钟)，看葡萄牙古城门、荷兰红屋、英女皇广场、圣保罗教堂旧址。马六甲始建于 1403 年，曾是马六甲王国的都城，1511 年沦为葡萄牙殖民地，1641 年为荷兰占据，1826 年成为英国海峡殖民地一部分。马来西亚第一位首相拉曼在 1956 年 2 月 20 日宣布马来西亚独立，其仪式就是在马六甲的草场举行的。可惜后来古城被拆毁，只留下以上一点点遗迹供人凭吊。

游览后享用晚餐，餐后入住酒店休息。

❤ 温馨提示:

1. 滨海湾花园由 3 座花园构成: 滨海南花园 (Bay South)、滨海东花园 (Bay East) 和滨海中花园 (Bay Central)。其中最大的滨海花园属滨海南花园，为免费参观区域。不含收费展区。

2. 由于新加坡到马来西亚直通大巴限制原因，送关时团队可能会和其他团队拼车至关口，敬请理解。

第 8 天 马六甲→太子城→云顶→吉隆坡

用餐: 早: 酒店餐厅自助　午: 中式桌餐　晚: 自理　住宿: 网评四钻酒店

早餐后前往吉隆坡游览新行政中心太子城、首相府（外观）、水上清真寺等。如果说吉隆坡是马来西亚的心脏，那么太子城就是马来西亚的大脑主干和神经中枢，其重要性是不言而喻的。由于马来西亚首都吉隆坡受地域和空间方面的发展限制，所以它现在只是马来西亚的经济中心，而政治中心已经逐步转移到了距离吉隆坡不远的太子城。太子城离首都吉隆坡 25 千米，占地面积大约 4932 公顷，它因太子湖而得名。在此观光约 45 分钟，之后前往乳胶店自由购物。

后前往闻名于世的旅游和休闲胜地，被誉称"南洋蒙地卡罗"的云顶高原 (车程约 3 小时)。雄伟的云顶高原矗立在海拔 1800 米的青翠高岭上，这里有凉爽的气候和变幻莫测的云海奇观，规模宏大的室内欢乐游乐园与刺激惊险的户外游乐园就坐落在山巅云海之间。云顶娱乐城中还有用各式风味的餐馆购物商店、酒店，可满足您的美食购物需求。晚上返回吉隆坡入住酒店。

❤ 温馨提示:

1. 如遇缆车维修期间会改乘接驳车前往云顶。云顶娱乐城位于云顶高原之上，气温比市区要低，请自备外套和长裤，超过 20 寸的箱子乘坐缆车需付行李费。建议您只带少部分生活用品，主要行李寄存在山下 (寄存费用约 5 马币 / 次); 云顶游乐场内有众多需要另行付费的游乐项目，请根据自身喜好进行选择。

2. 敬请遵守马来西亚法律和中国法律。

3. 自由活动期间请注意人身和财产安全，保存领队和导游手机号码以便随时联系。

第 9 天　吉隆坡→国家皇宫→国家清真寺→独立广场→土特产商店→马来吊脚楼→双子星塔

用餐: 早: 酒店餐厅自助　午: 肉骨茶　晚: 奶油虾风味餐　住宿: 网评五钻酒店

早餐后游览充满现代气息的国际化大都市吉隆坡 (大约游览 2 小时)。参观马来西亚最高元首的住所——国家皇宫新址外景 (不入内参观)、英雄纪念碑和国家清真寺 (外观），感受当地浓厚的宗教文化。国家皇宫原是一位20世纪20年代中国商人的私人住宅，售出后经过改建，成为后来雪兰莪苏丹（即雪兰莪州统治者）的王宫。现在的国家皇宫新址成为现任国王的办公与休息场所。

之后来到绿草如茵占地82公顷的独立广场。独立广场坐落在苏丹阿都沙末大厦对面，是这里的标志性建筑，也是每年举办国庆庆典的地点。1957年8月31日，马来西亚国旗在这里第一次升起，标志着国家脱离英国统治而独立。广场南端当年的升旗点现在矗立着全世界最高的旗杆，高达100米。随后参观土特产店——中国历来都有"千里送鹅毛，礼轻情意重"的说法，这里看着是很廉价的土特产，但购买后可作为一份沉甸甸的心意赠送亲朋好友，游客可根据自己喜好自由选择。

接下来参观马来吊脚楼群。东南亚的气候类型为热带雨林气候或热带季风气候两种，热带雨林气候终年高温多雨，而热带季风气候雨季高温多雨。高架屋建筑结构有利于散热、通风、排水。建筑材料一般为竹子、木头等当地常见植物。因为就地取材的原则，也因为当地气候湿润炎热，砖瓦之类的房屋，既不通风又不耐潮，所以当地民居中有许多是高架屋、吊脚楼，上层住人、下层养牲畜，雨季发洪水时，就使用船作为交通工具。

接下来驱车前往吉隆坡著名的双子星塔，远观并照相留念。

第10天 吉隆坡→巧克力店→吉隆坡摩天楼→国内

用餐：早：酒店餐厅自助　午：中式午餐　晚：自理（参考航班：AK122）
住宿：无

早餐后，随后前往参观巧克力加工厂，这里以产出和加工马来西亚特有的巧克力糖而闻名。糖的口味丰富多样，有提拉米苏、榴莲、芒果、草莓、凤梨等不同口味，游人可根据自己喜好自由选择购买。之后前往118大楼，远观目前全世界第二高楼，它高679米，是马来西亚最高的超高层建筑。

午餐后，前往吉隆坡国际机场，搭乘国际航班返回国内。抵达国内机场后散团，结束愉快的旅行。

注：以上仅为参考行程，在不减少景点的前提下，旅行社有根据签证、航空班次、旅馆确认等情况调整本行程表的权利，具体行程及航班时间以出票后确定为准。

❤ 温馨提示

团费包含：

酒店住宿（两人一房）、行程表所列用餐。

全程国际机票及全程机场税、保安税、燃油附加费。

旅行社责任保险。

报名所需资料

护照首页扫描件，半年内的近期电子版2寸彩照（白底），出团时请自带2张；

未满16岁儿童，请提供出生证明及全家户口本复印件。若父母不同去，必须提供父母委托书。新疆、宁夏客人另加身份证正反面复印件及本人联系手机号。

签证需知

所有旅客相关资料旅行社仅为代送到领事馆，申请的签证是否成功，取决于相关国家领事馆的直接审核结果。有被拒签的护照，领事馆照常收费。

泰国自费项目推荐表

为了丰富各位游客在泰国的行程，特推荐以下自费项目，请旅客注意消费标准（以下项目已含所有车费、门票、导游费）。

项目名称及内容简介

富贵黄金屋

收费1000铢/人，参观时间约2小时。富贵黄金屋是当地首富斥巨资所建的私人别墅，也是流行偶像剧《流星花园》取景地之一。其格调气派非凡，精工细琢的雕刻随处可见，五彩宝石馆中的艺术品多得让人惊诧，高大的观音菩萨用金片做衣裳，观音菩萨座前的纯金莲座，做成压子的钻石和代表水池的整盘蓝宝石足以让人叹为观止。

泰国风情园

收费800铢/人，参观时间约1小时。泰国风情园是泰国最有民族特色的旅游景点，风情园全力为游客展示泼水节和水灯节民俗歌舞音乐表演，让游客和泰国演员一起参与泼水节和水灯节的欢庆活动，不用等到泼水节也能体验泰国人过泼水节和和水灯节的气氛，留下终生难忘的美好体验和记忆。

皇帝餐（鱼翅＋燕窝）

收费1500铢/人。席间会品尝泰国深受海内外华人喜欢的暹罗湾鱼翅等美食，品尝泰国南部特产高级名贵的椰子冰糖燕窝和砂锅鱼翅。

升级水果大餐

收费1300铢/人，按水果季节供应。泰国素以百果王国著称，是盛产热带水果的国家，品种繁多，四季果香，享有"水果王国"美称。

宫廷精油SPA

1个小时1500铢/人，1个半小时2000铢/人。泰国宫廷精油SPA按摩是一种高档次的健身享受，源自泰国五世国王和皇后，并由皇宫流传到民间。SPA原属于水源按摩疗法，是具有保养皮肤、消除疲劳、放松自我等诸多功能的高级健身享受。泰国SPA如今已成为世界各国游客公认的赴泰旅游时必须享受的康体项目，深受世界各国游人的欢迎和好评。

笔者对每天具体游程做出的观光指导和提示

第1天 国内→曼谷

乘机出发，前往曼谷。申请登机牌时请注意，两段飞行都要靠窗户的座位，以便观景和休息。

第2天 游览曼谷→长尾船游湄南河→大皇宫→玉佛寺→水门大佛→大理石寺→人妖歌舞表演

大皇宫、玉佛寺都是曼谷著名的寺庙，也是八方游客抵达后的必观之景。旅行团队一定会带您重点游览这两个景点，观光时间不会少于2个小时。这里边的好几处寺庙造型都很精美，是拍风景照和人像纪念照的绝佳地点。

之后去的水门寺大佛，身高近60余米，是曼谷最大最高的佛像之一，应该好好观拍，记录它的风姿和神韵。

之后，乘船游湄南河，观览郑王庙、大理石寺，晚上看人妖表演，都是本日观光内容中的重头戏，要认真对待，领略它们迷人的魅力。

第3天 曼谷→芭提雅→东芭乐园→骑大象

上午先购物，然后游芭提雅。下午的活动内容是重点游览东芭乐园。园区挺大，游乐内容很多，其中驯象表演和骑象巡游活动有特色，开心游览体味就行了。

第4天 芭提雅（金沙岛）→水上四季村→泰式古法按摩→原石博物馆→东方公主号

在芭提雅海滨的格兰岛、金沙岛观光游乐，这里海景还不错，游乐项目也很多，乘快艇在海上乘风破浪的感觉也很开心刺激。选您自己钟爱的项目游玩即可，当然大部分项目需另行交费。

水上四季村有许多木制房屋，情调独特，既能乘船穿行，又可步行登岸。可在村内购物并品尝各类当地特色小吃。有兴趣的人可留意品尝一下鳄鱼肉。别看鳄鱼外貌丑陋皮肤粗糙，但肉质却不错，吃起来口感挺好。

晚餐和晚上参加的娱乐项目也很有特色，东方公主号游船很有名，集美食和娱乐功能于一身，是海上的极乐世界，在船上游乐2小时。在芭提雅留下的印象会很温馨独特。

第5天 芭提雅→曼谷→热带水果园→金佛寺→四面佛→ Jodd Fairs 夜市

在芭提雅新的地标式打卡地游览，内容很丰富也很活泼。金佛寺内的四面佛像体积并不高大，但外观精巧玲珑，这个寺庙内的香火也很旺盛。不管您是否信仰佛教，但是拜一拜四面佛绝不是坏事，据说它有超出自然常规的功能，对前来朝拜的人会"有求必应"。游览完毕后返回曼谷。

下午的内容以购物为主，购物点是3个大型购物中心和1个人气很旺的网红夜市。在泰国，特色商品和旅游纪念品种类很多，也很符合国人的胃口和喜好，因此购物不是负担而是乐趣。选购到如意的商品自己享用和馈赠亲友，是件很开心愉悦的事。

第6天 曼谷→新加坡→新加坡观光→圣淘沙名胜世界

飞往新加坡，上午游鱼尾狮公园。它是新加坡的标志式景观，以它为背景拍张纪念照，一句话不说别人也知道您是到过新加坡了。鱼尾狮公园坐落在新加坡河河口与大海交汇处，水上各式游船往返穿梭，四周是漂亮的都市建筑群，风光很美，与我国香港的维多利亚港相比毫不逊色。建议您一定要在这多拍照片和视频。如果能挤出时间来乘船到水上一游，观光效果肯定更上一层楼。

高等法院、政府大厦广场、国会大厦都是造型新超美观的建筑，外观和内景都很漂亮诱人。

圣淘沙岛上的游乐场所太多，游人在这短暂停留能涉足的地方还达不到它的十分之一，新奇之余只能感到遗憾。不过来过总比没来过好，抓紧时间在这里放松和享受。

新加坡鱼尾狮公园秀丽景色

第7天 新加坡→马六甲

上午游览滨海湾超级花园，园区很大很新很美，游人观赏后一定会发出由衷惊叹。

之后去珠宝店、百货店购物，再次体验世界一流的购物环境，相信不同兴趣的人都会各有所获。

下午乘车去马来西亚，途经马六甲海峡，这个海峡名气极大，在车窗两侧可畅览它的秀丽景色。

抵达马来西亚后游览三宝庙、葡萄牙古城门、荷兰红屋、葡萄牙广场、圣保罗教堂等，这里的建筑都有数百年的历史，古风古韵浓郁，与新加坡现代化的城市风景形成了鲜明的对比，令人印象深刻。

第8天 马六甲→太子城→云顶→吉隆坡

今日有两个观光要点：一个是上午去的太子城的首相府和水上清真寺；一个是下午去的云顶高原。水上清真寺外观很高大气派，色彩也很好。一定要以它为背景拍几张纪念照，它的重要程度与新加坡的鱼尾狮雕像持平。

云顶高原是建在山顶上的大型游乐世界，与新加坡的圣淘沙非常相似，有异曲同工之妙。区别在于圣淘沙在平地上，而云顶在高原和高山上。它们给游人带来的新奇刺激的感觉都非常强烈，在这里开心游乐好好寻找体味美好感觉吧！

第9天 吉隆坡→国家皇宫→国家清真寺→独立广场→土特产商店→马来吊脚楼→双子星塔

主要是吉隆坡市区观光，游览苏丹皇宫和独立广场等。其中苏丹皇宫只能在大门外观拍，独立广场面积并不大，但周围有许多古建筑，值得一看。

参观马来吊脚楼群有点儿意思，抵近细观当地人的民居建筑，领略独特的民风民俗很有趣味。

下午去的双子塔是吉隆坡的新地标，它是超高层建筑，楼高450余米，应该找到合适地点和角度，把它和人像拍在一起，画面很好，很有纪念意义。

第10天 吉隆坡→巧克力店→吉隆坡摩天楼→回国

上午还有观光和购物活动，记得多买点土特产回国后馈赠亲友，马来西亚的小商品真心不错。

下午从新加坡乘飞机回国内。

关于此线餐饮、住宿、行车、游览、购物、娱乐各个环节的具体说明和指导

1. 🍜 餐饮

有当地风味餐也有中餐，以当地风味餐为主。上述三国与中国人的饮食习惯和口味差不多，所以无论是饭菜品种还是口味，都能让大家接受。另外途中会安排数顿自助餐，餐标不低，饭菜品种也丰富，但用餐时应注意按需取菜，不要浪费。说实话，个别游客大手大脚，糟蹋和浪费食品的行为，当地人是颇为反感的。

2. 🏨 住宿

上述三国的宾馆酒店业极为发达，各档次的宾馆酒店一应俱全，游客住什么档次的酒店，主要依据所报旅行团的级别和档次而定——豪华团肯定有豪华住处，普通团肯定是普通酒店。但是无论什么级别的酒店，干净整洁方面都没问题。入住时要留意的是客房的空调是否能正常运转，制冷效果好不好。如有问题要提前与酒店前台或是导游联系，对于天气炎热的新、马、泰三国来说，这个问题很重要。

3. 🚐 行车

坐当地旅游车，车况好，空调效果也好，路况也还行。加上没有太漫长的行进距离，所以这个环节，没有太大问题。

4. 👫 游览

固定游程早就定好了，每天按出游合同内容推进就行了。观光和拍照注意事项我也会在上下文中给出明显的提示和关照。

希望您注意的是在自费项目的参与上可以下点功夫，去新、马、泰游览的自费项

目挺多，主要是各类风情歌舞表演和一些休闲娱乐的节目。届时导游会把这些项目的表格发给您，您经过筛选后酌情参与即可——注意要议议价，自费项目是有打折的空间的。

5. 🛒 购物

本游程中安排了数次购物活动，都是到旅行社定点的大型且正规的商城和购物中心去选购。这些地方都得到了泰、新、马三国官方管理部门的认证和批准，信誉好，商品质量和售后服务有保证。游客可放心前往，挑选心仪的商品带回国内。在泰国，游人可选的主要商品有香料、草药、蛇药和其他医疗保健药品、珠宝、手工艺品、当地干鲜果品、丝绸、鳄鱼皮制品、精油等 SPA 用品、天然乳胶制品等。在新加坡，游人可关注各类电子产品、珠宝和手表、工艺纪念品、美容保健品、服装和鞋帽等。在马来西亚，锡制品、化妆品、巧克力、咖啡、燕窝等产品有知名度，各位可留意关注。

发烧友关照：如何在新、马、泰玩得高兴开心？

关于观光和拍摄方面的注意事项，我们在上边已经给出了相应提示，这里再补充说明一些问题。

1. 去新、马、泰应该选准旅游季节——那里冬天舒服而夏天极其炎热，这一点与我国的海南三亚很相似。同样，去新、马、泰参团的价格基本上是冬天贵（尤其是春节期间）而夏天便宜，这一点又和我国的海南游相似。请根据自己的需求确定出行时间。

2. 新、马、泰夏天的"热"可真不是闹着玩的，那种热是我国北方人不太好承受的，这一点我们在下文中还有陈述。

3. 三国的行进次序以"泰、新、马"为好，这样很常规也很顺畅，取得好的观光效果没问题。但是近年来也有个别反向行进的团队，比较小众，选择的人较少。

马来西亚水上清真寺秀丽身姿

4. 由于天气温暖或者说是炎热，去新、马、泰只带简单衣物就可以了，主要的穿衣原则就是"浅、薄、短、适"，凉快舒适就行。还有带些防晒霜、风油精一类的"小玩意儿"为好，最好带上一双坚固的拖鞋，白天晚上都穿它，遇到雨天不怕，还便于下海嬉水游乐。至于方便面和榨菜一类的食品，基本不用带，因为用不上，白费工夫。

5. 在泰国主要是观赏和感受佛教文化、滨海风光和民俗风情，观感丰富纷缤、多彩多姿。在新加坡主要体会到的是国际大都市的雍容华美。在马来西亚的感觉是安定、平稳与柔美。这是作者的感受。

6. 国内去新、马、泰的线路太多了，价位也是五花八门，甚至有天地之差。主要是依不同的季节和不同的团队档次而异，贵的可以达到万八千元，便宜的三四千就可拿下。个人认为只要观光内容不太差，其余的问题不必太在意，住的地方是否豪华不重要。再说这三国家都不太远，游人可以常来常往。3000 元的旅行团游玩两次，效果总比万八千元的团游玩一次好，是不是这个道理呢？

亮点闪击·旅途花絮：泰国人忍受炎热和高温的出众能力让人目瞪口呆

新、马、泰三国都是中国的近邻，虽然与我们相距不太远，但是自然环境、风土人情还有生活习俗各个方面还是有很大差异的，有时甚至会有天地之差。首次去泰国，笔者就发现了当地人承受高温的能力太强大了，强大到让人瞠目结舌。

我是 8 月初到达泰国首都曼谷的，第一感觉就是天气太热了——每天都是 37℃左右且骄阳似火，让人觉得暑热难耐——不是大汗淋漓而是汗如泉涌，不是汗流浃背而是全身湿透。但只是在室外露天处才感到炎热，而宾馆酒店里、饭店餐厅里和旅行车内，空调性能都特好，凉风刷刷地吹，制冷效果奇佳。所以在当地旅游观光，每天就是不断出汗和落汗的过程——去景点观光当然是要走在露天的阳光下，那肯定会哗哗地出汗，可是回到旅游车上或是餐厅、酒店里，冷风一吹，10 分钟后身上的汗就全干了。团队要求每天观光必须按指定行程走，不能私自脱团也不能遗漏景点，所以一天之内至少要下车参观五六次，于是就是不断的交替和轮回——每天出汗五六次又落汗五六次，这真是奇异且让人难忘的经历。但是曼谷的空气质量很好，一天之内出了那么多汗，身上却没有泥，晚上回到酒店简单冲个凉，就又全身洁净清爽，让人倍感舒适惬意了。

可是我惊奇地发现：泰国人不怕热，也很少出汗——每天 37~38℃的高温下，许多当地人不是单衣短裤而是会穿长袖长裤，并且许多人还要穿深颜色的衣服。

经过向导游和当地人认真请教，我弄清了事情的原因——原来泰国最热的时候并不是 7—8 月而是 3—5 月，那时的气温能达到 50℃出头。而到了 7—8 月，气温大多是 38℃左右，已经比高峰时降了 10 多度，所以当地人不会感到闷热难受反而会感到几丝凉爽和舒适。原来是这么回事啊！

俗话说：一方水土养一方人。因此常到世界各国旅游，就会有特别多新的发现和感受。我还有更多的发现和感受，在本书接下来的内容中会娓娓道来，请您继续开心阅读。

畅游普吉岛

观 览 绝 佳 美 景

3. 畅游普吉岛，观览绝佳美景

到过马尔代夫的人，都不会忘记那里的无边大海和海上的碧水清波——马尔代夫真是人间罕见的旅游观光胜境，那里的海景很壮美，那里的海水很清澈，那里的旅游度假设施太完备，那里的游览让人太舒适、太开心！把去马尔代夫旅游度假说成是人类最高级的观光享受，这一点丝毫也不过分。

但是对于国人来说，去马尔代夫的成本非常高。毕竟要远涉重洋，开销万元左右的费用。所以去马尔代夫旅游这件事情，要做认真的准备和铺垫。

但是就在我们国家的周边，有这么一个好地方：那里山海景观齐备且山光水色俱佳，风光不输马尔代夫，甚至有些地方还要略胜一筹。况且去这里游览，只需支付去马尔代夫二分之一、三分之一甚至是十分之一的费用——这样的乐土仙境，我们怎能不予重视和关注呢？

这个美妙的地方就是普吉岛，它风光美、环境好、距中国近、游览费用低且签证手续简便。它是大自然对人类的慷慨馈赠，每个中国游客都应该去一次普吉岛，游后必感开心畅快，欢乐溢满心胸。

普吉岛秀丽的山光海色

☀ 当地气候

普吉岛全年可以游乐。3 月至 5 月天气最热；6 月至 10 月雨水多，气温低一些；冬季天气相对凉爽，与我国海南有些相似。

✈ 对外交通

国内各大城市有航班与普吉岛对飞。从北京飞往普吉岛航程 3~4 小时。

🎫 签证制度

泰国对中国游客实行免签制度，手续相对简单。

🕐 时差

普吉时间比北京时间晚 1 小时。

为您介绍此条线路的观光亮点和特点

　　1. 普吉岛风光柔美，海水清澈，旅游设施完备，休闲度假及娱乐购物和方式极多，是东南亚不可多得的观光胜境，笔者向大家予以强力推荐。

　　2. 因普吉岛距中国很近，可随时前往观景游乐。每去一次都会高兴而去、满意而归。

　　3. 费用低廉，经济实惠。国内旅行社组织的普吉岛 4 晚 5 天或是 5 晚 6 天游团费贵的 4000~5000 元，便宜的只需 3000 元上下甚至更低，堪称物美价廉，一般人都可以欣然接受。

笔者对此条线路的总体观光指导

　　国内各大中旅行社都会推出普吉岛游乐的线路，观光内容大同小异。本文推荐的应该算是标准线路，即5晚6天游，游程安排全面详细而又惬意轻松。游客不用操任何心，跟团行进即可。白天好好观景，晚上休闲购物娱乐，游览完毕后肯定会觉得意犹未尽。没关系，普吉岛就在那里，何时高兴，随时可以重新前往。观光游、度假游、家庭游、亲子游，什么都可以，样样皆开心。

旅行社公布的指定游程安排：泰国普吉岛 6 日游

第 1 天　天津（或其他城市）→普吉　参考航班：SL985

　　酒店：普吉特色五星酒店

　　早餐：自理　午餐：自理　晚餐：自理

　　搭乘豪华客机前往泰国美丽的度假胜地——普吉。普吉岛是泰国最大的岛屿，是东南亚具有代表性的旅游度假胜地。

第 2 天　普吉→攀牙湾国家公园→皮划艇→探岛中洞天→远观 007 岛→沙发里四合一景区

　　酒店：普吉特色五星酒店

　　早餐：酒店自助餐　午餐：海上回教村简餐　晚餐：CP 泰式 BBQ 烧烤自助

　　清晨入住酒店，稍事休息。早餐后前往攀牙湾国家公园，它位于普吉岛东北方约75 千米处的海面上，是全岛风景最美丽的地方，有泰国的"小桂林"之称。这里有数以百计的石灰岩小岛，名称和形态各异堪称百态千姿。乘皮划艇去探岛秘中洞天是重要的观光项目之一，因为攀牙湾的自然景观以各式各样奇石嶙峋的岩岛为主，所以小巧灵活的皮划艇特别适合游览攀牙湾景区。您可以与家人或朋友，齐心协力划桨荡舟，穿行于大小溶洞和岩石间，既壮观又刺激，还能在盘拿岛看到大片茂密的红树林，体验普吉岛除白沙碧海之外的另一番风景。007岛坐落于攀牙湾国家公园中心位置，是一座20米高的岩石孤岛。它曾是1974年电影《007之金枪人》的取景地之一。随着电影播出后声名大噪，该岛的知名度也是与日俱增，成为游人抵达普吉后的必观之景。午后返回酒店休息。之后去沙发里四合一观光（约30分钟），这是一个以乡村娱乐休闲为主题的景区，以还原泰国乡村生活情调为目的，不仅可以让您领略岛上的秀丽风景，更能让您了解泰国南部的民俗风情。骑在大象背上穿越茂密的热带雨林，欣赏沿路的风景，也是沙发里四合一旅游中的重头戏。随后前往橡胶园参观人们割胶和炼胶的过程。随后前往猴子学校参观令人捧腹不止、拍案叫绝的驯猴表演。晚餐后，回酒店休息。

第3天 帝王岛→小PP岛→大堡礁浮潜→燕子洞（远观）→天堂湾

酒店：普吉特色五星酒店

早餐：享用酒店自助餐　午餐：PP岛上用餐（离岛餐）　晚餐：大富豪龙虾将军面

酒店早餐后，前往码头乘快艇前往帝王岛，看风光绝美的大海、纯净无污染的沙滩。这里亦是国家级的珊瑚保护区和泰国唯一海豚保护区，幸运的游客可以见到成群的海豚跃出海面、追逐嬉戏的优美画面。在发育完整的珊瑚礁群中与成千上万条色彩缤纷的热带鱼嬉戏也是今日观光内容中的重头戏。后乘快艇前往大、小PP岛，此岛是泰国著名的国家公园，这里有柔软洁白的沙滩、清澈碧蓝的海水和诸多天然洞穴，未受任何污染的秀丽天然风貌，使得她从普吉岛周围的30余个离岛中脱颖而出，成为当地近年来炙手可热的旅游观光亮点。之后到大堡礁水域尽情的浮潜，会有成千上万条热带鱼与您共舞，各色珊瑚礁就在您的身边，神态多姿精美绝伦。随后前往燕子洞观看泰南燕窝的产地。后游览天堂湾。天堂湾三面环山，中间是一汪平静的海水，水平如镜，被人们称为天然游泳池或是水上桂林。会游泳的人一定要在这里下水开心游乐。之后乘快艇返回普吉，晚餐后返回酒店休息。

♥ 温馨提示：

如果遇上普吉岛大风浪天气，考虑到游客的安全因素，旅行社会安排游客乘大船上岛。不便之处，敬请谅解！

第4天 普吉→蓝钻珊瑚岛→神仙半岛→九世皇纪念塔→海龙寺+四面佛→泰式按摩→国际人妖秀

酒店：普吉特色五星酒店

早餐：酒店自助　午餐：岛上用餐（离岛餐）　晚餐：喜泰来特色餐

早餐之后，前往蓝钻珊瑚岛，作为泰国国家一级珊瑚保护区，这里的海域是潜水爱好者的天堂，美丽的风光可以和马尔代夫相媲美。客人可在此自费参加各种水上娱乐项目——刺激的香蕉船和空中拖伞以及能探索海底世界的深水浮潜，任何一项都能带给人新奇和快慰。中午在岛上简餐过后，返回普吉，游览神仙半岛。它位于普吉岛最南端的一处海岬之巅，此地在泰语中的意思叫"上帝的岬角"。由于在这的观景台上供奉了一尊四面佛，当地人也称它为"神仙半岛"。壮观的岩壁景观，是神仙半岛主要的风景特色。从神仙半岛可眺望到远处的离岛，黄昏时还可在此欣赏到普吉岛最迷人的落日余晖美景。九世皇纪念灯塔，矗立于神仙半岛的最高点，这里三面环海，场景十分开阔。之后游览灯塔旁香火旺盛的海龙寺和四面佛。膜拜有求必应的四面佛，第一面求平安、第二面求事业、第三面求婚姻、第四面求金钱。烧一套香烛，插一小束花在佛前，祈求神灵保佑、福寿安康。后前往泰式按摩厅（60分钟），这是正宗的泰式体验，有舒筋活骨、养颜美容的功效。晚餐后欣赏精彩的国际人妖秀（60分钟）。人妖是泰国旅游产业的一大亮点，知名度极高，每年都会有成年上万的游客前去观看那精美绝伦的表演。

❤ 温馨提示：

如果遇上普吉岛大风浪天气，考虑到游客的安全因素，旅行社会安排游客乘大船上岛。不便之处，敬请谅解！

第5天 皇家宝石博物馆→乳胶中心→燕窝生态馆→人蛇大战表演→泰国王权免税店

酒店：普吉特色五星酒店　早餐：酒店自助　午餐：鱼市场自助餐

晚餐：泰国王权国际餐厅自助餐

早餐后，前往参观皇家宝石博物馆展览中心。这里有泰国精品特产如各式各样的红、蓝宝石、印度洋深海珍珠可供您自由选购。此外角鲨烯软胶囊有降血脂，血压，调节"三高"的功能，对脂肪肝有很好的疗效，也可以有效预防治疗心脑血管疾病。在乳胶中心，您可以见识到泰国南部有名的天然乳胶制成的枕头及床垫，这是馈赠亲友的最佳礼物。随后前往参观燕窝生态馆，您可以品尝一碗有养身滋补功效的泰国南部天然海燕燕窝粥。之后观看惊险刺激的人蛇大战表演，只要您喜欢，可以拍一张在普吉岛蛇场与蟒蛇亲密接触的照片。这里除了可以欣赏到惊险刺激的表演以外，还销售各类蛇药，对治疗风湿和心脑血管疾病有显著疗效。晚餐时前往泰国王权免税店，享用国际餐厅自助餐，后前往酒店休息。

第6天 普吉→普吉机场→天津（或其他城市）

酒店：无　早餐：酒店自助　午餐：自理　晚餐：自理

早餐后，于指定时间集合，前往普吉机场，办理登机手续。挥别普吉岛的阳光美景、迷人海滩，结束本次浪漫精彩的海岛之旅，乘坐下午国际航班返回国内温馨的家。

普吉岛山水相映，风光如画

笔者对每天具体游程做出的观光指导和提示

第 1 天　天津（或其他城市）→普吉

凌晨起飞，去往普吉岛，飞行时间约需 4 小时。早晨抵达后入住酒店休息。本日没有团队推出的固定观光活动。

第 2 天　普吉→攀牙湾国家公园→皮划艇→探岛中洞天→远观 007 岛→沙发里四合一景区

上午和午后都是游览攀牙湾国家公园，这里的风光非常好，海水清澈、海景辽阔，各式山岩礁石景观更是形状各异、百态千姿。以乘船游览为主，来去都是乘快艇，劈波斩浪的感觉很刺激；中间探访岛中洞天时是乘坐皮划艇钻进山岩洞穴，曲径通幽处很有新奇的野趣。第一天的海上游乐就给人非常开心快活的感觉。黄昏时到达沙发里四合一，这是一座集观光和探秘多种功能于一身的游乐园，骑着大象巡游在丛林中颇感悠闲自在和开心快慰。

第 3 天　帝王岛→小 PP 岛→大堡礁浮潜→燕子洞（远观）→天堂湾

继续海上观光。先后去帝王岛、大小 PP 岛、大堡礁、天堂湾和燕子洞等滨海风光。上边的几个岛礁一个赛一个风姿绰约、美丽动人。本日的海上巡游与昨天虽有异曲同工之妙，但游乐效果更胜一筹。昨天全是乘船游览，但本日可以投身大海的怀抱，下水尽情游乐——可以嬉水和潜泳的地方有 4 处，分别是帝王岛、大小 PP 岛、大堡礁和天堂湾，尤以在大堡礁和天堂湾的水下游乐感觉最佳。您会得出两个结论：1. 普吉岛的大堡礁风光比澳大利亚的同名风景区也丝毫不差；2. 普吉岛论水色跟马尔代夫有一拼，论山光比马尔代夫还要略胜一筹。能来到这么美的海岛开心一游，是人生的一大幸运。

第4天 普吉→蓝钻珊瑚岛→神仙半岛→九世皇纪念塔→海龙寺＋四面佛→泰式按摩→国际人妖秀

上午去蓝钻珊瑚岛，观光效果也还行。午后到神仙半岛，登高观海，视野壮观。回程中经过海龙岩，与四面佛合影，这也是泰国旅游中的必修课。之后的泰式按摩和人妖表演与在泰国其他地方的同类项目无明显差异，本文不作单独评议。

第5天 皇家宝石博物馆→乳胶中心→燕窝生态馆→人蛇大战表演→泰国王权免税店

本日以购物为主，内容也算丰富多彩。可以选购心仪的各色商品，自己享用或是回国馈赠亲友。

第6天 普吉→普吉机场→天津（或其他城市）　参考航班：SL984

乘飞机返回国内。

关于此线餐饮、住宿、行车、游览、购物、娱乐各个环节的具体说明和指导

1. 🍜 餐饮

以泰国当地风味餐为主，餐标不低，早餐有米粉、荷包蛋、各式凉拌青菜及各类牛奶果汁。正餐鸡肉、煎鱼、牛排等主菜味道都很好，主食是米饭。国内游客完全可以接受，好好享受这样的美食经历。

2. 🏨 住宿

普吉岛上各式宾馆酒店都有；高中低档一应俱全。住什么级别的地方主要根据参加的团队级别档次和收费标准决定。最普通的民宿也会非常干净舒适，空调制冷效果也很好，游客尽可放心。

3. 🚗 行车

普吉岛面积不大，游览时不会长途跋涉，当地车况路况都好，行车途中看宝岛风情、览田园秀色让人颇感开心惬意。

旅行家指导：如何在普吉岛玩得高兴开心?

1. 要选准旅游季节——那里夏天热，冬天舒适，但是冬天团费贵而夏天便宜，这是矛盾的，游客可根据自身条件和喜好进行选择。建议您是春天或秋天去，此时天气比夏天凉快，而费用又比冬天便宜，算是万全之策，何乐而不为?

2. 去普吉岛参团游效果挺好，本章的规定游程精彩全面，不必加上游客个人的灵活调整和发挥，在导游的引领下按指定行程观光就能让您倍感开心快慰。

3. 个人认为去普吉岛不用提前许多天报名，因为国内的多家旅行社都经营那的旅游项目，发团频率非常密集。如果出现有客人临时去不了的情况，旅行社就要把空出的名额临时出售，专业术语叫"甩位"——"甩位"的收费标准都很低，有一次笔者

就是在团队出发前补缺去了普吉，5 晚 6 天游团费才花了人民币 999 元（且不要求必须购物），真是超级实惠。

4. 最后要说的是，普吉岛的风光非常好，山光水色俱佳，海景堪称世界一流，而且旅游观光及休闲度假设施非常完善，因此笔者予以强力推荐——建议您一生中至少去一次，就是每年去一次也完全可以。普吉岛，真是一个令人向往和怀恋的地方！

普吉岛海上风光，景色之美令人流连忘返

畅游越南下龙湾、河内

越南北部风光醉煞游人

4. 行程简单且路途极近，越南北部风光醉煞游人

到过广西的人，都不会忘记桂林风光的神奇和瑰丽——那是一片多么辽阔广袤的天然山水美景啊——从桂林市区到阳朔，漓江流过了 83 千米的漫长距离，沿岸随处可见碧水映青山、绿荫掩乡村，竹筏在溪河清波间缓缓漂游，牧童牵着耕牛在田野间悠闲漫步、随意穿行。这一幅大自然鬼斧神工写就的山水风情画卷，惊艳和感动了来自世界各地的游客，这么美丽的风光在国内可以算是绝无仅有的。

但是如果我要对您说，在离桂林并不太远的地方，还有同样辽阔的一片奇山绿水，且空间更开阔、景色更壮美、风光更迷人——您愿意去那里探奇揽胜，把美景收进眼帘融入心胸吗？

那个神奇壮阔的地方就是下龙湾，它位于越南境内的广宁省下龙市，由 1500 平方千米的辽阔海域和 1600 余座奇礁岩怪景观构成。它是越南北方最著名的海上风景区，声名很显赫，人气超级旺盛，每年吸引着 200 余万游人前来观光游乐。

壮观迷人的下龙湾海上风光

☼ 气候与游览季节

越南气候温暖，全年皆可开心游览。但夏季会有台风来袭，影响游客出海观光。行前请务必关注天气和气象预报，避免受到台风过境时的干扰。

✈ 对外交通

国内各大城市有航班同越南对飞。但去越北观光，国内游客大多是先到广西南宁、北海、防城港等城市，之后从东兴口岸或是凭祥口岸出境前往。

▣ 签证制度

越南对中国游客实行落地签制度，旅行社代办即可。

⏱ 时差

越南河内时间比北京时间晚 1 小时。

为您介绍此条线路的观光亮点和特点

> 下龙湾的地形地貌与我国广西桂林很相似，风光的美妙动人程度与桂林相比各有千秋。但是如果把它俩做一个全方面的衡量与比较，那您不得不承认，下龙湾的山水风光在许多方面真的比桂林要略胜一筹。

一. 比比山光

桂林和下龙湾都以山光水色见长，桂林的山都在江边（漓江）、河畔（遇龙河）而下龙湾的山岩全部在海上；桂林的山形很美，挺拔而秀丽，而下龙湾的山岩形态怪诞更显神奇诡异——在这个方面对决，双方可以说是不相上下，平分秋色。

二. 比比水色

桂林的水是江是河，很是蜿蜒曲折；而下龙湾的水是大海，更显波澜壮阔——论规模论气势，海确实比江和河要壮观许多，在这个方面下龙湾确实要明显占上风。

三. 比比全年旅游季节的长短

桂林的气候是四季分明，冬冷夏热，旅游季节一般是 4 月初到 11 月初，严冬时节不适合游览——如果一定要去游效果也不会太好（冬季漓江枯水期时还会有游船停航的时候）。可下龙湾就不同了，那里气候炎热，四季皆宜观光，常年皆可恭候游人。

综上所述，我们可以得出鲜明的结论，那就是下龙湾是个好地方，极具观光价值——这句话丝毫不过分。况且越南与我国广西和云南两省接壤，下龙湾离中越边境又很近（还可以同越南首都河内连线游览），加之中越两国跨境游手续简单、交通便利、收费又便宜（4 天 3 晚游团费只需 1000 余元）——这么多优点集于一身，我们不抓紧时间行动去那里开心一游，还在等待什么、顾虑什么呢？

笔者对此条线路的总体观光指导

1. 本线主要包括越南北部的两大观光亮点，分别是下龙湾和首都河内。下龙湾的风光非常壮美，绝对值得一看。如果有谁没去过下龙湾，没领略过"海上桂林"的妙景奇观，那真是人生的一大缺憾。

2. 首都河内的城市风光虽然比不上我们国内大型城市的规模和气派，但还是有一些观光亮点。加之行程中参观了一些特色街区，那里百姓生活的场景很有烟火气，很有迷人的韵味，所以在河内的两个半天观光也挺物有所值。

3. 以上的行程只有 4 天（其实真正的观光时间只有两天），可谓用时短，收费便宜，手续简便且观光效果尚好，所以笔者向大家予以强力推荐。

旅行社公布的指定游程安排：越南下龙湾、河内 4 日游

第 1 天 广西东兴→越南芒街→下龙

住：下龙

游客在导游引领下于中午 12：00 前往广西东兴口岸办证大厅办理手续联检出境，之后出关进入越南芒街（此时出关正好错开关口出境高峰期，可轻松过关）。途经中越友谊大桥时可欣赏中越界河北仑河景观。入境后前往越南芒街休息站等候导游办证，等候期间可观览边关秀色，同时品尝越南独具特色的小吃——法棍等。之后乘旅游大巴前往下龙市（车程约 2.5 小时）。晚餐后入住酒店休息。

第 2 天 下龙→河内

早餐：酒店早餐　　中餐：越式围桌餐　　晚餐：越式围桌餐　　住：河内

早餐后乘车前往巡州岛度假区，下龙湾就在这里。先观赏海滨风光，看越南的国粹"水上木偶戏"表演（此表演作为赠送项目，因表演时间不固定，如景区无表演则取消，无费用退还）。后乘越南特色红木游船漫游世界八大自然遗产之一的"海上桂林"——下龙湾，游览时间约 4 小时。下龙湾风光很美——在 1500 多平方千米的海面上、耸立着 1600 多座大小不一、千姿百态的喀斯特地貌山石，山光海色诱人且以"海美、山幽、洞奇"三绝而享誉天下。游客先在游船上观狗爬山、香炉山、斗鸡山等数不胜数的海上奇景，再乘小船游览下龙湾的精华景点之一迷宫仙境，并享用船上独家安排的特色热带水果大餐，随后游客在船上继续观赏由多座奇礁怪岩（如大拇指山、青蛙山、天鹅山等）组成的千姿百态的山海奇观。中午在船上用餐。

午餐后乘坐快艇前往海上天坑，抵达天坑洞口后换乘小木船进入洞内。海上天坑是一个周围布满垂直绝壁的封闭海湾，海湾中央水平如镜，四面陆崖高耸，风光奇异，美景宜人。游完后前往越南最浪漫、最漂亮的岛屿"天堂岛"，岛上活动时间为 1~2 小时。在细白的沙滩上您可以玩各种海滩游戏，指定区域还可以游泳嬉水；登上岛屿的山顶能俯视海上桂林下龙湾的壮阔全景，拍摄您心仪的美丽画面。随后坐船返回码头，乘车前往首都河内。抵达后观还剑湖秀色——还剑湖位于河内旧城的中心区，被称为河内第一风景区，河边风光很美。之后可近距离接触越南文化街区——林荫大道两旁有着许多装有百叶窗和瓦顶的古老砖质建筑，仿佛向世人讲述着这个城市的悠久历史。在美丽的还剑湖旁和各条狭窄的古街道上，游客可以乘坐特色交通工具人力三轮车观赏沿途的湖景和街景，领略河内特有的城市风情。

之后去网红打卡地"三十六古街"——越南河内有多条古老街区，最有名的还是这个叫三十六街的地方。这里的街道四通八达而又相互交错，每一条街道都承担着不同的商业职能并因此而得名，分为工艺品一条街、美食一条街、酒吧一条街、服饰一条街等。游客在这里逛上一圈一定能留下新奇温馨的购物和美食经历，游览时间约 1

小时。之后游览河内大教堂，它建于 1886 年，外观为法式风格，是河内有代表性的古迹名胜之一。游览时间约 30 分钟。享用晚餐后入住酒店休息。

第 3 天　河内→下龙

早餐：酒店早餐　中餐：中/越式围桌餐　晚餐：越式围桌餐　住：下龙

下龙湾最佳观光点天堂岛

　　早餐后游览河内的中心广场巴亭广场。巴亭广场是河内人民举办集会和节日庆典活动的中心场所，级别和功能相当于北京的天安门广场。广场周边分布着众多的政府办公机构和外国驻越使领馆，著名的胡志明陵和胡志明博物馆也在这个地方。之后参观主席府。主席府是一幢极漂亮的法国式建筑，曾是法驻印度支那总督居住和办公的场所，著名的胡志明故居也在这里。

　　午餐安排"特色莲花自助餐"，这是越南独具特色的招牌美食，游人可尽享由 200 款越南特色风味美食组成的盛宴。午餐后乘车赴下龙，抵达后入住下龙酒店休息片刻。之后乘车前往越南北方最大的佛教圣地——三金禅院观光。三金禅院原名宝广寺，始建于 1676 年。它位于 340 米高的清荡山间，背靠安子山脉，面向东海。山上有华安寺，香火旺盛，远近闻名。游览完毕后乘车返回下龙，抵达后回酒店休息。

第 4 天　下龙→芒街→东兴

早餐：酒店早餐

　　早餐后乘车返越南芒街口岸（180 千米，2.5 小时）。抵达芒街后，由越南导游办理离境手续（游客需在口岸附近休息半小时左右），之后返回广西东兴，结束愉快的旅程。

关于此线餐饮、住宿、行车、游览、购物、娱乐各个环节的具体说明和指导

1. 🍲 餐饮

到越南游览的中国人很多，根本不是几个中餐馆能接待得了的，所以用餐的地方，往往是专门接待大型团队的餐厅——级别不一定高，但空间真不小，跟国内的大型企业餐厅或是"人民公社大食堂"似的。饭菜标准不高但品种不太少，每餐约6~8个菜（烧全鱼应该会有），主食肯定是米饭，完全可以吃饱，甚至也可以吃好。

2. 🏨 住宿

豪华纯玩团住宿标准还行，全程住当地四星级酒店，但客房也是国内普通宾馆的水平。而普通团的住宿条件很一般，大概是相当于国内普通旅馆或是招待所一类的地方，应该不会让人感到非常气派舒适，各位需要有足够的思想准备。

3. 🚌 行车

旅行社保证的乘车标准是一人一正座，也就是说与陌生人挤在一个双人座位上也是可能的，加上越南的路况也很一般，所以对"行"这个环节的要求不能太高。好在游览只有几天时间，能顺利往返也就可以了，豪华舒适基本不要想。

4. 🧍 游览

下龙湾的风光非常壮观迷人，一旦上船就要做好准备，仔细观赏海上的每一个精彩瞬间——海上360度全方位都能看到好风景，所以要既拍图片又拍视频，这样记录效果才会圆满。

下龙湾海景的中心是天堂岛，游船会在此停船两小时左右，让大家上岛观光。请切记一定要登上该岛的山巅，在上边可以拍到壮丽的海岛全景。若是天气好、光线好、器材好而您又认真取景拍摄，在那里拍出的照片是能够参加摄影大赛或是高级别的摄影展览的。

河内的标志性景观是巴亭广场，以广场上的胡志明陵为背景拍摄人像照很有纪念意义。另外，主席府内也有一些精彩建筑可以入画。河内的其他景观画面一般，笔者不做专门推荐。

行程的第三天晚上，会在下龙湾市度假区住宿——这里宾馆酒店林立，餐饮酒吧众多，休闲假设施极为完善。晚间整个度假区内华灯齐放，到处是霓虹闪烁、溢彩流光，祝您在此度过一个温馨难忘的夜晚。

团费报价包含：

1. 酒店：越南全程升级住宿下龙四星、河内四星标准双人间。在不影响房数的情况下夫妻可以安排一间，若出现单男或单女且团中无同行团友同住，需要补单人房差费用。

2. 交通：乘越南空调旅游车（保证每人一个正座）。

3. 用餐：全程含5正餐3早餐，正餐餐标：30元/人/餐。

4. 景点：行程中所列景点首道门票。

5. 领队：安排中国领队全程服务。

6. 导游：安排中文导游全程服务。

参考酒店

下龙四星：皇家别墅、梦泉、HABOUR、DC、下龙港、珍珠、东盟、米题，或不低于此标准的其他酒店。

河内四星：河内圣芭芭拉酒店、windy酒店或不低于此标准的其他酒店。

办理签证须知

需办理落地签，请提前三个工作日将6个月有效期以上的护照复印件以扫描或传真的方式发给旅行社。客人出境时请随身携带护照原件及2张3cm×4cm规格的白底证件照。

发烧友关照：为您介绍赴越旅游的有关注意事项

1. 中国公民出境去越南每人携带人民币不能超过20000元。

2. 中国政府规定严禁中国公民在境外参与赌博与朝觐。

3. 要遵守我国出入境纪律，整团出境，整团入境，不能擅自离团。

4. 在境外要注意安全，出门要结伴而行，最好不要随意购买当地小贩的东西。

5. 语言：越南语为当地官方语言，南方地区英语、普通话、粤语、潮汕方言亦可通用。

6. 币值：越南货币单位为越南盾，1人民币约合3500越南盾（每天汇率不一样），如需使用，可与导游或领队兑换。

7. 气候：北越为亚热带季风气候。冬天气温15~20℃，夏天气温28~36℃。夏季极易受台风影响。如遇台风来临，下龙湾海域海事部门会封海，导致无法游览下龙湾，游客应做好心理准备。

8. 衣着：全年皆以夏天衣物为主，并应携遮阳帽及太阳眼镜。

9. 电压：220V，房间为双向圆孔插座，卫生间有双向或三向插座（旅客若需带电器用品须注意其适用性）。由于电压不足，当地常有停电现象发生，但是各家酒店和宾馆都备有发电机组可自行发电供电。

10. 住宿：宾馆、酒店都备有卫星电视、空调，但热水供应一般由单体的电热水器提供。有些酒店需进房间后自行打开热水器开关，等待20分钟左右方有热水流出。酒店宾馆一般备有牙膏、牙刷和非一次性使用的拖鞋、毛巾等用品。

11. 通信：游客可携带移动电话，开通国际长途功能后可随意使用。

12. 治安：由于越南经济发展水平较为落后，治安状况不是太理想，游客应注意不要单独出行或施惠给乞讨者，以免招致不必要的麻烦。

13. 在有些重点景区参观，如河内胡志明陵等，需要遵循统一的着装标准：男士的裤子和女士的裙子需长

胡志明陵

过膝盖方能入内。另外请勿戴帽子及墨镜，照相机、摄影机亦不能随身携带。

旅行家指导：如何精心设计行程，在下龙湾——河内这条旅游线上收获锦上添花般的美妙感觉？

去这条线观光有两种参团方式：1. 在国内所在省市参团、游览后马上返回所在省市。2. 从所在省市出发，到广西境内后参团，比如南宁、北海、东兴都是很好的参团地点。出境地点主要是东兴和凭祥两个城市。

笔者认为第 2 种方式更好，因为第 1 种方式来去匆匆，能观景游览的时间只有在越南境内的几天，观光收获很有限。但是第 2 种方式可以随意扩大游览范围和内容——比如到北海后可以先游银滩和涠洲岛，之后再去越南。返回时从东兴口岸入境后，可以去广西其他地方继续游玩——南宁、崇左、德天瀑布、古龙山峡谷，甚至北上巴马和桂林，都是绝好的候选地点（若从凭祥出入境，可沿途观览友谊关、宁明花山、名仕田园等佳景）。这样可供观赏的景区多了去了，不比您出来一次只在越南玩 3~4 天要开心许多吗？

时间充裕而又经费相对充足的游客尽可以选择我上边提供的方案，定会让您高兴而来，满意而归。

越南、柬埔寨两国8日游

越、柬两国美景尽收眼底

5. 行程 8 天，从胡志明市到金边，越、柬两国美景尽收眼底

柬埔寨王国位于东亚大陆中部，南临泰国湾，西、北、东三侧分别与泰国、老挝和越南三国接壤相邻。

柬埔寨是历史悠久的文明古国，在当代历史上也历尽沧桑、饱经磨炼。现在柬埔寨重回和平、发展的生产生活秩序，众多的旅游资源也被开发开放出来，向世界各国的游人展示自己独特的风姿和神韵。

柬埔寨的自然风光秀丽，名胜古迹众多——湄公河宽阔浩荡，洞里萨湖烟波浩淼，吴哥窟更是以宏伟的规模和丰厚的历史文化底蕴而名垂千古、名扬天下。

由于路途不远、签证手续简便且旅游费用低廉，所以国人去柬埔寨观光游览是很轻松平常的事。国内的各家旅行社也都在经营赴寨旅游的线路，其中以柬埔寨一国游居多。但是作为国内权威的导游书的作者，笔者不会墨守成规，而是力求别具匠心和推陈出新，于是我们在众多赴柬观光项目中筛选了一条有新意的线路，用较短的时间和较低的费用，游览越南和柬埔寨两个国家，性价比超级优越，下面我们就为您详述这个 8 天游程的具体内容。

越南胡志明市最漂亮的建筑红教堂

☼ 当地气候

两国气候炎热，12 月至来年 2 月气温稍低，观光最舒服，但全年皆可游览。

✈ 对外交通

国内各大城市有航班和两国对飞，从北京飞往胡志明市航程 5 小时左右，北京飞往金边需 3~4 小时。

▣ 签证制度

去越、柬两国观光要办理旅游签证，交由旅行社代办非常便利。

◷ 时差

越南河内时间和柬埔寨金边时间比中国北京时间慢 1 小时。

为您介绍此条线路的观光亮点和特点

1. 国内各旅行社推出的越南游大部分是去河内、下龙湾一线，还有芽庄一地。本线着重游览了越南南部的胡志明市和湄公河一线，因此颇显与众不同，挺有新意。

2. 国内各旅行社推出的越南一国游和柬埔寨一国游挺多，但越、柬两国连线游不太多。本条线路有效地弥补了这个空白，所以颇具吸引力、诱惑力。

3. 本条线路全年皆可游览，尤其是冬春时节，由于越、柬两国气温较高，因此从观光和避寒的角度来说，此线也值得国内游人重点关注。所以，笔者向大家郑重推荐。

笔者对此条线路的总体观光指导

本线的观光内容丰富，按规定行程游览效果就会很好，因此即使不做任何自由发挥，也会让游客感到满意和开心。在柬埔寨吴哥逗留时，会有自由活动的时候，适当参加自费项目，会带来新的发现和惊喜。此线所到之处，治安状况较好，游人可放心观光。但是晚上不要到离酒店太远的地方自由活动，切记安全第一。

旅行社公布的指定游程安排：越南、柬埔寨两国 8 日游

第 1 天　从国内飞往越南胡志明市

乘坐红眼航班，请按时抵达机场，办好登机手续。申请一个靠窗座位为好，好好休息。

安全提示：证件、贵重物品，如护照、身份证、机票、现金等请务必随身携带，不要放在行李箱中，不要将贵重物品放入托运的行李，托运行李时一定要包装结实并上锁。

第 2 天　抵达胡志明市，去湄公河及河上岛屿参观游览

　　早晨到达胡志明市，先将行李物品存在酒店。早餐后乘车游览湄公河，并乘船跨越河面去河上岛屿参观。湄公河干流长约 4900 千米，是世界第九大河、东南亚第一长河；在越南境内水流长度近 230 千米。丰水期河面宽阔，水量充沛，景色壮美，是游人关注和游览的重点区域。

　　往返游览约需 5 个小时。随后驱车回到胡志明市，返回酒店办理入住手续，下午于酒店休息并自由活动。适时集体外出享用晚餐，随后返回酒店休息，晚上可购物、娱乐。

第 3 天　胡志明市观光：总统府→红教堂→邮政大楼→市政厅 / 歌剧院→柬埔寨金边→塔仔山

　　早餐：酒店自助　午餐：当地越南风味餐　晚餐：金边当地桌餐

　　住宿：金边当地星级酒店

　　早餐后参观总统府，它建立于 1868 年，是由当时法国统治者所建，当时是总督府。随后参观胡志明市最著名的地标式景观红教堂 (外观)，它建于 1877 年至 1883 年间，是座新罗马风格的教堂，外观挺拔俏丽，非常美观耐看。西贡市邮政大楼是法式风格建筑，建于 19 世纪末，是重要的文化遗产。游客可在市政厅门前广场的胡志明铜像前拍摄留念，后参观歌剧院外观，约 10 分钟。随后乘车前往金边，抵达后游览塔仔山，塔仔山是金边的发祥地，高约百米，山顶供有"奔"(即金边的英文单词 penh) 夫人之像，是金边的象征之一。站在塔仔山上可以俯瞰整个金边市，晚餐后返回酒店休息。

第 4 天　金边：皇宫→金银寺→独立纪念碑→皇宫广场→乘车至暹粒

　　早餐：酒店自助　午餐：Sou Sou (火锅自助)　晚餐：Green Suki 餐

　　住宿：暹粒当地星级酒店

　　酒店早餐后，出发前往西哈努克大皇宫参观，里面共有 20 余座建筑物，外观极富高棉传统风格和宗教色彩——王宫建筑的屋顶中央都有高高的尖塔，屋脊两端尖尖翘起，造型美观，金碧辉煌。整个王宫分为两部分，北面部分因有王室居住，游客不能入内参观，可供参观的为南面的银殿。两部分各有围墙，中间为一条通道，有门相通。除外国游客外，本地人来朝拜的人也很多。进入加冕宫和银殿内都需要脱鞋脱帽。宫殿内严禁照相。之后参观金银寺、独立纪念碑、金边皇宫广场。午餐过后出发前往暹粒 (五个半小时车程)，抵达暹粒市后参观灵芝店 (1 小时)。随后享用晚餐，回酒店住宿 (备注：若因金边大皇宫遇国家特殊节日不开放，旅行社将自动更改为参观波尔布特罪恶馆。)

第 5 天　暹粒：大吴哥 (南大门→巴戎寺→空中花园→巴本宫→斗象台→ 12 生肖塔→古代法院塔普伦神庙)→小吴哥

　　早餐：酒店自助　午餐：柬式餐　晚餐：Kingdom Angkor

坐落在金边独立广场上的西哈努克纪念亭

住宿：暹粒当地星级酒店

早餐后前往大吴哥城的南大门。在进入都城前，远远便会看到高达 7 米的大石城门上，四面都刻着吴哥王朝全盛时期国王加亚巴尔曼七世面容的雕像，此像象征眼观四面耳听八方的四面佛莎。接着进入城中参观由 54 座大大小小宝塔组合而成的巴戎庙（停留约 45 分钟），其中最特殊的设计是寺中每一座塔的四面都刻有 3 米高的加亚巴尔曼七世国王的微笑面容。共有 200 多个"微笑"分布在葱绿的森林中——多变的光线或正或侧、时强时弱地照射在塔丛中，使得每尊雕像轩昂的眉宇、中稳的鼻梁、热情的厚唇、慈善的气质都展示得非常清晰和逼真。国王微笑的感染力胜过建筑本身的宏伟，给旅客的印象极深，难怪此景会被其后代子孙尊称为"高棉的微笑"。趁着凉爽的晨风，专车前往参观加亚巴尔曼七世所遗留下来的建筑群空中花园、巴本官、斗象台、12 生肖塔及古代法院。接着前往参观塔普伦神庙（停留约 1 小时），此庙建于 12 世纪末，尊奉婆罗门教及佛教，有巨大的树木盘结在围墙庙门口，被人视为奇观。下午前往参观名列世界七大奇景的小吴哥（停留约 2 小时）。小吴哥总建筑群占地长 24 千米、宽 8 千米，全城雕刻之精美令人惊叹，有"雕刻出来的王城"之美誉。小吴哥也是高棉有史以来最宏伟的都城。傍晚时分前往巴肯山（停留时间约 1 小时），它是小吴哥附近的一座山丘，海拔不足 70 米，但却是整个吴哥景区的制高点。山顶建有巴肯神殿，体现了当时高棉人对山的崇拜。如果天气允许，还可欣赏到壮观的吴哥落日，金色的阳光笼罩着被热带雨林围绕的千年古寺，给人穿越时空的奇妙感觉 (注：从 2011 年 11 月 1 日起，柬埔寨巴肯山限制上山人数 300 人 / 天，如遇当地状况无法安排登巴肯山观看夕照时，旅行社将会由导游或领队另寻观赏夕照最佳景点)。之后参观宝石店、丝绸店 (每个店停留 60 分钟)。

第 6 天 暹粒自由活动

早餐：酒店自助　午餐：敬请自理　晚餐：敬请自理　住宿：暹粒当地星级酒店

本日您可以享受一个没有"叫早"的早晨，留给您属于自己的自由时间。享用酒店早餐后全日自由活动，可到酒店游泳池嬉水或是倚在池畔躺椅上悠闲地看书，不再需要赶路，感受安详而宁静的生活，这才是人生的开心享受。

推荐自费项目：全凭客人自愿购买，当地导游领队仅提供信息介绍，绝不会强迫销售。

自费项目之一是参观崩密列。它是一座位于柬埔寨暹粒省的吴哥古迹寺庙风格的印度教寺庙，在吴哥古迹群以东 40 千米处。它是吴哥建筑群中第一座完全用沙石建筑的庙。目前它依然被丛林严密包裹着，并且尚未被大规模修复。由于所处位置比较荒僻，所以许多浮雕和塑像已被损毁。据学者推测，崩密列大约建造于 11 世纪末至 12 世纪初，即苏利耶跋摩二世时期。这座印度教庙宇是用来供奉湿婆神的。虽然它是一座印度教寺庙，可是庙中有一些雕塑反映的是佛教的主题。崩密列也是一座破败、隐秘、未经修缮的寺庙，这座神庙从来没有完工过。原本应该有浮雕的寺墙上都空空如也。和吴哥窟一样，崩密列外围有条护城河，长 1.2 千米，宽 0.9 千米，建筑格局与吴哥窟有异曲同工之妙。由于地处偏僻，来崩密列参观的人不多，这里颇显原始古朴和幽静。

自费项目之二是游览洞里萨湖 (含船)。洞里萨在高棉语中意为"巨大的淡水湖"或是"大湖"。它又名金边湖，位于柬埔寨的西部，是东南亚最大的淡水湖。枯水期是 12 月至来年 4 月，这时湖水经洞里萨河注入湄公河，湖水平均深度为 1 米，面积 2700 平方千米。雨季因湄公河回流，水深可达 9 米，面积则扩展至 16000 平方千米。因为湄公河水内含冲积物质所带来的养分，使得湖中生长出大量的鱼虾，无论旱、雨季湖中的水鲜都出产甚丰。目前洞里萨湖是柬埔寨北部的主要的"肉食仓库"，湖的周围有 300 万以上的人直接或间接地以渔业为生。

自费项目之三是观看《吴哥的微笑》大型表演。它是在原中国文化部和柬埔寨文化部共同支持下，于 2010 年由云南文投集团投资，在柬埔寨吴哥窟打造的一台全方位展示柬埔寨吴哥王朝历史文化的大型歌舞演出，全剧选取吴哥文化瑰宝中最具代表性的文化意象，结合现代手法加以表现，观赏效果好，受到各国游客的关注和欢迎。

吴哥窟古风古韵浓郁，景色秀丽迷人

第7天 暹粒→金边：姐妹庙→国王行宫→大榕树古民俗文化村→柬埔寨皇家公园→金边

早餐：酒店自助　午餐：帝国餐厅　晚餐：越式风味餐

住宿：金边当地星级酒店

酒店早餐后，参观姐妹庙，它是暹粒市当地香火最旺的庙宇。姐妹庙坐落在绿树丛中，门口有白色镶着金边的护栏边，有两尊金色的石狮护卫着庙宇。红瓦的顶上镶嵌着金色的带有浮雕图案的三角形尖顶，构成一幅精致的图案。完美协调的色彩极富诱惑力，吸引着游人们的目光。随后参观西哈努克老国王的国王行宫、然后去暹粒吴哥木雕店、乳胶店（每个店60分钟）。随后前往大榕树古民俗文化村，大榕树村是一个历史悠久、民风淳朴、风景优美的地方。这里的佛教文化和手工技艺文化随处可见，游客可以近距离和当地百姓接触、互动，更多地了解柬埔寨民风民俗，同时宾客亦可选购一些当地纯手工制作的纪念品。随后游览柬埔寨皇家公园（20~30分钟），它位于吴哥市中心，交通非常方便。在皇家公园中可以观赏到许多百年以上的巨木。往中心地带走去，有几棵参天大树上倒挂着许多黑色的大蝙蝠，周围的草坪中有很多当地人在拍摄婚纱照。在炎热的天气中去绿色的园林里走走，心情会舒畅不少。再购买一些当地的榴莲冰棒吃，真是不错的享受。本行程附赠吴哥CDF免税店（40分钟），随后驱车返回金边，享用晚餐，随后入住酒店休息。

第8天 金边→北京

早餐：酒店安排　　　午餐：自理

因送机时间较早，故在酒店打包简易早餐，随后驱车前往金边国际机场，办理出关手续，集体返回北京，结束愉快旅途。

笔者对每天具体游程做出的观光指导和提示

第 1 天　从国内飞往越南胡志明市

晚上去机场集合，乘"红眼航班"飞往越南胡志明市，飞行时间约为 5~6 小时。

第 2 天　抵达胡志明市，去湄公河及河上岛屿参观游览

早晨 6 点左右抵达胡志明市，约 7 点钟享用越式早餐（以米粉和小菜为主）。之后将行李存在酒店，乘车去湄公河三角洲游览。河面挺宽，游人要乘船渡河到河心小岛参观民族村寨，观看歌舞表演。然后换乘人力划船，穿越河边的浓密丛林，颇有神秘惊险的韵味。下午回酒店休息。

第 3 天　胡志明市观光：统一宫→红教堂→邮政大楼→市政厅→歌剧院 →柬埔寨金边→塔仔山

早上在胡志明市中心观光，参观统一宫、百年红教堂、西贡市邮政大楼（即法式邮局）、市政厅和歌剧院都是观光亮点。其中红教堂外观造型极为精致美观，是拍摄风景照和人像纪念照的绝好地点。

下行乘车去柬埔寨，抵达首都金边后做简单浏览。

第 4 天　金边：皇宫→金银寺→独立纪念碑→皇宫广场→乘车至暹粒

上午观览金边独立广场和独立纪念碑、金银寺和金边西哈努克大皇宫——独立广场和纪念碑是代表性景点，但是面积不太大简单观赏即可；而皇宫则是既宏伟气派而又精巧俏丽的庞大建筑群，在这里停留 1.5 小时左右。

下午乘车去暹粒——也就是著名的吴哥窟所在地，车程约需 5 个小时。

第 5 天　暹粒：大吴哥（南大门→巴戎寺→空中花园→巴本官→斗象台→ 12 生肖塔→古代法院塔普伦神庙）→小吴哥

全天游览吴哥——规定行程中的参观内容非常丰富，行程介绍也描述得非常详尽细致，按指定观光次序行进即可。要注意吴哥窟及其附属建筑部分虽然规模庞大，但目前现存的只是它的遗址，它并不像北京故宫那样是连成一片的建筑群，而是一片一片散落在广袤原野上相对分散而独立的古代建筑遗迹，因此在观光拍照时应抓住重点；大吴哥景区巴戎寺中的"高棉的微笑"和附近的"塔普伦神庙"是核心和重点景观，小吴哥景区中的圣剑寺是最好看的庙宇；游客在一天的时间中欲览吴哥的全景，应该遵循舍去一般而关注要点的方针，这样才能有好的观光效果。

这一天的观光内容很充实，但也有点儿辛苦；如果是在夏秋时节前往，还要忍受当地的骄阳和高温。请务必前一天晚上休息好，观光中注意防晒，并多喝清凉饮料，保

存好体力，最大限度地把本次游览中最重要的内容和成果收入囊中。

第6天 暹粒自由活动

全天自由活动，可以在酒店里休闲享受，也可参加自费游览活动。规定行程中推荐了两个自费项目，分别是到崩密列观光和去洞里萨湖游览。若是在雨季，笔者推荐您去洞里萨湖一游，湖面很壮阔，水上风情也很独特迷人。而枯水期湖面较小，风景要打一些折扣。

晚上可以看《吴哥的微笑》大型演出表演。

第7天 暹粒→金边：姐妹庙→国王行宫→大榕树古民俗文化村→柬埔寨皇家公园→金边

继续在暹粒观光。今天的观光比较悠闲，按规定游程中确定的日程和次序行进就行。其中大榕树古民俗文化村和皇家公园可多留意一些。

晚上返回金边住宿。

第8天 金边→北京

从金边飞往北京。

关于此线餐饮、住宿、行车、游览、购物、娱乐各个环节的具体说明和指导

1. 餐饮

早餐有当地风味早餐（有米粉和其他特色美食），也有在酒店里吃的西式早餐。正餐以当地风味餐为主，虽是异国风味，但与中餐相差不大，国内游客完全可以接受。其中在越南和柬埔寨，还分别安排了一两次档次很高的自助餐，用餐效果可以让人满意和开心。

2. 住宿

在越南住普通宾馆，条件一般。在柬埔寨暹粒，住四到五星级的酒店和度假村，条件很好，有露天泳池，令游客感到舒适惬意。

3. 行车

乘坐当地旅游车，车况很好，但路况一般。

4. 游览

除了从越南到金边和金边到暹粒路程中各行车几小时外，游览观光中的长途跋涉并不多。除去在吴哥的那天游览内容很满以外，其他时间观光挺显灵活悠闲。游客按指定行程推进即可。如果盛夏时节前去，可能会因天气炎热而感到体力消耗明显，因此应注意尽量在春、秋、冬三季前往，冬季时此线的游览避寒效果可与我国海南相提并论。

发烧友关照：对本条旅游线路的观光补充提示

1. 国内旅行社组织的柬埔寨一国游很多，但柬、越两国连线游的团队不多，本线在这个环节上有新意，因此建议您重点关注和选择。

2. 在越南观光时，首先应观拍好湄公河的水上风光，这条河非常宽阔浩荡，河面上有各式船只往返穿梭，画面美而生动，给人的印象很深。

3. 胡志明市的红教堂造型很漂亮，请注意一定要在这里以它为背景拍下您的风姿倩影。

4. 柬埔寨首都金边适合拍人像纪念照的地方主要是皇宫和独立广场，以皇宫内的精美建筑和独立广场上的西哈努克铜像为背景拍下人像纪念照，是您来到金边的最好纪念。

5. 在吴哥，适合拍人像纪念照的背景建筑和雕像主要有两处，一是大吴哥中"高棉的微笑"景区，二是小吴哥中的圣剑寺，它们的形态都很鲜明有个性，一定要给予足够的重视。

6. 在金边到暹粒的行车途中，会经过一个景色很好看的湖泊，即磅通湖。旅游车会在这里短暂停留，让游客休息和购物。请注意观拍这处湖泊美景。

7. 暹粒因为是吴哥窟的所在地，所以开发和开放得很好，旅游设施完备，宾馆、酒店、餐厅林立，游客可以在这里开心享受。此外这里夜生活的内容和情调也很丰富、诱人。此线最温馨柔美的观光经历和感受，可能就出现在这里。

芽庄观光度假

冬季舒适便捷的绝佳选择

6. 芽庄观光度假，冬季舒适便捷的绝佳选择

世界上各个国家的领土形状有长的、有圆的、有方的、有扁的，还有由非常复杂的多边形板块，非常生动灵活地组合在一起，其中有两个形态特别狭长的国家，一个是南美的智利，一个就是我们的邻居越南。

越南的国土南北距离超级长，达到近1600千米（比北京到温州的公路里数还要多），可是它的国土东西方向最窄的地方只有50千米，整个国家从地图上看形态像一个英文字母"S"，给人的印象很深。

越南的旅游资源非常丰富，它的美景主要聚集在北、中、南三个区域，风格各异，个性鲜明。

北方的观光亮点是下龙湾——河内一线，已被中国游客高度关注（本书上文中已有介绍）；南方的观光亮点是胡志明市——富国岛，也有不少国人涉足；而中部最令人向往的风景名胜，就是大名鼎鼎的芽庄了。芽庄是越南东和省的省会，亦是亚洲闻名的滨海城市。这里有充足的阳光、清爽的空气、清澈的海水、漫长的海岸线和数不

占婆塔——芽庄最著名的古迹名胜

73

尽宽阔、平坦的沙滩；亦有玲珑精致的小型岛屿环护簇拥，可以说一座热带海滨超级度假区所需的一切，这里都具备，且内涵丰富、个性鲜明。

由于芽庄风光美、旅游设施完备、与中国距离不远且旅游观光费用相对低廉，所以近年来中国游客去那里度假休闲的人数与日俱增。芽庄已成为冬季国人出境游的重要目的地。下面我们就为您介绍那里的自然风光、风土人情、旅游线路和一切与游览有关的事项。

☼ 当地气候

芽庄气候炎热，与我国海南三亚相似，冬季观光最舒服，夏季前往气温稍高，但无碍大局。

✈ 对外交通

国内各大城市有航班同芽庄对飞，其中天津飞往芽庄要 5 个小时。

🛂 签证制度

中国游客去芽庄要办理旅游签证，交由旅行社代办非常便利。

🕐 时差

越南芽庄时间比北京时间慢 1 小时。

为您介绍此条线路的观光亮点和特点

1. 芽庄风光好、气候好，与我国海南有异曲同工之妙，建议重点关注。个人建议大家一生中至少应该去一次。

2. 下面推荐的芽庄 6 日游线路几乎涵盖了当地所有的观光亮点，游览内容丰富而详细，无明显遗漏。

3. 此行程有两天往返交通和四天观光，在芽庄一地游览时间绝对够用。游览内容安排丝毫不紧张，很显舒适宽松。

4. 此线路行程收费低廉，团费 2500 元左右。由于国内游客去芽庄旅游形成了规模和群体效应，所以旅行社可以倚仗很大的人流量获取机票和酒店方面的优惠和折扣。因此，沿此行程去芽庄，开销并不比去海南三亚贵多少，这是跟团的优越性。

笔者对此条线路的总体观光指导

1. 占婆庙、五指岩、沉香阁、天堂湾还有以珍珠岛为首的海上岛屿群，当地主要观光亮点都包含在下面的 6 日游规定行程中了，游客不需再多操其他的心，每天跟着导游走开心游乐就行了。

2.本线的时间和游程安排都很宽松，基本上可以做到起床较晚、游览完毕返回酒店较早，这样每天从黄昏到午夜有大量可以自由支配的时间。一定要好好利用，充分享受芽庄的夜生活（休闲游乐的方式很多），感觉会很舒适、很浪漫、很温馨。

旅行社公布的指定游程安排：越南芽庄6日游

第1天 天津→芽庄 参考航班：VJ5321

本日无餐食　　住宿：酒店

在天津滨海国际机场集合，办理登机手续后，搭乘包机飞往越南有"小马尔代夫"之称的海滨城市——芽庄。芽庄的名字是源于占婆语的"Yakram"，意思是指"竹林河流"。芽庄原是一个渔港小镇，越战期间，芽庄的金兰湾成为美军的度假胜地。近年来，越南政府利用此地全年气候适宜（气温在28~30℃，没有台风）、海产丰富且价格低廉、海岸线绵延悠长、海水清澈、沙滩平整、离岛众多（很适合开展钓鱼、浮潜等水上活动）的天然优势，大力发展旅游业。现在的芽庄，景点景区开发得很好，旅游设施完备，每年吸引着来自世界各国的八方游客。

抵达后乘坐观光巴士前往酒店入住休息。

第2天 芽庄观光 占婆塔→五指岩

早餐：酒店　午餐：团餐　晚餐：自理　住宿：酒店

早餐后，驱车前往占婆塔（游览时间40分钟）。此处供奉的是占婆神话中的天依女神婆那加。她是古时候统治芽庄的占婆王国之母，印度教徒称占婆女神是印度教希瓦神的化身，越南佛教徒则称她为天依女神。占婆是在越南中南部存在过的古老国家，梵文名占婆补罗，意为占族所建之城。占婆塔是芽庄有代表性的古迹名胜，也算是芽庄的标志和名片。享用午餐后前往五指岩（游览时间40分钟）。耸立在海边的巨大岩壁上有一个巨大的五指手印在上面，它是岩石上天然形成的妙景奇观，五指岩也是法国电影《情人》的外景拍摄地之一——电影结尾处，男女主角站在海边的礁石旁做最后的道别，动人的画面就是在这里拍摄的。五指岩景区内怪石嵯峨，海景壮阔，在这里听涛观海，也有很好的效果。下午观光结束后回酒店休息。

第3天 天堂湾→海鲜餐

早餐：酒店　午餐：海鲜小火锅 晚餐：自理　住宿：酒店

早餐后，乘车前往乳胶店购物（时间90分钟）。后乘车前往天堂湾观光，它是芽庄最开阔壮丽的海滨景区，集中了芽庄海滩风光的所有优点，阳光明媚、海面宽阔、海水碧澈、沙滩平坦，与我国海南三亚的亚龙湾有异曲同工之妙。游人可以在此游泳嬉水、乘船出海兜风，坐滑翔伞升空畅观大海美景，一直玩到黄昏时分（午餐是在这里品尝海鲜火锅）。之后返回酒店休息。

第4天　快艇出海→珊瑚岛→竹岛→蚕岛→远观海燕岛

早餐：酒店　　午餐：岛上简餐　　晚餐：自理　　住宿：酒店

早餐后，前往翡翠店购物（时间90分钟），后前往丝绸展览馆或沉香店（参观时间90分钟）。后驱车至出海码头，乘快艇开始有趣的出海游：目的地珊瑚岛，珊瑚岛的海水清澈透明，天气晴朗时海水能见度达20米。游船在浅水区域停下来后，游人可以在海里尽情游弋，观看海底世界的奇异和美丽。珊瑚像丛林一般在水中摇摆，巨大的贝壳悄悄匍匐在礁石上，海星满不在乎地踱着方步，大大小小的热带鱼在珊瑚礁间随意穿梭游动。五彩斑斓的海底世界，画面清新独特。之后前往竹岛，除了享受这里

芽庄天堂湾壮丽海景

的碧海金沙，还可尝试帆板和冲浪运动，过一把痛快瘾。餐后乘船前往蚕岛，蚕岛又称为汉谭岛，从空中俯瞰它很像一条绿色的蚕静卧在海面，它是芽庄诸多海岛中最具特色的岛屿之一。蚕岛上植被茂密郁郁葱葱风光很美，各类水上娱乐设施应有尽有。您可以在海里尽情玩耍，畅观碧海蓝天美景，还可以欣赏到蚕岛五星酒店中特有的歌舞表演。后乘船返回，途经海燕岛（远观），该岛因岛上生活大量海燕而得名。返回酒店休息。

第5天　珍珠岛一日游

早餐：酒店　　午餐：自理　　晚餐：自理　　住宿：酒店

早上睡到自然醒，之后去芽庄人气最旺，有着海上迪士尼之称的珍珠岛乐园观光游览。珍珠岛位于芽庄东南方向海域，与芽庄城区隔海相望。它占地超过3万平方米，是芽庄知名度最高的集住宿、餐饮、游乐诸多功能等于一身的大型娱乐场所。这里拥有东南亚最大的游泳池、长达700米长的私属海滩和世界上最长的跨海缆车。游乐园里的各种娱乐设施种类繁多，包括过山车、旋转木马、海盗船、秋千椅、4D电影等。庞大的海洋馆内则饲养了超过300种的大量海洋生物，馆内还能欣赏到潜水员喂鱼、海豚表演、美人鱼等表演。在珍珠岛海边欣赏日落，也是重要的观光内容——金色的余晖洒在海面上，把海面照得波光粼粼，非常好看。中央广场上有珍珠岛音乐喷泉群，喷泉水随着音乐的节奏在五彩灯光的照射下，变换出各种美妙图案，犹如天女散花般奇妙动人。一天的游乐活动会在此达到最高潮。让我们在这里尽情留下美妙的游历和精彩难忘的记忆吧。

第6天 芽庄→天津

早餐：酒店　　午餐：自理　　晚餐：自理

游览结束返回温馨的家。

笔者对每天具体游程做出的观光指导和提示

第1天 天津→芽庄

从国内飞往芽庄，飞行时间5~6小时。

抵达后入住酒店休息。

第2天 芽庄观光　占婆塔→五指岩

开始观光游览。上午先去占婆塔，全名叫婆那加占婆塔，是一组棕红色的古建筑群，其外观与柬埔寨的吴哥窟有点儿相似。外观有个性，特色很鲜明。它是芽庄的标志性景观，注意在这拍好风光照和人像纪念照。

下午看五指岩，就在市中心海滨，是海边一堆岩石中屹立在最高处的那一个，因岩壁上有天然形成且与五指形态相似的几道凹痕而得名，它也是芽庄人气挺旺的景观。如果光线合适，把人和"五指"拍在一起有点儿意思，如果光线不合适，看看这里的奇礁怪石和辽阔海景，观光效果也挺好（个人觉得这里与我国山东青岛的鲁迅公园风光类型有些相似）。

今天的日程会结束得挺早，晚上有充足时间休闲、美食、娱乐。

第3天 天堂湾→海鲜餐

上午有购物的活动，之后重点游览天堂湾，这是芽庄主要的海滨度假区之一，其规模和级别类似于我们三亚的亚龙湾。这里也是外国游客特别钟爱的美丽海滩，海景壮阔，游乐设施齐全，游客将在这里度过大半天的美妙时光。中午还能享用海鲜火锅宴和热带水果餐。下午返回市区，晚上有充足的自由活动时间，可继续休闲娱乐。

第 4 天　快艇出海→珊瑚岛→竹岛→蚕岛→远观海燕岛

上午会有购物活动，要去逛两个商店。之后乘船出海，游览珊瑚岛、竹岛、蚕岛和海燕岛。这几个岛是芽庄沿海诸多岛屿景区的一部分，距大陆不太远且岛与岛之间相距很近，来去方便，因此把它们串起来一起游览是当地海岛游中的常规线路和方式。本日的游览内容在规定行程中介绍得很详细，游人随团进即可。论岛上的开发建设的水平和旅游设施完善便利的程度，除了竹岛外，其余几个岛真比不上我国三亚的蜈支洲和陵水的分界洲岛。但是芽庄的海水水质很好，蔚蓝而清澈，海上往返穿梭的游船外观和色彩也好看，所在这一次出岛游览，还是可以获取满意的观光效果的。

晚上继续在市区休闲享乐。

第 5 天　珍珠岛一日游

珍珠岛很大，岛上住宿、餐饮、休闲、游乐设施齐全，且有大型游乐场——珍珠岛乐园，颇具观光游览价值。规定行程内的游览内容写得很详细，这里不再重复，游客开心游玩就是了。本日团队不提供午餐，所以游客中午可以在岛上寻找合适的餐厅，要珍惜这个享受当地特色食品的机会。

芽庄城市风光

在珍珠岛上尽情玩耍了一整天，6日游中规定的游览行程至此就全部结束了。晚上可以在市区休闲娱乐，也可以整理行装早点休息，明天就要回国了。

第6天 芽庄→天津

乘飞机返回国内。

旅行家指导：如何在芽庄玩得高兴开心

1. 有些人想去芽庄自助游，但笔者认为没太大必要，因为在旅行社参团就挺好，省时省力又省心，还有一个优点是省钱，开销真的不太大。

2. 去芽庄旅行来去容易，不用做太多的专门准备。因为那里的气候条件、风景类型还有风土人情和生活方式，与我们国内南方的各海滨城市差不多。从国内前往快去快回，可谓是轻车熟路、易如反掌。

3. 一般团队去芽庄，不会住四、五星级的宾馆。但芽庄的宾馆、酒店业太发达，普通酒店甚至民宿也能达到干净舒适还有室温凉爽（指空调效果好）的水平，这个环节不用担心。

4. 当地饭菜的味道与我们国内差不多，可能酸味更重一些，价格也与国内持平。所以规定行程有几顿正餐团队不负责提供，需要游客自己解决，这根本不是什么难事，反为我们提供了自己品尝当地风味美食的机会。

5. 当地餐饮价格的总体水平与国内差不多，不过大龙虾非常便宜，有时在小摊上烤熟的一只龙虾便宜的只需30余元人民币，当然这是议价之后。不过龙虾只是看着好看，可笔者认为它的肉并不好吃啊——如果用一只龙虾和一斤对虾做比较（对虾用通常的油烹方式炒制即可），哪个吃后口感和美食效果更佳呢？个人认为不是前者而是后者。

旺季行程和观光内容的提示，上面已经很全面了。这里补充一点，国内大中城市去芽庄的团队太多，一竞争团费就可能降价，旺季价格稍高，但到了淡季5晚6天游费用在2000元左右的团队行也很多，所以对各个社发布的旅游信息要随时密切关注。只要觉得游览内容不错又没有其他不合理的收费项目，就可以放心大胆地报名参加。

芽庄是个好地方，它为我们的冬季游览和避寒方面的需求提供了新的选择、新的机会和新的可能。我们要关注芽庄——既然冬春时节我国海南三亚和云南西双版纳都是人满为患，那我们为何不去芽庄开心一游呢？

亮点闪击·旅途花絮：越南芽庄和我国三亚的夜景哪个更美

芽庄是越南著名的滨海城市和度假区，三亚是中国最著名的海滨城市之一，二者自然风光相似，都是以山、海、岛各类地形地貌齐备且山光海色皆美而著称。论白天的景色和观光效果，二者各有千秋，但三亚略胜一筹；但要是把两个城市的夜景和夜间休闲购物的舒适便利程度加以比较，那还真是一言难尽、难分高低。总之对比二者之间的异同，是件很有意思的事。

1. 三亚的城市规模很大，游人一般只在一定区域内活动；芽庄的城市稍小，游人很容易找到它的核心部分。三亚的景区太多了，游人对于白天游乐的地方有充足的选择，到了晚上可供人们休闲娱乐以及购物消费的地方同样多——亚龙湾、大东海、鹿回头海滨、解放路市场、三亚湾一线都是观光休闲的好地方，任何一点都够您享受或消磨一个晚上。别的不说，光是形成规模的海鲜大排档，就有春园、第一市场、火车头、下岗职工之家等等，要把它们一一逛遍吃遍，至少要花一周的时间。但是芽庄的城市小，晚上供游人休闲娱乐并享受美食的地方和街区也很集中和紧凑——主要分布在芽庄购物中心和 Tram Phv 路一带，游人只用一个小时即可步行环绕一圈，把这个地方完全看清楚、弄明白，之后选择合适地点、合适的场合、合适的方式消费享受就行了。

2. 三亚是国内游客休闲避寒的天堂，而芽庄的异国风情更加浓郁。在严冬时节，几乎所有欲在国内旅游度假的人几乎都会对海南省感兴趣，此时的三亚也会成为国内各省游客聚集的地方。三亚也有外国人来玩乐，但他们活动的区域有限——大多是在亚龙湾和大东海这两个既有秀丽海湾而又高档酒店宾馆成群的地方。可是芽庄不一样，城市中心区小而集中，世界上各种发色、各种肤色的游人汇聚一堂，在这里逛街购物、享受美食，真是热闹极了。在这众多的游客中，以黑头发黄皮肤的中国人和金发碧眼的欧美人居多，看来无论是谁，都对气候温暖、风光秀丽的芽庄情有独钟。

3. 笔者认为三亚的生活基调太工整、太稳定，而芽庄的夜生活状态更显灵活多变、随意轻松。我也不知用什么词汇来形容，反正觉得三亚的生活状态太规矩、太有条理了，而芽庄大的商厦酒店饭店不少，小型的店铺和商摊也多，经营方式很轻松灵活——游客在购物、品尝美食和休闲享乐方面可以有多种体验尝试。这两个城市虽有异曲同工之妙，但我觉得芽庄的夜生活更让人感到平和和轻松。当然，三亚和芽庄都是让人倍感浪漫和温馨的好地方。

4. 物价水平差不多，但芽庄的大龙虾真便宜。由于中国游客去芽庄观光度假的人太多，所以那里的物价也基本上与我国国内接轨了——但是我觉得在主要的观光区和美食街上，芽庄的物价要稍稍便宜一点点——尤其是大龙虾，30 元人民币就能买一只并且是烤熟的，这在国内几乎不可能。况且芽庄当地人对中国游客很友好，很令人怀恋和向往。

老挝 泰国 缅甸 中国西双版纳

面积虽小但佳景云集

7. 面积虽小但佳景云集，去老挝游览一次定觉不虚此行

在亚洲，有一块神奇而秀丽的土地，它是一个内陆国，虽然知名度不高，面积不太大，但风光绝美且风景类型特别多样化。这里有重要的名胜古迹：塔銮寺、凯旋门、香通佛寺；这里更有秀丽迷人的山水风光：湄公河宽阔浩荡、光西山山姿柔美、瑂湖清波欢涌、光西瀑布飞瀑成群；有整洁清新的自然环境，还有浓郁的佛教文化氛围，这么多优点集于一身，堪称美景聚集和旅游观光的乐土仙境，这个国家就是老挝。老挝风光美，但发展慢、欠宣传，知名度不高，游人不多，但也正是这样，这里保留了原始风貌，保持了迷人的风姿神韵。随着中老两国铁路的开通，这里正日益被人们熟知，这块观光地开始绽放迷人光彩。由于老挝国土面积小，观光逗留的天数不需要太多，所以很多人对它不抱热情，觉得在这里游玩收获有限。但是不用担心，专业的旅行社利用铁路列车的优势把中、老、泰、缅四国游览巧妙地串联了起来，这一下就把物有所值变成了物超所值和精彩迷人、五彩缤纷，游览内容太丰富多彩、太吸引人了。下面我们就为大家介绍老挝境内的美丽风景，还有这条跨越中、老、泰、缅四国的黄金旅游线路。

塔銮寺，造型和色彩俱佳，是老挝首都万象的标志和象征

☼ 当地气候

老挝气候温暖炎热，每年 5 月至 10 月是雨季，11 月至次年 4 月为旱季。旱季天气相对凉爽，为旅游佳季。

✈ 对外交通

国内各大城市有航班同老挝对飞，北京飞往万象约需 2~3 小时。另外中、老两国铁路已开通，从云南昆明和西双版纳乘火车去老挝非常方便。

▣ 签证制度

2024 年 7 月起，老挝、泰国对中国游客免签，缅甸对中国游客实行落地签政策。

㊉ 时差

老挝万象时间比中国北京时间慢 1 小时。

为您介绍此条线路的观光亮点和特点

1.此线涉及中、老、缅、泰四国，游览时间长，观赏景点多，沿途所见美景无数，性价比绝佳，甚具旅游价值。

2.上述四地（含中国云南省）共具如下特点，就是气候温暖、日照强烈、高温多雨、热带风光旖旎且一年四季皆宜开心畅游，是不可多得的全年旅游佳境。即使是严冬时节前往，亦能获取满意的观光效果。

3.沿途经过的缅、老、泰三国都是中国的近邻，交通方便，进出容易且餐饮住宿等生活设施和习惯与我们国内相差不大，所以中国游客很容易熟悉和接受。因此出行前不需长时间的专门准备，何时想上路，拎起行囊就出发，既方便又省力省心。

4.四国连游，不光见闻丰富，名声也好听。对于追求出国次数的游客来说，这条线路是绝佳选择。

笔者对此条线路的总体观光指导

这条线路的精华和诱人之处有以下 3 点：

1.老挝境内的风光很漂亮，至少比人们预想的好许多，比如万象凯旋门和塔銮寺的外观都很美；万荣的蓝色潟湖很有野趣；南松河的长尾船漂流很惊险刺激；光西瀑布很有浪漫诗意；琅勃拉邦的普西山顶视野绝佳，能见到落日美景。总之老挝的风光会带给人无限的开心和快慰。

2. 泰国的清迈风光也很独树一帜。在整个泰国的旅游资源中占有重要地位，游人观后会留下清新难忘的记忆。

3. 西双版纳更是国内游客冬春时节的热门观光目的地。旅行社会把这条线路中与西双版纳有关的观光日程和内容给您再优化一下，让您玩得更圆满更开心。

总之，这是一条非常理想的跨国旅游黄金线路，物超所值，向您强力推荐。

旅行社公布的指定游程安排：老挝、泰国、缅甸、中国西双版纳4国11日游

第1天 昆明→万象

用餐：中　　宿：万象

按指定时间到昆明长水机场集合，办理登机牌及托运行李服务，乘飞机前往万象。

抵达后游览万象，万象是老挝的首都，是老挝的政治、经济、文化中心和最大城市，也是老挝唯一的直辖市。据说万象这个地方曾经植有许多珍贵的檀木，其名称由此而来。在此之前，万象还曾有过一些其他的名称。如"永珍"，"永"是城市的意思，"珍"是庙宇的意思，合起来就是"庙宇林立的城市"；再如"月亮之城"，这是因为古代的万象，是一座半圆形城市，建筑物多呈白色或黄色，周围是翠竹林，远望如一弯新月。集多种美誉佳名于一身，足见万象的风光非常美丽动人。首先乘车观赏老挝国家主席府，然后前往参观西蒙寺（约30分钟），它是万象香火旺盛的一个寺庙，每天有很多当地人及游客来这里祈福。后前往凯旋门参观（约30分钟），老挝凯旋门的四面都是拱形，顶部有精美雕饰，远看很像法国巴黎的凯旋门。登上最高层，万象市容尽收眼底。万

凯旋门，万象的观光亮点之一，应在这里认真观拍，记录下它的风姿倩影

象也称檀木之城，游客之后要参观老挝特有的老挝红木博物馆 (约 90 分钟)。之后参观塔銮寺 (约 30 分钟)。美丽的金色塔銮寺是老挝最重要的国家纪念碑，它是老挝的国家标志，其主塔形象还出现在了国徽里。塔銮寺屡经修缮方保存至今。每年 11 月间都在此举行塔銮盛会，是老挝民间规模最大的庙会，也是全国最隆重、最盛大的宗教节日。团队会在塔銮寺停留约 30 分钟，供游人观拍。万象最美的景色，就是傍晚时分的湄公河。不知道是不是因为万象没有大型的工厂企业，所以万象的天气是真的很好。蓝天白云、晴空万里，到傍晚的时候，天边的晚霞呈现出美丽颜色，让人看得如痴如醉。这时候去逛湄公河边的夜市，感觉真的是很美，或迷离于灯红酒绿，或沉浸于歌舞升平，或坐在河边静静发呆，享受着迷人的夜景，任何一种休闲方式都让人倍感舒适温馨。

第 2 天 万象→万荣

用餐：早、中、晚　　宿：万荣

早餐后参观老挝土特产店 (约 90 分钟)，让您在此选购心仪的礼品回国后送给亲朋好友。之后参观丝绸博物馆 (约 90 分钟)，了解老挝丝绸产业发展的丰富历史。参观后乘汽车前往素有"小桂林"之称的万荣。万荣是一个充满生机的城市，您可以在这里尽情释放您的激情。乘坐一辆嘟嘟车 (约 40 分钟)，伴着轰轰的声响，沿着蜿蜒的小路，便可以到达万荣的蓝色潟湖 (参观约 30 分钟)。湖水是从溶洞里流淌而下的山泉水，在原始的村落中汇聚成一个天然的泳池。湖边有一棵枝叶繁茂的百年老榕树，巨大的枝干弯曲着伸向湖面，形成了最原始的天然跳水台，枝干上浓密的绿叶成了天然的遮阳伞。身穿各式泳衣、不同肤色的人们沿着竹竿扶手，踏着简易木板登上这个原始跳台，用各种自创动作跃入水中。站在湖上简易木板桥上，便可以看到游人尽情嬉水游乐的热闹画面：有人坐在树枝上挂着的水上秋千轻轻摇荡，也有人抓着粗大的绳索荡向湖中，笑声、尖叫声、掌声在岸边的人群中此起彼伏，场面热闹而生动。返回时参加南松河长尾船漂流 (约 40 分钟)。船速很快，在河上劈波斩浪的感觉令人极为难忘。晚间可以去万荣酒吧街区狂欢派对，这里各种风格的酒吧和各国特色风味的餐厅琳琅满目，大家晚上可以在这里寻觅当地的各种特色美食，一饱口福。

第 3 天 万荣→琅勃拉邦

用餐：早、中、晚　　宿：琅勃拉邦

乘中国的动车前往琅勃拉邦 (约 70 分钟)，抵达后前往光西瀑布 (参观约 60 分钟)。这座瀑布由一个大瀑布和山下多个小瀑布组成，大瀑布呈正三角形，瀑布高 200 米，水里含有大量的碳酸钙，所以沉积在山谷间形成了许多像我国四川黄龙景区中七彩瑶池一般的美景。每年都有很多游客来此欣赏瀑布的奇、异、美，游人在池中嬉戏游乐，画面更让人感到活泼生动。之后游览普西山 (约 40 分钟)，普西山位于琅勃拉邦的中部，一边是湄公河另一边则是南坎河。山顶有金色顶尖的普西塔，山麓有王宫。在山顶上可以看到整个琅勃拉邦古城的景色。落日的时候可以攀登到山上的寺庙看绝美的夕阳。之后逛琅勃拉邦夜市（约60分钟）。之后入住酒店休息。

第4天　琅勃拉邦观光

用餐：早、中　　宿：琅勃拉邦

凌晨5点起床参加布施活动（约30分钟）。布施，老挝语叫"塔苗"，琅勃拉邦的布施活动就是每天清晨，施主准备好花塔和食品，列队跪坐在路边，等候僧侣沿街化缘，然后信徒把糯米饭、粽子等食物依次献给僧人们。施主布施完了以后是僧侣还礼诵经时刻，他们双手合十闭目跪在地上，双手端着化缘钵，面对施主诵经。这个过程肃穆感人，是琅勃拉邦最具特色的风景。随后前往早市（约20分钟），在这儿可寻得各种奇珍异宝。参观香通寺（约30分钟），它位于湄公河畔，是琅勃拉邦最华丽又最具代表性的寺庙。香通寺于1560年所建，直到1975年为止都受到王室的保护。其中红色的小寺中供奉一尊卧佛，此佛于1931年曾运至巴黎展览，之后供奉于万象，直到1964年才重回琅勃拉邦。然后前往参观琅勃拉邦皇宫（约40分钟），王宫博物馆建于1904年，为西萨旺冯国王的寝宫，后一直是历代国王的寝宫。直到1975年，废除君主制，成立老挝人民民主共和国后，该宫作为国家博物馆开始供人们参观。在这里还可以看到许多国家级的文物。整个皇宫金碧辉煌、光艳夺目，殿内装饰古雅华贵。昔日的大殿、议事厅、书房、收藏室、起居室等保存完好，供游人观赏瞻仰。前往参观织布村（约40分钟），了解老挝众多民族的各类民俗，还可亲手体验织布过程。晚餐自费品尝当地特色小吃。酒足饭饱后，可观赏当地迷人的夜景。

第5天　琅勃拉邦→纳堆→清莱

用餐：早、晚　　宿：清莱

早餐后乘高铁或普通列车前往纳堆，下车后换乘汽车前往清莱（总车程约6小时），先出境老挝，再从清孔入境泰国。之后前往清莱府，清莱是全泰国唯一用中文标注路牌的城市，当地生活与中华文化密不可分，晚餐后入住酒店。

❤ **温馨提示：**

老挝、泰国时间比中国慢1小时，由于当天行程时间较长，再加上过海关时间不确定，所以午餐为简餐。

第6天　清莱→清迈

用餐：早、中、晚　　宿：清迈

早餐后乘车前往清迈（车程约2小时），途中参观白庙（约60分钟）。该寺庙是泰国有名的艺术大师Charlermchai所设计，是独具泰国风格的白色建筑物，堪称一件精美的艺术作品。不同于别处看到的寺庙，这座庙的特色不仅有纯白的屋顶、纯白的墙壁、纯白的基座，还融入了很多艺术家的创作思想和建造理念，精彩绝伦、别具匠心。之

后参观蓝庙 (约 60 分钟)，蓝庙有 120 年的历史，此前只不过是一座默默无闻的小庙，直到 1991 年，泰北的得道高僧古巴昭腾路过此地并落脚该寺庙，才使它声名大振、人气骤增。古巴昭腾是一位万人敬仰的高僧，他的信徒遍布泰北各地，就连山里的少数民族泰雅族以及长颈族等都对他敬仰有加。纵览蓝庙，它以湛蓝色为基调，镶嵌上各种繁复华丽的金色花纹，辅助紫、浅蓝、白、红数色点缀，闪烁奇光异彩，非常美丽动人。途中可游览马尼信温泉 (约 30 分钟)，也可以在天然温泉里面浸泡双脚以缓解旅途的疲劳。温泉旁边还有座寺庙，建筑风格与柬埔寨的吴哥窟相似。下午抵达清迈，这座小城安详宁静，空气干净清新。游览清迈古城、游览泰囧庙、水果街 (合计约 90 分钟)。清迈古城建于 1296 年，是由褐红色砖块砌起的城墙，可惜大部分建筑都在岁月的更迭中消失了。现在留下最完整的一座城门是东边城墙的塔佩门。正对塔佩门的路，就被称作塔佩路。接着游览泰囧庙，也就是电影《泰囧》中拍摄的寺庙。清迈这个地方没有大海和沙滩，没有红火喧闹的豪华商场，有的只是近乎凝固的时间和让人心情无比舒爽的安静。您可以毫无目的地在古城中漫步，也可以穿越丛林跋山涉水。来清迈，体验泰国古代兰纳王国的独特文化历史，细嗅这朵清雅的泰北玫瑰之香，是件有意思的事。之后前往清迈夜市 (约 60 分钟)，清迈夜市每天从日落到晚上 11 点间都是人流熙攘，热闹非凡。有很多山地部落艺术家在这里开设摊位，他们穿着自己的特色服饰，很好辨认。道路两旁的人行道上都是摆满各种各样民族特色物品的小摊，也有美食一条街，各种各样当地的特色小吃在这儿应有尽有。

在老挝蓝色潟湖中嬉水游泳，尽情游乐

第 7 天 清迈观光

用餐：早、中 宿：清迈

早餐后，驱车前往清迈北部原始森林中的大象训练营 (约 60 分钟)，在这里可以看到训练大象的过程，并观看大象的精彩表演，还可以和大象合影留念。参观泰北佛教圣地双龙寺 (约 60 分钟)，寺内金碧辉煌，香火鼎盛，寺庙后的观望台上可居高远眺清迈市全景。之后前往四面佛参拜 (约 30 分钟)，它在伊拉旺神祠中，高约 4 米，前后左右有四副面孔，分别代表慈、悲、喜、舍四种梵心，凡是祈求升天者必须勤修这四种功德。这尊佛像原是印度婆罗门教主神之一梵天，乃是创造世界的神，法力无边。四面佛在泰国各地包括住家庭院内多有设置，而以此处香火最为旺盛。之后前往燕窝展示厅 (约 60 分钟)，了解燕窝的形成过程。这里的燕窝属于平民食品，价格很便宜。

第 8 天 清迈→清盛→金三角特区

用餐：早、中、晚 宿：金木棉

早餐后前往清盛码头。之后前往清盛，参观金三角牌坊与金三角大佛（约30分钟）。金三角是缅甸、老挝、泰国三个国家的交接处，是电视剧《湄公河大案》的取景地。这里山青水绿，风光柔美，再加上此地特有的神秘气息，使得许多游客一定要到金三角探个究竟。从清盛码头出境泰国后，乘船横渡湄公河（约10分钟），随后进入金木棉岛办理老挝入境的手续。游览举世闻名的金三角经济特区（约90分钟），这里近年来挺显繁荣、稳定，游人可以在此观金木棉灯光秀，感觉美轮美奂。金木棉岛街道干净、绿树成荫、气候宜人、物美价廉、一片繁荣景象。之后参观金三角故事村及禁毒主题展馆。

第 9 天 金三角特区→磨丁→磨憨

用餐：早、晚 宿：磨丁 / 磨憨

早餐后沿老挝3号国家公路前往磨丁。旅行车沿这条公路穿越中南半岛，一路翻山越岭，沿途青山滴翠，热带雨林风光旖旎，很有诗情画意。途中还能看到老挝许多有特色的村庄，观察当地村民实际生活状态很有意思。下午根据抵达时间，决定是入住磨丁还是前往磨憨到中国境内住宿休息。

❤ 温馨提示：

本日行车路程较长，沿途条件有限，无法安排午餐，敬请各位自备干粮。

第 10 天 磨憨 / 磨丁→西双版纳

用餐：早、晚 宿：西双版纳

早餐后乘高铁前往西双版纳。西双版纳有中国唯一的热带雨林自然保护区，是国家级生态示范区和国家级风景名胜区。西双版纳境内的森林覆盖率达到80%，是中国第二大天然橡胶生产基地。抵达景洪后前往游览热带花卉园（约40分钟）。晚上可自行前往告庄星光夜市城，品尝美食，所有傣族的特色小吃在这儿都能吃到。另外购物、穿民族服装拍摄纪念照，各种休闲娱乐的方式在告庄有很多。晚上可自费参加勐巴拉纳西篝火晚会或湄公河之夜篝火晚会，因西双版纳全年都是旅游旺季，演出门票紧张，如需参加请提前告诉导游。

第 11 天 西双版纳→昆明

用餐：早、中 宿：昆明

早餐后，乘车前往傣家村寨（约120分钟），漫步在热带雨林怀抱中的傣家村寨、您会发现四周翠竹围绕、绿树成荫，这就是最真实、最质朴的西双版纳原始民族村寨所独有的风情。参观西双版纳国家宝藏翡翠或黄龙玉馆（约120分钟）。午餐后乘车前往傣族心中的神圣之殿勐泐文化旅游区 (约 40 分钟)。这里的勐泐大佛寺是在古代傣王朝的皇家寺院"景飘佛寺"的原址上恢复重建的,"景飘佛寺"是傣族历史上一位名叫拨龙的傣王为纪念病故的王妃南纱维扁而修建。王妃一生信奉佛法,所以每逢节日傣王就亲临寺院,举行大型法会,以纪念爱妃同时弘扬佛法。景区把佛教文化和高超的建筑艺术技巧巧妙融入佛寺的景观中,特色鲜明,引人入胜。大佛寺内每天还有泼水狂欢活动。晚上乘高铁返回昆明,旅程结束。

关于此线餐饮、住宿、行车、游览、购物、娱乐各个环节的具体说明和指导

1. 🍲 餐饮

以当地异国风味餐为主,口味多样化,与中餐味道有区别但相差不大,国内游客能够接受和喜爱。尤其令人称道的是早餐的饭菜挺好,经常会有炒菜和米粉,吃起来很美味。

2. 🏨 住宿

有时住中档宾馆酒店,有时住普通酒店或民居,条件尚可,干净卫生没问题。再说是每天都在行进途中,基本上是一天换一个住处,所以室内卫生条件达标且空调制冷效果好,也就完全可以了。

3. 🚐 行车

飞机、火车、汽车各种交通方式都有,且不断变换,虽然变化频繁但显得灵活而不死板。当地旅游车的车型大小也会依不同国家和路段的不同状况而调换,总体上说车况尚好,公路路况一般,没有明显的不方便。

4. 🧍 游览

本线路在老挝和清迈的观光内容绝对精彩,在金三角的行程也算内容丰富。按游程规定的次序行即可。但是在西双版纳的观光地点和内容方面稍有欠缺,所以本文后边会为您提供方便可行的变通方案,请您参照。

去此线游乐所需费用不多 (团费 5000 元左右),签证手续简便,当地旅游设施完备,游客前去没有明显不适,因此笔者向大家予以强力推荐。

旅行家指导:如何在中、老、缅、泰四国交界处玩得高兴开心?

1. 我们上边为大家推荐了一个跨越上述四国的黄金旅游线路,观光日程和内容以老挝和泰国为主、以缅甸和中国西双版纳为辅,历时 11 天,游程长,观光内容丰富,非常物有所值。

2. 要想在上边的线路中玩得高兴开心,首先要端正自己的认识,要对这条线路给予足够的重视。老挝境内的热带风光非常绚丽诱人;泰国清迈、清莱的景色也是独树

一帜；金三角充满神秘莫测的诱惑力；我国的西双版纳亦是风姿独具魅力。所以沿此线行进，可以获取极为丰富和开心的观光回忆和经历，这没有任何疑问。

3. 不要低估老挝这个国家，不要认为那里的经济发展水平不高，也不要认为它的旅游接待设施差，从而认为去老挝观光很艰辛、很难受，不是这样的——老挝的风光非常好，那里的餐饮、酒店设施条件也不差。况且经济越不发达的地方物价就越低，所以在老挝境内不光玩得高兴，伙食状况还挺好——反正比去欧洲的团队吃得要好的多。因此，这条路线绝对是开心幸福之旅，希望大家踊跃报名参与。

4. 老挝首都万象有非常好看的景观，主要是塔銮寺、凯旋门、总理府和喷水广场 4

湄公河水上风光

个地方（后 3 个景点挨在一起），要认真观拍，画面非常美。

5. 老挝万荣的蓝色潟湖景点范围不大，但是是百分之百的游乐胜境，这里有很多的欢乐场面和欢声笑语——游客应该做的一是要在湖边好好观拍别人跳水和嬉水的场面，二是自己也应该亲身参与高台跳水，这感觉无比惊险刺激、快乐开心。

6. 万荣的南松河长尾船水上漂流也很精彩——长尾船又瘦又长，船头尖阻力小、有摩托发动机，马力足船速极快。建议您一定要争取坐在船上的第一排座位，这样前方视野开阔，更能过一把劈波斩浪的痛快瘾，还能拍出好的图片和视频。

7. 老挝琅勃拉邦的光西瀑布是又一个精彩所在，它是山间的一串泉池瀑布，虽然规模不大，但很有我国四川九寨沟的风姿神韵。这里的游乐效果不比九寨沟差，因为在九寨沟游人是不准下到瀑水中游泳嬉水的，可是在光西瀑布可以，泡在溪流清波中洗去浑身所有的烦恼和不适，感觉一定很美。

8.琅勃拉邦的普西山地理位置绝佳，在山顶既可观看山水景色又能畅览落日余晖，这山是观光大亮点，一定要登顶，把美景尽收眼底。

9.清晨老挝的"布施"活动挺有意思，游人起早看很有趣味。

10.清莱、清迈的风光和风土人情与泰国曼谷和芭提亚有明显不同，这里自然安宁、清新脱俗，游人要好好体味。

11.金三角过去鱼龙混杂，很混乱，近年来经过各方治理，有所好转。不过这里的神秘色彩和气氛依然吸引人，可以在导游的引领下，把这里的前前后后、里里外外好好看一看。

12.返程中在西双版纳安排了两天游览，但景点的选择并不太理想，因为没有去东线最美的热带植物园和傣族园，这样观光效果不完满、有缺憾。不过此行的重点主要是出境游，所以西双版纳的游览可以忽略淡化一些。但是游人可以自行加以调整和改善，具体方式是完成了西双版纳的游程后脱团，不返回昆明（当然应与团队导游协商好）而是留在西双版纳继续游览，把西双版纳北线的两个亮点原始森林公园和野象谷、东线的两个亮点植物园和傣族园，还有景洪市区的两个亮点曼听公园和澜沧江都玩遍。那您此行的结尾就太漂亮、太给力、太圆满了。您不妨试试看。

关于本线旅游的补充提示

本章介绍的老挝、泰国、缅甸（金三角）和中国西双版纳连线游内容非常丰富，但用时稍长（往返共 11 天）。如果想玩得更加简明，也可以参加老挝一国团队游，行程 3~6 天不等，用时短、开销少，游览效果也还行。参团地点在云南昆明和西双版纳景洪两个城市。

文莱斯里巴加湾

领略明珠风采

8. 领略明珠风采，文莱之旅令人耳目一新

文莱的全称叫文莱达鲁萨兰国，它位于东南亚的婆罗洲北岸，与马来西亚紧紧相邻。文莱国土面积只有 5700 多平方千米，是个袖珍小国。但是这里热带风光旖旎，景色很美。文莱石油和天然气资源丰富，人民收入和生活水平很高，用"富得流油"来形容，丝毫也不为过。

在文莱，人们生病不用愁、买房不用愁、上学不用愁，甚至出国留学的费用都能给报销……幸福指数这么高，真让人羡慕和向往。

过去我对文莱关注和重视得不够，可是不久前无意中去那里小游数日，留下了非常难忘美妙的回忆。下面我们就把这个美丽而富饶的国家，推介给国内的各位旅游爱好者朋友。

☀ 当地气候

文莱气候炎热，全年皆可游览。3 月至 9 月雨水少、气温高；10 月至来年 2 月雨量较多，气温略显凉爽。游人可选择合适的时间前往。

✈ 对外交通

北、上、广、深等城市有航班同文莱对飞，其中北京飞往文莱约需 5.5 小时。

🛂 签证制度

去文莱旅游要办理旅游签证，由旅行社代办为宜。

🕐 时差

文莱时间与北京时间相同，没有时差。

斯里巴加湾水上清真寺秀美风姿

为您介绍此条线路的观光亮点和特点

> 文莱国土面积有 5700 多平方千米，地形地貌种类形态多样。这里有高山（最高峰巴贡山海拔 1841 米）、有大河——四大河分别是文莱河、都东河、马莱奕河和淡布隆河，也有壮丽海景和秀美的田园风光。但是，目前中国游客参加的团队都是着重观览文莱首都斯里巴加湾的中心市区和周边的风景，看似观景范围不大，但是观光效果很好。因为这里的城市风光非常好看，给人强烈美感；而参观艾米水村等特色观光项目也是特色鲜明，内容独特。所以，去文莱做数日游览非常物有所值，笔者向各位做强力推荐。

文莱主要景点景区的简单介绍

中国游客抵达文莱后主要观光的景区是首都斯里巴加湾市区的景观——其中有两个非常漂亮的清真寺，还有文莱博物馆、国王纪念馆、水上人家和生活栖息着长尾猴的河边茂密热带雨林等。另外著名的帝国饭店庭院风光美、前方的海景很壮阔，也是观光亮点之一。

第一个漂亮的清真寺叫杰米清真寺——它的造型极为精致美观，色彩极为艳丽动人，寺顶的许多地方为纯金包裹镶嵌，造价高得惊人。它是文莱国宝级的建筑，也是八方游客的必观之景。

第二个清真寺名字很长，简称为"水上清真寺"。它坐落在市中心，通体洁白，造型俏丽而又身姿挺拔，在碧水蓝天的映衬下闪烁着诱人光彩，那种高贵圣洁的气派真是世间难寻。

文莱博物馆中的文物和图片记录了当地人民的生活史、发展史，十分有历史文化观赏价值，值得一看。

王室礼仪陈列馆中陈列着诸多与文莱国王和王室生活有关的图片和实物。文莱国王不光是国家最高权力的象征，还是政府首脑和军队总司令，有地位也有实权。他维护国家安全、发展经济、善待百姓，深受人民好评。

水上人家又叫艾米水乡或水村，是一大片坐落在市区海平面上的高架建筑民居，但房屋结实，居住其间挺安稳似乎晚上还很凉爽舒适，是当地有特色的景观，各国游客都会来这里探个究竟。

一些长尾猴就栖息在市区河海交界的岸边密林间，游人乘游船在水上常常能看到它们的身影，当然看到的是远景。

帝国酒店是文莱首都最高级的酒店之一——它的精美和奢华在当地确属一流，酒店前边的海景也不错，在这里居住和观光都是高级和开心的享受。

旅行社公布的指定游程安排：文莱斯里巴加湾 5 日游

第 1 天　从上海飞往文莱

下午从上海飞往文莱首都斯里巴加湾。晚餐后安排酒店住宿。

第 2 天　斯里巴加湾市区观光

上午游览杰米清真寺、奥玛尔阿里赛福鼎清真寺（即水上清真寺）、皇宫、文莱博物馆、努洛伊曼皇宫，午后看国王纪念馆、王室陈列馆，并游览斯里巴加湾市容。

第 3 天　斯里巴加湾市区观光

乘船去文莱河上观光，寻觅栖息在河边热带丛林中的长尾猴群的踪影。之后去艾米水村，体味水上居民独特的生活习俗，品尝当地特色风味小吃。午餐后去帝国酒店观光——殿堂非常豪华气派，庭院环境非常美，到处有高大挺拔的棕榈树，露天泳池中碧波涟涟，与蓝天白云相映衬，风光非常美丽动人。从这里眺望前方碧波万顷的太平洋海面，视野辽阔、海景迷人。黄昏时游览结束，晚餐后返回酒店。

斯里巴加湾杰米清真寺迷人外景

第 4 天　自由活动

全天自由活动。

第 5 天　从文莱飞回上海

乘飞机离开文莱返回上海。

笔者对每天具体游程做出的观光指导和提示

第 1 天　从上海飞往文莱

从上海飞往文莱，飞行时间约为 4 小时。走下飞机后会感到热浪袭人，文莱的气温很高，游人首要先要适应这个环境。各家宾馆、酒店的空调制冷效果都很好，房间内凉爽舒适肯定没有问题。早点休息，养精蓄锐，准备次日开心游玩。

第 2 天　斯里巴加湾市区观光

游程内看到的每个景点都很美，尤其是杰米清真寺和赛福鼎清真寺——一个金碧辉煌、造型精美，显示出无与伦比的尊贵和华丽；一个色彩洁白、身姿俏立，高雅圣洁的风姿神韵特别动人。一定要把镜头对准它们反复拍摄，画面很有观赏和收藏价值。

斯里巴加湾的市容也很好看，但是当天主要是车览，只能简单观光。虽然是车览，但您应该记清每个特色建筑的位置，因为稍后会有一天自由活动时间，那时您一定有兴趣和欲望再来重温市区的各处美景。

第3天 斯里巴加湾市区观光

在文莱河上乘船观赏长尾狮的踪影，效果一般。但是去艾米水村看居民的生活习俗和场景非常有趣——不要认为水上的建筑很简陋、里边的居民生活很艰辛。事实上水上民居里边一样装饰豪华气派，居民一样过得幸福舒适、有滋有味。况且住在水上，空气流动得很好，晚上特别凉爽舒适。笔者真想效仿他们，当一个水上民居的村民。

帝国酒店在郊区，很豪华气派，内景外景皆美，在这里停留约3小时时间，观赏完黄昏时的大海日落美景后返回斯里巴加湾市内。

第4天 自由活动

全天自由活动。建议您再去斯里巴加湾市中心，好好观拍那里的美丽市容和精美建筑。因为前两天只是简单车览，今天终于可以认真体会、认真感受、认真记录了。斯里巴加湾的市中心非常漂亮，尤其是水上清真寺周边有多座精美建筑，它们并非都有工整凝重的外观，而是造型各异、灵活多变，那种不对称的形态美给人的好感和印象更深。笔者认为，斯里巴加湾是世界上最玲珑精美的首都城市，相信您仔细游览后会赞成我的结论。

第5天 从文莱飞回上海

告别文莱，飞回上海，结束美妙的游程。

旅行家指导：如何在文莱玩得高兴开心？

1. 首先要对文莱有个正确的认识和估量，对这个国家有足够的重视——文莱虽小但观光效果很好，加之来去自由、轻松随意而且开销不大，所以您一定要把去文莱旅游提到日程上来。

2. 在上边游程前两日的固定行程中，按规定的次序行进就行，观光效果就挺好。由于各个景区离得不远，所以观光时间相对灵活从容。游人如果对哪个景观有好感，可以与导游说明，希望在这多停留一会儿，导游是会同意和通融的。

3. 这段旅行的关键是要抓住自由活动的这一天，到斯里巴加湾市中心游览观拍这里的好风景——水上清真寺周边建筑外观绝美，旁边海上的快艇穿梭、飞驰而过，画面活泼、动感、强烈，一定能拍出能够长久珍藏或是能参加摄影展览的美图。

4. 文莱还有个明显的优点，就是生活水平高且社会稳定，能观察体会到那种国泰民安的幸福感，这一点也很让人怀念留恋。所以去文莱一次，绝对让您感到不虚此行。

5. 国内的旅行社也会推出文莱和马来西亚连线游的线路，以5日游居多，观光效果也不错。但您要切记，所选的线路游程必须要在文莱停留3天，最少也要2个整天，否则无法领略这个袖珍之国的精妙与美好。切记！

沿线亮点闪击和旅途花絮

1. 斯里巴加湾的城市风光和各式建筑真是美观漂亮，笔者经常把在那里拍到的美图找出来反复端详观赏，什么时候看都会有好心情。

2. 文莱的人口密度不大，斯里巴加湾市中心非常安宁清静，有的时候想找人问问路，在大街上甚至都遇不到人。

3. 文莱的生活水平高，家家有汽车，步行或骑自行车似乎根本不是当地人的选项。所以许多道路只有汽车道、快行道，没有慢行道和步行道。行人如欲沿公路行走，很危险也很别扭（至少在城市以外的郊区路段是这样的）——在公路上走，身边经常有汽车飞驰而过，不安全。可一下公路马上就是草地和泥地，没法舒服正常地行走，再说路上也没人步行，这真是当地独有的特殊风景。

4. 感谢旅行日程中的一天自由活动时间——它让我非常全面仔细地观赏了斯里巴加湾市区的全貌，饱览了文莱首都的干净整洁和漂亮精美——美景袭人，印象深刻。

5. 文莱的人均收入水平高，国民的社会福利保障好得惊人，普通的医疗免费就不用说了，据说如果国内医院治不了病还可以到更发达的国家去诊疗，所需费用包括家人亲属陪同前去的开销都由国家照单全付。

6. 文莱收入很高但物价不贵，食品价格与我国基本持平，当地人活得太舒服、太滋润了。由于生活富足，法律严明，文莱人的文明礼仪程度极高——在这里感受不到任何犯罪和混乱的迹象，那种安宁稳定的感觉确实是世间难寻。

7. 文莱人对外国游客格外友好热情，有一天我只是在街边一户人家问了问路，男女主人不光详细指引说明，并且在我离开五分钟后开车从后边追了上来，执意要送我去目的地，抵达后坚决分文不收，让人很感动。

笔者很庆幸自己的正确选择，在不久前来到了文莱，留下了一段多彩多姿而又难忘动人的美妙游历。别看只有短短的五天时间，但文莱之美已经在我心中成为精彩的永恒！

我肯定会再去文莱——因为留恋那里的金色阳光和清爽海风，留恋那里的满眼葱绿和蓝天白云，留恋那里的安定祥和和民风淳厚，留恋那里的纯洁友善和真诚热情。文莱达鲁萨兰，一个给人好感极深的美丽国度！

艾米水村水上风情

缅甸仰光、维桑海滨

短、平、快的观光方式非常物有所值

9. 去缅甸 6 天打个来回，短、平、快的观光方式非常物有所值

缅甸地处亚洲中南半岛西北部，南临孟加拉湾和安达曼海，与中国、老挝和泰国相邻。缅甸的国土面积为 67.8 万平方千米，其中与中国的边境线长 2186 千米。

缅甸的旅游资源和主要景区有仰光大金塔、曼德勒山、纳帕里海滩、乌本桥、蒲甘等等。从表面上看它并不是国内游客出境游的热门首选，但是如果我们回顾历史并追根溯源，那就会有一个意外的发现，那就是在改革开放的初期，缅甸曾是出境游最切实可行的目的地，去缅甸观光的中国人数量极多。许多中国人都在缅甸留下了最初的出境记录，也获取了新鲜有趣的观光经历。

当年最早经营最初跨境旅游的城市主要有两个，一个是黑龙江的黑河，从那里出发可去俄罗斯布市做一日游览；另一个就是云南的西双版纳，从打洛口岸出境可做缅甸一日观光游乐。那时的西双版纳旅游很热门，许多人就是奔着缅甸一日游来的。那时候能够出趟国，是一件多么新奇而光荣的事情啊！

后来时代发展了，情况变化了，大家可以去世界各地旅游，并且多半是深度游，那些简单的跨境旅游也就没人追捧且少有参与了。但是没有关系，如今我们可以去缅甸深度游览了，可以玩得更开心、更过瘾。在赴缅观光的不同行程中，我们选择

仰光大金塔，金碧辉煌，蔚为壮观

了一条很简单、很轻灵的线路——仰光、维桑海滨 6 日游，用时仅 6 天，开销仅需 4000~5000 元，短、平、快的观光方式会让您非常高兴开心。

☀ 当地气候

缅甸气候温暖，常年皆宜旅游。每年 10 月至来年 2 月为最佳观光时段。

✈ 对外交通

国内各大城市有航班同缅甸对飞，其中北京飞往仰光用时约 4 小时 50 分钟。

▤ 签证制度

去缅甸旅游需办理签证，交由旅行社代办为宜。

⏱ 时差

缅甸仰光时间比中国北京时间慢 90 分钟。

旅行社公布的指定游程安排：缅甸仰光、维桑海滨 6 日游

第 1 天 北京→仰光

餐饮：飞机餐 住宿：仰光

游客于指定时间、地点集合，乘坐航班前往缅甸知名城市——仰光，抵达后办理入境手续，之后前往酒店休息。

仰光是缅甸联邦共和国的原首都（在 2005 年 11 月 6 日国家迁都至内比都）和最大城市，素有"和平城"的美称。它坐落在缅甸最富饶的伊洛瓦底江三角洲，是缅甸的政治、经济、文化中心。

第 2 天 仰光→维桑海滩

餐饮：早、中、晚 住宿：维桑

乘车前往维桑海滩（乘车时间 6 小时左右），开启海边度假模式。

在维桑海滩自由活动。维桑是缅甸西南海岸最负盛名的海滨旅游胜地，也是缅甸最美丽的海滩之一，风光原始而瑰丽。在温暖的阳光下，一片长达 14 千米的洁白沙滩在您脚下铺展到海岬的尽头，整片细软的白沙从茂密的椰丛一直伸向大海，被夜晚的潮水洗刷得宛如丝绸般平展。疏落的小凉棚点缀其上，海天之间极目所见的只有海、沙、椰树以及远处的一座海岛，风光非常安宁、清净、柔美、动人。

第 3 天 维桑海滩 自由活动

餐饮：早（中、晚自理） 住宿：维桑

在海滨度假区自由活动，享受缅甸的慵懒时光，欣赏维桑海滩如画美景。

日落时海景拍照效果好，傍晚时分光线柔和，海天一色、精心观拍，可以在此留下终生难忘的风景美图。

第 4 天 维桑海滩→仰光

餐饮：早、中、晚 住宿：仰光

乘车返回仰光(乘车时间6小时左右),午餐后游览翡翠山和摩哈巴沙纳石窟道场,这里又被称作万人石窟道场,是世界各国佛教徒第六次大会的开会地点。道场建于第二次世界大战之后,它的外观形似一座普通的山包,四面的大门设置得也很低矮和隐蔽,但内部殿堂却非常金碧辉煌大气磅礴,里边不但有举世罕见的翡翠通道,连烛台和内部的大柱都嵌满翡翠玉石。众多或庄严肃穆或和蔼可亲的金身佛像,把原本没有充足自然光线的室内装点得璀璨夺目。不过,道场只在"贵客"到来之时或是重大和特殊节日时才开门,好运的您不妨也去一探究竟吧!

仰光瑞光大金塔,又称仰光大金塔或雪德宫大金塔,高度为98米,表面贴满了金箔,再加上它位于皇家园林西的圣山之上,所以这座塔的高度也就在仰光市天际线中独占鳌头了。它是人们公认缅甸最神圣的佛塔之一。

皇家湖位于仰光市中心,在仰光大金塔的东面,是一个建于英国殖民时代的人工湖泊。湖区风景秀丽,是仰光市休闲散步的绝佳去处,也是一个观看落日的好地方。在皇家湖上还可以看到缅甸最具特色的皇家鸳鸯船,也称卡拉威宫,白天看上去船身金碧辉煌,夜晚船上则灯光璀璨,倒影斑斓,十分动人。

第5天 仰光观光

餐饮:早、中、晚   住宿:飞机上

参观玉石加工厂和仰光珠宝交易中心。这是集翡翠选料、翡翠加工、翡翠成品出售诸功能为一体的亚洲最大的珠宝翡翠中心。

观赏巧塔基六层卧佛。巧塔基卧佛是缅甸室内最大的卧佛,长65米、高16米的巨大卧佛身上最大的"玄机"在于他的一双大脚板,上面有整整108个小格,其中的图像隐喻着人类的108道轮回。

参观佛教景区对游人的着装要求是:上衣须有袖、裙子或裤子须过膝盖、要赤脚进景区,鞋子要放景区门口专设的保管处,无须付保管费。

参观圣玛丽大教堂。圣玛丽大教堂始建于1895年,属新歌特式风格建筑,它是仰光地区最大的天主教堂,曾有多名英国神父先后在此传教。教堂的外观虽然由红色砖石筑造,加上两个尖塔,显出明显的西式建筑风格,但是内部的飞升拱廊和五彩的装饰,又融合了多种东南亚元素。它们的巧妙融合给人庄严、典雅的美好感觉。

之后参观缅甸综合特产中心和仰光珠宝交易中心红蓝宝石珍珠馆。缅甸综合特产中心主要销售土特产、红木制品、海产干货、咖啡、宝石。仰光珠宝交易中心红蓝宝石珍珠馆主要销售红蓝宝石和各类珍珠制品。

晚餐后前往机场,乘飞机返回北京。

第6天 仰光→香港→北京

抵达北京机场,返回您温馨的家!

关于此线餐饮、住宿、行车、游览、购物、娱乐各个环节的具体说明和指导

1. 🥣 餐饮

有中餐（以桌餐为主，餐标6~8个菜，外加米饭和汤），也有当地风味餐，味道很好，国内游客完全可以接受。在维桑海滨休闲时正餐需自理，可以在酒店餐厅吃，也可到外边的街上去吃。维桑只有一条商业街，街上有不少中、小餐厅，如果吃快餐的话，花30元人民币可以吃饱。

2. 🏨 住宿

在仰光，住三星级宾馆酒店或是民宿，条件很好。在维桑，住海滨度假村，设施条件大致相当于国内三星标准，干净整洁没问题。

3. 🚗 行车

在仰光市区观光时，由于各景区相距不远，所以往返很容易，车况路况均好。从仰光到维桑需行车约6小时，路况一般，行车不觉辛苦，在途中观看当地的田园风光和风土民情，令人饶有兴致。

4. 🧍 游览

行程一共6天，除去两天往返飞行时间，观光时间共4天。其中在仰光观光两天，在维桑海滨休闲度假两天。游览安排轻松有序，毫无辛苦劳累的感觉。在仰光观光时

维桑海滨碧水金沙

随领队、导游行进即可。在维桑海滨休闲时，时间完全由自己安排，您怎么舒服开心就怎么来。

旅途花絮·观光指导

1. 国内游客去缅甸观光，有数条不同的线路，但不论是哪条线路，都不会漏掉仰光的游览。本条线路是城市观光与海滨度假相结合，观光效果好，感觉更休闲舒服。因此，向各位予以郑重推荐。

2. 在仰光观光的内容中，大金塔是特大亮点、重中之重，它的塔身非常高大雄伟、外观金碧辉煌、色彩艳丽夺目、风姿迷人。而且它是一组庞大的建筑群，至少应该在这拍摄 30 张美图，当然还有相应的视频。

3. 仰光好看的地方还有巧塔吉卧佛和圣玛丽大教堂，可以适度关注。其他地方景色一般，简易观光即可。

4. 维桑海滨风光尚好、海景壮阔、景色原始，岸上的度假村设施又很完善，所以肯定会在这里留下美好的回忆。

5. 缅甸天气炎热，所以即便是男士，也常穿裙子，脚上全是穿拖鞋。其实男士穿裙装也挺好看的，尤其是花布做成的筒裙，图案、造型皆美。中国游客可以买条裙子穿上试试看，说不定穿着裙子照出的人像照，会成为珍贵的纪念。

6. 缅甸的经济发展水平欠佳，普通人的生活水准不高，许多家庭住非常简陋的薄板房，屋内只有简单的衣被、脸盆和水桶等生活用品。但是当地人的生活态度很乐观，许多地方的治安不错，听说除去缅北地区外，其他地方犯罪率并不高。据说因为信教的人多，而佛教信仰对人的思想有约束，另外也与人的心态和思维方式有关。看看缅甸百姓的生活状态，是件有意思而又耐人寻味的事。这能为您的缅甸之行，增添新的内容和色彩。

印度尼西亚巴厘岛 6 日游

太 平 洋 上 的 极 美 世 界

10. 巴厘岛，太平洋上的极美世界，四季皆宜畅游，随时恭候您

早就听人说起过巴厘岛，说那里有一流的酒店度假村、二流的景点风光、三流的旅游服务——这样的言论和观点曾数次中断了我去那里旅游观光度假的欲望。后来有一天，我终于去了巴厘岛，却获取了非常美好的游历记忆和意外的惊喜感动——巴厘岛的风光很美，到处是繁花似锦、绿草如茵、热带树木高大茂盛、郁郁葱葱；巴厘岛的海景很好看，情人崖的壮阔、海神庙的奇丽怪异、金巴兰海滨的落日黄昏，很有迷人的风姿神韵。巴厘岛的人文佳景也出色——乌布皇宫和圣泉寺颇具古风古韵。巴厘岛的旅游服务也挺好，旅游业在当地经济中占有相当大的比重，外国游客因此受到了尊重和热情欢迎。巴厘岛上宾馆度假村的条件绝佳，都是豪华精致，令人舒服透顶。岛上的租车游览也方便，早已形成了网络一条龙服务。游客去那里，参团游、半自助游都行。由于购物和自费项目多，有效地降低了团费，因此三五千元的巴厘岛多日游在国内旅行社推出的线路中几乎是随处可寻。另外，在从国内飞往巴厘岛的途中，还可见到南沙群岛的美丽踪影，其风姿之绰约、轮廓之优美，简直无法用语言来形容。所以建议大家一生中至少去巴厘岛玩一次，春夏秋冬四季皆可，尤其是春、秋、冬三季观光效果极佳。

巴厘岛天生桥风姿诱人

☼ 当地气候

每年的4月到10月为干季，雨量相对较少。特别是6月到9月，很少下雨，夜晚凉爽，是最佳旅游时间；从12月到3月是雨季，几乎每天都有大雨，但多为阵雨，白天大部分时间天气晴朗，对游玩影响不大。但空气潮湿，感觉不太舒适。

✈ 对外交通

国内大城市有航班同巴厘岛对飞，北京飞巴厘岛用时约7小时。

🛂 签证制度

对中国游客实行落地签政策，手续简便。

🕐 时差

巴厘岛时间与北京时间相同，没有时差。

为您介绍此条线路的观光亮点和特点

> 巴厘岛气候宜人、风光优美、旅游设施完备、签证手续简单且所需费用不太昂贵，非常适合大家前去，且四季皆宜。去巴厘岛有不同的游览方式，如参团游、自助游和半自助游等，花的时间和费用各不相同，观光游乐效果也有明显差异。

> 本文介绍的方式应属参团游和半自助游的结合体，既有内容丰富的三天随团游览，又有两天的自由活动时间，可谓是劳逸结合——既能高效率地看完岛上主要景点，又能有机会悠闲自在地度过闲适的时光，综合效果甚佳，且游览费用低廉——许多高端豪华团的团费在 6000~10000 元，而本线路的开销只需 5000 元，性价比绝佳，故向各位做强力推荐。

笔者对此条线路的总体观光指导

国内旅行社推出的巴厘岛旅游线路挺多，内容大同小异，观光项目万变不离其宗。本文推出的这个日程很常规也很标准，游人尽可按指定游程随团观光，另外把自由活动的两天安排好，游览效果一定会令您满意。

旅行社公布的指定游程安排：印度尼西亚巴厘岛 6 日游

第1天 国内→巴厘岛 参考航班：CZ625

餐： 晚餐为飞机餐 宿：巴厘岛精品酒店

根据出团通知书约定时间去出发机场集合，启程前往巴厘岛，放飞美丽好心情！

第2天 南湾水上活动中心→海龟岛（玻璃底船）→乌鲁瓦图情人崖→洋洋下午茶→金巴兰海滩

餐：酒店早餐、午餐中式餐、晚餐金巴兰 BBO 宿：巴厘岛精品酒店

早餐后前往巴厘岛第一站南湾水上活动中心（逗留约 2 小时），南湾在半岛的北岸，这里没有汹涌的海浪，海面非常平静。景区内以丰富多样的水上游玩项目著称，包括新颖的"飞鱼"、惊险刺激的"火箭"、可以携带游客到空中欣赏巴厘岛全景的高空"拖曳伞"和"水上摩托车""香蕉船""独木舟"等。之后前往海滨嬉水胜地海龟岛。海龟岛在巴厘岛的南端，也在印度尼西亚沙巴东海岸的南湾景区内。据说这里是东南亚重要的海龟产卵和孵化区域，也是濒临灭绝的绿海龟和玳瑁最为安全的繁殖佳境。在此特别赠送玻璃底船观光项目，让游人近距离地观赏海底世界。后前往巴厘岛最南端乌鲁瓦度情人崖，享受美丽的断崖海景并品尝下午茶。您可在此欣赏海天一色的壮阔美景，在数十米高的悬崖峭壁高处眺望印度洋辽阔海景，场面非常震撼人心。大自

然的鬼斧神工、磅礴气势在此展露无余。之后前往咖啡工厂，感受巴厘岛咖啡的独特香味。随后前往金巴兰海滩，它是整个巴厘岛上最令人感到温馨和亲切的海滨游览区。原来这里只是一个小小的渔村，居住着岛上最淳朴的村民。自从近年来众多漂亮的酒店餐厅建成开业后，逐渐吸引了大批过来观光度假和休闲美食的外国游客。晚餐在金巴兰海滩品尝特色风味烧烤海鲜餐，同时观看夕阳落日美景，听着歌手们演唱各国歌谣，很有迷人的韵味和开心情趣。金巴兰海滩最吸引人的地方就是夜晚的浪漫和温馨。

第3天　外观小波罗浮屠乌布皇宫→乌布传统市场→秘境山谷网红大秋千→阿勇河漂流

餐： 酒店早餐、午餐烧鸭餐、晚餐烤猪排　　**宿：** 巴厘岛精品酒店

早餐后乘车前往登巴萨的小婆罗浮图观光，参观为了纪念巴厘岛独立（脱离荷兰的殖民统治）而建立的民族纪念碑——整个建筑物采用印尼特有的佛塔建筑，外观雄伟壮丽，周边的庭园优雅迷人。纪念塔内部是陈列馆，重现巴厘岛的历史发展以及当年土著居民英勇抗击荷兰侵略者的故事情景。后乘车前往乌布皇宫，乌布皇宫是古代苏卡瓦堤王室的居所。乌布王室早在20世纪初就被荷兰人废黜，但仍受到当地人的广泛尊敬。皇宫始建于16世纪，由著名的艺术家精心设计，共有60间厅房。整座宫殿外观气势恢宏，殿内装饰精致细腻，每年吸引众多的异国游客来此参观。此外下午七点半开始在宫殿里还可以欣赏到许多极具巴厘岛本土特色的传统舞蹈表演，如迎宾舞、假面舞等。来乌布不能错过的另外一个观光亮点是乌布传统市场，参观这个市场是每一个旅行团队行程中不可或缺的节目。乌布的传统市场是当地最有烟火气息的平民集市，主营各类皮具、衣服、沙龙和手工艺品和热带水果等，店面多、选择性强、议价空间大，是游客在异国他乡享受购物乐趣的天堂。随后前往秘境山谷网红打卡地大秋千（含门票，大秋千费用自理）。

大秋千位于乌布区的森林里，坐落于山谷与悬崖上方。这里共有三个秋千，高度各不相同，长度分别是有5米、10米、20米。游人荡秋千时会飘摇在丛林半空中，定感惊险和刺激。女性游客荡秋千前可穿上鲜艳飘逸的长裙，摆好姿态并请摄影师调整好预拍角度，这样就能在空中拍出各种优美的造型。之后乘车前往乌布区参加阿勇河漂流（约1小时），这是巴厘岛游程中最受游客欢迎的项目之一。阿勇河河岸山峰高峻，植被繁茂，大部分河段水流比较平缓，游客可以安心荡舟饱览沿河美景；但是沿途也有多处激流河滩，通过时十分惊险刺激。穿上船家为您准备的泛舟装备，认真聆听教官发出的口令，在湍急的河流上进行一次泛舟冒险之旅，让人十分开心。随后前往土特产店，感受巴厘岛当地的商业气息，选购心仪的工艺纪念品。

第4天　巴厘岛浪漫时光：全天自由活动

餐： 酒店早餐、中餐自理、晚餐自理　　**宿：** 巴厘岛海边五星酒店

全天自由活动，可以彻底放松。客人可以在游泳池中嬉水游乐，也可躺在遮阳伞

下沐浴热带海洋上吹来的清爽微风，阳光浴、沙滩浴的感觉很舒服。此外也可自费参与巴厘岛上众多的游乐项目。

第5天 巴厘岛浪漫时光：全天自由活动

餐：酒店早餐、中餐自理、晚餐自理　　　宿：巴厘岛海边五星酒店

本日仍旧是全天自由活动，活动安排和内容与上一天相同。

第6天 努沙杜瓦海滩→海神庙→库塔海滩→洋人街→送机

餐：酒店早餐、午餐中式餐、晚餐中式餐　　宿：飞机上

早餐后前往努沙杜瓦海滩，感受巴厘岛的海滨风情。随后前往巴厘岛睡眠体验中心，为自己或家人选购当地特有的乳胶制品，如床垫、枕头等。午餐后乘车前往海神庙，它是巴厘岛最重要最独特的海边庙宇之一。海神庙始建于16世纪，坐落在海中岩石上，每当涨潮时，海水会淹灭寺庙四周，此时整座庙宇在海中央若隐若现，画面非常神奇。后乘车前往库塔海滩自由活动，您可以充分感受巴厘岛独有的滨海风情。这里的岸边也是巴厘岛最热闹的娱乐与购物中心，有各种世界品牌的专卖店，是巴厘岛上的购物天堂和休闲胜境。

行程结束后旅行社会在晚上安排送机，游客会带着美好的回忆踏上返程。

笔者对每天具体游程做出的观光指导和提示

第1天　国内→巴厘岛 参考航班：CZ625

请在指定时间内到达机场，办好登机手续。飞行时间约为6小时。大概率不是红眼航班，所以白天飞行应能看到壮丽的云海景观。途经南海的时候，有可能看到南海诸岛宛如珍珠翡翠般的美丽轮廓和图案。

第2天　南湾水上活动中心→海龟岛（玻璃底船）→乌鲁瓦图情人崖→洋洋下午茶→金巴兰海滩

本日共有3个观光亮点：1.南湾水上活动中心——海龟岛，在南湾主要是看海景和嬉水游乐，娱乐项目很多，但大部分是自费，可视情况参与。海龟岛很小且景色一般，不过在乘快艇从南湾到海龟岛的途中，海上风光挺不错。2.乌鲁瓦度情人崖——海滩很辽阔，海景很壮美，登高观海视野和风光俱佳。您可在这一边品尝茶点饮料一边从容观光欣赏。3.金巴兰海滩，它坐东朝西，是观赏大海夕阳落日的好地方。游人在这里的任务就是连吃带玩，好好享受这里的美妙时光。

第3天 外观小波罗浮屠乌布皇宫→乌布传统市场→秘境山谷网红大秋千→阿勇河漂流

小婆罗浮图和乌布皇宫是巴厘岛上著名的古迹名胜，颇具历史、文化、观光价值。这里人气很旺，游人众多，应好好观赏体味。

乌兰布统市场是最具人气和烟火气息的地方，当地百姓生活的习俗和场景在这儿

乌鲁瓦度情人崖壮阔海景

展示得无比细微和真实。在这儿购物饶有兴味，而拍摄各国游客在这里逛街的画面，也让人倍感新奇开心。

阿勇河漂流有的河段水流平缓，风光柔美，而有的河段水流很急，注意按要求做好防护措施，安全第一。

第4天 巴厘岛浪漫时光：全天自由活动

全天自由活动。在所住的酒店度假村中休闲享乐就很好——几乎每家酒店都是建筑精美、热带植物和树木林立，繁花似锦、绿草如茵、庭院风光如画，这没有任何疑问。况且一定会有露天泳池，您就在这儿安心休息放松，度过舒适慵懒的美妙时光吧！

第5天 巴厘岛浪漫时光：全天自由活动

仍然是全天自由活动。既可以在酒店里休闲享乐，也可参加自费项目到岛上其他地方观光游玩——可选的目的地和线路很多，与领队和导游及酒店前台联系报名即可。

第6天 努沙杜瓦海滩→海神庙→库塔海滩→洋人街→送机

今天的观光大亮点是海神庙，它是巴厘岛上的标志性景观。它和邻近的天生桥全是拍摄风光照和人像纪念照的绝佳地点，涨潮时分这里的海景也很美。

库塔海滩风光一般，但附近有大型的购物中心和各式名品专卖店，是购物佳境。以笔者的观察，这里的物价并不都贵，反而有些衣物和旅游纪念品是很便宜的，所以在这里仔细比较和选择，还是能让人买到称心如意的商品和各色礼物，馈赠亲友完全拿得出手。

晚上乘机飞离巴厘岛，返回国内。

关于此线餐饮、住宿、行车、游览、购物、娱乐各个环节的具体说明和指导

1. 🍵 餐饮

早餐全是在居住的酒店和度假村内吃，中西兼具、品种齐全，吃好绝无问题。正餐以当地食物为主，餐标不低。虽然不是中餐但都是亚洲风味，国内游客完全可以接受。其中在金巴兰海滨吃的烧烤自助餐质量很高。所以此行程中餐饮这个环节肯定能让人满意。

2. 🏛 住宿

去巴厘岛做参团游和半自助游，住什么级别的酒店或度假村完全是由参团标准和所交的团费来决定——豪华团住的地方一定很豪华，经济团住的地方肯定很普通。但是巴厘岛上没有条件太差的酒店——室内干净整洁、空调制冷效果好、庭院环境清洁且风光美，这是一定的。

4. 🚐 行车

穿行在各个景点景区间都是坐当地旅行车，车型大小因游客人数而定。车况都很好，道路状况也没大问题。

4. 👣 游览

上边介绍的线路几乎涵盖了巴厘岛上所有的主要景点，其中海神庙、乌鲁瓦度情人崖、金巴兰海滩都很好看。而乌布皇宫和乌布市场的民族风情浓郁，看点也很丰富。在团队集体活动时随团行进即可，在两天的自由活动时间中您可以自由发挥，怎么玩都可以。

5. 🛒 购物

库塔海滨有大型购物中心，特色鲜明，观光购物效果好，笔者郑重推荐。另外乌布传统市场的小商品种类极多，游人可认真挑选，多多购买，回国后送给亲朋好友。

旅行家指导：如何在巴厘岛玩得高兴开心

1.巴厘岛与中国同处亚洲，相互距离不算太远，气候温暖，四季皆可游览，且签证手续简单，旅费开销不算太高。中国游客欲去巴厘岛观光，真是易如反掌。

2.去巴厘岛旅游是件轻松愉快的事，不用特别刻意地准备。首先说那里天气热，出发时不用带太多衣服。其次岛上交通便利，景区之间相距不太远，观光车的车况又好，所以旅途中一点儿都不辛苦，大多都能承受。再有岛上的旅游设施非常完善，旅游市场非常成熟，吃、住、行、游各个环节都没有任何问题和障碍，玩起来很舒服。加之旅游业是当地支柱产业，所以当地人欢迎外国游客，所以我们去巴厘岛，遇到的是热情的礼遇，没有丝毫艰难险阻。

3. 从国内旅行社报名参团去巴厘岛完全可以，有指定的观光行程，还有自由的活动时间，动静相宜、张弛有度，很开心、很惬意、很舒服。

4. 去巴厘岛应该有几大观光目标，观看海景的主要地点是海神庙、情人桥、乌鲁瓦度情人崖、金巴兰海滩，风光都很美，很壮阔，很迷人，其中海神庙和情人桥是巴厘岛的标志，一定要重点关注，好好观拍。乌鲁瓦度情人崖视野开阔，登高远眺一定很好。金巴兰海滩落日的风光享有盛名，旅行社会带您去那里又吃又玩，效果不会差。库塔海滨风景一般，不必专门留意。

5. 南湾水上活动中心是水上游乐天堂和胜境，那里的玩乐方式极多，游客可适情参与，因为大部分项目是要自费参加的。

6. 乌布皇宫观光效果尚好，但比起我国国内和欧洲那些古典的皇宫一类的建筑来说，规模和水平有明显差距，因此游客对那的期望值不要太高。

7. 阿勇河漂流很有趣味，玩一回不嫌多。

乌布皇宫中的古塔建筑

8. 除去行程中固定的景区以外，旅行社一般会为游客留出两天的自由活动时间。这两天可以自费参加其他线路的游览，也可以在酒店内休闲享受。在豪华度假村的漂亮泳池边支个躺椅，一边喝着果汁饮品一边躺靠在上边玩手机，享受宁静而慵懒的美好时光，肯定是高级的体验。所有来到巴厘岛的游客，都可以找到并感受到这美妙的境界和舒适的感觉。

9. 如果天气晴朗，在飞往巴厘岛的飞机上，可以见到我国南沙群岛的诸多岛礁，黄岩岛、美济礁都有可能看到，这是一件特别有趣的事。

10. 遗憾的是，印尼的旅游资源对中国游客开发得并不充分，因此除了巴厘岛以外，印尼的其他岛好像目前还不能去——笔者最想去的地方是印尼的爪哇岛，那里有一条美丽的河流梭罗河，相信它的名字大家都耳熟能详——有谁没听过那首印尼名歌的美妙旋律呢？"美丽的梭罗河，我为您歌唱，您的光辉名字，永远在我心上。旱季时来临，您清波漾漾，雨季时波涛滚滚，您流向远方。"这首歌的歌词很优美，旋律太动人、太难忘了。何时我们能去爪哇岛观赏梭罗河的美景并在河上荡舟漂流呢？那一天非常令人神往，我们殷切期待着！

印度新德里、斋浦尔、阿格拉

饱览南亚大国的悠久历史和灿烂文明

11. 去印度，饱览南亚大国的悠久历史和灿烂文明

印度是南亚次大陆最大的国家，面积约 298 万平方千米。印度的旅游资源丰富，尤其是名胜古迹数量众多，许多景点和景区特色鲜明，颇具观光价值——泰姬陵的庄严雄伟、风之宫殿的精美奇妙、水之宫殿的飘逸灵秀，都能让观光者拍案叫绝。恒河上每天发生的奇异故事，更是令人惊奇和神往。截至 2023 年，印度共有 14.4 亿人口，有 100 多个民族，民风民俗风格独特、多彩多姿。对于这样一个特色鲜明的大国，我们应该选择合适时机，飞越喜马拉雅山脉，畅览南亚次大陆上的自然和人文佳景，收获与众不同的新奇和惊喜。现在国内旅行社推出的印度游行程很多，我们从中选取了一条简明实用、性价比高的线路奉献

泰姬陵，印度古代文化的瑰宝和结晶

给大家。这条线路的名称叫新德里、斋浦尔、阿格拉"金三角"7 日游。

☀ 当地气候

印度是典型的热带季风气候，冬季除了北部高山区有冰雪覆盖以外，大多数地区的气候都是很温暖舒服的。这个时候是去印度旅游最好的时间。4 月、5 月是印度的夏季，酷热难耐，最高温度可以到 45℃。6—9 月是雨季，也不方便出行游玩。

✈ 对外交通

国内各大城市有航班与印度对飞，北京飞往新德里需 7.5 小时，从昆明飞往新德里需 4 小时左右。

🛂 签证制度

去印度旅游要办理签证，需提供个人收入证明。交给旅行社代办为宜。

⏱ 时差

印度新德里时间比中国北京时间慢 2.5 小时。

为您介绍此条线路的观光亮点和特点

此线以观赏名胜古迹为主以自然风光为辅，行程中看到的景观主要是古寺庙、古陵墓和各式各样的古建筑，基本上没涉足名山大川、大江大河，也没有去印度南部的海滨城市孟买观赏海景。但是在比较短的时间内游览了以首都新德里为中心的呈三角形地域内的 3 座大城市，观光效果挺好。加之印度的旅游资源开发、开放得并不充分，所以中国国内旅行社推出的印度游线路也不多，上述线路可以认为是一种普通而常规的观光方式，建议游客适度关注和参与。

笔者对此条线路的总体观光指导

跟团参加这条线路丝毫不复杂，导游的带领和指导下每天按照指定行程在参观游乐就行。由于几个城市相距不太远，游程安排得也很宽松，在景点逗留的时间也挺长，所以这个 7 天游的主要基调就是宽松和开心。

旅行社公布的指定游程安排：印度新德里、斋浦尔、阿格拉 7 日游

第 1 天 北京飞往昆明

行程安排

餐：无　　住宿：昆明

北京搭乘飞机前往昆明，到达后接机送酒店休息。

第 2 天 从昆明飞往新德里

餐：含晚餐　　住宿：斋浦尔

早上乘车至昆明长水国际机场乘坐国际航班直飞印度首都新德里，抵达后有中文导游接机，乘车前往另一座城市斋浦尔。

第 3 天 斋浦尔市区观光，参观风之宫殿、琥珀堡、水宫

餐：早、中、晚　　住宿：斋浦尔

早餐后，乘车到市中心，游览有"粉红之城"之称的斋浦尔市区的地标景点——风之宫殿。在用红色砂岩修筑的建筑上镂空制作出 953 扇蜂窝状窗户，这样的结构使任何方向的风都可以徐徐吹入，既能让后宫中的嫔妃在享受"天然空调"的效果同时好给观赏到世间繁华，又不会让路人偷窥到她们的娇柔和美丽，这是风之宫殿设计和建造者的智慧与匠心。之后，去世界文化遗产琥珀堡游览。琥珀堡坐落于斋浦尔旧

都旁的一座能俯视全城的山丘之上,是印度古代藩王拉贾·曼·辛格于 1592 年建立的都城。不同于"粉红之城"其他的建筑颜色,该城堡由奶白、浅黄、玫瑰红及纯白石料建成,远看犹如琥珀,故享有琥珀堡的美名。堡内建筑物由多个不同时期修建的宫殿组成并依山势而立,层层叠叠、规模宏大、极为壮观。在游览了耸立于山顶上的琥珀城堡后,驱车去湖边观景台远观建立在萨加尔湖水面上的宫殿奇观——水宫。这座宫殿建于 1750 年前后,是王宫贵族休闲享受的场所。它共有 5 层,其中水下有 4 层,水上有 1 层,虽然是名胜古迹,但目前还在正常使用。造型精美的殿堂漂浮在碧水清波之上,柔美而生动,是当地特色鲜明的奇观妙景。

第 4 天 斋浦尔市区观光→阿格拉

餐:早、中、晚　住宿:阿格拉

早餐后游览世界文化遗产简塔·曼塔天文台。萨瓦伊·杰伊·辛格二世(古代印度著名的王公、天文学家和建筑师)于 1728 年设计建造了这座露天天文台,这是当年的星象家用来观测天象、预测事物的场所。院内十二个三角形的小建筑,代表着十二个星座,每个建筑的角度及方向都朝向各自对应的星座。在这里,借助各种手段能准确测量出宇宙间斗转星移的轨迹和规律。天文台建筑及其精准的观测功能体现出古印度人的聪明才智,他们很早就具有了观测天文的知识和技能。现在斋浦尔天文台还在使用其中的部分设施,足以证明它建造水准之高超和体现出的独特匠心。简塔·曼塔

简塔·曼塔天文台,享有"世界绝美建筑"的美誉佳名

天文台还享有"世界十大被错过的绝美建筑"之名。之后参观城市宫殿博物馆，它是斋尔浦保存最好的古迹之一，由太阳宫、月亮宫等多座宫殿组成，光是城门就有8座，充满浓郁的印度风情。馆内收藏着昔日珍贵的双轮战车，装着印度恒河圣水的水瓮和历代马哈拉加的服饰、乐器、武器及各种印度器皿等。午餐后乘车返回阿格拉。

第5天 阿拉格参观，参观泰姬陵、阿格拉堡

餐：早、中、晚　住宿：阿格拉

早餐后，游览世界七大奇迹之一、世界文化遗产泰姬陵。泰姬陵全称为"泰姬·玛哈尔陵"，是印度穆斯林文化艺术的结晶，它结合了印度建筑和波斯建筑的风格，是世界遗产中的经典杰作。泰姬陵是莫卧儿王朝第5代皇帝沙贾汗为了纪念已故皇后姬蔓·芭奴而兴建的陵墓，动用2万名役工，历时22年才建设完成（1654年竣工）。泰姬陵被公认为是世界遗产中的杰作，代表了莫卧儿时期建筑成就的最高水平。

之后参观与泰姬陵相邻的世界文化遗产阿格拉堡（1.5小时）。在16世纪，阿克巴大帝选中了阿格拉堡建立首都，并在1573年建成了这座古堡。它具有宫殿和城堡的双重功能。其城墙由红色沙石筑成，高20米，周长约2.5千米，在阳光照耀之下常常发出耀眼的红色光芒，色彩艳丽迷人。堡内分为内宫和外宫两大部分，内有著名的"谒见之厅"，是莫卧儿王朝帝王接见大臣、使节的地方。古堡内的建筑物曾多达500多座，但保留至今者已经很少。阿格拉堡有一座八角形的石塔小楼，登临塔顶，可以看到不远处举世闻名的泰姬陵。阿格拉堡于1983年被列入世界遗产名录。

第6天 新德里观光

餐：早、中、晚　住宿：新德里

早餐后，乘车前往新德里，到达后游览甘地陵等古迹名胜。在行车的途中，印度司机会特意绕道行驶，途经酷似法国巴黎香榭丽舍大道的印度中央政府大道，让游人观赏街景。按印度政府规定，这里不允许停车。但是我们可以透过车窗看到外形酷似法国凯旋门的印度门（又名印度战士纪念碑），还有著名的总统府和外观凝重的国会大楼等等。甘地陵位于新德里东面的亚穆纳河畔，是焚化甘地遗体之处。甘地是印度近代史上杰出的政治家，为反对殖民统治和争取独立奋斗了终身，印度人尊称他为"国父"。几乎所有到印度旅游和访问的人，都要到甘地陵瞻仰。陵区面积不大，游客在此观光1个小时左右。

第7天 新德里观光，参观莲花寺

餐：早　住宿：无

早餐后前往莲花寺参观，它位于新德里东南部，因外貌酷似一朵半盛开的莲花而得名。它的造型和澳大利亚悉尼歌剧院有异曲同工之处。莲花寺的寺庙全部采用白色大理石建造，由三层花瓣组成，底座边上巧妙地设计了9个连环清水池，布局颇具匠心。

莲花寺是一座印度大同教巴哈伊教徒信仰的灵曦堂，也是全球各地 7 座巴哈伊灵曦堂中最新的一座，是新德里的主要名胜之一。莲花寺于 1986 年建成并对外开放，是世界上被访问次数最多的建筑物之一。游人之后前往印度红茶店购物。行程结束前前往机场，搭乘航班返回昆明，结束愉快行程。

笔者对每天具体游程做出的观光指导和提示

第1天 北京飞往昆明

有专人接机并送酒店住宿，酒店离机场很近，用餐住宿很方便。

第2天 从昆明飞往新德里

从昆明出发，飞往印度首都新德里，飞行时间约 3 小时。抵达后有当地导游接机。之后乘车前往另一城市斋浦尔，安排晚餐和酒店住宿。

第3天 斋浦尔市区观光，参观风之宫殿、琥珀堡、水宫

全天游斋浦尔。风之宫殿有 900 多扇窗户，造型非常精美而奇异，外观色彩也很好看。游人通常不会入内参观，而是主要观拍它的外观。注意要走到马路对面去，才能拍到它的全景。琥珀堡矗立在小山之巅，是规模庞大而又保存甚好的古建筑群，甚具艺术和观光价值。应重点观拍。还可以骑着大象绕行宫殿一周，骑行过程也是饶有兴味，游人值得参与。水宫建在河水中心，游人只能在岸边观赏它的远景。如欲拍摄建议用变焦距镜头，画面很美。

第4天 斋浦尔市区观光→阿格拉

参观简塔·曼塔天文台，它是世界文化遗产。这里的众多古建筑和观测设施都是古代印度人聪明智慧的结晶，非常耐人寻味、令人惊叹。

之后参观城市宫殿博物馆，这里馆藏丰富且建筑非常美观，也是拍摄人像纪念照的绝好地点。

午餐后乘车前往阿格拉，那里有一座被称为世界七大奇迹的宏伟建筑泰姬陵。抵达时已近黄昏，先入酒店休息用餐。晚间建议您参与一个自费项目，即观看大型歌舞表演《泰姬陵的传说》。演出很精彩，观看后可以了解泰姬陵修建的历史和当地多彩多姿的民族风情。

第5天 阿格拉参观，参观泰姬陵、阿格拉古堡

重点游览泰姬陵——游人很多很拥挤，安检亦很严格，排入内可能要花挺长时间。但是，进入景区后却可以看到和拍到非常宏伟华丽壮观的宫殿画面。一定要选择不同角度不同距离好好拍摄，这是您此次印度之行中能见到的最有震撼力的画面。此外还要再排一次队，才能进入陵墓内部参观。

泰姬陵后边有一条河，但它并不是恒河，请注意不要被误导。

风之宫殿，奇异外景

　　本日还有一个观光内容是参观阿格拉古堡，这个古堡是世界文化遗产，观光需要2小时左右。

第6天　新德里观光

　　乘车前往首都新德里。新德里城市面积并不小，但城市的发达程度不太高，因此游客不必对这里的城市风光抱多大希望，只是粗略观赏一下就够了——不过中央政府大道、总统府、国会大楼、国防部这些有代表性的道路和建筑，游客在旅游车上都能看到，观光效果尚好。

　　在新德里，要深度观览的地方是甘地陵。陵区面积并不大，游人在这里可以了解到圣雄甘地的生平和他为印度国家和民族做出的杰出贡献。观光需要1.5小时左右。

第7天　新德里观光，参观莲花寺

　　上午参观莲花寺，别看它20世纪80年代才修建完成，没有太悠久的历史，但因身型庞大、外观奇异，所以吸引着各国游客前来参观——这里人气非常旺盛，观光热度不逊色于泰姬陵。因此，大家应予重点关注。

　　下午乘飞机离开印度返回昆明，游览全部结束。

关于此线餐饮、住宿、行车、游览、购物、娱乐各个环节的具体说明和指导

1. 餐饮

印度几乎没什么中餐馆，所以一日三餐都安排当地风味餐。菜品由当地导游安排

选定，伙食标准一般——能吃到一些肉食，比如炸鸡、牛肉等，营养充足，口味各有千秋。因为在这里几乎所有的菜都要放咖喱。印度人太喜欢这个调味品了，但中国游客可以有保留地接受咖喱鸡块、咖喱牛肉，这两道菜我们国内也能吃到并且都挺好吃。

2. 🏨 住宿

当地星级酒店设施和卫生条件尚可，有的宾馆大堂装饰得还挺美观。但是由于当地水质不太好，有时会觉得毛巾、床单和被罩洗得不是太干净，当然这也不是什么特别大的问题。

3. 🚗 行车

行程中主要乘坐当地旅游车，车况路况一般。

4. 🧍 游览

此线重点游览了相距不远的三座著名城市（斋浦尔、阿格拉、新德里）的古迹名胜，用时短、开销不太大，观光方式简明易行，适合第一次去印度观光的人选择。

发烧友关照：如何在印度玩得高兴开心

1. 出于多方面的综合考虑，虽然国内的旅游爱好者一般不会把印度当作出境游的首选目的地，但是它毕竟是南亚大陆中最大的国家，有悠久的历史和丰厚的文化底蕴，有许多名胜古迹，所以去那观光一次总不嫌多。至于什么时候前往，视自己的心情和其他具体情况，灵活掌握就行了。

2. 上边介绍的线路重点游览了印度大陆中心区域中三座有名的城市（这三个城市也享有"金三角"的美称），算是普通、常规的行程，用时不太长、费用不太高（团费7000~8000元）、游程安排不紧张且观光效果尚好，可为首次去印度观光的游客所选用。

3. 国内的一些旅行社还经营去印度观光的其他线路，除了要去上边的3座城市外，有的会去恒河，有的会去孟买，观光内容更丰富，但要多花一点时间和费用，游人可任意选择视情况参与。

4. 在我们上边介绍的七日游程中，每天的观光内容安排得较为宽松，不需要起早贪黑，每天可以玩得开心且轻松。至于观光的有关注意事项，在上文中已有详细介绍，各位认真参考就行。

5. 在印度观光，应在指定区域内活动，不要远离团队，也不要擅自进入当地人的居民区。印度治安尚可，但是游人私自外出，可能会遇到一些变数，小心谨慎一点没有坏处。

6. 印度的环境卫生的总体状况真的不太好，尤其是水质成问题。因此游人不要随便喝生水，买瓶装水喝为宜。

尼泊尔全境 9 日游

畅观珠峰脚下、千河之滨的独特风景

12. 游览尼泊尔，
畅观珠峰脚下、千河之滨的独特风景

尼泊尔是中国的近邻，它北临中国，东、南、西三面与印度接壤，国土面积 14700 平方千米。

尼泊尔是著名的高山之国，著名的"世界屋脊"喜马拉雅山脉就在它的北部。这里地势高峻，海拔高度在 4800~8844 米。世界上共有 14 座海拔超过 8000 米的山峰，其中有 8 座分布在这里。

尼泊尔又是著名的水利资源大国，国内共有大小长短不一的河流 9000 多条，在高山和深谷间到处有最充沛的江河在汹涌奔流，为电力开发提供了充足的能量，亦为观光者增添了诸多河湖美景。银白的雪峰和碧澈的溪湖相依相映，构成了动人心魄的独特美景。

尼泊尔国家历史悠久，现存的名胜古迹数量很多，高大的佛塔、造型奇异的寺庙在这里随处可寻。尼泊尔的民风民俗也特色鲜明，因此说它是一个充满神秘感和诱人魅力的国家丝毫也不过分。

尼泊尔每年吸引着很多的各国游客，在这其中，很多人是奔着珠穆朗玛峰来的。喜马拉雅山脉四周的徒步游线路不少，其中一些人凭着自己坚强的意志和充沛的体力并在当地下夏尔巴人的相助下成功攀上珠峰峰顶，令人佩服。

作为普通游人来说，不一定要树立登上珠峰的雄心壮志，而只要能眺望到珠峰的雄伟身姿，就足以让人感到满意和激动了。现在，国内很多旅行社都推出了去尼泊尔观光的线路，用时 9 天左右，手续简单，开销不太大，下面这个 9 日游的行程，就能带您畅观尼泊尔。依此线行进，还能在旅途中，数

博达哈大佛塔，尼泊尔加德满都的标志和象征

次见到珠峰迷人的风姿和倩影。

☀ 当地气候

尼泊尔 5—10 月的平均温度为 18~31℃，建议携带轻薄衣物；11 月—次年 4 月的平均温度为 5~22℃，建议穿长袖、外套或薄毛衣；凌晨观看日出时温差较大，游乐请注意保暖。

✈ 对外交通

国内各大城市有航班同尼泊尔对飞，从北京飞往加德满都用时 4.5~5 小时。

🈯 签证制度

尼泊尔对中国游客实行落地签制度，敞开国门欢迎您。

🕐 时差

尼泊尔加德满都时间比中国北京时间晚 2 小时 15 分钟。

为您介绍此条线路的观光亮点和特点

尼泊尔是中国的近邻，但是它的自然风光和民族风情却与中国内地有很大不同。这里有众多雪山、有数千条河流、有诸多名胜古迹，有特色鲜明的民风民俗。中国游客去那里，主要目的应该是看山（珠峰的景色很壮观、很迷人）、看河、看古迹和领略民风民情，获取新鲜感受。

尼泊尔生活水平不高，宾馆酒店业不是太发达，交通设施也一般。因此，中国游客去那里的目的应该是观景追寻新鲜的游历和记忆，而不应该是休闲度假享乐。由于尼泊尔距中国较近，签证手续简单，旅游费用不高，因此笔者认为去那里游览一次是值得的。

笔者对此条线路的总体观光指导

1. 去尼泊尔旅游的入境须知：尼泊尔对中国游客实行的签证制度是落地签，可免费办理签证。

2. 出发时请携带护照原件（有效期 7 个月以上）加近期 2 寸彩色证件照（2 张）。签证表和入境单在机场入境处自取后填写。

3. 凭上述资料，到尼泊尔机场海关办理落地签证；通过海关后，下一楼领取行李出机场。

4. 尼泊尔当地地接社的中文导游会在机场出口处迎接中国游客的到来，之后用专车载客入住酒店后开始参观游览。

5. 旅程结束后，导游会送游客到尼泊尔机场国际出发厅，办理出境手续。

6. 离境时请携带护照原件进入机场，经过安检后，凭护照到值机柜台办理登机牌、行李托运等（因安检特别严格，如非贵重物品，建议尽量托运）。

7. 上机场二楼填写出境单，凭护照、登机牌、出境单办理出关手续；通过海关后，需第二次安检（分男女两个通道），安检通过后，边检人员会在登机牌背面盖离境章。

8. 完成这些步骤后，直接前往候机大厅，等候登机回国。

9. 尼泊尔国土面积不大，观光游览也不费劲。按旅行社规定的行程走即可。

旅行社公布的指定游程安排：尼泊尔全境 9 日游

第 1 天　于出发地机场乘机前往西安，入住宾馆

住宿：西安　全天不含餐

准确航班时间以出团通知书为准，出团天数以航班起飞时间计算，与到达时间无关。

第 2 天　西安→加德满都

住宿：加德满都　餐食：无

早上乘班机飞往加德满都，接机后前往巴德岗广场游览。这里有 500 年前马拉王朝的王宫，五十五窗宫、巴特萨拉女神庙、尼亚塔、波拉塔等是观光亮点，包括许多各具艺术特色的宫殿、庭院、寺庙、雕像等，被誉为"中世纪尼泊尔艺术的精华和宝库"。午餐后驱车前往杜利凯尔，从此地观赏喜马拉雅雪山全景和日落。如果能见度高，还能看到世界第一高峰——珠穆朗玛峰的风姿倩影。喜马拉雅山脉山峦起伏且绵延数百千米，山姿峭巍且雪峰上空经常出现浓密而变幻无穷的云层，壮观的景色确实能震撼人心。

第 3 天　加德满都→奇特旺

住宿：奇特旺　餐：早、中、晚

早餐后乘车前往奇特旺国家森林公园（约 7 个小时），它是尼泊尔乃至南亚最大的国家森林公园，到达后入住绿荫浓密、特色鲜明的丛林度假酒店。午餐后前往奇特旺土著塔鲁族村庄，观看村民生活场景，感受当地原生态气息。傍晚在河边观看日落，晚餐后欣赏塔鲁族热情洋溢的表演。之后入住酒店休息。

第 4 天　奇特旺观光

住宿：奇特旺　餐：早、中、晚

早餐后划独木舟寻找鳄鱼、鸟类和其他野生禽兽的踪迹。徒步原始丛林，观赏和游览大象培育中心。下午骑大象穿越浓密丛林，一头大象可纳拉亚尼以乘坐 4 个人。坐在大象背上缓慢地在这个南亚最大的森林公园里穿行，在向导的带领下，寻找和观拍著名的亚洲白犀牛、孟加拉虎、羚羊、鹿、鳄鱼等珍稀野生动物。奇特旺森林公园

很大，园内有犀牛、羚羊，有时甚至会有野生虎、豹出没，充满神秘色彩和欢乐野趣。游人行进时须遵循导游的指示，与野生动物相遇时应适当回避，注意人身安全。

第5天　奇特旺→博卡拉

　　　　住宿：博卡拉　餐：早

　　　　　　　　　　早餐后，乘车前往被称为"南亚小瑞士"的博卡拉小镇（海拔827米）。博卡拉四面环山，中央是湖水。安娜普纳山脉终年积雪，美丽的鱼尾峰山岩奇异，它们的身影倒映在费瓦湖水面上，映衬蓝天白云，风光柔美如诗如画。下午在费瓦湖上泛舟（约60分钟），游览湖中小岛上的夏克蒂

费瓦湖山光水色俱佳，风光柔美景色宜人

女神庙。晚餐后入住酒店休息。博卡拉小镇不大，只有几条主要街道，但晚间有多家饭店、咖啡厅营业，灯红酒绿，很显热闹和温馨。游人可在这里品尝美食休闲、娱乐，留下美好记忆。

第6天　博卡拉观光

　　　　住宿：博卡拉　餐：早

　　凌晨4点乘车前往萨朗科特山上，观看绝美的安纳普尔纳雪山日出，可以看见道拉吉里峰、鱼尾峰、安纳普尔纳南峰、安纳普尔纳一峰到四峰等等，如果天气晴好，雪峰和日出交织在一起的晨景会很美很动人。然后探秘在山谷中形态优美的的"大卫瀑布"。之后回酒店休息。

第7天　博卡拉→加德满都

　　　　住宿：加德满都　餐：早

　　早餐后返回加德满都，参观世界文化遗产斯旺扬布那神庙（俗称"猴山"），这里是登高欣赏整个加德满都谷地风光和城市全景的最佳地点，360度范围内都能看到壮丽景观。随后参观尼泊尔的地标建筑——博达哈大佛塔，这是藏传佛教的圣地，俗称"小西藏"。在宏大的白色穹形塔堆上矗立着一个方形的塔，四面都画有洞察世俗的巨大

佛眼，是世界上最大的佛塔之一。

第8天　加德满都观光

住宿：加德满都　餐：早

早餐后，前往加德满都的购物区泰美尔街（俗称"老外街"）购物游玩，之后前往加德满都杜巴广场游玩，这可能是世界上最具特色的广场，如果没到过这里，您无法想象这个广场可以有多么热闹繁华。

第9天　加德满都→西安

餐：早

早餐后，前往加德满都机场，结束尼泊尔的旅程，乘航班回到西安。

注：上述行程中涉及的所有景点和观光时间及游览顺序仅供参考，导游有权根据天气路况等诸多因素对其进行临时调整。

观光补充提示

1. 尼泊尔官方货币为尼泊尔卢比，汇率约为1人民币=18尼泊尔卢比（具体以当天为准）。尼泊尔大部分购物商场可用信用卡，如中国银联卡，VISA或MasterCard，具体手续费请咨询各持卡银行。

2. 尼泊尔旅游汽车大多由印度、日本、韩国进口，使用年限较长、车况相对较旧，拉杆箱及大件行李有时会放置车顶并用包罩遮盖，这是很常见的。

3. 尼泊尔国家电话区号为：00977，中国手机开通国际漫游功能后，可在尼泊尔使用，但通话、上网比较贵。也可购买当地旅行手机卡等（国际长途：7尼泊尔卢比/分钟；上网：500尼泊尔卢比/1000M）。

4. 尼泊尔酒店整体比国内的酒店规模小、年代久，但服务周到热情，店内基本都已覆盖无线网络。房间一般都是双人标准间，提供毛巾，但不提供洗漱用品和拖鞋，游客应自己携带上述用品。

5. 尼泊尔是小费制国家，境外司机、领队按照惯例需支付小费：5美元/人/天（已包含）若酒店服务员帮忙搬运行李，可付20尼泊尔卢比小费。

6. 尼泊尔海关规定每人最多可携带20000元人民币或等值于5000美元的外币出境，超过此数额，将不能带出尼泊尔。

观光购物注意事项

1. 尼泊尔手工艺品制作精美，如佛像、佛珠、唐卡、红茶、羊毛毯、羊毛披肩、木雕饰品、廓尔喀军刀等都很受游客欢迎和青睐。但需注意，被视为古董的佛像无法带出尼泊尔。另外购买工艺品时，请开具发票以备查验。

2. 尼泊尔近年来大规模开展基础设施建设，道路修整较多，路上灰尘较大。有时公路行车车速较慢，用时较长，游客应有心理准备，并请提前准备背包罩或行李罩遮盖自己的行李。

3. 尼泊尔的寺庙、佛塔、纪念碑一般都允许拍照，但也有例外，因此最好提前咨询有关人员，获准后再拍照，以免引起纠纷。

4. 去尼泊尔旅行，帽子、墨镜、头巾、防晒霜、防蚊虫药及个人药品必不可少，另外雨季时，还请您自行携带雨具。

5. 在尼泊尔旅行时，请不要爬骑在神像上面玩耍或拍照，否则将被视为对当地宗教信仰的不尊重，切记。

6. 按照尼泊尔人的观念，左手代表不洁，握手或传递东西时最好用右手或双手，这点与印度人的习俗有相似之处。

7. 尼泊尔人相信神只住在人的头顶，所以切记不要抚摸小孩或他人的头。

8. 尼泊尔人民对中国人民很友好，只要遵守当地人的风俗习惯，就会受到欢迎和礼遇。

笔者对每天具体游程做出的观光指导和提示

第 1 天 出发地机场乘机前往西安，入住宾馆

从各地乘飞机或火车去西安，入住宾馆酒店。如时间充足，下午或晚上可以在西安市区游览，可选景点有钟楼、鼓楼、大雁塔、大唐芙蓉园等。

第 2 天 西安→加德满都

从西安飞往加德满都，飞行时间大约 3 小时，途中在机身的右侧，可以观望壮丽的喜玛拉雅山脉和珠峰的风姿倩影。抵达加德满都后，先去游览巴德冈广场，这里被称为"中世纪尼泊尔的艺术宝库"，古建筑极多，民族风情浓郁，其中尼亚塔、波拉塔身姿奇异，造型精美，是观拍重点。午餐后前往杜利卡尔，观赏喜马拉雅山和珠峰全景，山景非常壮丽，但观光效果如何全看老天爷的脸色，天气晴朗光线好一定是开心愉悦之旅；但如赶上了阴雨天气，云彩遮住了远山，那可能就会是伤心郁闷之旅。祝您拥有好运气。

第 3 天 加德满都→奇特旺

抵达奇特旺，参观奇特旺国家森林公园，这个公园的面积很大，密林间栖息的动物很多（据说有数千头犀牛，还有老虎），游人涉足的只是它的边缘地带。抵达后先入住酒店休息，晚餐后会看一场小规模的民族歌舞表演——演员不多，但表演很欢快。另外入住丛林度假酒店时，因门外就是花草、灌木和树林，小动物和昆虫很多，入室后一定要关严门、窗，否则壁虎和蛇、蝎有可能爬进来与您做伴。次日正式开始观光。

第4天 奇特旺观光

游览奇特旺森林公园,也可认为是森林探险,能见到不少野生动物踪迹,令人深感惊险刺激。笔者在这里见到了野生犀牛、藏羚羊和鳄鱼。希望您也有这样的幸运机会。切记按照导游指定的线路行进,不可贸然进入森林的中心腹地。

第5天 奇特旺→博卡拉

博卡拉风光非常好,湖光山色秀美迷人,乘船在费瓦湖上穿行很有诗情画意。晚上可以逛逛街,品尝当地美食。注意早点休息,因为次日凌晨要早起观赏"日照雪山"的妙景奇观。

第6天 博卡拉观光

凌晨4点起床,乘车前往萨朗科特,观光壮丽的雪山日出——还是那句话,观光效果如何,全看天公是否作美——赶上了晴天那便是好运加持,赶上了阴雨天也不要气馁,别有一番风景。

第7天 博卡拉→加德满都

回到加德满都继续参观。斯旺场布那神庙位于山顶,视野极好,是环视全城的绝好地点。博达哈大佛塔色泽洁白且塔体高大,它是加德满都的标志,一定要选择不同角度观赏、拍摄,将它的倩影收进您的眼中。

第8天 加德满都观光

在加德满都观光购物,泰美尔街很热闹喧嚣,杜巴广场也很有烟火气。本日已到游程的尾声,玩得轻松随意即可。

第9天 加德满都→西安

乘飞机离开加德满都,回到西安。

关于此线餐饮、住宿、行车、游览、购物、娱乐各个环节的具体说明和指导

1. 🍲 餐饮

当地中餐馆不多,团餐大部分吃的是当地餐,饭菜品种不多,一般有炸鸡块、炸鱼、炸薯条等,再拌几样凉菜,主食大多是米饭,饭菜味道尚好,营养充足。

2. 🏨 住宿

基本上住的是普通的小型宾馆、酒店,设施条件相当于国内普通商务酒店或是中档的民宿,不会豪华气派,但干净整洁。

3. 🚐 行车

乘坐当地旅行车,车况一般,路况也一般。但行车时也没有太艰辛的感觉。

4. 🚶 游览

所到之处都是尼泊尔最好看也是最有代表性的景点,对于游览一个国家的全貌角

从飞机上拍摄的珠峰远景

度来说，观光效果是精彩的、详细的、圆满的。如果在旅途中认真观景、详细记录，可以获取比较完整的印象和记忆，不用再来第二次了。另外旅途中跟随导游按规定行程行进就行了，没有什么可以灵活发挥的机会和余地，也不会掀起什么太大的波澜（当然在飞机上见到珠峰远景时，会让人激动万分）。总体上说，这是一次新鲜之旅，也是一次平稳之旅。

旅途见闻·发烧友关照·观光指导

1. 在飞往加德满都的客机上能看到雄伟壮丽的珠峰远景，这是去尼泊尔观光的超级亮点和意外收获，您一定要珍惜这个机会。去时珠峰在飞机右侧，回来时珠峰在飞机左侧。在申领登机牌时一定要选择相应的靠窗位置。另外一定要选择机身后侧的位置，不要选中段的，因为如果坐在飞机中段，那机翼有可能遮挡您的观光视野。为了有更好的观赏效果，建议您带上个小型望远镜。

2. 无论是去程还是回程，飞机都会沿着喜马拉雅山脉飞行大半圈，适合观拍珠峰的时间至少有15~20分钟，给了各国游客从空中俯瞰地球之巅的宝贵机会，真是太感谢了。

3. 尼泊尔的经济不太发达，即使是在首都加德满都，基础设施也较差。城市中心干道上路面不太平整，汽车一走尘土飞扬，真是有点儿煞风景。

4. 但是博卡拉这个地方却很干净，山光水色俱佳。一定要在这里好好游览一下，珍惜这个能给我们带来好心情的机会。

5. 奇特旺森林公园确实栖息着数量极多的野生动物，笔者在这里就和野生犀牛正面相遇过，可是这家伙并没有向我们表现任何敌对情绪，而是对视了几眼后就慢吞吞地走开了。但这幸亏是犀牛，要是我们遇见的是一只猛虎，那又会是什么结局呢？

6. 尼泊尔和印度有个事情很相似，那就是大象很多，而人与象又能非常友好地相处——如果是在乡下，黄昏时分常常会看到去田野劳作的人骑着大象收工回家，高高在上的派头真是悠闲自在。

7. 虽然生活水平不太高，但尼泊尔人的心态却很好，他们的性格都很温和，对他人也很友善，十分安居乐业。从他们公路上行驶的客车和货车的色彩装饰上就能明显地看出来——他们的车（尤其是客车）几乎没有"素颜"的，其正面和侧面一定会绘上各式图案。图案五花八门、色彩绚丽，并且没有重样的。他们对生活的热爱，从这一点上就能够淋漓尽致地表现出来。这很耐人寻味，也值得学习和效仿。还有什么事比好的心情更重要呢？

南非、阿联酋两国 13 日游

亚非两洲之旅，线路全新、观感全新

13. 南非、阿联酋，跨度极大的亚非两洲之旅，线路全新、观感全新

南非是一片神奇而辽阔的土地——它不仅国土面积很大，达到近 122 万平方千米，而且海洋河流山川齐备，地形、地貌多样。气候十分温暖，有丰富的树木和丛林，少有荒漠地区，遍地是秀丽而浓密的田野和绿荫。南非的旅游资源极为丰富，山姿奇异、海景动人，更以海豹、海狮、企鹅、狮、虎、猎豹、大象、犀牛等海洋和陆地动物与人类友好共存而著称。那里的好望角和开普敦，处在非洲大陆的最南端，单是重要的地理位置，就足以让世人关注和向往。而桌山、信号山、十二门徒山、海豹岛、企鹅滩等景观，更是精妙绝伦令人心向往之。哇，这么多优点和长处集中一身，我们怎么能压制住自己去南非观光的欲望和冲动，怎么能不远涉重洋，去那里开心游乐呢？

中国和南非虽然相距 1 万余千米，但现代科学技术和交通方式的发展，足以让我们顺利前往和平安抵达：太平洋、印度洋两大海域，航班直达有困难，因此要在一个合适的中间地点转机才行。国内旅行社精心设计了去南非航班的中转地点，它就是阿联酋，以这个国家为中心，正好把中、南航线串联起来。而阿联酋本来就是风光秀丽的美景聚集地，那里自然风光好、名胜古迹且多城市风光非常气派华丽，说是西亚最有特点的观光胜境毫不过分——在中国去南非的途中于阿联酋转机并停留观光数日，一下子就把非洲游变成了亚洲、非洲两洲游，观景数量几乎翻番，效果更上一层楼。如今南非—阿联酋已成为国内各大中城市中的各家旅行社都重点推荐的黄金旅游线路，丰富的观光内容和完满的游览效果吸引着来自国内各地的游客。

☀ 当地气候

南非、阿联酋一线从理论上说全年皆可游览，游客可择机前往。但是盛夏时节阿联酋天气酷热，此时应该慎去。

✈ 对外交通

国内各大城市有航班同上述两国对飞。北京飞往迪拜用时约 8 小时，迪拜飞往约翰内斯堡需 9 小

屹立在南非首都市中心的纳尔逊·曼德拉的雕像

时左右。

◉ 签证制度

去南非旅游要办理签证，需提供个人收入和财产证明。去阿联酋观光亦需办理签证和提供个人收入和财产证明。交给旅行社办理更省心省力。

◔ 时差

南非比勒陀利亚时间比北京时间慢 6 小时。

阿联酋阿布扎比时间比北京时间慢 4 小时。

为您介绍此条线路的观光亮点和特点

1. 长途飞行往返近 3 万千米。畅游亚、非两个大洲中的两个重要国家的代表性景观，观光效果绝佳。

2. 沿途经过约翰内斯堡、比勒陀利亚、开普敦、迪拜、阿布扎比 5 个大城市，都是南非和阿联酋两国最漂亮、最具魅力和最富有美感的世界级名城，途中的观光内容和涉及的景观含金量级高、没有水分，定会给游人留下独特难忘的美妙观感。

3. 南非和阿联酋两国的自然和人文佳景类型不同，差异很大，一次出行能把两种风格迥异的美景和美好感觉尽收囊中，会令人带着深刻印象满意而归。

笔者对此条线路的总体观光指导

1. 此线路中涉及了南非的大城市约翰内斯堡、比勒陀利亚和开普敦的城市中心和周边地带几乎所有的重要景观，游览内容丰富而全面，没有明显遗漏，游人参团后按规定游程和观光次序行进即可获得满意的观光效果。笔者还会在下文为您做与观光有关的各类指导和提示。

2. 南非最漂亮也是景观类型最丰富多样的地方是开普敦，那里山光水色俱佳，堪称世界级的旅游名城。请务必在开普敦观光的两天时间内吃饱睡足，要以高昂的斗志、充沛的体力和饱满的精神面貌投入观光活动，高效率、高水平地观览和记录旅途中的一切，这样定会满载而归、收获甚丰。

3. 本线路在阿联酋停留 3 天，其中两天随团游览，几乎看遍了迪拜和阿布扎比两座名城中的著名景观。第 3 天则是自由活动，如果安排得当，能看到一些规定行程中没有的景点，实在是让人感到开心。至于在这第 3 天的自由活动时间中应该怎么安排观光时间和观光内容，本文后边会为您做具体提示指导。

4.南非和阿联酋两国经济发展水平都很高，故而此线中交通食宿状况都很好，行程安排的不紧张、不局促，游客会感到宽松和舒服。这一点也算是一个特色，需要在此郑重地说明。

旅行社公布的指定游程安排：南非、阿联酋两国13日游

第1天　从北京出发

交通：飞机　餐食：无

在北京首都国际机场集合，搭乘阿联酋航空经迪拜转机前往约翰内斯堡。

第2天　北京→迪拜→约翰内斯堡

交通：飞机、巴士　　餐食：中式晚餐　　酒店：约堡四星酒店

抵达后导游机场接机，晚餐后入住酒店休息。

第3天　约翰内斯堡→布莱德河峡谷→波克幸运壶穴→克鲁格

交通：巴士　餐食：酒店早餐／西式简餐／酒店内西式晚餐　　酒店：克鲁格公园周边酒店

早餐后，乘车前往克鲁格国家公园，途中游览非洲自然奇景之一的布莱德河峡谷，沿途观赏柏林瀑布(参观约15分钟)；登高远眺布莱德河峡谷以及三茅屋岩(参观约15分钟)。保护区中部的布莱德河与楚尔河交汇处有一处水蚀洞穴地形，即是著名的景观"波克幸运壶穴"(参观约15分钟)，它的南端有一个最佳的瞭望点，由此可居高俯瞰下方一千米距离内的景物，因而得到"上帝之窗"的美名。之后乘车前往南非最大的野生动物保护区克鲁格国家公园，截至2024年，南非境内共有24座国家公园，克鲁格公园的规模首屈一指。在动物保育、生态旅游以及环境保护的相关技术与研究方面，克鲁格公园也居世界领先地位。抵达后入住酒店休息。

第4天　克鲁格景区内游览

交通：巴士　餐食：酒店早餐／西式简餐／酒店内西式晚餐　　酒店：克鲁格公园周边酒店

酒店早餐后，前往克鲁格国家公园，它位于德兰士瓦省东北部，勒邦博山脉以西地区，毗邻津巴布韦、莫桑比克。园区南北纵贯400千米，东西横跨70千米，总面积达2万平方千米。克鲁格背靠雄伟的山峰，面临一望无际的大草原，区内遍布森林和灌木。园中栖息着众多的大象、狮子、犀牛、羚羊、长颈鹿、野水牛、斑马、鳄鱼、河马、豹、猎豹、牛羚、黑斑羚、鸟类等异兽珍禽。在这个南非自然环境保护极好的、动物品种数量最多的保护区内，探险猎奇，追寻探索野生动物的踪迹，是件很有趣味也很惊险和刺激的事。

第5天　克鲁格→约翰内斯堡

交通：巴士　餐食：酒店早餐／西式简餐／百兽宴自助晚餐　　酒店：约堡特色

茅草屋酒店

酒店早餐后，乘车返回约翰内斯堡，抵达后前往钻石工厂参观2小时，之后返回酒店休息。

本日有一个重要的餐饮美食活动，就是参加百兽宴自助晚餐。席间可吃到各类当地风味美餐，其中鳄鱼肉、斑马肉、羚羊肉应该是大多数游客首次吃到的。餐厅中炊烟袅袅，烤肉香气四溢，食客们一定会在此度过欢乐难忘的夜晚，留下独特难忘的经历。

第6天　约翰内斯堡→比勒陀利亚→约翰内斯堡→开普敦

交通：巴士／飞机　餐食：酒店早餐／中式午餐／中式晚餐　酒店：开普敦酒店

酒店早餐后，前往南非行政首都——比勒陀利亚市区观光，它是南非最大的文化中心，有"花园城"之称，因为街道两旁种植着大量紫葳花木，所以比勒陀尼亚又享有"紫葳城"的美名。城市中心位于阿皮斯河西岸，布局整齐，街道呈方格状，两旁种植有成行的蓝花楹树。每年10—11月市区鲜花盛开时，都会举行盛大的狂欢节活动。比勒陀利亚的市内建筑风格多样，其中联合大厦（车览途径参观）是南非政府及总统府办公的地点，它是一座气势雄伟的花岗岩建筑，大厦前面是整齐、优美的花园，园中立有不同的纪念碑和雕像。大厦后面有大片的丛林和灌木区，里面有很多鸟类栖息。市政厅（车览途径参观）是很有特色的欧式建筑，它的巨型圆顶钟塔内有独特的巨型钟琴，里边还有6800支音管组成的巨大管风琴。市政厅前有纪念比勒陀利亚创始人比勒陀利乌斯父子的雕像。教堂中心广场（车览途径参观）是南非最有名的广场，位于比勒陀利亚市中心。广场中央有南非共和国的首任总统保罗·克鲁格的雕像。先民纪念馆（入内参观约1小时）是为纪念1838年为了脱离英国管辖，建立自己的独立国家而赶着牛车远离开普半岛的布尔人祖先（南非荷兰人）而建。这座宏伟的建筑是比勒陀利亚的标志性景观。纪念馆内的英雄厅墙上有精美的壁雕，描述了这次大迁徙的情景。纪念馆边的博物馆有大迁徙时期的文物展示。下午搭乘内陆飞机前往开普敦。抵达后晚餐，随后入住酒店休息。

第7天　开普半岛游：豪特湾→海豹岛→企鹅滩→好望角→开普敦酒店

交通：巴士　餐食：酒店早餐／西式龙虾餐／中式晚餐　酒店：开普敦四星酒店

早餐后，前往著名的开普半岛，开普半岛云集了开普敦最重要和最著名的旅游景点，每处景观都让人赞叹和留恋。如果到了开普敦而没去开普半岛，不仅在开普敦的观光效果会大打折扣，而且会令您抱憾终身。本日游览首先从大西洋沿岸的豪特湾开始，开普敦三面环海，所以海湾一个连一个，构成了迷人的景观，豪特湾就是开普敦最有名的海湾之一。在这里可以远眺十二门徒山（车览约15分钟）——南非开普敦的十二门徒山，是一处特别美丽的山海美景，呈一字型排列的12座雄伟山峰屹立在大海边，轮廓形态非常美观。乘船游览海豹岛（参观约40分钟），游船离开码头航行十几分钟后，

先民纪念馆，南非首都的标志性景观

来到一个叫德克岛的海岛附近。这个岛离陆地只有100多米距离，是光秃秃的一片礁石，但是礁岛上全是海狮和海豹，至少有上千只，它们在这里休息和晒太阳，度过柔软的美丽时光。游船会贴近海岛慢速行驶，岛上海狮、海豹的各种姿态都看得很清楚：有趴地安详休息的，有不安分地爬来爬去的，有互相撕咬的，有纵身下海游泳的，也有从海中正在艰难爬上岸的。岛边的海水清澈见底，是海狮、海豹们的极乐世界，它们或跃出海面，或翘起尾巴摆水，或相互追逐在一起嬉戏，千姿百态，惹人喜爱。

　　午餐享用西式龙虾餐，随后前往企鹅滩（参观约45分钟）。企鹅是非洲极其珍贵的动物，已被世界动物保护协会列入保护动物名录。企鹅滩上的企鹅们每天迎着朝阳步履蹒跚地行走在沙滩上，它们憨态可掬的样子引得游客们哈哈大笑。随后来到非洲大陆西南端的好望角自然保护区（参观约2小时）。好望角是古时欧洲航海者欲去富庶的东方而经过的海上航道，故称好望角。苏伊士运河通航前，来往于亚欧之间的船舶都要经过好望角，如今这里依然保持着自然原始的风貌。在这里可看到大西洋、印度洋两洋交汇而掀起的巨浪狂涛。1919年，好望角建立了整个地区最高也是最明亮的灯塔为过往船舶指引方向，灯塔屹立处的山岬也是游客们居山观海的好地方。

　　傍晚乘车返回开普敦，前往工艺品店（入内参观约1.5小时）。该店专营南非当地出产的各种具有非洲特色的工艺品。如鸵鸟蛋、石雕、木雕、面具、非洲腰鼓、各种兽皮及皮制手工艺品等。前往大西洋海边观景大道休闲小憩（约20分钟）；晚餐后入住酒店休息。

第8天 开普敦市区观光：桌山→克斯坦布什植物园→圣乔治大教堂→总统府→绿点球场

交通：巴士　　餐食：酒店早餐／中式午餐／特色鸵鸟肉餐　　酒店：开普敦四星酒店

酒店早餐后，前往桌山景区（参观约 1.5 小时，如因天气等客观因素导致桌山关闭则改为游览信号山）。桌山又被称为"上帝的餐桌"，它是开普敦最醒目的标志，它是一块巨大而光秃的山岩，高高耸立在海滨，连绵 11 千米，远远望过去，就好像是一个光滑平展的大桌子。该山的最高点为 1088 米，上层为砂岩，下层多为花岗岩。山中有许多小动物，山脚下有壮阔的海湾美景。当白云飘过桌山山头时画面极美，当地会将此景称为"白云绕山"或"白巾铺桌"。在桌山山巅可以俯瞰整个开普敦市区，同时也可以眺望好望角的美景。桌山缆车于 1929 年 10 月 4 日启用，到现在已有近百年的历史。缆车的起点位于海拔 366 米处，终点则在海拔 1067 米的山上，上下距离 700 米，全程运行约需 5 分钟的时间。游客一定要乘缆车上山，并在车窗前观览山海美景。午餐后前往克斯坦布什植物园（入内参观约 1 小时）它坐落在开普敦的桌山的东麓，是南非 10 个国家植物园之一，由南非国家生物多样性研究所管理。之后是开普敦市区观光，游览南非最古老的的街心花园、南非最著名的圣乔治大教堂和南非议会及总统府（外观共约 40 分钟）。之后驱车前往 2010 年南非世界杯比赛场地绿点球场，欣赏外观并合影留念。晚餐享用特色鸵鸟肉餐，晚餐后入住酒店休息。

第9天 开普敦→迪拜 参考航班：EK773

交通：飞机　　餐食：飞机餐　　酒店：迪拜国际五星酒店

酒店早餐后，前往机场，搭乘国际航班前往迪拜，抵达后入住酒店休息。

第10天 迪拜观光

交通：巴士　　餐食：酒店早餐／午餐：海鲜手抓饭／晚餐自理　　酒店：迪拜国际五星酒店

酒店早餐后，前往迪拜著名的伊朗小镇——巴斯塔基亚（入内参观约 30 分钟）。它是迪拜历史悠久古老的古镇之一，在这里可以看见带有浓郁特色的阿拉伯风塔式建筑，领略阿拉伯人的建筑艺术魅力。搭乘水上的士穿越迪拜河。之后前往参观阿提哈德博物馆（入内参观约 30 分钟）。该博物馆位于朱美拉区一座全新的宏伟建筑内，在这里游客可以探寻阿联酋的历史，欣赏旧照片，观看影视资料，见证阿联酋国家的发展进程。尤其是 1968 年至 1974 年这段重要的历史时期，阿联酋国家发展的速度和建设成就非常令人惊叹，可重点观看。午餐后搭乘无人驾驶轻轨列车到达世界第八大奇迹——棕榈岛。外观亚特兰蒂斯酒店（外观参观约 10 分钟），欣赏世界瞩目的海上阿拉拍神殿和用 24 吨黄金装饰的七星级帆船酒店（外观参观约 10 分钟）：阿拉伯传统风格的建筑群与现代人工创建的建筑奇迹相互呼应，让人感到新奇惊叹美不胜收。之后入住酒店休息并自由活动。

第 11 天　迪拜→阿布扎比→迪拜

交通：巴士　餐食：酒店早餐 / 阿拉伯自助午餐 / 晚餐自理　酒店：迪拜国际五星酒店

酒店早餐后，前往阿联酋首都——阿布扎比，看由海水包围的卢浮宫博物馆（入内参观约 1 小时），整栋建筑都坐落在海水中，室外是阿拉伯湾的碧水清波，室内陈列着无数价值连城的文物珍品，该馆堪称艺术宝库。之后参观亚斯岛水世界及法拉利公园。午餐后车览街心公园和用 40 吨黄金装饰的八星级酋长宫殿酒店（也称为国会大厦）。后登上人工岛参观阿布扎比国家文化遗产公园（入内参观约 15 分钟）。随后参观阿联酋最大的清真寺——谢赫扎伊德清真寺，它耗资 55 亿美元，历时 13 年时间，为了纪念阿联酋第一任总统谢赫阿布扎比而建的。清真寺的外观非常气派，寺内收藏有世界最大面积尺寸的波斯地毯，内景外景皆美，极具观赏价值。之后返回迪拜，入住酒店休息。

第 12 天　迪拜观光→自由活动

酒店早餐后，全天自由活动。推荐前往世界最大购物中心迪拜购物中心或酋长购物中心自由观光并购物。您也可自费搭乘全世界运行速度最快的电梯前往位于 124 层的观景平台，观看迪拜城区的壮丽全景。

❤ 温馨提示：

自由活动期间不含司导服务及午晚餐。

第 13 天　迪拜→北京 参考航班：EK308

笔者对每天具体游程做出的观光指导和提示

第 1 天　从北京出发

晚上到机场，乘飞机启程，在阿联酋转机，再飞往南非名城约翰内斯堡。切记在申领登机牌时，两段航班都要靠窗的座位，超长距离的飞行，途中休息好至关重要。

第 2 天　北京→迪拜→约翰内斯堡

抵达南非约翰内斯堡，入住酒店休息。

第 3 天　约翰内斯堡→布莱德河峡谷→波克幸运壶穴→克鲁格

开始观光。规定行程中的内容介绍很清楚，按指定程序行进即可。布莱德河峡谷中的几处景观挺有意思，尤其是波克幸运壶穴个性鲜明，应该好好观赏体味。

抵达克鲁格后入住酒店休息。

第4天 克鲁格景区内游览

重点游览克鲁格国家公园——园区面积很大，栖息的动物很多，大象、狮子、猎豹、河马、长颈鹿都有。游人主要是乘车观览，能看到多少种动物要因当天的天气状况而定。在行车途中应该仔细观察搜寻，同时动物们活动的地点和方位也有一个大概粗略的规律——旅游车的司机会把车开到动物经常活动的地方，争取提高"偶遇动物的概率"。不过这个事情很微妙，有的人在公园里转了好几个小时，只隔着相当远的距离见到了几只动物的远影，但是同一天进入景区的团队却能多次在近距离与野兽正面相遇。祝您在克鲁格国家公园拥有好运气。

第5天 克鲁格→约翰内斯堡

从克鲁格乘车返回约翰内斯堡。本日以行车为主，没有具体观光内容。但是晚上的百兽宴自助晚餐很有特色。晚宴以烤肉为主，不光有牛排、羊排、烤鸡、烤鱼，还有河马肉、鳄鱼肉、鹿肉、羚羊肉等等，肉质都很好，香气扑鼻，一定会为游客留下深刻印象和美好记忆。

第6天 约翰内斯堡→比勒陀利亚→约翰内斯堡→开普敦

重点游览南非行政首都比勒陀利亚——城市很新也很干净，风光很美。规定游程中涵盖了市区的主要观光亮点，它们的外观外景都很美。但笔者要提示的是先民纪念馆和曼德拉雕像是拍摄人像纪念照的好地点，这两处景观都很高大，形态独特，别的建筑物没法取代它们。祝您在此拍出好照片。下午乘飞机飞往开普敦。

第7天 开普半岛游：豪特湾→海豹岛→企鹅滩→好望角→开普敦酒店

本日的游览内容超级精彩，全是重量级景观。开普半岛、十二门徒山、蒙特湾、海豹岛、企鹅湾和好望角都是超级观光亮点。规定游程中叙述得无比清楚详细，游人"按图索骥"就行。笔者要提示的是观拍海豹岛的时候，游船可能晃动得很厉害，游人在甲板上拍照，要站稳要注意安全。好望角风光很独特，在此留下的观感永生难忘，一定要多拍些图片和视频。

要说唯一的美中不足，就是企鹅湾中看到的企鹅个头不太大，是因为南极企鹅的品种不同，所以没有电视上拍的南极企鹅体型那么肥硕，但这也无碍观光大局。

第8天 开普敦市区观光：桌山→克斯坦布什植物园→圣乔治大教堂→总统府→绿点球场

上午游览桌山——它是开普敦也是全南非的标志性景点，远看近看都好看。桌山山顶是眺望开普敦城市全景的绝好地点，必须全神贯注、全力以赴游览、观拍好这个景点。

之后参观的克斯坦布什植物园、圣乔治大教堂、南非议会及总统府和绿点球场风光尚可，可作一般性观光。

第9天 开普敦→迪拜

乘飞机飞往阿联酋迪拜，抵达后入住酒店休息。

第10天 迪拜观光

全天游览迪拜。规定游程中说得很清楚明确，按正常次序行进即可。笔者提示今天会看到两座重量级建筑，即亚特兰蒂斯酒店和帆船酒店，要认真观拍游览，只可惜都是看外

信号山上的取景框，框中的桌山远景是相当经典的画面

观而不会入内。另外迪拜的城市风光非常好，至少新市区是非常华丽气派，要好好观赏这座用"金子在沙漠中堆起来的城市"。"阿拉伯传统建筑群与现代人工奇迹相互呼应，美不胜收"，这句话对迪拜的形容非常恰如其分。晚上在迪拜住宿。

第11天 迪拜→阿布扎比→迪拜

早上出发去阿布扎比参观，晚上返回迪拜。

阿布扎比是阿联酋的首都，城市非常华丽，与迪拜有异曲同工之妙。卢浮宫博物馆、亚新斯岛水上世界和法拉利公园、酋长宫殿花园、文化遗产公园都是城市景观中的佼佼者，而谢赫伊德清真寺的外观更是洁白纯净、挺拔秀美，令人倍感新奇惊叹——一定要好好观拍这个奇丽的建筑——内景富丽堂皇，光是各式地毯的花纹和颜色就让人眼花缭乱；外景的最佳拍摄点在清真寺院内的西南角，午后那里的光线和角度俱佳，一定会留下好的画面。

第12天 迪拜

全天自由活动。可以去迪拜最大的也是号称世界上最大的购物中心迪拜购物中心观光购物，购物中心位于高888米的迪拜塔底层。游人交上一定的费用后，可以乘电梯到塔顶观光，可以看到视野奇佳、无比壮阔的"无敌画面"。

第13天 迪拜→北京 参考航班：EK308

乘班机飞回国内。

关于此线餐饮、住宿、行车、游览、购物、娱乐各个环节的具体说明和指导

1. 餐饮

旅途中早餐在住宿酒店内吃，以西式早餐为主。正餐中有中餐也有当地风味餐，餐标不低，吃饱吃好没问题。此外在南非还可品尝百兽宴及驼鸟餐，在吃的这个环节上能让人称心如意。

阿布扎比大清真寺，是世界上最大的清真寺之一。外观通体洁白，圣洁华美，风姿迷人

2. 住宿

在南非住7晚四星级酒店，在阿联酋住4晚五星级酒店，住宿条件挺好，当然国外和国内的评星标准有差别，但住得干净而舒适没有任何问题。

3. 行车

旅途中共有5段航程，都是普通经济舱，条件尚可。如果能申领到靠窗户的座位并注意休息，能明显减轻疲劳。

在南非和阿联酋的公路行程车况好，路况也不错，算是舒适幸福的旅程。

4. 游览

游览内容足够丰富，按规定行程的内容推进即可。当然别忘了看本书的观光提示和指导，这些提示和指导相当重要。

发烧友关照：为您的南非、阿联酋连线游览出高招

这是一条极为重要的长途跨国跨洲际的黄金旅游线路，出行的时间长、飞行的距离远、旅费开销稍高、观光效果极好，游人应予足够的关注和重视——一定要在季节最好、天气最好、自己的身心状况最好时沿此线出行，获取绝佳观感最重要。

2. 从理论上说这条线路常年可以游览，但笔者认为应该避免在夏季出行，因为南非地处南半球，我国的夏季正是那里的冬季，自然风光肯定不是最佳状态，况且阿联酋的夏天气温太高，一般人不易承受。所以在每年的 9 月至来年 3 月前往更妥当，更合乎逻辑和情理。

3. 南非的自然风光很好，国家的经济发展水平也挺高，景色美而旅游度假设施条件又完善，所以在南非的旅行一定是开心幸福之旅，这一点没有任何疑问。

4. 本章节上边的规定行程和笔者的关照提示中，对南非各景区的描述和观光提示已经非常详尽了，这里不必再多重复。笔者再想强调的就是开普敦的风光非常美且景观的类型非常多样化。世界上具有如此观光价值的城市（山水海色俱佳，甚至可以说是绝佳）不多见，所以它是大自然对人类的慷慨馈赠，游人一定要好好观览体味，把它的优美和奇丽一网打尽。

5. 在开普敦观光不能懒——该上山就上山、该下海就下海。桌山山顶上看到的景色很壮阔，这是别处根本取代不了的，一定要上去好好观拍。

6. 开普敦还有一个绝佳观景点就是信号山，它也临海，从信号山观览桌山，画面最美。因此对信号山，也要高度重视。

7. 海豹岛的海兽群景非常独特，希望您在游船上站稳脚，倚在船帮栏杆上好好观拍，一定要多拍视频。因为在普通照片中，海狮、海豹都是一个个静止的小黑点，只有用视频才能真实记录它们在海中和礁石上嬉戏的场面，流动的画面才鲜活、好看。

8. 好望角景区内有明显的标志性招牌，一定要以它为背景拍好人像纪念照，这是您来到非洲大陆最南端的最好证明。

9. 无论是迪拜，还是阿布扎比，城市景色都是无比的壮观、秀丽和气派。既有先进时尚的建筑设计理念，又有无尽资金的支撑支持，这样建造出的城市注定好看。这两个阿联酋境内最牛城市的风光无须用语言来形容和赞美，各位游客亲身前去看一看，就全明白了。

埃及、土耳其两国9日游

去地中海、爱琴海之滨，寻古探幽览胜

14. 游埃及、土耳其——
去地中海、爱琴海之滨，寻古探幽览胜

埃及和土耳其是两个位置重要且地域独特的国家，它们的国土都以跨越洲际的方式分布。其中埃及领土跨越亚、非两大洲，它的大部分位于非洲的东北部，少部分在亚洲西部，它西连利比亚、南接苏丹、东临红海并与巴勒斯坦和以色列接壤，是有较强经济实力和影响力的国家。土耳其则地跨亚、欧两大洲，它南临地中海、北临黑海、西邻爱琴海，与叙利亚、伊拉克、保加利亚、格鲁吉亚和希腊等多国接壤或是隔海相望。土耳其的经济发展状况较好，在地缘政治中发挥着重要的作用。

埃、土两国有悠久的历史和灿烂的文化，古代埃及还是公认的世界四大文明古国之一。它们两国的旅游资源都异常丰富，埃及的金字塔、狮身人面像、卢克索神庙、卡尔纳克神庙都是宝贵的世界级文化遗产，而土耳其的蓝色清真寺、圣索菲亚大教堂、卡帕多奇亚遗址等古迹亦是知名度极高的旅游观光胜景。埃、土两国的自然风光也很美丽动人——尼罗河的幽长和浩荡、红海的深邃和蔚蓝、博斯普鲁斯海峡沿岸山光海色如诗似画般地秀美，为人们带来了无与伦比的观光享受，日复一日、年复一年地感动着慕名而来的八方游客。能来到埃及和土耳其两国观光，是令人激动和欣喜的事情。

感谢国内旅行社的精心编排设计，让我们能在 9 天时间内，畅游上述两国的多处美景。下面就让我们详细参阅一下埃、土两国游的详细游程。

胡夫金字塔，埃及最著名的古迹名胜

☀ 当地气候

埃及属地中海气候，有两个截然不同的季节。10 月至次年 2 月温度适宜，基本上户外游玩可以选择穿短袖，晚上可以加一件外套。其他时候去那里旅行太干燥、太热。

土耳其旅游的最佳时间一般是在春季和秋季，即 4 月到 5 月和 9 月到 10 月这两个阶段。这段时间的气候适宜，不冷不热，适合出行。

✈ 对外交通

国内各大城市有航班同埃及对飞，北京飞往开罗用时约 11 小时。开罗飞往伊斯坦布尔约需 80 分钟。

🛂 签证制度

去埃及旅游要办理签证，手续简便。去土耳其旅游也需办理签证。交给旅行社代办更显省心省力。

🕐 时差

埃及开罗时间比北京时间慢 5 小时（夏令时），土耳其安卡拉时间比北京时间慢 5 小时。

为您介绍此条线路的观光亮点和特点

> 1. 一次跨洲际的出行，游览了两个个性鲜明的国家，对比强烈，反差很大，能为您带来全新的观光感受。
>
> 2. 基本看遍了埃、土两个国家的主要观光亮点，重点突出但用时不长，物有所值，望您一试。

笔者对此条线路的总体观光指导

1. 两个国家两种不同风格的景观和观光效果，游人分别仔细观赏体味就是了。

2. 埃及的经济不太发达，治安状况不是太好，游人随团队按指定行程进就行了，不要私自出行或是离规定的观光区太远。参加自费项目一定在导游的安排下进行，不要自行前往，不要即兴发挥。

3. 在土耳其的伊斯坦布尔，可以玩得轻松随意一些——这个城市比埃及那些地方繁华得多，现代化的程度也要高许多。白天按日程观光，所到之处都是观光亮点；晚上可以出去逛逛街，看看海峡夜景。另外可以参与一两个自费项目，锦上添花。

4. 最好能让导游同司机师傅说一下，开车带大家从博斯普鲁斯海峡跨海大桥上走一遭，居高观海与在海面的游船上观海角度不同，但效果同样精彩绝伦。

旅行社公布的指定游程安排：埃及、土耳其两国 9 日游

第 1 天 国内出发飞往埃及

住宿：开罗五星酒店

按约定时间地点集合，前往机场，搭乘航班飞往埃及首都开罗。

下行抵达开罗机场，先办理入关手续。埃及导游在机场大厅外等候大家的到来。

第 2 天 开罗观光→卢克索

早餐：酒店　中餐：金字塔景观餐厅　晚餐：火车上　住宿：火车上

在酒店用完早餐后，前往世界最著名的博物馆之一的埃及博物馆（约 120 分钟），埃及博物馆是埃及的国家一级博物馆，因为这座博物馆以收藏法老时期的文物为主，

埃及人又习惯地称之为"法老博物馆"。博物馆的一层主要展示古埃及的一般文物，以其年代的先后划分为新王国、中王国、古王国三大部分，又依各自所在年代而被分门别类。馆藏文物很多，如果想细细地玩味和感受，确实需要充裕的时间。博物馆最为珍贵的文物则存放于博物馆二楼，依主题划区进行展出。在众多的展厅之中，图坦卡蒙墓展厅最为令人期待，里边收藏有闻名世界的图坦卡蒙墓葬陪葬品及古埃及历代法老王的陪葬品。另有古埃及国王和王后的木乃伊在法老木乃伊展厅展出（木乃伊展厅单独收费）。游览结束后，前往金字塔景观餐厅用餐，品尝当地风味美食。

午餐后，前往举世闻名的现存世界七大奇迹之一的埃及金字塔参观（约180分钟）。吉萨金字塔群位于尼罗河三角洲的吉萨，也就是开罗的西南郊，是埃及最著名的金字塔观光景区。主要由古埃及第四王朝的三位法老也就是爷孙三代的胡夫金字塔、哈夫拉金字塔、孟卡拉金字塔和狮身人面像组成，周围还有许多"玛斯塔巴"与小金字塔、太阳船、河谷神庙等世界著名古迹名胜。（游人可自愿进入金字塔内部参观，但这是行程外的自费推荐项目，价格需向景区咨询）。

之后参观狮身人面像，如果没有看过狮身人面像，就不能说是到过了埃及。从开罗市区西行数千米，来到吉萨村前。眼中屹立在胡夫金字塔东侧的巨大石像，便是狮身人面像，他的面部保存较好，但因几千年来的风化和人为破坏，鼻子完全损毁。但它仍以诱人的魅力，吸引了各地的游客。其实，狮身人面像并不是只有埃及开罗才有。只是在开罗的这一座最大，而且是最古老的。同时各类古老的传说也赋予狮身人面像很多象征意义，比如说它可能代表着死去的国王哈夫拉，代表着化身为太阳神的统治者，同时它还是阴间以及墓葬的守护者。

狮身人面像，造型奇异，别具迷人风姿神韵

参观结束后，乘夜火车前往卢克索。卢克索号称是地球上"最大的露天博物馆"，它是埃及著名的古城，因古都底比斯遗址在此而著称，有着"宫殿之城"的美名。尼罗河从这里穿城而过，将其一分为二。河的东岸是美丽的神庙和充满活力的居民区，河的西岸则是法老、王后和贵族的陵墓。"生者之城"与"死者之城"隔河相望，形成两个世界的永恒循环。由于历经战乱，当地古迹多已被破坏。现在保存较好的是著名的卢克索神庙，其中尤以卡尔纳克神庙最完整，规模最大。

第 3 天 卢克索→红海

早餐：火车早餐　中餐：当地午餐　晚餐：酒店自助餐　住：红海五星酒店

早餐后，乘坐埃及最古老的交通方式之一单桅小帆船在尼罗河上畅游，这些阿拉伯式帆船完全靠人工操纵，凭借自然的风力徐徐前进，是非常原始的交通工具。尼罗河河水清澈，绿波荡漾，游人可以在船上欣赏沿途秀丽的风光。

之后乘坐努比亚民族特色马车前往位于尼罗河东岸的卢克索神庙（外观）——它是古埃及第十八王朝的第十九个法老艾米诺菲斯三世为祭奉太阳神阿蒙妃子还有其儿子月亮神而修建。到第十八王朝后期，又经拉美西斯二世扩建，形成现今留存下来的规模。主要看点有正门前的狮身人面像大道、方尖碑、塔门、法老雕像和墙壁上的浮雕、拉美西斯二世大院里的雕像和廊柱、阿蒙霍特普音三世阳光庭院的柱廊等等。

观光结束后乘车前往当今世界上最大的露天神庙，电影《尼罗河惨案》的拍摄地之卡尔纳克神庙（约 90 分钟）。卡纳克神庙是埃及中王国时期及新王国时期首都底比斯的一部分，太阳神阿蒙神的崇拜中心，古埃及最大的神庙。神庙内有大小 20 余座神殿、134 根巨型石柱、狮身公羊石像等古迹，气势宏伟，震撼人心。

游览结束后前往尼罗河西岸的餐衣巨像（约 20~30 分钟），它就矗立在尼罗河西岸和国王谷之间的原野上，是新王国时代鼎盛期的阿蒙荷太普三世建造的。参观结束后乘车前往赫尔格达红海度假区后，入住酒店休息后自由活动。您可以尽情享受红海美丽的自然风光——蓝色的海洋，银白的沙滩，景色非常美丽动人。

在红海酒店吃自助餐均不含酒水饮料，客人如有需要须另外付费。

第 4 天 红海度假区观光

早餐：酒店早餐　中餐：酒店自助午餐　晚餐：酒店自助晚餐　住宿：红海五星酒店

酒店早餐后，可在红海边自由活动，再次领略红海的迷人风韵，倘徉在碧海蓝天之中，尽享海上美景。赫尔格达的整个市区沿着红海分布，有绵延数十千米的海岸线，清澈的海水、柔软的沙滩、温暖的阳光和全年宜人的气候构成了这里得天独厚的旅游资源，每年吸引着世界各地数百万的游客前来观光，使这里成为世界上最著名的旅游度假胜地和国际水上运动中心。骑骆驼探访沙漠人家贝都因人部落、自驾沙漠四轮摩托车也是让游客充满期待的游乐项目。

第 5 天 红海→开罗

早餐：酒店早餐　中餐：酒店自助午餐　晚餐：中式团队晚餐　住宿：开罗五星酒店

酒店早餐后，继续倘徉在红海美丽的自然风光中，您可以自由漫步于海边沙滩或者参加各种海上娱乐运动。

午餐后乘车返回开罗，红海至开罗约
6 小时 30 分钟的车程。抵达开罗后享用晚
餐，后入住酒店休息。

第 6 天 开罗→亚历山大→开罗机场

早餐：酒店早餐　中餐：特色烤鱼
餐　晚餐：中式团队晚餐

红海水上风情

酒店早餐后，前往埃及第二大城市，
也是埃及最大最重要的海港亚历山大。亚历山大港是埃及在地中海岸的一个著名港口，
它是古代欧洲与东方贸易交往的中心和文化交流的枢纽，现在也是著名的棉花市场和
埃及重要的纺织工业基地。

抵达后游览亚历山大城的城徽庞贝石柱（约 30 分钟），它又名骑士之柱或萨瓦里
石柱。原本是萨拉皮雍神庙（埃及神萨拉皮斯最重要的神庙）的一部分，外观呈粉红色，
柱顶顶着花形柱头。神庙仅仅存在很短时间就被毁了，只有这根石柱被保存下来，它
迄今已耸立六百多年，由于地处海滨，所以它又成为航海者的导航标志。这六百多年来，
亚历山大经历了沧海桑田般的巨变，许多著名的古迹或成废墟，或销声匿迹，唯独萨
瓦里石柱巍然挺立，成了亚历山大城的骄傲。

游览结束后，前往美丽的地中海海滨游览亚历山大灯塔遗址（外观约 20 分钟）。
遗址位于埃及亚历山大港外的法洛斯岛，原本加上塔基整个高度约 135 米，但其间的
两场地震摧毁了灯搭，现在只留下震后遗址。埃及政府于 1532 年重建灯塔，但因资金
不足，未能完全建成。它曾是当年继吉萨金字塔之后的世界最高的人工建筑，并被列
为古代世界七大建筑奇迹之一。

参观亚历山大图书馆外观（约 10~15 分钟），它原本是世界上最古老的图书馆之一，
收藏了内容丰富的诸多古籍，可惜于 3 世纪末被战火全部吞没。今天的亚历山大图书
馆是在旧址上重建的，它也是联合国教科文组织在世界范围内举办的重大科研和建筑
项目之一。

游览王室避暑圣地蒙塔扎皇宫花园（约 45 分钟）。蒙塔扎宫是埃及末代国王法鲁
克的行宫，位于亚历山大港东端一个巨大的风景区中，四周都是秀林园林（皇宫被大花
园所包围），环境优美，景色绝佳。1952 年前这里一直是皇室家族的消夏避暑地，现在
海滨向游人和垂钓者开放。园内有法鲁克国王行宫（现为埃及国宾馆），但王宫不对公
众开放，游人远观其外景画面也很美丽动人。

参观结束后乘车前往开罗，抵达后游览中东第一大集市——汗·哈利利集市（自
由观光约 1 小时，但游览时游客较分散，所以实际游览时间根据具体情况而定）。在这
里您可以近距离感受到当地鲜活的文化习俗以及人们的生活状态。这里有阿拉伯世界

上最大且历史悠久的民间手工艺品市场，据说最早开业时间可以追溯到 14 世纪，至今一直也没有中断过。游人走入迷宫般的市集小道，看看琳琅满目的商品，与埃及当地人摩肩接踵，探访当地特色的咖啡馆，这一切都充满了欢欣和乐趣。

游览结束后由旅行社送机，前往开罗国际机场办理去土耳其登机手续。

第 7 天　开罗→土耳其伊斯坦布尔市区观光

乘阿联酋航空公司航班飞往伊斯坦布尔，清晨抵达。

首先游览蓝色清真寺。它位于伊斯坦布尔老城区的苏哈广场旁边，建造于 17 世纪，是土耳其最著名的清真寺之一。蓝色清真寺有高大透明的穹顶，内壁用蓝、白两色瓷砖装饰，阳光透过顶窗照射进来，寺庙内部色彩斑斓，艳丽夺目。

之后参观圣索菲亚大教堂，它与蓝色清真寺隔街相望，迄今为止已有 1500 余年的历史。其外型高大岿巍、挺拔雄伟，是伊斯坦布尔的标志性建筑，与蓝色清真寺交映生辉。

午后看托普卡帕宫的迷人风姿，它又称老皇宫，是 1465 年至 1853 年奥斯曼帝国苏丹在城内的官邸和主要居所，如今被辟为托普卡帕宫博物馆，亦是土耳其最大的国家博物馆。该馆馆藏非常丰富，种类繁多，有不少价值连城的珍品，甚具观赏价值。由于该皇宫地处博斯普鲁斯海峡旁的一块山岗高地上，因此在此登高远望，可将海峡全景尽收眼底。

下午参观伊斯坦布尔大巴扎，它是老城区的中心，采用封闭式的设计和管理，是世界上最大、最古老的室内集市之一，各类商品摊铺应有尽有，既有观赏拍摄价值，又是名副其实的购物天堂。

晚餐后回酒店休息。

第 8 天　伊斯坦布尔市区观光

中午乘船游伊斯坦布尔最著名的海上景区博斯普鲁斯海峡。游轮在海上往返行驶 1 个多小时，所有海峡两侧的秀色景观都可供游人抵近观拍，跨海大桥和海上各色游船的迷人风姿更是美观动人。上岸后在海峡边步行观光 1 小时左右。

黄昏时观赏伊斯坦布尔最大的广场塔克西姆广场，这里也是新城市的中心。附近是当地最繁华、最热闹的独立大街，游人在这儿逛街观光，停留 1 个半小时左右。

晚餐后回酒店休息。

第 9 天　乘飞机飞回国内

笔者对每天具体游程做出的观光指导和提示

第 1 天　国内出发飞往埃及

乘机飞往埃及，请提前到达机场。办好一切相关事宜。大概率是晚上或凌晨起飞的红眼航班，一定要申请一个靠窗的座位，以便好好休息。

第 2 天 开罗→卢克索

本日全天游览开罗。

上午参观埃及博物馆，它的馆藏很丰富且允许拍照。埃及的历史纷繁复杂，各朝代君主（或称为法老）间的矛盾和纷争较为混乱，认真听取讲解，争取理出比较清晰明确的头绪，这对了解这个国家的历史发展进程和当今社会的综合状况会有帮助。

下午参观金字塔群，地点在开罗的南郊，这里有多座金字塔和一座著名的狮身人面像。应该重点观拍胡夫金字塔，它是埃及的象征。然后去远处的观景台拍摄金字塔群的全景，之后看狮身人面像。这里的卫生条件不太好，除了公路是水泥或是柏油外，其余都是土地，沙尘较多。

第 3 天 卢克索→红海

重点游览卢克索，卢克索神庙和卡尔纳克神庙颇具规模和气势，虽然因为年代久远，这里大多是断壁残垣，但深厚的历史文化底蕴让人赞叹，流连忘返。另外著名电影《尼罗河上的惨案》也在此拍过外景，回忆和对照电影画面和现时景观的异同，也是件有趣的事。好好在卢克索观拍，可以收获不少有收藏价值的美图。晚上抵达红海。红海之滨名叫赫尔格达的旅游度假区，它绵延达数十千米，有多座高中档酒店和度假村，每个度假村都有自己的专有海滩。几乎所有旅行团队都会在此停留1~2晚。抵达时如果是黄昏，应尽早到海边观赏落日的美丽景观。

第 4 天 红海度假区观光

全天游览红海。红海海水蔚蓝，波平如镜，景色柔美，在这里驻足观光感觉很好，此外度假村内有诸多游乐设施为游客增添欢乐。度假村虽然有露天泳池，但您一定要去红海海水里游泳嬉水，这是清新独特的体验。还可自费购票乘船出海及潜水，感觉也一定很新奇、很享受。

第 5 天 红海→开罗

上午继续在红海之滨观光休闲，度过柔软的美丽时光。下午乘车去开罗。

第 6 天 开罗→亚历山大→开罗机场

游览亚历山大。笔者在此提示您，亚历山大灯塔遗址和蒙塔扎皇宫花园是观拍要点，前者是世界七大奇迹之一，它坐落在地中海边，视野开阔、景色壮美，建筑群也很气派，是亚历山大最有代表性的古迹名胜之一。后者又被称为"埃及夏宫"，虽然历史悠久，但至今保存甚好，颇具雍容华美的迷人风韵。若是天气晴好，能拍到蓝天白云和绿树鲜花相辉映的蒙塔扎宫秀丽外景，这是极大的幸运。

晚上返回开罗，乘机去土耳其伊斯坦布尔。

第 7 天 开罗→土耳其伊斯坦布尔市区观光

游览伊斯坦布尔。主要景观有蓝色清真寺、圣索菲亚大教堂、托普卡帕宫（老皇宫）。

博斯普鲁斯海峡一角

这几处景点相距甚近，之间不用乘车，步行即可。其中，蓝色清真寺和圣索菲亚教堂的内部都很恢宏、很有气势。圣索菲亚教堂的外观很华丽典雅，很有个性，以它为背景拍摄人像纪念照效果绝佳。另外老皇宫的外侧城墙是远眺博斯普鲁斯海峡的好地方，海面上的各式游船和跨海大桥清晰可见，景色优美而生动。中午为游客安排的是特色餐，品尝土耳其烤肉，口感挺好。下午参观大巴扎，这里号称有65条商业街、4000余家商摊店铺，人气很旺，在世界各国的"巴扎景观"中占有重要地位。

第8天 伊斯坦布尔市区观光

去博斯普鲁斯海峡观光。先乘船在海峡上往返一个来回，船程约70~80分钟，途中应认真拍摄跨海大桥和海峡两边的秀丽风景。之后去塔克西姆广场和独立大街一游，这条街的级别和繁华程度大概相当于中国北京的王府井或是上海的南京路，休闲购物时间约需90分钟。至此全部游程圆满结束。

第9天 从伊斯坦布尔飞回国内

关于此线餐饮、住宿、行车、游览、购物、娱乐各个环节的具体说明和指导

1. 餐饮

以当地风味餐为主，营养充足，但味道一般——尤其是在埃及，饭菜味道单调，好像当地人不太喜欢调味品。土耳其的饭比埃及好吃一点儿，当地的烤肉餐很有名气，团队餐中会有安排，可以好好享用。

2. 住宿

如果是豪华团，在埃及可能会住4星级酒店，而普通团队，在埃及一般住3星级或是普通的酒店，房间干净整洁。土耳其的酒店宾馆条件还要稍好一点。这个环节没有大问题。

3. 行车

在埃及，从开罗到红海再到卢克索往返，这一路车况尚好，路况一般；从开罗到

亚历山大也是同样。在土耳其，主要是在伊斯坦布尔观光，交通非常便利，行车途中还可看城市风光，视觉感受甚佳。

旅途花絮·观光指导

1. 埃及、土耳其一线气候相对温暖，笔者曾在 11 月去过那里。在埃及穿单衣单裤甚至短袖都行；在土耳其穿单衣单裤加一件外套即可，风光亦不显惨淡。所以埃、土两国应该算是全年候的观光胜境。

2. 埃及有悠久的历史和灿烂的文化，它的历史发展过程纷繁复杂，当地导游会认真地向大家作介绍，对埃及历史感兴趣的人会觉得饶有兴味，历史的厚重感、沉重感和沧桑感在埃及体现得特别明显，这也是此线的观光亮点和特点之一。

3. 去埃及观光，普通的旅游线路主要是参观 4 个重点区域，分别是开罗、亚历山大、卢克索、红海海滨。还有个别的团队会去看阿斯旺库区，也有乘船游览尼罗河部分区段或是游览河区全程的，游客可以酌情选择。

4. 目前埃及共发现 100 余座金字塔，最有名的就是位于开罗周边的吉萨金字塔群，爷孙三代金字塔中当然以胡夫金字塔最好看、最著名。以它为背景拍下纪念照，让您的埃及之旅更圆满。

5. 金字塔是世人公认的世界八大奇迹之一，历史、成因、建造手法大致是世界上最深奥、最复杂、最难破解的神奇之谜了。就说胡夫金字塔吧，塔底长 230 米、高 146.5 米，是用 230 万块平均自重 2.5 吨的石块堆砌而成，且石块之间没有任何水泥、砂浆和其他黏合剂。它们互相叠压、严丝合缝，组成了坚如磐石般的坚固身躯，千百年来不论是风吹、日晒、洪水、地震和战争，也丝毫不能动摇或改变它的身姿和结构。建造者的聪明智慧和伟大力量真能让人瞠目结舌、拍案叫绝。

6. 金字塔内外都充斥着令人匪夷所思的神秘疑团——瓜果放在塔内半个月，不会干枯萎缩或变质；锈迹斑斑的金属币放进塔里一个月，就会面貌全新、金光闪闪；头痛头晕的人在塔内坐上半小时，会变得脑清目明。尤其是盗墓者进入金字塔后往往会很快死亡，这就是人常说的"法老的诅咒"。世界上最神奇莫测的事几乎都在金字塔身上聚齐了，能到埃及目睹金字塔的身姿，并试图思考和探讨、探索金字塔之谜，是件多有意思、多有意义的事啊！

7. 但是旅行团队在吉萨停留的时间太短了，不要说弄清楚上述谜团，就是想看清和拍好金字塔都很显紧张和匆忙。不过见过金字塔就比没见过强，先和金字塔一起拍一些图片留作珍贵的纪念，其他的问题以后再探讨、再仔细琢磨。

8. 狮身人面像面部朝东，而拍摄爷孙三代金字塔的最佳观景台在西边，这是一个比较矛盾的事情——上午能拍好狮身人面像，但此时拍金字塔群是逆光，而下午去光线和效果正好相反。解决这个问题的最佳方案是与导游好好协商，让他与司机说好，争取在正午时间抵达，下车后先观拍狮身人面像，一个小时后再拍金字塔，这样就会两全齐美了。

9. 埃及的总体自然状况是干燥缺水，游人对该地区自然风景的秀美水平别抱太高奢望。当然，红海和亚历山大的水上风情还是不错。另外埃及的经济欠发达，对于该国的城市风光和宾馆、酒店的设施水准和舒适程度，我们也应该宽容，不要苛求。

长虹卧波，博斯普鲁斯跨海大桥雄伟身姿

10. 土耳其的伊斯坦布尔，风光是绝对好，各处名胜古迹和博斯普鲁斯海峡的沿岸风景是绝对的世界一流，一定会为游客留下难忘印象。

11. 笔者记得很多个国家的政要在访问土耳其时，都发表过同样的言论，大意是说"博斯普鲁斯海峡的风光太美了，可惜我不能在岸上建造一所属于自己的房子"，他们表达的当然是美好的赞誉之情。对于游客来说，想要在这定居肯定有难度，但是把自己的风姿倩影与海峡的秀丽风光拍在一起，这完全是可能的。船游海峡时请尽情观拍，每个地方都有好风景。而人像纪念照最好在跨海大桥旁拍摄，这座桥也是博斯普鲁斯海峡的象征——以它为背景拍下精美照片，您是在哪个国家哪个城市开心观光游乐，一定是不言自明！

摩洛哥、突尼斯两国 13 日游

北 非 风 光 特 色 鲜 明

15. 北非风光特色鲜明，摩洛哥、突尼斯两国游值得参与关注

摩洛哥和突尼斯同处非洲大陆的最北端，外国游人去那里观光，是很开心惬意的事，不光可以看到北非的独特风光，也可领略当地多姿多彩的风土人情。

摩洛哥和突尼斯是两个特殊的国度，这里有广阔无垠的沙漠，也有林荫浓密的绿洲；这里有现代化华丽的滨海城市，也有偏僻落后的原始乡村；这里承接着南方撒哈拉袭来的滚滚热浪，也沐浴着北边地中海和大西洋吹过的清爽海风；这里的人们保持着原有的信仰和观念，也渴望与外界文化沟通交融。他们在属于他们自己的蓝天白云之下、荒漠和绿洲之上生活和坚守，默默地度过属于自己的岁月和时光。那种平静而又坚韧的性格和心态给人的印象很深。

下面我们就为大家推荐这条北非游览的常规标准线路：摩洛哥—突尼斯 13 日游。

☼ 当地气候

摩、突两国常年皆可旅游，但因天气炎热，应尽量在春秋季节前往。

哈桑二世清真寺，摩洛哥不可多得的人文佳景

✈ 对外交通

国内各大城市有航班同上述两国对飞。北京飞往突尼斯用时约 15 个小时，突尼斯飞往摩洛哥用时约两小时。

签证制度

摩洛哥和突尼斯对中国游客实施免签政策，旅游更加省心省力。

⏰ 时差

摩洛哥拉巴特时间比中国北京时间慢 7 小时。突尼斯时间也比北京时间慢 7 小时。

为您介绍此条线路的观光亮点和特点

1. 北非风光，类型独特。沿此线游览，可获取与其他国家、其他线路味道不同的独特美感。

2. 虽然上述两国的风景水平没有达到登峰造极般的境地，但景区风格还算多样化——有沙漠风光、海上风情、名胜古迹，还有丰富多彩的民族风情。游人可以获得来自不同方面、不同角度的综合观光感受。

3. 本线中有一些世界级水平的观光亮点，如卡萨布兰卡的哈桑二世清真寺、突尼斯的埃尔杰姆斗兽场，它俩在世界上的同一类型的景观中，稳居超一流的水准。另外两国各有一座"蓝白小镇"，给人的美感强烈。撒哈拉的大漠风情，绝对能打动慕名而来的八方游客。因此，对此条旅游线路，游人可适当关注。

笔者对此条线路的总体观光指导

1. 此条跨越了北非两国的游览路线涵括了摩、突两国有代表性的观光亮点，观光顺序也很是自然和顺畅，游人随团行进，即可获得应有的观光效果。

2. 欲去上述两国观光，应避开盛夏时节，因为天气太热，春秋时前往，更能获取满意的观光感受。

旅行社公布的指定游程安排：摩洛哥、突尼斯两国 13 日游

第 1 天 从北京机场出发

晚间于北京首都国际机场集合，由领队带领大家前往柜台办理值机。

第 2 天 中转站→摩洛哥马拉喀什

抵达摩洛哥四大皇城之一——马拉喀什，办理入境手续，导游在机场出口举牌接机。接机后，驱车前往马拉喀什有"黑夜中闪耀的灵魂"之称的不眠广场。（行驶时间约

30 分钟，行驶距离约 10 千米）之后参观景点不眠广场（自由活动约 1.5 小时）。不眠广场位于马拉喀什的老城区，既是市民广场也是自由市场。每到夜幕降临时，这里便热闹起来，各种小吃摊、货摊搭满整个广场，耍蛇和各种传统的演奏表演吸引了很多游客。广场四周则有一些两三层小楼，楼上楼下有许多家餐厅或咖啡吧。广场不远处就是库图比亚清真寺，整个广场区充满了浓郁的伊斯兰氛围。

第 3 天 游览四大皇城之马拉喀什：库图比亚清真寺→皇宫→ YSL 花园→不眠广场

　　酒店西式自助早餐后前往库图比亚清真寺（外观）。库图比亚清真寺是马拉喀什的标志建筑，同其他清真寺相比，库图比亚清真寺的独到之处在于，在当年修建寺庙的尖塔时，在黏合石块的泥浆中拌入了近万袋名贵香料，使清真寺建成后能散发出浓郁的长久芳香，迄今为止观光客仍能在此闻到扑鼻的香气。因而库图比亚清真寺又有"香塔"之称。

　　之后前往巴伊亚宫，它是位于马拉喀什的一座外观典雅，造型独特的宫殿。巴伊亚宫建于 19 世纪末，在当时是摩洛哥非常宏伟的宫殿建筑之一，如今是当地保存非常完整的古迹。这里的建筑布满了伊斯兰风格的雕花和马赛克拼贴瓷砖，漫步其中，能感受高雅的贵族气息。

　　前往伊夫·圣·罗兰花园，伊夫·圣·罗兰花园原本叫马约尔花园，曾是法国艺术家马约尔亲手建造的私人别墅，后又被法国时装大师伊夫·圣·罗兰买下并居住数载。现在开放成为马拉喀什颇具人气的景点。园内遍布珍奇植物和精美的别墅建筑，庭院园林风景柔美动人。

库图比亚清真寺，身姿俏立，掩映在鲜花绿树丛中

第 4 天 马拉喀什→四大皇城拉巴特→皇宫→乌达雅堡 特别安排大西洋海景餐厅海鲜拼盘特色餐

在酒店西式自助早餐后，前往摩洛哥首都拉巴特（行驶时间约 5 小时，行驶距离约 320 千米）。中午在拉巴特大西洋海景餐厅享用海鲜拼盘特色餐，边吃海鲜边聆听大西洋海上浪涛拍岸的美妙潮音。

之后前往拉巴特皇宫（外观）。拉巴特皇宫迄今已有 200 余年历史，是典型的阿拉伯宫殿建筑。皇宫前的大道宽广而笔直，皇宫广场四周有古炮和多座古代建筑，中央有一个很大的圆形喷水池，这里是摩洛哥国王迎接来访的各国元首的地方。皇宫不可靠近，不可以长时间驻足张望，也不允许拍照，游人在此只能短暂观光。

前往穆罕默德五世皇陵（外观），穆罕默德五世（1844—1918），他生于伊斯坦布尔，是阿卜杜勒 - 迈吉德一世之子。陵墓入口处有守卫的皇家骑兵，他们身穿鲜艳夺目的军服，是游客争相拍照的对象。

前往哈桑塔（外观）。哈桑塔是阿尔默哈德王朝于公元 1196 年所建，至今保存较好。塔高 44 米，四周雕刻的图案精美奇异，具有摩洛哥传统艺术特色。整个建筑群庄严雄伟，风格典雅，体现了阿拉伯传统建筑工艺和摩洛哥特有的装饰艺术的高超水准。

前往乌达雅堡（电影《碟中谍 5》取景地）。乌达雅堡位于拉巴特老城以东，布雷格雷格河入海处，濒临大西洋，为一古城堡建筑群。始建于 12 世纪柏柏尔王朝，后为阿拉伯王朝所用，曾被葡萄牙人和法国人占领。现存的乌达雅堡对外开放区域分为三部分：一是院内花园，为伊斯梅尔国王于 17 世纪所建，小巧玲珑、精致幽雅，具有安达鲁西亚园林建筑的典型风格；二是博物馆，分两个展室，一个展出当地人从古至今制作并保留下来的珠宝乐器，另一个展出历代民族服装及古代红铜和土陶器皿；三是高空平台，为古时空中市场遗迹，站在平台上可俯视布雷格雷格河入海口、拉巴特古港口和萨累市全景。乌达雅堡内保留着柏柏尔民居和街道，别具风格。堡旁靠海外的一组平房，原为葡萄牙军事监狱，法国占领后改为饭店，至今一直对游客开放。

游览后抵达拉巴特市区，享用当地餐或酒店餐，后返回酒店内休息。

第 5 天 拉巴特→舍夫沙万：天空之城蓝白小镇超长时间观光游 特别安排蓝白小镇风景餐厅特色餐和当地酒店

早餐后驱车前往舍夫沙万（行驶时间约 5 小时，行驶距离约 250 千米）。后在蓝白小镇风景餐厅午餐（特色餐）。

导游和领队做简单讲解后，留给游客充分的观光时间，争取能够看清楚和拍摄好美丽的舍夫沙万古镇（蓝白小镇）。舍夫沙万老城依山而建，是阿拉伯人聚居区，这里的居民楼外墙全部涂上了蓝、白两种颜色，因而享有"蓝精灵之城"的美誉，很适合拍摄图片和视频，用特色鲜明、美景袭人来形容毫不过分。老城商业发达，密密麻麻的小道全被各式店铺所占据，所以美食和购物也是小镇观光游乐的重要内容。

第6天 酒店→四大皇城之——非斯

在酒店享用西式自助早餐，后驱车前往四大皇城之一——非斯（行驶时间约4小时，行驶距离约200千米），在当地享用午餐。

前往非斯老城区和卡拉维因大学（外观）、卡鲁因清真寺（外观）。卡鲁因清真寺是摩洛哥第二大的清真寺，建于公元859—862年，曾作为突尼斯难民的避难所，是目前穆斯林世界保存最完好的清真寺之一。

之后前往皮革染坊（只在高处远观和拍照），活动时间约2小时30分钟。

享用西梅牛肉塔津特色餐——特别安排游客去当地有名的摩洛哥特色餐厅享用晚餐，摩洛哥当地人招待客人的标准很高，表达了对客人的礼遇和欢迎。今晚将安排您品尝特色菜品牛肉塔津，用餐期间能感受到当地人的友好和热情。

此外，旅行社赠送摩洛哥特色表演秀，安排您在晚餐后观赏当地特色风情歌舞的表演。

第7天 非斯→四大皇城之梅克内斯→卡萨布兰卡→摩洛哥商城

在酒店享用西式自助早餐后，前往摩洛哥伊斯兰古都城——梅克内斯（行驶时间约1小时，行驶距离约64千米）。前往曼索尔城门（外观拍照），参观时间约1小时。

驱车前往卡萨布兰卡（行驶时间约4小时，行驶距离约240千米）。到达后享用中式团餐（6菜1汤），用餐时间约1小时。

之后前往哈桑二世清真寺（如遇特殊节庆或者临时宗教活动，会改为观览清真寺

埃尔杰姆斗兽场，规模宏大，保存完好，外观气势比意大利罗马斗兽场更胜一筹

外景）。哈桑二世清真寺位于摩洛哥王国的卡萨布兰卡市区西北部，其中三分之一的面积建在海上。整个清真寺可同时容纳数万人祈祷，规模极大，是世界第三大清真寺，排在沙特阿拉伯的麦加和麦地那清真寺之后，被誉为 20 世纪的建筑奇葩。参观时间约 30 分钟，晚餐自理。

第 8 天 卡萨布兰卡→突尼斯→蓝白小镇品→迦太基古城

搭乘航班前往突尼斯，抵达后由突尼斯导游接机。

午后前往蓝白小镇（特别安排景观咖啡馆，品特色薄荷松子茶）。蓝白小镇，位于突尼斯城以北的地中海悬崖上，是独具地中海气息的美丽小城，始建于 13 世纪。白屋蓝窗的安达路西亚风格的小屋是这个蓝白小镇的特色。这里所有的房屋只有两种颜色，即白色的墙、蓝色的门窗，由于色彩鲜明，风光秀美，来突尼斯的人，大都要来这里游览观光。

随后前往迦太基古城遗址，位于突尼斯首都突尼斯市。"迦太基"在腓尼基语中意为"新的城市"。据史料记载，迦太基古城建于公元前 9 世纪末。城市兴建后，国力逐渐强盛，版图不断扩大，这里成为当时地中海地区的政治、经济、商业中心。迦太基城遗址现在仅存有石墙、石柱等断壁残垣供游客瞻仰。在这里还能远眺地中海，风景十分开阔壮美。参观时间约 1 小时，参观后在酒店内享用自助晚餐。

第 9 天 突尼斯→凯鲁万大清真寺→托泽尔（沙漠绿洲）

在酒店享用早餐后，前往圣城——凯鲁万，它是穆斯林进入北非时早期的居住地，阿格拉比德王朝曾在此定都。后前往大清真寺，大清真寺在凯鲁万古城中。伊斯兰教圣城凯鲁万被誉为"50 个清真寺之城"之一，是突尼斯人的精神家园。突尼斯人认为，到凯鲁万朝觐 7 次即等于去麦加朝觐一次。站在十几千米之外，就可远眺古城内大清真寺高耸的尖塔，它已成为凯鲁万的经典建筑和地标式的城市名片。参观时间约 45 分钟，后享用当地午餐。随后前往阿格拉比特蓄水池。公元 9 世纪，凯鲁万地区缺水严重。当时天旱少雨，加之该地区又处于海平面之下，用水极其困难。当地人修了 15 个蓄水池用于解决饮水问题，现在只保存下两个水池供游人参观。

之后前往西迪撒哈卜的陵墓（行驶时间约 15 分钟，行驶距离约 2 千米），参观时间约 45 分钟。之后前往沙漠绿洲地区——托泽尔，到达后前往酒店住宿。

第 10 天 托泽尔（赠乘四驱越野车游《星球大战》拍摄场地）→杰瑞德大盐湖→马特马他（特色洞穴酒店）

享用酒店早餐后，特别赠送您搭乘四驱越野车出发前往电影《星球大战》拍摄的外景地。抵达星球大战拍摄外景地后，观拍电影拍摄后留下的外景遗址，这里有酷似月球上环形山地型地貌的特殊风光。

之后驱车前往杜兹（行驶时间约 2 小时，行驶距离约 126 千米）。途中参观杰瑞德盐湖。杰瑞德盐湖虽在陆地上，但是其含盐量比海水还要高数倍，是世界上含盐量极高的湖区水体之一。盐湖一带有很多的洞穴，这些洞穴是地下水溶解及扩张地壳的裂缝形成的，很多探险爱好者会来这里探奇揽胜。参观时间约 30 分钟。参观后享用当地午餐。午餐后参观撒哈拉沙漠的门户——杜兹。由于靠近撒哈拉沙漠，所以杜兹被誉为"撒哈拉的门户"，多姿多彩的第 41 届国际撒哈拉节曾于 2008 年 12 月 25 日在这里拉开帷幕。当时有不少游客慕名而来，就为了在杜兹充分领略撒哈拉游牧民族独特的习俗风情，尽情享受节庆活动带来的快乐和欢欣。此外，推荐您自费在沙漠中骑单峰骆驼（约 30 分钟）。

之后驱车前往马特马他（行驶时间约 1 小时 30 分钟，行驶距离约 90 千米）。特别安排入住当地特色洞穴酒店，洞穴酒店为非标准化酒店，设施设备相比其他地区酒店更为简单，敬请理解。如遇该酒店满房或装修等原因无法安排入住，则将取消马特马它的游览，改住斯法克斯升级当地 5 星酒店。

第 11 天 马特马他→埃尔杰姆斗兽场→苏斯

享用酒店早餐后，参观从山脊中凿出来的柏柏尔人的家园（路过参观约 15 分钟左右），它也是《星球大战》影片中外星人活动的拍摄外景地。之后前往柏柏尔人洞穴民居。柏柏尔人洞穴民居在马特马他知名度很高，当年《星球大战》制片人两度看中了这处民居，并在这里拍摄了电影中的一些场景。现在这里已被改造成酒店。柏柏尔人洞穴民居里面没有窗，只有一道不上锁的门，但因处在地下的缘故，白天在里面不会感到闷热，夜里甚至还有些清凉，住在其中很有舒适和浪漫的情趣。参观时间约 1 小时。

之后出发前往埃尔杰姆，午餐享用途中当地餐（行驶时间约 4 小时，行驶距离约 94 千米）。前往埃尔杰姆斗兽场。它位于苏斯，是世界三大斗兽场之一。它是罗马时代的建筑，规模仅次于古罗马斗兽场。斗兽场外观呈椭圆形，周长超过 400 米，可容纳 4 万多名观众，法国大作家福楼拜将它誉为"罗马帝国在非洲存在的标志和象征"。

之后驱车前往地中海滨城市苏斯（行驶时间约 1 小时，行驶距离约 72 千米），到达后在酒店享用晚餐。

第 12 天 地中海滨城市→突尼斯机场→多哈

在酒店享用早餐后，出发前往突尼斯国际机场办理回程手续。午餐于机场自理，搭乘航班经多哈转机返回北京，晚餐在飞机上享用，结束愉快的北非之旅。

第 13 天 北京

抵达北京，结束愉快的旅程。

笔者对每天具体游程做出的观光指导和提示

第1天 从北京机场出发

由于要乘坐"红眼航班",白天一定要休息好。务必在指定时间内抵达机场,在导游带领下做好一切准备工作,登机起飞。

第2天 中转站→摩洛哥马拉喀什

中途在卡塔尔转机,这个机场空间很大,内部装饰也很好看,可以拍几张候机楼内的照片留作纪念。从多哈国际机场起飞后,可以在空中观览拍摄多哈的城市全景——新楼林立,非常气派,与迪拜有一拼。

晚上抵达马拉喀什后,主要观光点是不眠广场,这里人气很旺,烟火气很浓,应该能留下难忘的观感。

第3天 游览四大皇城之马拉喀什: 库图比亚清真寺→皇宫→ YSL 花园→不眠广场

本日一共有3个主要景点,都很美观好看。1.库图比亚清真寺(只参观外观);2.巴伊亚宫;3.伊夫·圣·罗兰花园。清真寺的建筑挺拔俏立,拍风光和人像照片均可;巴伊亚宫内部装饰精美,颇具艺术和观光价值;伊夫·圣·罗兰花园热带树木花草众多,郁郁葱葱,画面极美。游人随导游行进,依次观拍即可。

第4天 马拉喀什→四大皇城拉巴特→皇宫→乌达雅堡 特别安排大西洋海景餐厅海鲜拼盘特色餐

前往摩洛哥首都拉巴特。本日先后共有3个观光点:1.拉巴特皇宫,规模很大,但不能入内参观,只可远看还不能长时间观览,让人有点郁闷。2.穆罕默德五世皇陵和哈桑塔,上述两景相距不远,简单观光即可。3.乌达雅堡,建筑有特色且濒临大西洋,景色尚好,观光时间大约1小时。值得一提的是拉巴特虽然是首都,但不嘈杂混乱,相反很清宁安静。如果您能挤出时间看看这里的城市晚景或晨景,感觉一定很柔美温馨。

第5天 拉巴特→舍夫沙万: 天空之城蓝白小镇超长时间观光游 特别安排蓝白小镇风景餐厅特色餐和当地酒店

重点游览舍夫沙万老城。老城依山而建,建筑群落高低不平、错落有致,很显活泼生动。最精彩和独特的是所有建筑都被涂上了蓝白两色(以蓝色居多),色彩非常艳丽,享有"蓝精灵之城"的美誉佳名。古城内的网红打卡点很多,可以一一"按图索骥"。由于晚间要住在古城内,所以观拍时间很充裕,就看您如何发挥了。

第6天 酒店→四大皇城之非斯(西梅牛肉塔津餐 赠表演秀)

主要游览古城非斯。观光亮点有非斯老城区、卡拉维因大学、卡鲁因清真寺、皮革染坊等等。另外步行街和商贸店铺极多,各式商品及工艺纪念品琳琅满目,民族风情非常浓郁迷人,值得仔细观察品味。游览时间大约3小时。

第 7 天 非斯→四大皇城之梅克内斯→卡萨布兰卡→摩洛哥商城

从非斯前往卡萨布兰卡，途中可看到著名的曼索尔城门的外景。午后抵达卡萨布兰卡后重点游览哈桑二世清真寺。它临海而建，身姿高大岿巍、挺拔秀丽。它是卡萨布兰卡的标志也是摩洛哥众多清真寺中最有名气的佼佼者，无论是外观还是内景，您都应该用百分之二百的热情去观赏它、拥抱它。以它为背景拍几张人像纪念照更能为您的摩洛哥之旅增添色彩和光辉。

第 8 天 卡萨布兰卡→突尼斯→蓝白小镇→迦太基古城

从卡萨布兰卡乘机飞往突尼斯，抵达后去地中海边游览蓝白小镇——它与摩洛哥舍夫沙万蓝白小镇的风格和色彩非常相近，只是前者依山而后者临海，风光水平各有千秋。

之后还有一个观光点是迦太基古城遗址，虽然这里都是断壁残垣，但更能体现出独特的历史文化底蕴。在古城中，亦能看到地中海的海上风情。

第 9 天 突尼斯→凯鲁万大清真寺→托泽尔（沙漠绿洲）

本日有 3 个观光点，分别是凯鲁万大清真寺、阿格拉比特蓄水池、西迪撒哈卜的陵墓。其中大清真寺外形独特，很有观拍价值。

第 10 天 托泽尔（赠乘四驱越野车游《星球大战》拍摄场地）→杰瑞德大盐湖→马特马他（特色洞穴酒店）

上午游览电影《星球大战》的拍摄外景地，即在沙漠中有一块与月球地表相似的地方，在这里摆放了一些宇宙飞船的模型。这些场景拍出电影来有以假乱真的效果，但是在现场观看，画面很一般。游程中还有坐着旅游车在沙漠中前进的内容，这个过程倒让人感觉颇有几分惊险和刺激。

杰瑞德大盐湖只是路过，观景 20 分钟左右。之后经过有"撒哈拉沙漠的门户"之称的杜兹，在这里可以骑骆驼走进沙漠深处，体味撒哈拉风情。

第 11 天 马特马他→埃尔杰姆斗兽场→苏斯

上午顺路观看柏柏尔人洞穴民居，它是从平地向下开掘的洞穴群中设置的居民住所，只有门没有窗，但是背风向阳且冬暖夏凉，给游客耳目一新的美好感觉。

下午观赏埃尔杰姆斗兽场——它可是世界三大斗兽场之一，非常宏伟气派，给游客的印象很深。

之后驱车前往地中海海滨城市苏斯。抵达后可以自由活动——这里的海景很美，这几天看多了突尼斯干燥缺水的内陆风光后，能在苏斯眺望地中海的万顷碧波，遥望远海海平线上巨轮徐徐移动的美丽身影，观感绝佳，令人耳目一新。

第 12 天 地中海滨城市→突尼斯机场→多哈

乘机离开突尼斯，中途在多哈转机，下午回到北京。

关于此线餐饮、住宿、行车、游览、购物、娱乐各个环节的具体说明和指导

1. 🍲 餐饮

早餐在所在的宾馆酒店内吃，西式早餐餐标不低，品种丰富，营养充足。正餐以当地风味餐为主，不缺肉食，热量充足但风味欠佳，少油无盐。不过这样也挺好，原生态的吃法可以让人避免营养过剩，这对健康是有利的。

2. 🏨 住宿

虽然这两个国家不是经济太发达，但住宿条件都很好，个人感觉比去西欧、德、法、意、瑞那条线路住得还要好，在突尼斯还住过两次五星级度假村。这一点让人有点儿喜出望外的感觉。

3. 🚐 行车

两个国家的观光大巴车况都不错，路况也还行，游客没有明显不适。

4. 👥 游览

虽然没看到太震撼人心的美景，不过北非的风光独特，与世界其他大洲的风景有所不同，所以来一次也算物有所值。观光游览按旅游合同约定的日程次序行进即可，没有太多可以自由发挥的余地。所以，笔者认为这是一次平常之旅、平静之旅、安静之旅，当然也是开心之旅。依此线游览一次，能为您的出国游经历增添一些美好记忆，这一点没有任何问题。

发烧友关照：关于本线旅游的补充提示和指导

1. 摩、突两国都有一些个性鲜明的观光亮点，比如摩洛哥的哈桑二世清真寺外观非常高大挺拔，是世界上最精美、最俏丽的清真寺建筑之一，而突尼斯的埃尔杰姆斗兽场，规模气派丝毫也不逊色于意大利的罗马斗兽场，就拍摄的图案和效果而言，埃尔杰姆还要略胜一筹。但是这条线路的总体观光效果还不是能让人感到有锋芒毕露的效果，因此游人不应将其列为非洲之行的观光首选。

2. 就目前国内各旅行社推荐的非洲旅游线路而言，观光效果最好的是南非、其次是埃及，游人应先去上述两国游览，之后再来关注这条北非的两国游线路。

3. 摩、突两国连线游有一定的观光价值，它可以作为非洲旅行线路中的有效补充。

4. 去程可能会在卡塔尔多哈机场转机，机场很气派、华美。在多哈机场起飞后，可在空中看到卡塔尔的城市风光——新楼林立，颇具国际都市风姿神韵，与迪拜有异曲同工之美，建议您在机窗前好好观拍。

5. 进入北非空域后，可在空中清晰地俯瞰到北欧海岸线的轮廓，还有利比亚和阿尔及利亚两国的陆上风景，非常有意思，应该好好端详、感受、回味。

"蓝精灵小镇",色彩艳丽,美景惊煞游人

　　6.返程时,飞机掠过地中海上空,又提供了一次空中观景的好机会,好好对照飞机上电视显示屏上显示的国家和地名,与机窗下的景物能一一对上号,这个过程让人倍感有趣和开心。

俄罗斯全景 10 日游

一次游遍俄罗斯的主要风光名胜

16. 用时10天，开销9000余元，一次游遍北方大国俄罗斯的主要风光名胜

提起俄罗斯，人们大都会想起那首著名的《祖国进行曲》："我们的祖国多么辽阔广大，它有无数的原野和森林，我们没有见过别的国家，可以这样自由呼吸。"这是《祖国进行曲》的第一段歌词，这首歌共有3段歌词，每一段都很精彩、充实、凝练、感人。

俄罗斯确实是特色鲜明的国家，它的地域广大（领土面积达1709.82万平方千米），资源丰富，更有悠久的历史和灿烂的民族文化。光是著名的文学家、艺术家就涌现出了很多位：托尔斯泰、屠格涅夫、柴科夫斯基、列宾、普希金、格林卡……他们都是耀眼的巨星，在人类历史文明的长河中闪烁光芒，放射出夺目的光彩。

俄罗斯的国土面积大，旅游资源极为丰富，风光也十分秀丽迷人。去那里观光并做深度游览却丝毫也不费劲，因为该国的观光亮点很集中、重点很突出，主要是莫斯科和圣彼得堡两座历史文化名城，再加上新西伯利亚和伊尔库茨克（含贝加尔湖）的城市风光和周边景观，用10天左右的时间就可览其全貌。我们今天就为大家带来了一条经典的黄金旅游线路新西伯利亚、圣彼得堡、莫斯科、伊尔库茨克（贝加尔湖）10日游，依此线前行可以把上述名城佳景一网打尽。

圣彼得堡夏宫的美丽风姿

当然，作为国内畅销的导游书，我们一定会追求全面、详细和完整，尽量保证不会有任何内容上的偏差和遗漏。所以我们在本文之后，还为各位设计介绍了另一段短线游程，即去俄远东的城市海参崴做4天观光游览。这样跟随我们的步伐和节奏，您可以在半个月内基本上游遍俄罗斯的主要旅游城市（俄罗斯其他的不少地方是高寒地带、人烟稀少，不适合旅游观光），可谓是收获多多、美感多多，物有所值，望君一试！

☀ 当地气候

俄罗斯旅游佳季为每年的4—10月，冬季冰天雪地观光效果欠佳，不建议冬季前往，

但如果有特殊目的的游客（比如想去专门拍冰雪景观的人）除外。

⊙ 对外交通

国内各大城市有航班同俄罗斯各大城市对飞，北京飞往莫斯科约需 7.5 小时时间。

📧 签证制度

去俄罗斯旅游要办理签证，指定旅游机构下 5 人以上、15 天以内的团队游人员可免签。

🕘 时差

莫斯科时间比北京时间晚 5 个小时。

为您介绍此条线路的观光亮点和特点

> 只需一次出行，就游览了俄罗斯的 4 座主要城市和一个巨大而美丽的湖泊景区，观光内容非常全面而详细。其中莫斯科和圣彼得堡是俄罗斯规模最大也是最重要的城市，这里的旅游资源丰富、美景众多，极具观赏考察价值。伊尔库茨克市区和周边的古迹名胜也不少，还有个举世无双的"巨型深湖"，也被此线收入囊中，为行程画上了一个非常圆满的句号。况且此行程中还有一个很好的铺垫和开场白——先去新西伯利亚市游玩一天，便于游人柔和平缓地"入戏"，之后再去欣赏最有价值的核心景点景区。就游程的设计安排而言，笔者认为是"效果绝佳、独具匠心"，可以作为游客去俄罗斯诸多不同的旅游线路中的"标配和范本"，因此向大家做强力推荐。

笔者对此条线路的总体观光指导

1. 在新西伯利亚，正常观光即可，可以先保留一点期待，留着在后边的行程中，因为圣彼得堡和莫斯科才是重中之重。

2. 本线路中圣彼得堡的游览内容很全面丰富，"按图所骥"就很好，不用再想着做什么"修改和充实"了。如果实在是有时间和精力，建议参加一个自费项目"船游涅瓦河"，那行程就接近于超级完美了。

3. 在莫斯科的规定游程，也安排得足够精彩全面了——把规定的景点走下来，就足以让人高兴开心。若是您实在是想锦上添花，建议自费看一场俄罗斯芭蕾舞表演，水平高且原汁原味，有《天鹅湖》，也有其他剧目。

4. 贝加尔湖的风光非常好，环境保护得也很好，是我们在国内难得一见的原始辽阔的湖泊壮景。但人常说"天好水才能好"，即天气好光线好，水上的风光才好看，否则会大打折扣。这话真的没错，祝您在湖区观光的那天交好运。

旅行社公布的指定游程安排：俄罗斯全景10日游

第1天 北京→新西伯利亚市区观光游览

用餐：午晚　交通：飞机、巴士

酒店：新西伯利亚四星酒店

在北京大兴国际机场集合，办理相关手续后，搭乘西伯利亚航空公司国际航班前往新西伯利亚市，开启俄罗斯奇幻之旅。

新西伯利亚是俄罗斯第三大城市，也是俄罗斯亚洲部分的第一大城市，原称新尼古拉耶夫斯克。它始建于1893年，后随着西伯利亚大铁路的修筑而逐渐发展起来。1926年改称新西伯利亚，1937年成为新西伯利亚州首府。新西伯利亚是西伯利亚地区最大的铁路枢纽之一。尼古拉圣钟是新西伯利亚的地标性建筑，也是俄罗斯的地理中心。

亚历山大·涅夫斯基教堂，是为纪念俄罗斯土地保卫者亚历山大·涅夫斯基而建，始建于1897年，是一座拜占庭风格的红砖建筑，有着镀金圆顶和彩色壁画，是19世纪末俄罗斯建筑的杰出代表，也是新西伯利亚最早的石头建筑之一。

新西伯利亚国立模范歌舞剧舞剧院始建于1931年，是俄罗斯最著名的三大歌舞剧院之一。最具特色的是它的直径60米，高35米的圆弧形穹顶，它是欧洲第一座没有钢支架支撑的圆顶建筑，顶部以数千片银色瓦片覆盖，绚丽夺目。

游客抵达后，依以下次序参观市区的各主要景点，分别是：胜利公园及无名烈士墓和不灭圣火、烈士纪念碑(约30分钟)→鄂毕河新铁桥→国立公共科学技术图书馆(外观，约10分钟)→亚历山大·涅夫斯基教堂(外观，约30分钟)→新西伯利亚州政府大楼(外观，约10分钟)→西伯利亚神兽广场(约10分钟)→尼古拉圣钟(外观，约15分钟)→列宁广场(约20分钟)→新西伯利亚国立模范歌舞剧院(外观，约30分钟)。

晚餐后，入住酒店休息。

第2天 新西伯利亚→圣彼得堡市区观光游览

用餐：午晚　交通：飞机、巴士

酒店：圣彼得堡四星酒店

抵达后，前往参观滴血教堂(外观，约20分钟)→喀山大教堂(外观，约20分钟)→涅瓦大街→叶卡捷林娜

新西伯利亚列宁广场一角

花园及琥珀宫（入内，约 1.5 小时）。

涅瓦大街、滴血教堂、叶卡捷琳娜花园及宫殿是当地主要景观。

叶卡捷林娜花园及琥珀宫由叶卡捷琳娜一世下令修建。宫殿的建筑精巧，色彩清新柔和，弥漫着女性的柔美风韵。园中风光旖旎、环境整洁，颇具诗情画意，它已于 1990 年被列入联合国世界遗产名录。

滴血教堂也被称作复活教堂，被誉为圣彼得堡最美丽的教堂。教堂外部装饰大量使用了马赛克拼图，穹顶由彩色瓦片覆盖，顶部矗立着数座五光十色的洋葱形穹顶，反映了俄国 16、17 世纪典型的东正教建筑风格，与周围的古典式建筑成鲜明的对比。

喀山大教堂历经 10 年修建而成，教堂里面供奉着俄罗斯最著名的喀山圣母像。

涅瓦大街是圣彼得堡最热闹、最繁华的街道，聚集了该市最大的书店、食品店、最大的百货商店和最昂贵的购物中心。在这里还可以欣赏到各类名人故居和历史遗迹。

观光结束后晚餐，入住酒店休息。

第 3 天　圣彼得堡市区观光

交通：巴士

酒店：圣彼得堡四星酒店

早餐后，前往参观夏宫花园及宫殿（入内约 1.5 小时）→圣伊撒基耶夫大教堂（外观约 20 分钟）→伊萨克广场及尼古拉一世雕像（约 15 分钟）→海军总部大厦（外观约 10 分钟）→十二月党人广场及青铜骑士像（约 30 分钟）→阿芙乐尔巡洋舰（外观，约 15 分钟）。

夏宫花园坐落于芬兰湾南岸的森林中，始建于 1714 年，园内拥有世界上最大的喷泉园林。夏宫花园分为上花园和下花园，有"俄罗斯凡尔赛宫"之美称。夏宫宫殿坐落在上花园，大宫殿前是被称作大瀑布的喷泉群。这里有 37 座金色雕像，29 座潜浮雕，150 个小雕像，64 个喷泉及两座梯级形瀑布。在喷泉群的中央耸立着大力士参孙和狮子捕斗的雕像，这就是著名的隆姆松喷泉。

圣伊撒基耶夫大教堂是圣彼得堡市内最大的教堂，坐落在圣彼得堡市区。与梵蒂冈的圣彼得大教堂、伦敦的圣保罗大教堂和佛罗伦萨的圣母百花大教堂并称为世界四大圆顶教堂。

在 1925 年以前，十二月党人广场名为元老院广场，后为纪念发生在 1825 年的十二月革命而更名。广场上矗立着因普希金的抒情诗而得名的青铜骑士像。

晚餐后，入住酒店休息。

第 4 天　圣彼德堡市区观光→乘车前往莫斯科

早餐后，前往参观狮身人面像（约 10 分钟）→瓦西里岛古港口灯塔（约 15 分钟）→

彼得保罗要塞(入内,约40分钟,不进教堂和监狱)→冬宫博物馆(入内,约1.5小时)→冬宫广场及亚历山大纪念柱(约20分钟)。

冬宫博物馆(又称艾尔米塔什博物馆)是18世纪俄国巴洛克式建筑的杰出代表,它与伦敦的大英博物馆、巴黎的卢浮宫、纽约的大都会艺术博物馆并称为世界四大博物馆。冬宫博物馆以其宏伟的气势、精美的外观装饰和丰富的馆藏内容而闻名于世。

彼得保罗要塞是圣彼得堡的发源地。它坐落在市中心的涅瓦河右岸,后几经扩建,建成了这座六棱体的古堡。要塞曾作为沙皇俄国的"巴士底狱",用来关押过政治犯。坐落在要塞中央的彼得保罗大教堂是圣彼得堡最高的教堂,也是俄国罗曼诺夫王朝的沙皇陵寝所在地。

晚餐后,乘坐四人包厢商务列车前往莫斯科。

第5天 莫斯科市区观光

用餐:早、午、晚　交通:巴士、火车

抵达莫斯科后,参观卡洛明斯克庄园(入内,不进教堂,约40分钟)→莫斯科大学主楼(外观,约20分钟)→列宁山观景台(约15分钟)→卢日尼基体育场(远眺)→二战胜利广场及二战胜利纪念碑(约30分钟)→凯旋门(约10分钟)→地下艺术殿堂:莫斯科地铁。

卡洛明斯克庄园坐落在莫斯科河岸边,占地390多公顷,游人在此能将莫斯科河滨如诗如画的园林景观尽收眼底。庄园里有一座纯白色的耶稣升天大教堂,建于1530年,它是为庆祝俄国历史上首位沙皇伊凡雷帝的诞生而修建的,在这里还可以看到彼得大帝童年时代居住过的彼得小屋等历史遗迹(外观)。

莫斯科大学主楼是"斯大林式建筑"中最杰出的代表,也是"莫斯科七姐妹"建筑群中最大的一座,建于1953年,是当时欧洲最高的建筑,其中心塔高240米,共有36层。莫斯科大学是俄罗斯最大的教学、科研、文化中心,也是世界著名的高等学府之一。

二战胜利广场上最引人注目的建筑物是高达141.8米的二战胜利纪念碑,它是为了纪念苏联伟大卫国战争所经历的1418天时间而建立的。纪念碑身形如同一柄利剑,剑身由下而上是以卫国战争的重大战役为主题的浮雕群,寓意深刻,画面动人。

凯旋门高28米,为纪念俄军打败拿破仑而建,门的基座上竖立着6组12根圆柱,柱间站立着手持盾牌和长矛的勇士;凯旋门顶部是由6匹背生双翅的骏马拉着的凯旋车,车里坐着胜利女神。整个凯旋门由白石磁砖贴面,在黑色圆柱的映衬下显得格外醒目。

莫斯科地铁的建筑造型虽然风格多样,但都华丽典雅。每个车站都由国内著名建筑师设计,各有其独特风格。站内多用五颜六色的大理石、花岗岩、陶瓷和五彩玻璃镶嵌出各种浮雕和壁画装饰,照明灯具也十分别致考究。莫、地铁很像富丽堂皇的宫殿,它一直享有"地下的艺术殿堂"之美称。

晚餐后，入住酒店休息。

第 6 天 莫斯科→谢尔盖耶夫镇→莫斯科

早餐后，驱车前往位于莫斯科东北 71 千米处的谢尔盖耶夫镇，先后参观天蓝色钟楼、圣三一修道院（入内，约 40 分钟）、阿尔巴特大街。

谢尔盖耶夫镇又称扎戈尔斯克，是一座风景如画、建筑独特的城市，也是俄罗斯周边的金环城镇之一。小镇以坐落于此的谢尔盖圣三一修道院而闻名于世。

谢尔盖圣三一修道院（入内，约 1 小时）亦称为特罗伊察修道院，距今已有近七百余年的历史，是俄罗斯东正教的圣地，也是俄罗斯最古老的大修道院之一。1337 年，一个名叫谢尔盖·拉多涅日斯基的僧侣在谢尔盖耶夫镇的偏僻森林里建立了三圣小教堂和小道房，这就是修道院的前身。1744 年，这里获得了大修道院的称号。修道院中建于 15 世纪的白色金顶圣三一教堂，和建于 18 世纪的天蓝色钟楼是最具有代表性的建筑。圣三一教堂亦是俄罗斯早期白石建筑艺术的典范，在教堂中可以看到俄罗斯中世纪最著名的天才圣像画家安德烈·鲁勃廖夫的作品。

之后返回莫斯科。晚餐后，入住酒店休息。

第 7 天 莫斯科红场→克里姆林宫→瓦西里升天大教堂→伊尔库茨克

用餐：早、午　交通：巴士、飞机　酒店：飞机、伊尔库茨克

红场是莫斯科最古老的广场，也是俄罗斯最美丽的广场。这里见证了许多重大历史事件的发生，如今是举行大型庆典和阅兵活动的地方。

瓦西里升天大教堂有着四百多年历史，是俄罗斯的标志和象征。教堂的 9 个穹顶用不同的颜色和各异的花纹点缀，登峰造极般的美感体现了俄罗斯古代建筑艺术的最高水平。

克里姆林宫是整个莫斯科的发详与起源地，先前它曾是俄国沙皇的皇宫，现在是俄罗斯总统府和国家领导人的办公地点。该宫于 1990 年被联合国教科文组织列入世界文化和自然保遗产名录。

之后前往机场集合，搭乘航班前往伊尔库茨克。

❤ 温馨提示

红场如遇举行政治活动或有特殊事件会临时关闭，无法参观。

第 8 天 伊尔库茨克观光

用餐：午、晚　交通：巴士　酒店：伊尔库茨克松林别墅

抵达后前往参观主显圣大教堂（外观）→波兰大教堂（外观）→救世主大教堂（外观）→喀山圣母大教堂（入内，约 20 分钟）→州政府大楼→二战胜利纪念广场→无名英雄烈士墓以及无名烈士圣火→爱情桥→莫斯科大门（凯旋门）→西伯利亚开拓者雕

像→130风情街→姿娜明斯克修道院（入内，约30分钟）。

主显圣大教堂始建于1693年，是伊尔库茨克最古老的建筑。早期是木质结构，经历火灾后重新用石头建造，现教堂外墙上有精美绝伦的彩色壁画。

波兰大教堂是伊尔库茨克市唯一的天主教教堂，是典型的哥特式建筑，现为管风琴音乐大厅。救世主大教堂是伊尔库茨克市早期石质建筑的典范，从其镶板、浮雕和多层花框

外观气派而凝重的红场古建筑群

可以看出这是一座典型的西伯利亚巴洛克式建筑。

130风情街的起点竖立着伊尔库茨克的市标"海狸衔紫貂"雕像，它象征着力量与智慧。这里曾经是当地最早的茶商驿站，后来现代城市规划建设以此为依托，建成了一条集餐饮、购物、娱乐多功能于一体的俄式古典建筑风情休闲街区。

喀山圣母大教堂采用俄罗斯拜占庭式的装饰风格，由许多当时著名的圣像画家、银匠、镜金匠和雕刻家共同完成。喀山圣母大教堂是伊尔库茨克最大最华美的教堂。

姿娜明斯克修道院坐落在安加拉河畔，始建于1689年，是东西伯利亚地区少有的东正教女子修道院，也是该地区古老的修道院之一。修道院门口矗立着俄罗斯唯一一座高尔察克将军雕像。

晚餐后，入住酒店休息。

第9天 贝加尔湖区观光

用餐：早、午、晚　交通：巴士、飞机

早餐后，前往参观利斯特维扬卡小镇→塔利茨露天木制建筑博物馆（入内约2小时）→河口（聆听圣石传说）→贝加尔湖博物馆（入内约40分钟）→切尔斯基山、乘坐缆车登观景台（徒步返回）→鱼市场→沿贝加尔湖畔漫步→贝加尔湖船游（约2小时）。

利斯特维扬卡小镇又叫落叶镇，是贝加尔湖边唯一一个由人工开发的小镇，被称为"贝加尔湖的大门"。在这个小镇中，您可以观察感受到湖区的美丽风光和湖畔渔民最淳朴原始的生活方式。在小镇的鱼市场可以买到贝加尔湖独有的熏制秋白鲑鱼和贝湖胎生鱼干，味道鲜美口感绝佳。

塔利茨露天木制建筑博物馆展现了俄罗斯原住居民的居住和生活情况。博物馆里几乎所有的建筑都是由木头建成的、古朴而醇厚，在木屋中可以看到古老的纺车、高板床和俄式炉灶等家庭生活用具和各色文物。

贝加尔湖博物馆位于利斯特维扬卡小镇以西 2 千米多的安加拉河口，里面有关于贝加尔湖生态、历史和综合概况的展览和介绍。通过各类图片、模型、标本以及显微镜观察和虚拟潜水艇水下观光等方式，为游客全方位的普及历史和科学知识。水族馆内展示了贝加尔湖中生长的动、植物的标本和实物，并且在博物馆内还可以看到贝加尔湖特有的环斑海豹欢乐游动的身影。

之后，前往机场集合，搭乘航班返回北京。

第 10 天 伊尔库茨克→北京

抵达北京国际机场，返回温馨的家，结束愉快旅程。

笔者对每天具体游程做出的观光指导和提示

第 1 天 北京→新西伯利亚市区观光游览

早晨从机场起飞，约 5 小时后抵达俄罗斯第三大城市新西伯利亚。本日的观光内容很丰富，按规定的游程行进即可看全市内的主要旅游景点。个人认为亚历山大·涅夫斯基教堂、列宁广场（含列宁雕像）和国立模范歌剧院外观形态最好，可作为观拍要点。

新西伯利亚的城市规模和各景区的观光价值与莫斯科和圣彼得堡相比有明显差距，因此本日只是俄罗斯十日游览的一个序曲、一个铺垫。建议您早点回酒店休息，明早飞往圣彼得堡。

第 2 天   新西伯利亚圣彼得堡→市区观光游览

本日要看的景点分别是滴血教堂、喀山教堂、涅瓦大街和叶卡捷琳娜花园和琥珀宫，都是锋芒毕露、个性鲜明的观光亮点。其中叶宫内部的装饰极其精美，而宫外的田园风景如诗如画，按指定行程次序依次观赏认真观拍体味即可。

第 3 天 圣彼得堡市区观光

行程中所列的景点依旧是一个赛一个精彩，其中夏宫花园和宫殿是圣彼得堡最气派的皇家园林，宫殿前有人工制造的巨大音乐喷泉群，在规定时间喷发表演，形成千姿百态的美丽图案，各国游客都以见到碧泉喷涌的场面为荣耀和幸运。

还有一个观拍亮点是阿芙尔尔号巡洋舰，它锚泊在涅瓦河边，以它为背景拍摄人像纪念照画面极好，是您到过圣彼得堡的绝好证明。

第 4 天 圣彼得堡市区观光→乘车前往莫斯科

主要在市中心涅瓦河两岸游览，狮身人面像和港口灯塔都是短暂停留。彼得保罗要塞在涅瓦河北岸，位置很好，里边有高大挺拔的古建筑，即圣彼得保罗大教堂——利剑般的尖顶直到苍穹，非常气派壮观。这里也是眺望涅瓦河心风光的好地点。

冬宫博物馆规模很大，馆藏也很丰富，简直是一座世间罕见的艺术宝库，必须在导游的讲解和指导下认真观赏，才能领略到它的价值和魅力。

晚上乘夜班火车去莫斯科，车程约8小时。个人感觉卧铺车厢内的设施条件比我国国内火车的硬卧车要稍好一些。在车上一定要好好休息，因为明早下车后要在莫斯科观光一整天。

阿芙乐尔号巡洋舰，涅瓦河上的亮丽风景

第5天　莫斯科市区观光

全天游览莫斯科，景区有卡洛明斯克庄园、莫斯科大学主楼、列宁山观景台、卢日尼基体育场、二战胜利广场、凯旋门等。其中卡洛明斯克庄园面积很大、观光效果很好。莫斯科大学主楼外观既高大挺拔又漂亮精美，是拍摄人像纪念照片的绝好地点。莫斯科地铁是世界上最豪华美丽的地铁之一。要抓住以上3处要点重点观览，其他景点简单欣赏即可。

第6天　莫斯科→谢尔盖耶夫镇→莫斯科

去谢尔盖耶夫镇游览，它距莫斯科约71千米，是莫斯科的卫星城，这里的三一修道院知名度很高。本日的游程并不紧张，一天的观光很容悠闲。

第7天　莫斯科红场→克里姆林宫→瓦西里升天大教堂→伊尔库茨克

今天的观光最重要，因为游览的是莫斯科城市景观中的核心和精髓。今日的观光点全在市中心的红场和克里姆林宫周边，位置集且相距甚近。您要鼓足精神全身心投入到今天的游览行程，并细致入微的进行观察体验，以图片和视频的方式记录一个个精彩的瞬间。

红场的面积并不太大，比北京的天安门广场小许多。但是红场周边坐落的全是俄罗斯最有代表性、特色最鲜明的古建筑，如克宫、国家历史博物馆、瓦西里大教堂和圣母升天大教堂等等。如果天气好，让蓝天笼罩和白云辉映簇拥在这几座漂亮建筑的美丽穹顶之上，那您在这拍摄的美图将会成为此行中最有价值的纪念。

晚上乘"红眼航班"飞往伊尔库茨克。

第8天　伊尔库茨克观光

全天游览伊尔库茨克。

伊尔库茨克虽然位于俄罗斯远东地区，但这里的名胜古迹也不少，规定游程中几乎涵盖了当地所有的重要景观，随团依次游览即可。下午大概率会入住安加拉河畔的森林度假村，这里风光很美，请切记千万要到河边好好观景。安加拉河是贝加尔湖的上游，景色秀丽，河上游乐项目也多，许多俄罗斯人在这儿尽情地嬉水游乐，他们尽情地享受和消费这里的好山好水好风光，轻松乐观的生活态度会感染诸多游客。

第9天 贝加尔湖区观光

全天畅览贝加尔湖辽阔壮美的湖区风光。

利斯特维扬卡小镇位于贝加尔湖北岸，是当地旅游观光的中心和游客的集散地。本日的游程安排得非常全面和丰富，不光要在湖边观光，还要乘船游湖并攀上山顶观赏湖区全景。贝加尔湖的宽广和辽阔举世闻名，这没必要再用语言来形容，总之您要好好珍惜和享受这一天的美妙时光——因为今晚就要离开这里，想再次见到贝加尔湖的风姿倩影，就不知是何年何月了。

晚上去机场乘"红眼航班"返回国内。次日清晨抵达，游览全部结束。

关于此线餐饮、住宿、行车、游览、购物、娱乐各个环节的具体说明和指导

1. 餐饮

个人感觉去俄罗斯游览，"吃"的这个环节很让人满意和称心。早餐一定是在酒店中吃，且一定是西式早餐，各式面包、点心、果汁、咖啡、牛奶、黄油一应俱全，还有许多新鲜的水果和蔬菜，还有不少肉食，如香肠之类的，营养价值很高，吃完了感到暖洋洋、浑身是劲。

关于正餐，在圣彼得堡和莫斯科都是吃中式正餐——标准是十人一桌，八菜一汤，比去西欧的团队餐标略高一些，吃饱吃好没问题。在新西伯利亚和伊尔库茨克，正餐有中式正餐也有中式简餐。偶尔会安排一顿俄式西餐。俄餐的营养价值够用但对于有着传统中国胃的人来说可能吃不太惯(一般是一例汤、一份沙拉、一份肉菜加一份甜点)，俄餐一般只有一两顿而已。

2. 住宿

在圣彼得堡和莫斯科是住当地四星级酒店，其实达不到国内四星水平，但干净整洁没问题。在伊尔库茨克住的森林别墅，屋内设施一般，但外边的环境风光非常美，很有诗情画意。

3. 行车

在新西伯利亚、圣彼得堡、莫斯科和伊尔库茨克，都是在城市中游览，各景区相距不是太远（最远的也不过几十千米），不存在长途跋涉的问题。加之当地车况、路

况不错，因此此线的乘车感受都挺好。只是途中有两次早晨起飞的航班，欲赶航班须在半夜起床，小有不便，但这也不是什么大问题。

4. 👤 游览

此线游览安排非常详尽丰富，涵盖了当地几乎所有的重要景区，因此游客在导游领队的引领下按规定日程行进，就可获取满意效果。加之笔者也在前文和后文做了许多与观光游乐相应的关照和提示，各位游客参考即可。当然导游还会推出一些自费项目，大家也可视情参与。

5. 🛒 购物

在俄罗斯购物应该成为游览过程中的重要组成部分。因为俄罗斯商品特色鲜明，质量好且价格不贵，所以购买一些自己使用或是回国后馈赠亲友都是很有意义的事。购物地点笔者向您郑重推荐莫斯科红场旁边的古姆商场，它是莫斯科最大的百货商场之一，至今已有120余年的历史。该商场共有3层，内有许多名牌专卖店、工艺纪念品商店，各类食品店和服装店也很多。凡是去莫斯科旅游的人，都会到古姆商场转一转。

特色商品主要推荐俄罗斯套娃、手表、望远镜、香水、紫金和白银饰品、巧克力糖、伏特加酒、虎骨酒、鱼子酱等。俄罗斯的巧克力糖真心不错，笔者向您郑重推荐。

旅行家指导：如何在俄罗斯玩得高兴开心？

1. 选准旅游季节——俄罗斯气候凉爽，或者干脆说就是天气寒冷，冬天不适合旅游，初春和深秋时节观光效果也欠佳，所以每年的4月底至10月初应该是旅游佳季，盛夏时节的风光最好看。

2. 要确定好旅游线路。目前国内去俄旅游的焦点主要是对准"双城"，也就是莫斯科和圣彼得堡，因为俄罗斯国内旅游资源的精华大部分都集中在那里。可问题是如果光游"双城"，内容略显单调，费用也不低，所以想去俄罗斯玩得尽兴和开心，就要想方设法在"双城"以外加上其他的观光内容——本文推荐的线路就加上了新西伯利亚和伊尔库茨克（贝加尔湖），观光效果绝对上了一层楼，性价比绝佳。

3. 圣彼得堡的风光水平极高，城市总体风貌很好。涅瓦河两岸都是美景，以冬宫、夏宫、叶宫为首的名胜古迹极富丰厚历史文化底蕴。对这里的每一处景观都要给予足够的重视，确保获取满意的观光效果。

4. 莫斯科城市的总体风光比不上圣彼得堡，但以红场和克里姆林宫为首的城市核心地带亦颇具观光价值。在这里必须要留有足够的观光时间，否则不尽兴不过瘾——因此团队在抵达红场后，游人应向导游或领队强烈要求，让他们为大家留出足够的时长可以玩得宽松开心。以笔者个人的感觉，只要游客的语言到位，导游或领队在原定时间的基础上延长30~40分钟，绝对没有问题。

5. 盛夏时节的贝加尔湖景色非常漂亮，因此夏天报名参团去俄罗斯，一定要选择带上贝加尔湖的线路，在湖区您一定会留下难忘的观光经历和记忆。

6. 俄罗斯人的性格特色鲜明，他们好像不喜欢柔情似水，倒是不少人都很有几分清高、孤傲和冷酷。加之这里有一些男士爱喝酒，所以外国人与他们相处时可能往往会感受到对方的生硬和急躁。对此，游人应有心理准备。与当地人接触时应注意态度平和，以礼相待。这样双方都会有好的心情，要处理的问题也容易得到好的结果。

7. 去俄罗斯旅游，还会有其他方式可以选择，比如在我国东北方的内蒙古满洲里和黑龙江省的黑河、抚远、绥芬河市，都有时长不等的赴俄跨境游。其中以从绥芬河出境去俄罗斯海参崴观光最有代表性。团队去海参崴，游程可达3晚4天或是4晚5天，观光内容还算丰富，且费用低廉，普通的经济团只需人民币千元出头。游客可积极参与，踊跃报名。

8. 近年来还有一种观光方式很盛行，就是在夏秋时节乘中俄国际列车从北京（或二连浩特），穿越中俄两国或者称为穿越亚欧大陆，直抵莫斯科。此行约需7天时间，沿途所见美景无数。国内有多家旅行社开办此项业务，但是费用很贵，大概需要18000~21000元。有浓厚兴趣和充沛体力的游客（在车上度过7天7夜肯定是件特别劳神的事）可适度关注。

贝加尔湖湖区美景

亮点闪击·旅途花絮·精彩回放

1. 俄罗斯的国土确实很辽阔，面积达到1709.82万平方千米，横跨欧亚大陆。我几次去西欧，飞机航线都经过俄罗斯——3月我们国内有些省份已经是春暖花开了，但是俄罗斯境内还是冰天雪地。夜航的时候，机翼下方全是一望无际的银白原野，在月色的映照下闪着耀眼的寒光。关键是这样的地面场景可能一直延续5~6个小时（飞机每小时大约能飞900千米），也就是说被冰雪覆盖的原野能达到近5000余千米的长度和距离。如果是夏日的白天飞过同样的航线，那看到的则是无边绿野。真像那首著名的《祖国进行曲》中唱的那样："我们的祖国多么辽阔广大，它有无数的原野和森林。我们没有见过别的国家，可以这样自由呼吸。"

2. 俄罗斯国土辽阔，所以气候和自然环境的差别也很大，比如说俄罗斯西部的气温就比中部低得多——那一年我七月盛夏时到达了新西伯利亚市，天气挺热，要穿短衣短裤。当天晚上又飞到了圣彼得堡，夜里下了一场雨。第二天早上拉开酒店的窗帘向下一看，哇，街上的人都是穿着羽绒服的！

3. 圣彼得堡的城市建设很出色，城市风光很美，市区中心有不少河道，横竖相间、错落有致，与著名的意大利威尼斯水城有异曲同工之妙。

4. 经过圣彼得堡市中心的是涅瓦河，河面开阔，水色清绿，河心有各式游船往返穿梭，岸边矗立着多座造型精美的古典建筑，大名鼎鼎的冬宫就坐落在这里。我觉得论水上风光，这里比法国巴黎的塞纳河丝毫不差，每个能到涅瓦河边观光游乐的人，都会留下温馨难忘的彩色记忆。

5. 冬宫、夏宫还有叶宫，圣彼得堡每个著名的宫殿都是庞大的艺术宝库——外观堂皇富丽，内藏珍宝无数。世界巅峰级文化遗产的观光价值和魅力，令人赞叹不绝并会长久留恋和回味。

6. 喀山大教堂、滴血大教堂、圣以撒大教堂、救世主大教堂、瓦西里大教堂、圣母升天大教堂——俄罗斯的这些教堂外观一个比一个奇异、华丽、气派，名字一个比一个好听，让人感到如雷贯耳。每个教堂历史文化底蕴的丰富多彩程度更是到了无与伦比、登峰造极的境地——在俄罗斯旅游，参观教堂也是游程中极为重要的内容。如果认真观览，您会从中收获极多的知识和学问。

7. 贝加尔湖的面积达到 3.15 万平方千米，是世界上最大的淡水湖。在湖边伫立，可以看到湖上泛起的浪花一波一波冲向岸边；站在湖边的山岗上向前眺望，都是湖区美景。贝加尔湖是大自然对人类的慷慨馈赠，贝加尔湖，有大海一样迷人的风姿和神韵！

符拉迪沃斯托克（海参崴）4天3晚豪华游

最省钱的出境游线路之一

17. 符拉迪沃斯托克（海参崴）4 天 3 晚游览，最省钱的出境游线路之一

符拉迪沃斯托克海参崴（文中简称海参崴）是俄罗斯远东地区最大的城市，也是中国的近邻，从我国去那里观光非常简单。直飞当然可以，从黑龙江省绥芬河市出境后沿公路前往，几个小时后也可顺利抵达。早晨八九点从绥芬河不紧不慢地出发，黄昏时即能看到海参崴金角湾和阿穆尔湾的美丽滨海风光。吃过俄式特色晚餐后，就可观赏异国风味浓郁的风情歌舞表演了。

早在 20 世纪 90 年代，海参崴就对中国游客敞开了大门——手续简便，费用低廉，4 天 3 晚游费用可低至千元左右。由于中、俄两国人在种族和血统方面差别较大，民风民俗也有巨大的差异，所以去海参崴观光一次，会让人感到特别的奇异和新鲜。时至今日，虽然我们可以随心所欲地去莫斯科和圣彼得堡做俄罗斯深度游，但海参崴的观光价值和出色性价比仍然在吸引着我们。

从 2023 年 7 月 1 日开始，海参崴正式对中国游客恢复开放，去那里看海滨和城市美景，品尝俄式风味美食尤其是海鲜大餐，观看时而激情似火时而柔情似水的俄罗斯风情歌舞表演，实在是令人高兴和开心。现在 4 天 3 晚游的经济团收费仅 1000 余元，

胜利广场，海参崴市区最经典的城市佳景

豪华团只需 2000 余元。如此物美价廉的开心享受，您何乐而不为呢？

☀ 当地气候

每年 4 月至 10 月为旅游佳季。作为俄罗斯在远东的大城市，海参崴气候相对温暖一些，冬天也可观光，但效果不如春、夏、秋三季好。

✈ 对外交通

我国各大城市有航班同海参崴对飞。从绥芬河出境沿陆路去海参崴很容易。

🛂 签证制度

去海参崴旅游要办理签证，跟团游客可免签，交给旅行社代办非常容易。

🕐 时差

海参崴时间比北京时间早 2 个小时。

为您介绍此条线路的观光亮点和特点

1. 在俄罗斯远东最大的城市游览 3 个整天，观览了市区的所有主要景点。

2. 可品尝丰盛的海鲜套餐，尽情享用帝王蟹、当地天然海参、鱼子酱等佳肴美味。

3. 乘游船游览海参崴的 3 个美丽海湾，分别是金角湾、乌苏里湾和阿穆尔湾，沿途可见动人美景，异彩纷呈，风光无限。

4. 能参加热情欢快的农家乐活动，边吃野味大餐，边看民族歌舞表演。

5. 可观看俄罗斯特色风情歌舞表演，节目丰富多彩、气氛热烈、大胆奔放，堪称经典。

6. 全程团费只需 2000 元左右（并且是豪华团），超级省钱、省力、省心。

笔者对此条线路的总体观光指导

1. 此线路安排涵盖了海参崴所有观光亮点和所有特色游览项目，无须再参加任何自费活动。

2. 两天内的主要观光内容均在海参崴市区完成，没有长途跋涉和长途行车，游览很显宽松舒服。

3. 此线路游程安排是从绥芬河出境至海参崴诸多旅游方式中最标准、最经典、最精彩的，沿此线路随团游览，即可获得满意的观光效果。

旅行社公布的指定游程安排：海参崴 4 天 3 晚豪华游

第 1 天 从绥芬河出境，去俄罗斯海参崴市

用餐：中（餐包）、晚　交通：汽车　住宿：境外当地酒店

海参崴曾是中国领土，清朝时期被割让给俄罗斯，俄罗斯将其命名为符拉迪沃斯托克，意为"征服东方"。海参崴临近中、俄、朝三国交界之处，是俄罗斯太平洋沿岸著名港城和俄罗斯远东地区的最大城市。海参崴地理位置优越，是西伯利亚大铁道的起点。海参崴还是俄远东的经济、文化中心和科学研究中心，这里有符拉迪沃斯托克国立经济与服务大学、远东联邦大学、俄罗斯科学院西伯利亚分院远东分部、太平

洋渔业与海洋研究所及多所高等学校，亦是俄太平洋舰队的主要基地。海参崴城市规模不小，观光亮点也多。

游客在早上 8:00 赴绥芬河国际候车大厅，乘国际列车或巴士验关出境抵俄罗斯口岸波格拉尼其内，后验关入境，转乘旅游巴士前往美丽的海滨城市海参崴，途经俄罗斯滨海边疆区第三大城市——乌苏里斯克市。晚上抵达海参崴即符拉迪沃斯托克（公路行程约 230 千米）。晚餐品尝俄罗斯海鲜大餐，菜品包括世界独一无二的俄罗斯帝王蟹的蟹腿、当地天然生长的海参、产自深海海域的海虾和各种天然纯绿色的海产品等特色海鲜美食，其味道极为鲜美，在我们国内很难吃到。晚餐后看特色风情舞蹈表演，时间大约 1 小时。

第 2 天　全天在海参崴观光游览

交通：汽车　住宿：当地酒店

早餐后，参观海参崴唯一个陆港火车站，该站和莫斯科的斯拉夫火车站有一模一样的外观，有一百多年的历史，是海参崴标志性的建筑之一。参观世界上最长的铁路——新西伯利亚大铁路纪念碑（9288 纪念碑），和俄国第一辆参加二战时运输的蒸汽火车机车（25 分钟）。步行参观海参崴国际船站，欣赏军港、商港、渔港三个海口（15 分钟）。观览二战潜水艇博物馆，它由 C-56 号潜艇改装而成，全长 77.7 米，宽 6 米，潜水深度 44 米，有 4 个鱼雷发射器，可同时携带 8 枚鱼雷。该潜艇在二战中共击毁了德国军舰 10 余艘，击伤 2 艘，而自己丝毫无损，功勋卓著。潜水艇里有 7 个舱室，前 4 个已改造成博物馆的展室，后 3 个保持原有的模样。之后参观东正教堂、凯旋门、太平洋海军司令部、友谊树及第一艘在海参崴登陆的商船遗迹（40 分钟）。午餐后登上城市最高点鹰巢山，远眺日本海出海口，欣赏海参崴市的全景。之后看字母发明家纪念碑和远东理工大学遗址外观（30 分钟）。

晚餐是农家乐的方式，在优雅迷人的特色餐厅里，美丽大方的俄罗斯姑娘、幽默风趣的俄罗斯小伙跳着欢快的

陆港火车站，海参崴特色鲜明的古典建筑

俄罗斯民间舞蹈，与我们"零距离"接触，尽情曼舞欢歌。主人和宾客共同参与风趣的互动游戏，醇香的俄式菜肴和清爽的俄罗斯啤酒，更是让人胃口大开，垂涎欲滴。豪放的古朴民风荡涤了城市的嘈杂喧嚣，扫去了人们心中的阴郁，令人身心快活、惬意无比! 尽情欢乐后返回酒店休息。

第 3 天 全天在海参崴观光游览

用餐：早、中、晚 住宿：当地酒店

早餐后，参观海参崴市中心广场——胜利广场。它坐落在海参崴市中心最繁华的的地段，在那里屹立着著名的游击队纪念碑，它是俄罗斯远东最大的纪念碑，是为了纪念 1917 年 2 月至 7 月，用鲜血和生命换取革命战争胜利的英勇战士们。之后参观滨海边疆区州政府大楼（20 分钟），对面是海参崴最大的古姆百货商场，可以进去自由购物（1 小时）。然后游览海参崴最古老的大街街景并参观萨马拉天然浴场，在这里可以看到人们躺在沙滩上享受日光浴的温馨画面。

之后享用俄式晚餐，您将品尝到具有俄罗斯特色的美食如苏伯汤、鱼子酱、俄罗斯风味香肠、特色沙拉、牛奶、奶酪等。

第 4 天 从海参崴返回绥芬河

用餐：早、中（餐包） 交通：汽车

早餐后，返回俄罗斯口岸——格罗捷科沃，车程大约 3~4 小时。验关后转乘汽车返回绥芬河。北京时间下午两点左右抵达绥芬河，结束愉快的俄罗斯之旅。

❤ 温馨提示

报价包含：

1. 住宿：境外当地酒店双人标间

2. 门票：行程中所列景点首道大门票（推荐项目费用自理）

3. 用餐：境外 3 早 5 正，加途中一份便餐。早餐餐标 100 卢布，正餐餐标 200 卢布

4. 用车：境外车为韩国或日本的二手车，用车时长 6 小时 / 天

5. 导游：境外专业中文导游

6. 保险：旅行社责任险、人身意外险

7. 签证类型：境外落地签

出境所需材料：有效期内护照复印件，提前 5 天发至旅行社，护照原件客人随身携带。

俄罗斯旅行须知

一、出入境须知

1. 游客必须随身保管好自己的有效证件，如有丢失，后果自负。

2. 过俄方边检时验关速度较慢，通常要 3~4 小时，游客须有充分的思想准备，一

定要听从领队的安排，不要产生烦躁情绪，应按照团队名单顺序依次过关。

3. 办理全球通漫游服务后可以使用手机。原则上可以携带出境，但是在俄罗斯边检经常发生中国游客的手机被没收或罚款等事情，所以建议大家把手机寄存在口岸，回国后再领取。

4. 凡携带的摄像机、高档照相机、大额人民币、外币，都必须如实报关登记，而且在回国时货币数量必须小于或等于所填报数额。为了您的安全和健康，应自备少许常用药品，但禁带精神类药物、毒品等违禁品。

5. 入境时严禁携带枪支，弹药、毒品、麻醉品、文物、稀有金属等。未经检疫的动植物、食品，1990 年以前发行的邮票、纪念币、盗版的书刊及音像制品和违反国家政策法规的出版物也严禁携带入境。另外，回程通过俄方海关时，需要出示所有携带钱币和报关单，携带望远镜、夜视仪、紫金首饰需持有有效的发票。携带油画需持有俄方文化部出具的证明材料。

二、境外旅游须知

1. 俄罗斯人卫生习惯较好，在俄罗斯境内禁止随地吐痰，公共场所禁止吸烟和大声喧哗及扔杂物、扔烟头等。进入高档娱乐场所，要着装整齐，禁止穿短裤、拖鞋进入。

2. 要尊重领队的安排，不要单独离团活动，保证自己的人身与财产安全，未经允许擅自离团的，所产生的一切后果自负。

3. 在过境火车上不准往外扔垃圾，在停车时不许使用卫生间。入俄境后，不许在海关边境地区照相、摄影，不许随地扔烟头、废纸，否则会被罚款或被禁止入境。

4. 俄罗斯的宾馆条件与我国宾馆相比较差，而且不提供开水、拖鞋和牙具。一些宾馆卫生间没有地漏设施，在洗澡时不要把水溅到浴室外。入住时发现备品损坏，应与导游联系及时更换，否则退房时将被罚款。外出时应随身携带宾馆房卡，否则保安有拒绝进入的权力。

5. 房间电压为 220 伏，插座为圆柱式插座，需自备转换插头。

关于此线餐饮、住宿、行车、游览、购物、娱乐各个环节的具体说明和指导

1. 🍵 餐饮

豪华团的早餐是在住宿的酒店内吃，中西合璧，水平尚可。中餐为便餐，晚餐为桌餐并且级别高，菜品品种多，用餐氛围好，是开心的享受。

经济团的餐标要低许多，欲吃农家乐和海鲜套餐还要额外交钱。不过在旅游淡季，旅行社为了揽客，有时会给经济团的客人送一顿海鲜餐。这个环节在报名参团时可向旅行社详细询问。

2. 🏠 住宿

豪华团会住皇冠、东方、香港和城市花园这4家酒店，都是当地著名酒店，都在海参崴市中心，交通方便。设施条件大致相当于国内三星或是准三星级，住宿感觉尚好。经济团会住普通宾馆，条件非常一般。

3.🚌 行车

第一天和最后一天有点辛苦，一是公路行程约230千米，车况一般路况更一般，行程约需5个小时，小有艰辛；二是通过海关的速度很慢，考验人的耐心。游客应有心理准备。

4.🚶 游览

在海参崴市区观光省心省劲，各景点相距不远，很容易就把它们"一网打尽"。晚间还有各种活动、观看各类表演。综上所述就是两句话：一是往返两天行程中小有辛苦劳累；二是两天观光游乐时比较幸福开心。

5.🛒 购物

紫金店：游人可选购俄罗斯国金——585度紫金、天然琥珀（矿珀或海珀）、俄罗斯白银饰品及各式餐具。

巧克力商店：主要是购买俄罗斯特色纯可可果仁巧克力、伏特加酒、虎骨酒、鱼子酱（鲟鱼、马哈鱼）及国徽牌香烟等。

工艺品店：主要是购买俄罗斯套娃、望远镜、手表（克里姆林宫）、香水、咖啡、羊毛披肩等。

潜艇博物馆，各国游客抵达海参崴后的必观之景

旅行家指导：如何在海参崴玩得高兴开心？

1. 要选好旅游季节。绥芬河至海参崴一线天气凉爽或称为寒冷，最佳游季为每年4月下旬至10月中旬。冬天也可以玩，但风光惨淡，景色欠佳。

2. 去海参崴观光有各种方式，可在所在的大中城市报名参团，也可通过电话和网上预约报名，在绥芬河参团出境往返。

3. 笔者认为从绥芬河参团出境比较好，因为这样行程安排比较宽松，费用也最便宜最实惠。沿途还可在牡丹江、镜泊湖、哈尔滨等地顺路观光。

4. 前面我们推荐的线路和游程是4天3晚的豪华团，级别高、住宿条件好、游览观光及美食娱乐内容丰富且线路衔接顺畅，费用约需人民币2000元左右，非常实惠，性价比很高。

5. 此外也可参加普通经济团，同样是4天3晚，收费只需1200元左右。从表面上看似乎便宜收费很低廉，但其实并不尽然。首先是经济团食宿条件差，再有那些特色旅游项目如船游金角湾（共3个海湾）、农家乐、特色风情歌舞表演和海鲜大餐这些内容都不包含，所以基本上是处于"穷游"的水平，有些令人不尽兴。但是如果报了普通经济团后在境外再想自费参加上边这些项目，几乎每一项收费都在350~450元。这样需要补交人民币约1600元左右，加上1200元经济团团费，共需支出2800元左右，反而比报豪华团多花了几百元，真是不划算。因此，笔者认为直接报名参加豪华团就是最佳出游方案。

6. 中国游客去海参崴观光，费用不高、手续简便、来去简单且观光效果很好，笔者给予强力推荐。

北欧多国 13 日游

美景众多令人终身回味

18. 地域独特、风光独特，北欧 4 国之旅美景众多令人终身回味

北欧是一片神奇而秀丽的土地，那里海域辽阔、山峰叠翠、溪湖成群，田园景色柔美，是令人心仪向往的美好所在。北欧有 5 个国家，分别是丹麦、挪威、瑞典、芬兰、冰岛，它们共具如下特点，国土面积不大，人口数量少，山水风光美，环境整洁干净，经济发展状况好，国民的生活水平和幸福指数极高，是世人公认宜居的地方，当然也是被各国游客所重点关注的旅游观光胜地。

北欧的海景好，松恩峡湾、哈当峡湾都是世界级的海上名景；北欧的名胜古迹多，丹麦的阿美琳堡宫、挪威的皇宫、瑞典的斯德哥尔摩大教堂、芬兰的赫尔辛基大教堂，各具华丽典雅的迷人风姿神韵；北欧的田园风光好，无边绿野、清澈溪流和漂亮的乡村民舍构成了柔美的乡间风情画；北欧的生活情调好，人们健康、平静地生活，心态淡泊，与世无争。哇，这么多优点长处集于一身，谁能不为之心驰神往，谁能不产生去那里快乐一游的强烈冲动呢？

由于其地理位置，目前国内的各大旅行社推出的北欧旅游线路大都是以丹麦、挪威、瑞典、芬兰 4 国连线游为主，而冰岛一般是单独游览，或是和英国爱尔兰连线游。建议各位游友先去丹、挪、瑞、芬 4 国，之后再游冰岛。不过令人振奋的是，一些旅行社努力开拓、推陈出新，正不断为北欧之旅推出新的线路、增添新的内容。我就曾有幸参与了一次全新行程的北欧行——先去德国首都柏林观光，接着去游览丹麦、挪威、瑞典、芬兰，又从芬兰去了爱沙尼亚，最后去了俄罗斯，在畅游了圣彼得堡和莫斯科两座城之后，游览才圆满结束。线路编排合理，游览内涵充实又丰富。一共用时 13 天，仅花费了 11000 元左右。下面我们就把这条精妙的线路游程，推荐给大家。

☀ 当地气候

北欧气候凉爽、冬季寒冷，旅游佳季为每年的 4 月中旬至 10 月中旬，冬季不适宜观光。

✈ 对外交通

全国各大城市有航班同

哥本哈根市政厅秀丽外景

北欧诸国对飞。北京飞丹麦航程约 9 小时。

🔘 签证制度

去北欧旅游需办理欧洲申根签证，需提供个人收入和财产证明。自行办理签证手续繁琐，可交由旅行社代为办理。

🕐 时差

丹麦哥本哈根、挪威奥斯陆、瑞典斯德哥尔摩时间均比北京时间慢6小时（夏令时），芬兰为赫尔辛基时间比北京时间慢 5 小时（夏令时）。

为您介绍此条线路的观光亮点和特点

1. 北欧风光特色鲜明，沿本线行进游览，既能看到多处名胜古迹和城市美景，亦能充分感受到自然山水的秀丽和迷人，给予游客清新独特的观光体验。

2. 北欧 4 国，人口较少、经济发达、社会稳定，人民生活水平极高。其安宁平静而又舒适温馨的生存状态，给游客留下深刻印象。

3. 由于游程开头加上了德国首都柏林的观光，中途游了爱沙尼亚，在行程结尾又游览了俄罗斯的莫斯科和圣彼得堡两座著名城市，所以此行游览的不仅是 4 国而是 7 个国家，真是美景多多、收获多多，绝对会让您倍感物有所值、不虚此行。

笔者对此条线路的总体观光指导

1. 本中线可游览 6~7 个国家，观光内容异常丰富。在德国柏林行程内容几乎涵盖了市区的所有主要景观，在导游的引领下按顺序行进即可。

2. 在丹麦、挪威、瑞典和芬兰，不光城市风光和名胜古迹好看，行车途中见到的山水美景和田园秀色也很迷人，请在车窗前留意观赏，可以尽情拍照记录精彩瞬间。

3. 爱沙尼亚首都塔林风光秀美，建议从赫尔辛基出发去塔林游玩 1 日。别看是仅仅 1 日游，却要花费近 1000 元钱，但塔林古城观光内容丰富，能欣赏到不少精彩画面。

4. 在俄罗斯停留的时间虽然不长，但圣彼得堡和莫斯科这两个城市的主要观光亮点均有涉及，观光效果尚好。可以说是给本次行程画上了圆满的句号。

5. 游客报名参团后，每天认认真真地把规定的行程走完即可，可再适度参与一两个自费项目（下文有介绍），如此研究北欧定会叫您高高兴兴地去，心满意足地回。

旅行社公布的指定游程安排：北欧多国 13 日游

第 1 天　北京→柏林

北京首都机场集合，领队带领办理登机、出关手续。搭乘航班直飞德国首都柏林。抵达后导游接机，随后入住酒店休息，调整时差。准备次日观光游览。

第 2 天　柏林→德国小镇

早餐后，游览德国的首都柏林。后乘车前往德国小镇。

参观柏林墙（外观），它是第二次世界大战和东西方冷战的产物，这里的墙壁和上边的涂鸦记录着一个时代的变迁和发展，著名的绘画《兄弟之吻》1990 年被拆除，2009 年后被复刻在东边画廊。

参观勃兰登堡门和巴黎广场。勃兰登堡门最初是柏林城墙的一道城门，因通往勃兰登堡而得名。它是一座新古典主义风格的建筑。旁边的柏林国会大厦是德国联邦议会办公机构的所在地，大厦上方的穹形圆顶型造型独特，是最受游客关注的游览圣地和网红打卡地。

之后游览菩提树下大街，它也是欧洲最著名的大街之一。随后游览御林广场，它位于柏林戈德马克特区域，是欧洲最美的广场之一。广场由德国大教堂、法国大教堂和音乐厅等主要建筑组成，是游客的必游之地。

第 3 天　德国小镇→哥本哈根→瑞典小镇

早餐后，游览素有"童话王国"之称的丹麦首都——哥本哈根，这是座集古典与现代城市建筑风格于一体的城市，充满活力、激情与艺术气息。

参观菲德烈堡皇家花园，这里风光柔美，绿草如茵，繁花似锦且有很多精巧玲珑的小建筑，偶然还能看到天鹅、野鸭的身影。人与动物在这可以零距离接触，能够让您找回重归自然的美好感觉。公园里有一个奇观，就是"奶嘴树"——这是丹麦人的一个习俗，当小孩到了断奶的时候，父母就会把孩子用过的奶嘴挂到树上，让小孩够不到，这样就可以成功地给孩子断奶。久而久之，成片的奶嘴树就成了公园中亮丽的风景。

《兄弟之吻》柏林墙上的经典画面

"美人鱼雕像"屹立在市区海滨，观后让人想起安徒生笔下那流传百世的悲剧童话故事。吉菲昂喷泉是建于 1908 年的一组雕塑群，它与美人鱼雕像相距很近，可一并观览。

之后游览一组最重要的代表性景观分别是市政厅广场、市政厅大厦、国王新广场、阿美琳堡宫（外观）等，它们都是特级观光亮点。尤以阿美琳堡宫和宫殿前矗立的雕像造型最美，在这里拍摄图片和视频必定会有动人的画面和效果。

新港虽然叫新港，但这是一条有300多年历史的古运河道，建于1669年至1673年，是当时为了使船载的货物能直抵国王新广场而开凿的。码头运河岸边遍布五颜六色的民居古屋，保留了原有的风貌。漂泊在运河上五颜六色的帆船身姿各异，是哥本哈根一道独特的风景。这里遍布餐馆、酒吧和咖啡馆，热闹非凡，人气旺盛。

第4天 瑞典小镇→哥德堡→奥斯陆

早餐后，途经瑞典著名的"工业之星"哥德堡市，前往挪威首都奥斯陆。

哥德堡是瑞典西南最美丽的海港城市，也是瑞典第二大城市，同时更是沃尔沃汽车的生产基地所在地。

首先参观奥斯陆市政厅（外观）、市政厅广场。奥斯陆市政厅是每年诺贝尔和平奖的颁奖地，其造型就像两本矗立的图书形态，代表了挪威人理性和严肃的生活态度。

阿克胡斯城堡建于1299年，坐落在市政厅旁。克里斯蒂安四世在位期间把城堡改造成皇家的官邸。皇宫历史悠久，外观凝重，是城市特色建筑之一。

奥斯陆歌剧院是挪威的新地标建筑。它的造型诠释的理念是权威和美丽，作为文化中心，来到新歌剧院也就宣告着您真正来到了挪威。

维格兰雕塑公园内有许多石雕人像，有男有女有老有少且姿势神态全都栩栩如生，面部表情喜怒哀乐都展现得淋漓尽致，表现了人从出生至死亡的各个时期状态，给人许多独特鲜明的启示，因而得名"人生旅途公园"。

之后乘车从奥斯陆去弗洛姆（330千米），再去松恩峡湾（120千米），最后抵达峡湾特色小镇。

挪威世界级著名景点——松恩峡湾是挪威最大的峡湾，也是世界上最长、最深的峡湾。峡湾两岸的风光奇丽秀美，各类地形地貌异彩纷呈、千姿百态。抵达后先入酒店休息，明天观赏峡湾的美丽风光。

第5天 畅游松恩峡湾

在有"挪威缩影"之称的松恩峡湾巡游，置身于世界上最长最深的峡湾之间，感受大自然富有灵气的赠予。首先乘车前往观光松恩峡湾的最佳起点弗洛姆，它在挪威语中的含义为"险峻山中的小平原"。这座峡湾小镇周边被群山环绕，田园和房舍交错分布，景色十分优美。这里是松恩峡湾周边唯一通火车的地方，建议游客先乘坐峡湾观光小火车沿海拔达865米高的弗洛姆铁路观光，透过列车车窗，您可以欣赏到山涧、小溪、瀑布、山岩各类景观，其间奇景叠出，气象万千。之后乘坐渡轮或游船到海上去游览峡湾，您会看到两岸的群山、原生态的山中小村和山坡农场中觅食的牛羊。运气好的话，乘船时还可能看到野生海豹和海象的踪影。

结束一整天精彩的峡湾游览后返回峡湾特色小镇酒店休息。

第6天 峡湾特色小镇→哈当厄尔峡湾→瑞典风情小镇

上午游览挪威的第二大峡湾哈当厄尔峡湾，它是挪威四大峡湾中地势最为平缓的一段，全长179千米。观光方式可以选择车览，也可乘坐渡轮或游船来做深度游览。峡湾中央海水清碧，两岸山坡上果树林立，鲜花盛开，色彩缤纷艳丽，景色非常迷人。之后可到峡湾水果农庄品尝地道的果酒，也可沿途欣常高原风光及形态各异的山间瀑布。之后乘车前往瑞典小镇，入住酒店休息。

第7天 瑞典风情小镇→卡尔斯塔德→斯德哥尔摩

酒店早餐后，乘车前往卡尔斯塔德，午餐后前往瑞典首都斯德哥尔摩。

途经维纳恩湖湖区。维纳恩湖区沿东北——西南方向延伸，湖区有众多的河流、湖泊、绿地，给卡尔斯塔德一带增添了不少生机和灵气。

傍晚抵达斯德哥相尔摩，抵达后入住酒店休息。

松恩峡湾中的海峡美景

第8天 斯德哥尔摩→图尔库

早餐后，游览有"北方威尼斯"之称的斯德哥尔摩，这是一座既古老又年轻、既典雅又繁华的威市。它的老城区已有700多年的历史，因为没有遭受过战争的破坏而保存良好，至今保持着古香古色的风格韵味。

首先参观市政厅。其中的蓝厅是评定诺贝尔奖后举行盛大宴会的地方，右侧高高耸立的钟楼前端，镶有代表丹麦、瑞典，挪威三国的金色三王冠。钟楼内则是以艺术品展览为主的博物馆。钟楼高达105米，登临其上，即可一览斯德哥尔摩市区迷人风光。

皇后大街位于赛格尔广场以北，遍布各类商业大厦，是斯德哥尔摩最繁华的街区。在这里仅仅是观赏异国商品便是趣味无穷，如经过认真观察比较，一定会有满意的发现和收获。

斯德哥尔摩皇宫是目前世界上最大的皇家宫殿。如今，这里是瑞典国王办公和举行庆典的地方。

最后游览斯德哥尔摩大教堂外观，它是老城区里最古老的教堂，砖砌哥特式建筑的外观特征非常独特。之后搭乘北欧五星级豪华游轮前往芬兰前首都图尔库，您可以使用船上的各项休闲娱乐设施，暂缓疲惫的身心。这座海上不夜城，将带您领略波罗的海的奇幻美景。

第 9 天 图尔库→赫尔辛基

船上早餐后，下船游览图尔库。图尔库是芬兰最古老的城市，始建于 1229 年，曾是波罗的海的贸易枢纽。在芬兰独立建国迁都赫尔辛基之前，它是这个国家的第一个首都。在这里有很多名胜古迹，最为著名的是中世纪遗留下来的临近旧址大广场的中世纪教堂(外观)以及港口的图尔库城堡 (外观)。之后前往芬兰首都赫尔辛基。赫尔

斯德哥尔摩皇后大街街景

辛基濒临波罗的海，无论夏日海碧天蓝，还是冬季流冰遍浮，这座港口城市总是美丽洁净，被世人赞美为"波罗的海的女儿"。

之后依次观览以下分布在市区的名胜佳景：卡伊沃公园，赫尔辛基最美丽的公园之一。乌斯彭斯基大教堂 (外观)，北欧最大的俄罗斯东正教教堂。南码头露天自由市场和阿曼达青铜塑像。

继续参观议会广场、亚历山大二世铜像、大教堂、政府大楼、赫尔辛基大学、大学图书馆、西德霍姆宫、西贝柳斯公园 (入内) 等。西贝柳斯公园是赫尔辛基的一大名胜，公园里有巨大的管风琴雕塑。

如果时间宽裕，本日还能乘海轮去受沙尼亚首都塔林，做一日观光。

晚餐后入住酒店休息。

第 10 天 赫尔辛基→波尔沃小镇→圣彼得堡

早餐后，乘车前往以"诗人之城"著称的芬兰古镇波尔沃。

波尔沃古镇位于首都赫尔辛基以东 50 千米，是一个景色如画的古城，坐落在波尔沃河河口，建于 13 世纪，是继图尔库之后芬兰的第二大古城。早在中世纪，波尔沃就是一个重要的进口贸易中心，坐落在波尔沃河沿岸的一排排红色仓房向人们展示了波

尔沃曾经繁忙的航海运输历史。如今这里是旅游者争相留影的著名景点。波尔沃的老市区是芬兰目前唯一保存下来的中世纪城区建筑，弯曲的街道、狭窄的小巷和低矮的木屋是中世纪生活的缩影，亦有"木制建筑博物馆"之称。之后乘车前往素有"俄罗斯皇家后花园"之美称的圣彼得堡，沿途经过的广袤的大地上，有着最美丽的北欧田园美景。晚上抵达后入住酒店休息。

第11天 圣彼得堡→莫斯科

早餐后，开始游览这座素有"俄罗斯皇家后花园"之美称的城市圣彼得堡，观光一整天。晚上乘坐夜班火车前往俄罗斯首都莫斯科。

早晨先参观俄旧海军总部大楼外观，它伫立在涅瓦河左岸中心地带，之后看"十二月党人"广场上的彼得大帝青铜骑士像。

伊萨基耶夫教堂不仅是俄罗斯最高大的教堂，同时也是世界最大的教堂之一，高度相当于30层楼，即使是在远处也能看到它金光闪闪的"洋葱头"圆顶。艾尔米塔什博物馆——冬宫是世界三大博物馆之一，冬宫的外景四面各具特色，但内部设计和装饰风格则严格统一。宫殿华丽，许多大厅采用俄国宝石装饰镶嵌，如孔雀石、碧玉和玛瑙，精致美丽无比。

然后游览夏宫花园（上、下花园游览），它又称"彼得宫"，坐落在芬兰湾南岸的森林中，享有"俄罗斯的凡尔赛"之美名。夏宫由法式的上花园、拥有壮丽喷泉的下花园以及之间的大宫殿三部分组成。

晚餐后乘夜班火车离开圣彼得堡，前往莫斯科。

第12天 莫斯科→北京

早上抵达莫斯科后，先做城市观光游览。

首先游览莫斯科红场。红场原名"托尔格"，意为"集市"，1662年改名为"红场"，意为"美丽的广场"。它位于市中心，是国家举行各种大型庆典及阅兵活动的地方，也是世界上最著名的广场之一。

参观列宁墓外观，之后看瓦西里大教堂外观，它是莫斯科最经典的象征。这座教堂中间是一个带有大尖顶的教堂冠，8个带有不同色彩和花纹的小圆顶错落有致地分布在它的周围，再配上9个金色洋葱头状的教堂顶，外观奇特，让人过目难忘。无名英雄烈士墓，是于1967年为纪念在第二次卫国战争中牺牲的无名烈士建造的。参观克里姆林宫外观，它享有"世界第八奇景"之美誉，曾是历代沙皇的宫殿，同时是现俄罗斯总统的办公驻地，它也是莫斯科最古老的建筑群。克宫宫墙四周有塔楼20座，宫内塔楼中最宏伟的有斯巴达克、尼古拉、特罗伊茨克、保罗维茨、沃多夫兹沃德等等，外观都很气派。古姆国家商场坐落在克宫对面，是世界最著名的十家大型百货商店之一。之后游览民族饭店外观、杜马大楼外观、大剧院外观。

晚上乘飞机离开莫斯科，回到北京。

第 13 天 抵达北京

航班抵达北京首都机场后，请您保留好往返登机牌连同护照一起交给领队去使馆销签，便于使馆为您留下良好的出入境记录，方便您再次出国。

笔者对每天具体游程做出的观光指导和提示

第 1 天 北京→柏林

从北京乘飞机飞往德国柏林，飞行时间约 10 小时。抵达后入住酒店休息。

第 2 天 柏林→德国小镇

重点游览德国首都柏林。规定游程中包括了柏林市区中心几乎所有的特色建筑，都是当地的观光亮点。如果天气晴朗可以拍很好的图片。其中柏林国会大厦和勃兰登堡门外观宏伟华丽、形态分明，可视为拍摄人像纪念照的好地点。柏林墙只是一段保留下来的复制品，大家可以在各种涂鸦绘画前拍下纪念照。

第 3 天 德国小镇→哥本哈根→瑞典小镇

乘客轮渡过海峡，上岸后换车行驶数小时，来到丹麦首都哥本哈根。哥本哈根城市非常漂亮且人口密度不大，显得非常柔美和安静。菲德烈堡皇家花园、美人鱼雕像、吉菲昂喷泉、市政厅广场、市政厅大厦、国王新广场、阿美琳堡宫、安徒生雕像、新港码头这些有代表性的景观在规定日程中都有涉足，它们都很美且之间相距不远，旅游车会载着大家把它们一一转遍。

笔者感觉阿美琳堡宫和市政厅大厦建筑有特色，可在此多拍人像纪念照。另外新港码头东侧一带海上风光也挺好，请留意观赏。

耸立在哥本哈根市区海边的美人鱼雕像

第 4 天 瑞典小镇→哥德堡→奥斯陆

上午行车，途经瑞典工业城市哥德堡，如果导游愿意，可能会带游客顺路观览这座城市的一两个景点。之后重点游览挪威首都奥斯陆市区中心的一组景观，分别是市政厅广场及市政厅、皇宫、阿克胡斯城堡、奥斯陆歌剧院、维格兰雕像公园。其中市政厅是每年诺贝尔和平奖的颁发地点，因而受到游客的重点关注。市政厅也是拍摄风光照和人像纪念照的好地点。但是它正门朝东，一到中午和午后拍照时就变成侧光和逆光了，这时可以从市政厅西面拍摄，虽然西边的形态不如东边，可是仍算是有代表性的重要画面。

市政厅外边就是海滨的港口，游船往返穿梭的画面也很好看。

第 5 天　畅游松恩峡湾

离开奥斯陆前往松恩峡湾，并乘船在峡湾海上游览。在乘船海上观光之前，游客可参加一个自费项目就是坐峡湾观光小火车在峡湾的山峡间游览，往返约需 2 小时。在小火车上看到的是山峰峡谷美景还有溪河和瀑布，但是看不到海面。返回后再乘船到海上畅观峡湾风光。

峡湾是北欧著名的海上风景名胜，它是山与海的结合体。笔者个人认为这里的山比不上三峡，因为三峡以巫山神女峰为首的 12 峰形态分明、非常好看；而峡湾两侧的山峰轮廓显得平庸一些。但这里的水可比长江三峡强多了——三峡是江，峡湾是海，后者远比前者宽阔浩荡。所以乘船在峡湾一游，印象依旧很深。

第 6 天　峡湾特色小镇→哈当厄尔峡湾→瑞典风情小镇

游览挪威的哈当厄尔峡湾，这个峡湾总体风光比不上昨天的松恩峡湾，因此观光效果一般。

第 7 天　瑞典风情小镇→卡尔斯塔德→斯德哥尔摩

行车约 400 千米，抵达瑞典首都斯德哥尔摩。抵达后到酒店住宿休息。

第 8 天　斯德哥尔摩→图尔库

重点游览瑞典首都斯德哥尔摩。要游览的城市风光重点很突出，主要有市政厅、皇后大街、皇宫、斯德哥尔摩大教堂等等。它们相距都不远，个个都是外观精美、个性鲜明的特色建筑，其中大教堂身姿岿巍尖顶直刺天空，以它为背景拍摄纪念照很有意义。在这里还会安排一些购物活动。

晚上乘邮轮离开瑞典，前往芬兰图尔库市。

第 9 天　图尔库→赫尔辛基

清晨抵达图尔库市，短暂观光后乘车抵达芬兰首都赫尔辛基。规定游程上包括了赫尔辛基市中心有代表性的所有主要观景，游人一一观赏即可。

笔者提示您赫尔辛基大教堂（亦称为白教堂）造型好色彩也好，可作为拍摄人像纪念照的好地点。

如果本日在赫尔辛基的游览结束得早，那导游可能会增加一个自费项目，就是爱沙尼亚一日游——从赫尔辛基乘船渡海到爱沙尼亚首都塔林观光，下午返回，收费约1000 元人民币。

第 10 天 赫尔辛基→波尔沃小镇→圣彼得堡

乘车前往俄罗斯圣彼得堡，车程约 385 千米，途中可顺路看一下波尔沃古镇。小镇风光很美，如诗如梦。抵达圣彼得堡后入住酒店休息。

第 11 天 圣彼得堡→莫斯科

全天游览圣彼得堡，规定游程中列举的景区，所到之处都是有代表性的观光亮点，除了叶卡捷琳娜宫以外，当地的景点几乎看全了，况且冬宫还可入内参观。这一天有点紧张，但也会感到充实。晚上乘夜班火车离开圣彼得堡，去往莫斯科。

第 12 天 莫斯科→北京

全天均在莫斯科市中心游览。游览红场、列宁墓、瓦西里大教堂、无名烈士墓、亚历山大花园，还有克里姆林宫，作为一日游来说，观光日程很丰富重点也很突出。没有其他提示，把上述景点观拍好，就令人满意开心了。

有空余时间还可到古姆国家商场购物，它就在红场南端。晚上乘飞机离开莫斯科返回北京，飞行时间约 7 小时。

第 13 天 莫斯科→北京

早上抵达北京，观光圆满结束。

关于此线餐饮、住宿、行车、游览、购物、娱乐各个环节的具体说明和指导

1. 🍲 餐饮

早餐在住宿的酒店内吃，是西式早餐，品种丰富，营养充足。

正餐以在当地中餐馆吃中餐为主，10 人一桌，6—8 个菜一汤。餐标中等，餐食味道尚好。

2. 🏛 住宿

全程当地三、四星级宾馆、酒店，当地评星标准略低于国内，大家就理解为相当于全程三星酒店好了。客房的设施和卫生条件都不错，大部分宾馆会提供一次性洗漱用品。

3. 🚐 行车

全程双飞往返，在欧洲乘坐了两次海轮。陆上公路部分行车的车况、路况皆好，基本上是舒适幸福之旅。只是在圣彼得堡去莫斯科的那一夜是火车卧铺，俄罗斯的卧铺车厢与我们国内不同，老式车厢舒适程度可能稍差一点点，不过不碍大局，而新式车厢的设施比我国的硬卧车好一点。是坐新式车还是老式车，得看您运气如何。

4. 🧍 游览

规定游程的内容比较全面和详细，游客照常行进即可。团队还会推出一些自费项目，游客适度参与一下，观光效果会更好。

发烧友关照：为您介绍在欧洲购物的有关注意事项

奥斯陆市政厅外景

1. 欧洲是购物天堂，大多数名品价格低于国内售价，在欧洲旅行期间，如果您愿意参加购物活动，那将会有满意收获。

2. 欧洲各国对商品定价都有严格管理，通常情况下同一国家的同样商品不会有较大差价，但各国之间会存在差别，请您看好价格后谨慎购买。旅行社推荐购物场所，但不能保证您买到最便宜的商品。

3. 购物活动参加与否，由旅游者根据自身需要和个人意志自愿、自主决定，旅行社全程绝不会强制购物。

4. 欧洲法律规定，购物金额低于 1000 欧元以内可支付现金，超出 1000 欧元以上金额需用信用卡或旅行支票等支付。如果您此次出行有购物需求，请携带 VISA MASTER 的信用卡。

对有关退税问题的说明

A. 退税是欧盟对非欧盟游客在欧洲购物的优惠政策，整个退税手续及流程均由欧洲国家控制，经常会出现退税不成功，税单邮递过程中丢失导致无法退税等问题，旅行社会负责协调处理，但无法承担任何赔偿。在旅途中，导游有责任和义务协助游客办理购物后的退税手续。

B. 导游应详细讲解退税流程、注意事项及税单的正确填写方法，但是如果因游客个人问题（如没有仔细听讲、没有按照流程操作，没有按照流程邮寄税单）或者因客观原因（如遇到海关退税部门临时休息、海关临时更改流程、税单在邮寄过程中发生问题商家没有收到税单等)在退税过程中出现错误，导致您遭遇被扣款、无法退钱、退税金额有所出入等情况，旅行社和导游仅能协助您积极处理，并不能承担您的损失，请您理解。

旅途花絮·观光指导·经验介绍

1. 虽然国内旅行社推出的北欧旅行团不少，但是建议大家选择笔者上边推荐的这条线路，因为其他普通线路一般只游览丹麦、挪威、瑞典、芬兰4个国家，而我推荐的这个线路游览了7个国家。当然这样的好线路不是每月每天都有，所以要挑选、要碰、要等待。只要您多咨询、多寻找，是有可能如愿以偿的。

2. 北欧气候凉爽、冬季寒冷，因此那里每年4月下旬至10月上旬是旅游佳季。冬天不要去，不光风光惨淡不好看，穿着厚羽绒服观光也不舒服。

3. 在柏林，以国会大厦、勃兰登堡门为背景拍人像纪念照效果很好，以柏林墙的《兄弟之吻》巨画为背景来拍画面也行。若想让人一看照片就知道您去过柏林了，那就要在这3个地方好好下点功夫。

4. 从德国到丹麦还要坐一段海上渡船（行船2小时左右）。船上空间很大，设施很先进，餐饮娱乐方式也多，应该好好享受。

5. 丹麦首都古建筑很多，但笔者觉得拍人像纪念照的合适地点只有阿美琳堡宫和哥本哈根市政厅，这两个地方的建筑高大美观且有个性，作为背景很合适，图案很鲜明。但是安徒生铜像和美人鱼雕像虽然名气大，但要与它们合影照人像效果欠佳——安徒生像那里紧挨大街，人来车往画面有点儿凌乱；美人鱼像在海边，身姿并不高大。个人意见仅供参考。

6. 在挪威首都奥斯陆，一定要把市政厅外景内景都看遍并拍好，因为作为诺贝尔和平奖的颁奖地，它的名气太大了。另外皇宫造型也不错，门口还有漂亮的雕塑。其他观光点的景色一般般，适度关注即可。

7. 松恩峡湾的风光真是好，与我国的长江三峡有异曲同工之妙。笔者在乘船游览后有一种渴望，希望海边那些漂亮的村镇中有一所房子属于我，我可以定居在这里。

8. 瑞典首都斯德哥尔摩城市很漂亮，有代表性的著名古建筑保存和保护得非常好，并且相距甚近分布得很紧凑，如果观拍得力，短短两三个小时即可把美景一网打尽。关键是天气，只要天气晴好，在这一定能拍出好照片。

9. 瑞典的乒乓球运动水平很高，曾涌现出许多世界一流的杰出运动员，获得过多次世界冠军，瓦尔德内尔就是其中的佼佼者。在瑞典，我很想观摩一下他们国内的乒乓球联赛，看一看乒坛巨星的风采。可惜去的季节不对，没看上。没关系，有机会我还要去，下次去希望能见到瓦尔德内尔本人，据说他从不摆名人架子，对球迷是很友好很热情的。

10. 从瑞典去芬兰是要坐大型海上客轮的，夕发朝至，晚上上船，次日早晨到。船上设施好，但舱房面积不大，一房能住 4 个人。如果嫌拥挤，可以自费升舱。花上人民币约 500 元，就可以独居一室了。不过轮船是夜间行驶，除了斯德哥尔摩的夜色，途中见不到任何好风景。

11. 芬兰首都赫尔辛基城市中心区的建筑没有前面几个国家好看，与瑞典首都差得更远。游人只要把赫尔辛基大教堂拍好就行了，其他的地方似乎没有能震撼人心的画面。

12. 从赫尔辛基乘船去爱沙尼亚首都塔林一日游是自费项目，一般要交费 1000 元左右——花上 1000 元就可以多去一个国家，非常物有所值。塔林的观光亮点主要是古城，非常漂亮精美。城中有两个最佳观景台，都在山丘上，都是网红打卡地，希望您在这里拍出心仪的美图，留作珍贵纪念。

13. 北欧 4 国（指丹麦、挪威、瑞典、芬兰），它们的经济发展状况都很好，人民生活水平很高。收入水平高，当然物价和税收也很高，据说月收入达到人民币几万元甚至是十万元一点也不新鲜。收入中的一大部分要用于交税（或者交养老和医疗保险），这样年老退休和身体生病后会享受到非常好的待遇，基本上高枕无忧。另外国家从高收入者身上征收税费后，可以用于社会保障，救济一些生活困难的人。

14. 从当地的物价水平上，就可以对比和反映出当地人的收入水平了——在北欧 4 国的中餐馆中，普通的肉菜如鱼香肉丝或是宫爆鸡丁的菜价至少在人民币 150 元

北欧城市滨海风光，秀丽景色陶醉人心

以上。那里的人要是挣的钱不多，怎么能支撑这样的物价呢？

15. 北欧人的生活态度很简明，活得真挺简单的。从购物这个环节上就能明显感觉出来——商店出售的商品都是明码标价，价格公道，基本上没有水分，一算总价之后顾客就刷卡交钱。

16. 对于俄罗斯，本书中有专门的章节做了详细介绍，这里不再赘述。但是只想讲一个不太好的感受，就是莫斯科的阴雨天真是多，我去了好几次都没赶上晴天，至今

在红场上也没拍出理想的照片。希望下次去我能有好运。

关于本线游览的补充提示

本文介绍的行程是北欧 4 国与德国和俄罗斯连线游，性价比很高。但如果您对冰岛情有独钟，也可参加北欧 5 国（丹麦、挪威、瑞典、芬兰、冰岛）连线游团队。但是国内这样的团队极少，偶尔能见到，团费非常贵。建议您把英国、爱尔兰和冰岛连在一起玩，这样费用会节省许多。当然，专门游览冰岛一个国家也行，国内旅行社推出的冰岛一国游线路很多，您可从容选择。

旅行家指导：为您介绍在境外旅游时吃好团队餐的经验和窍门

国内旅行社组织的出境游团队在境外用餐时，方式和标准是不一样的。主要是依照不同的地域、不同的国家、不同的餐食习惯决定，其中的差别很大。而如何在旅途中吃饱和吃好团餐，这里边也真有一些知识和学问，了解充分并且掌握好了其中的技巧后，就能吃得舒服，吃得可口，吃出窍门，吃出好的效果，吸收充足的热量和营养，才能以更好的精神面貌参加游览。本文根据笔者自己的经历和体会，对有关的注意事项做一些指导和提示说明。

去南亚、东南亚观光，餐饮方式与国内相差不大，早餐一般在酒店内吃自助餐，有多种凉菜和少许热菜，为了照顾中国游客的品味，经常会有荷包蛋和煮的米粉，还有榨菜等咸菜，完全能让国内游客接受。正餐可能是套餐（指一人一份）也有可能是桌餐（即大家坐在一起吃），无论是品种或味道，都与在国内差别不大，所以去这些地方游览，吃饭没有任何大的问题。

这里着重说去欧洲等西方国家时的用餐方式和应注意的事项，并提示一些美食技巧和窍门。首先说早餐，一定是在住宿的酒店内餐厅吃，全是西式早餐，餐食品种主要是面包、点心、饼干、果汁、咖啡、牛奶，以及多种生菜（如黄瓜、西红柿等）和水果，也有少量肉食，比如午餐肉和香肠，还有切得很薄的培根等。可以说是品种齐全，营养足够，其热量明显超出我们国人在国内吃的早餐水平。笔者在此要提示的是，早餐应该多注意吸取钙和维生素（因为其他营养成分正餐时也能有）——钙主要来自牛奶，当地的牛奶又白又浓醇，至少应喝一大杯。维生素主要来自那些生菜，但问题是人家提供的黄瓜、西红柿都不加调味品，基本上没有任何味道。但是改进的方式也有现成的，就是餐桌上有盐也有白糖（一般是袋装的），早餐时先去把生菜放在盘子中，加上糖或是盐腌制一下，10 分钟后就可以品尝拍黄瓜和糖拌西红柿的美味了。这一招绝对管用。至于其他食品，能吃多少就吃多少，早餐吃好对于顺利完成一天的观光游程是有重大促进作用的。

　　正餐都是在华人开的中餐馆中吃，标准一般是十人一桌，五菜一汤。五个菜中一般是三个荤的，两个素的，若是碰到不太厚道的导游，也可能安排两荤三素。由于是单勺炒的菜，中餐馆又是要靠美味吸引顾客的，所以厨师的厨技没问题，菜炒得味道一定不会差。但问题是菜就是这么多，对于游客来说，采用何种方式和次序来进餐，那还是有点儿讲究和学问的——这些中餐馆接待团队游客的手法非常娴熟，客人一落座，马上端上大盆的米饭和西红柿鸡蛋汤或是紫菜鸡蛋汤，然后一道一道上其他的菜。一般人是会按照我们在国内用餐时的习惯按顺序吃，也就是等菜上齐后再动筷子，按部就班地先吃菜，再吃米饭，再喝汤。但是笔者却建议您这样吃——就是米饭和汤一上来就先盛饭舀汤，先吃先喝。汤的味道很鲜美，把它浇在饭上是能下饭的，一般人吃上两小碗汤泡饭也就有八成饱了。之后等菜上来后就集中精力专门吃菜，既从容不迫，又能吸取充足的营养，不会过分和别人争抢，避免了好多人同时去盛饭、同时夹菜和同时盛汤的局面，真是轻松又从容。这样能迅速吃饱、用餐速度还会比别人都快5~10分钟。吃完后可以出去逛逛街景，若是周围有好的景观和建筑，还能利用这短暂的时间拍几张美图，增强观光效果，您何乐而不为呢？

东、中欧 10 国 14 日游

性价比绝佳的观光选择

19. 东欧 10 国观光，一次出行游览，性价比绝佳的观光选择

如果您对欧洲观光情有独钟而又去过了德、法、意、瑞这条黄金旅游线路，那如何寻求更开心的游览经历和同样精彩难忘的旅游效果呢？笔者认为中欧和东欧的多国游览物有所值，值得一试。欧洲有数十个国家，除了西欧和北欧的国家地域划分比较清晰之外，中欧和东欧及其南欧的一些国家位置所属稍显含混，有的国家说它是中欧可以，说它是东欧也无大错。不过这没有什么关系，国内的多家旅行社早就为我们精心做好了线路设计，经过他们的认真筛选和排列组合，形成了数条标准而经典的中东欧旅游线路，沿这些线路出行一次，少则游览 4~5 国，多则能玩 8~10 国，连线游览性价比绝佳。不久前，笔者就参加了一次精彩的连线游，一次出行，先后观览了波兰、斯洛伐克、匈牙利、塞尔维亚、克罗地亚、斯洛文尼亚、波黑、奥地利和捷克等 10 个国家，游后感觉极好，堪称内容丰富，效果奇佳。下面我们就把这条线路的精彩日程，介绍推荐给大家。

波兰华沙老城一角

☀ 当地气候

旅游观光佳季为每年 3 月中旬至 11 月初，其他时间段不建议前去。

✈ 对外交通

国内各大城市有航班同中、东欧国家对飞，北京飞往波兰华沙约需 10 小时，北京飞往布拉格约需 10~12 小时。

📷 签证制度

需办理欧洲申根签证，需要提供收入和财产证明。建议交给旅行社办理。

🕐 时差

东欧时区一般比北京时间晚 6 小时，夏令时期间晚 7 小时。

为您介绍此条线路的观光亮点和特点

> 1.一次出行就能游览10个国家，游览内容丰富，物有所值。
>
> 2.不光游览的国家数量多，观光质量也很好，所到之处尽是古迹名胜，景色漂亮迷人，景观水平出色且特别齐整。全程几乎没有太平淡的景观和风光，绝对能让您感到不虚此行。
>
> 3.沿此线游览一次，既能获取好看的"面子"，又能得到实惠的"里子"。这里的"面子"就是指名声——一次去就玩了10个国家；这里的"里子"就是指观光效果——能玩得特别圆满充实、高兴开心。
>
> 4.有这么好的黄金旅游线路，笔者向各位予以强力推荐。

笔者对此条线路的总体观光指导

1.别看一次出行游览了10个国家，但是一点也不辛苦劳累，因为不用频繁办理出入境手续，况且全程是坐一辆豪华大巴，一辆车开到底，让人感到特别舒服和省力。

2.出行前应该好好做做功课，分清楚要去的每个国家和要观览的每处美景，否则会因为到的国家太多而分不清谁是谁，那就不精彩了。

3.由于规定行程中的每一天都能看到好风景，所以笔者的关照就是要"循序渐进，过好每一天"——每一天的观光日程都完成好了，那整条旅游线路走完后的感觉一定是异彩纷呈，精美绝伦。

旅行社公布的指定游程安排：东、中欧10国14日游

第1天 北京→苏黎世→华沙

用餐：无　　　　住宿：三/四星或同级酒店

本日早上在北京首都国际机场集合，由领队带团办理登机手续，经瑞士苏黎世转机前往波兰首都华沙，抵达后入住酒店休息。

第2天 华沙→克拉科夫（开车约5小时）

交通：大巴　　用餐：早、午、晚　　住宿：三/四星或同级酒店

酒店早餐后，去华沙市区观光，浏览第二次世界大战后从废墟中重建的华沙老城和新城。华沙老城原址已在战争中损毁，如今的老城是战后按原来的城市风貌修建的。老城是目前各国游客到华沙后的观光重点。位于老城皇宫及旧市区一带的街上有许多街头艺术家和小商摊，街景独特。华沙美人鱼像、华沙最有名的教堂圣十字教堂（里面埋有波兰最伟大钢琴家萧邦的心脏）和哥白尼纪念碑、华沙大学、总统府等重要景观，

都是本日观览的主要内容。华沙新城内有几座建筑物造型也很美观，杰出代表是华沙科学文化宫，游览完毕驱车去克拉科夫。晚餐后入住酒店休息。

第3天 克拉科夫→布拉迪斯拉发（开车约6小时）

交通：大巴　用餐：早、午、晚　　住宿：三/四星或同级酒店

早餐后游览波兰克拉科夫老城，老城的中央市场广场是欧洲面积最大的中央广场，广场四周有众多的咖啡馆、餐馆、商店。位于广场中央文艺复兴式的建筑纺织会馆建于14世纪，历史悠久，圣玛丽大教堂身姿挺拔，华贵动人。后前往斯洛伐克首都布拉迪斯拉发。晚餐后入住酒店休息。

布拉迪斯拉发城堡壮观外景

第4天 布拉迪斯拉发→布达佩斯（开车约2小时）

交通：大巴　用餐：早、晚　　住宿：三/四星或同级酒店

酒店早餐后，参观斯洛伐克布拉迪斯拉发城堡外观，它是当地众多城堡建筑中的佼佼者。在市中心参观罗兰喷泉、使馆区，这里有多幢代表性的古建筑。随后前往帕恩多夫名品奥特莱斯商厦，选购国际一线大牌产品。由于在奥特莱斯的活动时间较长，本日午餐自理。然后开车前往温泉之都匈牙利首都布达佩斯，晚餐后入住酒店休息。

第5天 布达佩斯→贝尔格莱德（开车约5小时）

交通：大巴　用餐：早、午、晚　　住宿：三/四星或同级酒店

酒店早餐后在匈牙利布达佩斯城市观光——多瑙河穿城而过，将布达斯城市分为两半，河滨尽是美丽的城市景观。英雄广场在市中心，已被列入世界文化遗产名录。城市公园里面有欧洲大陆第一座地铁站，您可以入内参观，拍照留念。开车经过安德拉什大街，能看到雄伟的国会大厦，再经过链子桥，来到布达城堡山，欣赏马加什教堂、伊斯特万国王的铜像、渔夫堡等古代建筑和雕塑，它们都是匈牙利首都中心区内的观光亮点。后乘车前往塞尔维亚首都贝尔格莱德。

第6天 贝尔格莱德→萨拉热窝（开车约5小时）

交通：大巴　用餐：早、午、晚　　住宿：三/四星或同级酒店

早餐后参观共和国广场，它是塞尔维亚的最主要的城市广场之一，广场附近有很

多最为人熟知的公共建筑，包括塞尔维亚国家博物馆、国家剧院和迈克尔王子的青铜雕塑。而不远处的卡莱梅格丹城堡位于老城区西北角的制高点，是中世纪时期贝尔格莱德的重要堡垒，它们都是各方游客到达塞尔维亚后的必观之景。南斯拉夫历史博物馆，也就是前南斯拉夫领导人铁托的长眠之处，馆内记录着铁托生平许多的图文资料，收藏有各国领导人及南斯拉夫社会各界人士送给铁托的珍贵礼物。后乘车前往波黑首都萨拉热窝，晚餐后入住酒店休息。

第 7 天 萨拉热窝→斯普利特（开车约 4 小时）

交通：大巴　　用餐：早、午、晚　　　　住宿：三 / 四星或同级酒店

早餐后开始游览萨拉热窝，这是一个让人感到百感交集的城市。城市中巴西查尔西亚老城拥有这个国家最具风情、五光十色的集市中心，在这里可以寻觅到电影《瓦尔特保卫萨拉热窝》中的场景，如钟楼、铁匠街、清真寺及其绿色的圆屋顶等。之后前往参观位于城东的名胜古迹——拉丁桥——当年，就在这座桥旁，奥匈帝国的王储费迪南大公被塞族青年刺杀，由此引发了第一次世界大战。游览萨拉热窝的各城区后，乘车前往克罗地亚第二大城市斯普利特，晚餐后入住酒店休息。

萨拉热窝古城中的钟楼和清真寺，与《瓦尔特保卫萨拉热窝》电影中的画面完全一致

第 8 天 斯普利特→普利特维采湖（开车约 3 小时）

交通：大巴　　用餐：早、午、晚　　　　住宿：三 / 四星或同级酒店

早餐后开始游览斯普利特，这里是克罗地亚历史最悠久的城市，古老的戴克里先宫面朝海湾，是现存最著名的罗马帝国古迹之一。游客要先后游览戴克里先宫、圣杜金教堂、朱庇特神庙、斯普利特国家大剧院等代表性景点。之后乘车前往普利特维采湖区，游览十六湖国家公园。十六湖景区内栖息着多种珍禽异兽，亦有优美的山水风光，因湖水中含有大量矿物质与化学元素，使其呈现一种特殊的色泽，特别是在倒映水中的树木上，凝结了一层古铜色的沉积物，致使树皮更加光洁，且不朽烂，形成罕见的水底玉树奇观，能给游客留下独特观光美感。晚餐后入住酒店休息。

第 9 天 普利特维采→萨格勒布→卢布尔雅那（开车约 4.5 小时）

交通：大巴　　用餐：早、午、晚　　　　住宿：三 / 四星或同级酒店

享用酒店早餐后，开车前往克罗地亚首都萨格勒布，游览圣史蒂芬大教堂、石之门、圣马克教堂、瞭望塔、共和广场，城中各处历史遗迹述向世人讲述着无数过往的传奇

故事。共和国广场上的集市与咖啡厅随处可见，能让人感受到这个城镇闲适的生活步调。后开车前往斯洛文尼亚首都卢布尔雅那，晚餐后入住酒店休息。

第 10 天　卢布尔雅那→维也纳（开车约 4 小时）

交通：大巴　　用餐：早、午、晚　　　住宿：三 / 四星或同级酒店

酒店早餐后，游览卢布尔雅那市区，观览龙桥、城市广场、市政厅、共和国广场。后开车前往奥地利首都维也纳，晚餐后入住酒店休息。如时间宽裕，晚间可去金色大厅观看音乐会表演，这是极高级别的美妙享受。

第 11 天　维也纳→布杰约维采（开车约 3 小时）

交通：大巴　　用餐：早、午、晚　　　住宿：三 / 四星或同级酒店

酒店早餐后游览维也纳，这座城市环境优美，景致诱人，每一个角落都能感受到昔日辉煌的历史和君王统治时期留存的遗韵，被誉为"多瑙河的女神"。沿维也纳环城大道欣赏举世闻名的新文艺复兴式建筑——国家歌剧院，外观国家艺术史博物馆和圣斯蒂芬教堂及金色大厅，再与城市公园小金人塑像拍照留念。午餐后参观奥匈帝国夏宫——美泉宫的外观及后花园。这里曾是茜茜公主当年的主要居所。夏宫在 1996 年被列为世界文化遗产，包括宫殿、花园、植物园等主要部分，是一座宏伟壮观的皇家园林，建筑考究布局精巧，是维也纳最有魅力的观光亮点。之后乘车前往布杰约维采，晚餐后入住酒店休息。

第 12 天　布杰约维采→克鲁姆洛夫→布拉格（开车约 3 小时）

交通：大巴　　用餐：早、午、晚　　　住宿：三 / 四星或同级酒店

酒店早餐后游览捷克南波西米亚州首府——布杰约维采小镇，布杰约维采是南捷克地区的中心，始建于 1265 年。小镇的街道和建筑保留着浓厚的德国情调。景点主要集中在老城区内，其中心广场长、宽各 133 米，是捷克共和国最大的广场之一。广场四周是美丽的巴洛克式和文艺复兴式建筑，风姿诱人。之后乘车前往世界文化遗产小镇——克鲁姆洛夫观光，看波希米亚地区规模第二大的城堡克鲁姆洛夫城堡。从城墙仰望伏尔塔瓦河畔，可以感到一种极其震撼的美感。这里是摄影家的最爱，您也可从各个角度拍摄这座美丽小镇。晚餐后入住酒店休息。

第 13 天　布拉格市区观光

交通：大巴　　用餐：早、午、晚　　　住宿：三 / 四星或同级酒店

酒店早餐后在布拉格市区游览。在布拉格城区看到的圣维特大教堂，是布拉格古城堡建筑中最重要的地标。教堂内的彩绘玻璃是艺术家慕夏的作品。布拉格旧城区内的市政厅、报时钟、提恩广场和以哥特式双塔建筑著称的提恩教堂，个个风姿绰约，美丽动人。从旧城广场沿着查理街走向伏尔塔瓦河，可以登上河上著名的查理大桥，桥两旁矗立着圣者雕像。桥上众多的艺术家在向游客展示和出售自己制作的工艺纪念

克鲁姆洛夫城堡美景诱人

品——从绘画、雕塑到各类手工饰品包罗万象，应有尽有。如时间允许，游客可以自费购票，乘船游览伏尔塔瓦河，将河两岸的美丽风光一网打尽。

第14天 布拉格→苏黎世→北京

交通：大巴、飞机　　用餐：早　　住宿：飞机上

酒店早餐后，至少提前三个小时前往机场，办理登机手续。之后经瑞士中转飞回北京，次日清晨抵达，游程圆满结束。

笔者对每天具体游程做出的观光指导和提示

第1天 北京→苏黎世→华沙

一定要按规定时间抵达机场，在领队导游的指导下做好一切准备工作。领登机牌时一定要申请一个挨窗的座位，以便好好休息。长距离飞行好辛苦啊！

午后到达波兰首都华沙。休息片刻后可去观览华沙市区的市容——华沙市区很漂亮，有很多建筑和街景可以入画，其中科技文化宫是新市区的标致性景观，以它为背景拍个人像纪念照效果非常好。

第2天 华沙→克拉科夫（开车约5小时）

上午开始畅游华沙市区，古城是主要观光内容。这里建筑很气派，且有很多精美的雕塑，如果您用心，可以拍出非常多画面极好的照片。中心广场、圣十字教堂、美人鱼雕像、哥白尼纪念碑等都是观光亮点中的重中之重，一定不能遗漏。之后行车5小时到达克拉科夫。

第3天 克拉科夫→布拉迪斯拉发（开车约6小时）

游览波兰克拉科夫古城。古城非常好看，圣玛丽大教堂、钟楼都是观拍要点，要

是能与古城大街上穿着漂亮民族服装的女马车夫（她们驾观光马车载游客游览古城）合影，那画面就更加精彩难忘了。在古城停留3小时左右乘车前往斯洛伐克首都布拉迪斯拉发，车程5~6小时。

第4天 布拉迪斯拉发→布达佩斯（开车约2小时）

上午游览斯洛伐克首都布拉迪斯拉发，主要观光景点是城市中心区的各处代表性建筑。首先是"偷窥"铜雕塑像和布拉迪斯拉发城堡——这个城堡非常高大气派，从它的南侧拍摄全景画面非常好看，在这里观光约3小时。午后到著名的帕恩多夫名品奥特莱斯购物，这个商业区很大，商厦和各类专卖店很多，停留4小时左右，之后乘车前往匈牙利首都布达佩斯。

第5天 布达佩斯→贝尔格莱德（开车约5小时）

游览匈牙利首都布达佩斯——这座城市被多瑙河一分为二，东边的市区叫布达，西边市区叫佩斯，个人感觉佩斯的城市风光水平略胜一筹，整座城市景色都美，用风光如画来形容毫不过分。

今天观光日程中的每一个景点您都要好好观拍，其中拍摄人像纪念照的最佳背景是马加什大教堂。还有一个自费项目是乘船游览多瑙河，建议您参与。多瑙河的水在大多数季节中并不是蓝色的，但它沿岸的风景水平绝对是欧洲一流甚至是世界一流。还是那句话：不光要拍照片，还要拍视频，记录效果才

匈牙利布达佩斯城市风光美景如云

会精妙绝伦。之后乘车前往贝尔格莱德，车程约5小时。

第6天 贝尔格莱德→萨拉热窝（开车约5小时）

今天主要游览贝尔格莱德，仍旧是日程满满、观光内容非常丰富且充实，每一处景观都应留意观拍。个人认为共和国广场上迈克尔王子的青铜雕像和位于小山顶上的卡莱梅格丹城堡是拍摄人像纪念照的绝好地点。南斯拉夫博物馆（即铁托墓），也值得认真观览。之后乘车去萨拉热窝，车程约5小时。

第7天 萨拉热窝→斯普利特（开车约4小时）

重点游览萨拉热窝古城——这座古城太过于沧桑和沉重。二战时期，这里演绎了

反抗德国法西斯侵略的动人故事，后来又拍摄出了那么有意思、给观众极为深刻印象的电影。而从 20 世纪 90 年代初期开始，这里又被战争阴云笼罩，充满了血雨腥风。如今这里拂去了战争阴云，百姓生活一片祥和宁静。但游客来到此地心中还是会倍感悲伤和沉重。当然，叹息之余还是要认真观赏和记录这里的独特城市风光——拉丁桥、钟楼、清真寺都是必观之景。对照一下这座古城的现状与《瓦尔特保卫萨拉热窝》那部电影中的画面有什么不同，是件挺有意思的事情。之后乘车前往斯普利特，车程约 4 小时。

第 8 天 斯普利特→普利特维采湖（十六湖国家公园）（开车约 3 小时）

本日的观光日程是上午游斯普利特城市市区，午后游览世界自然遗产十六湖国家公园。十六湖风光不错，中间还能乘船在湖心走一段，给人留下的印象还算鲜明。不过这湖在山谷里，进入时要走下坡路，返回时要走上坡路，要消耗一点点体力，当然也不算太劳累。

第 9 天 普利特维采湖→萨格勒布→卢布尔雅那（开车约 4.5 小时）

游克罗地亚首都萨格勒布，请重点关注史蒂芬大教堂和共和广场。之后乘车前往卢布尔雅那，车程约 4.5 小时。

第 10 天 卢布尔雅那→维也纳（开车约 4 小时）

本日游览卢布尔雅那——城市挺美的，市区有卢布尔雅那河，河边有龙桥、城市广场等特色建筑。此外还应该登上市区边上的城堡山，从山上俯瞰城市全景画面亦很美观。之后乘车去维也纳，如果抵达时间是在黄昏，那晚上可以去金色大厅观赏和聆听大型音乐会，度过温馨难忘的维也纳之夜。

第 11 天 维也纳→布杰约维采（开车约 3 小时）

全天游览维也纳，这个城市佳景众多，真是美不胜收。按规定游程中的游览内容依次观览，认真记录，一定会收获多多，满意开心。

第 12 天 布杰约维采→克鲁姆洛夫→布拉格（开车约 3 小时）

前往捷克游览布杰约维采和克鲁姆洛夫两个风光绝美的旅游小镇。无法用语言来形容这两个地方的美，请各位欣赏本书前边的彩图部分，相信您一定会新奇惊讶、赞叹不绝。

第 13 天 布拉格市区观光

全天游览捷克首都布达格。捷克没有经历过二战的炮火，城市中心伏尔塔瓦河两岸的风光美到了登峰造极般的程度。行程上涉及的每一个景观您都要用心去看、去感受——尤其是布拉格老城广场周边的建筑和雕像群，真是美极了。在这里拍出多幅能参加摄影展的彩图没任何问题。如果能抽出时间自费购票乘船在伏尔塔瓦河河上往返一次，那这座城市雍容华美的风貌一定会值得您长久回味，甚至会永生难忘。

第 14 天　上午去机场从布拉格经转机飞往北京

第 15 天　抵达北京

　　早上抵达首都北京,结束愉快的欧洲之旅。到达首都机场后请将您的护照交予领队,送入使馆进行销签。根据使馆要求,部分客人会被通知前往使馆进行面试销签,面试费用会请旅游者自理。请提前做好思想准备。

关于此线餐饮、住宿、行车、游览、购物、娱乐各个环节的具体说明和指导

1. 餐饮

　　早餐都是在所住酒店的餐厅内吃,全是西式早餐。主要以面包、点心、牛奶、咖啡、果汁为主,配上各式生鲜蔬菜和水果,还有一些香肠、泥肠、午餐肉一类的肉食。但是一般不提供荷包蛋、咸鸭蛋、油条、豆浆、白米粥等国内常见的早餐饭食。但是西式早餐的营养充足,吃饱吃好绝无问题。

　　正餐一般是去华人开的中餐馆中去吃,标准与去西欧的旅行团一样,都是 10 人一桌,五菜一汤。标准配制应该是三荤两素,如果导游不厚道,也可能是两荤三素,游客吃饱应该没问题,至于说能不能吃好,那就要打个问号了。不过在本书的前边章节中,我们专门介绍了如何在旅途中吃好团餐的知识和学问,大家可以参照。另外,如果饭菜质量和分量实在是不尽如人意,那就应该勇敢地向领队和导游提出诉求,以笔者亲身的观察体验,只要提了诉求,下一顿用餐时的饭菜质量就会有明显改善。

2. 住宿

　　一般团队的游程上规定是住三、四星级宾馆酒店,实际行程中可能会打些折扣,途中会有三、四星级酒店,也会有普通酒店、旅馆,住民居旅馆的可能性也不能排除,但欧洲宾馆酒店的设施水平起点高,条件普遍比我国国内好,客房干净整洁。另外很多人都说国外的宾馆酒店不提供牙膏、牙刷、肥皂等洗漱用品,可依我的经历看,大部分酒店是会提供的,这一点是会好于预期的。

3. 行车

　　在十余天的旅程中,一辆观光大巴从头开到底,中途不换车,很舒适、很省心。请注意在抵达欧洲后第一次坐上这辆大巴车,就要选一个心仪的座位,位置要合适,座椅的角度应该能随心所欲地调节,这与您旅途中的舒适程度和幸福指数息息相关。因为十几天中每天都要长时间坐车,车坐得舒适您就幸福,车坐得不舒服您就痛苦。当然本书中有专门的章节向您介绍了与挑选座位和舒适乘车的有关的知识和学问,希望对您有所帮助。

亮点闪击·旅途花絮·观光指导

1. 这条线路观光效果很好，游览内容极为丰富，建议您重点关注。

2. 这条线路的名声也好听，还能满足一般人的"虚荣心"或者说是成就感。因为一次出行就去了10个国家，对于那些追求出境游次数和总量的人来说，真是太划算、太物有所值了。玩回来后如欲向亲朋好友"自夸和吹嘘"，那也绝对会是有资本的。

3. 行程的第2天是游华沙市区，古城非常漂亮，至少能拍出80张美图来。

4. 行程的第3天是参观克拉科夫古城，与华沙古城有异曲同工之妙，拍出50张美图应该没问题。

5. 行程的第4天是观览斯洛伐克首都的城市风光，最精彩的建筑是布拉迪斯拉发城堡——它庄严肃穆，高大凝重，通体洁白，一定要在这拍出好看的风光照和人像纪念照，否则在斯洛伐克您将留下遗憾。

6. 第5天在匈牙利布达佩斯观光，市区美景太多了，提示您重点关注马加什大教堂，光线一般时它的身姿就很好看，如果有蓝天白云映衬，那它则会大放异彩。

7. 第6天观光内容也丰富，建议您重点游览卡莱梅格丹城堡，它在山丘上，下方有大河和游船，景色很生动、很美观、很耐看。

8. 克罗地亚这个国家了不起，虽然国家小、人口少，但是经济发展状况好，生活水平高，足球世界杯能进决赛，着实很精彩。这里的斯普利特海景好，首都萨格勒布古迹名胜极多，颇具观光价值。

9. 游程的第10天是观赏斯洛文尼亚首都卢布尔雅那的城市风光，这个城市不大，盯住龙桥和城堡山两个观光要点就行了。龙桥就是市中心一座桥头上矗立着雕塑的桥梁，很有特色。城堡山上则能看到市区的全景，很好看。

10. 第10天的晚上应该是到维也纳了——重要的任务是争取到金色大厅中去欣赏一场音乐会——金色大厅中几乎每晚都有不同的演出，但观看和聆听维也纳交响乐团的交响音乐会效果就很好。这虽然是自费项目，但非常物有所值，建议您一定要参与。报名交费时一定要向领队和导游询问好，演出剧目中一定要有《蓝色多瑙河》和《拉德茨基进行曲》这两个曲目，否则演出效果会打折扣。没有《蓝色多瑙河》和《拉德茨基进行曲》，那叫什么经典的交响音乐会呢？

11. 值得注意的是，在金色大厅中欣赏音乐会的过程中是不准拍摄图片和视频的。我们应自觉遵守相关规定，为自己和他人都营造良好的观赏体验。

12. 在奥地利，几乎人人都是音乐家，在街头巷尾，普通人用手风琴和小提琴，就能奏出美妙的旋律和乐曲。在金色大厅外边有一些引吭高歌的业余歌手，虽然他们没有资格和水平进入大厅内表演，但随便唱一段就有极好效果，引得路人纷纷驻足关注，并报以热烈的掌声。

13. 在金色大厅内部歌唱和演奏的艺术家们，他们的表现力和感染力已达到了炉火纯青和登峰造极的地步——歌唱家们优美的嗓音就不必说了，演奏家们吹奏、弹奏、拉奏的水平和境界都达到了忘我的地步，闭着眼睛都能随心所欲地奏出各种动人的曲调（不少时候他们真是闭着眼睛演奏的）。于是就出现了无比动人的美妙场面，台上的人演奏得如痴如醉，台下观众听得也是如痴如醉，所

维也纳美泉宫风姿独具

有人都觉得开心舒服和过瘾，真是太精彩了！

14. 大家都说，奥地利人和音乐的关系跟我们吃饭时与食盐的关系是一样的——虽然可能有些夸张的成分在，但他们确实已将音乐融入了生活的每个角落，奥地利人与音乐紧密相连，密不可分。

15. 这个行程的最后两天，大家来到了捷克，先观览了两个风光绝美的小镇，最后到了首都布拉格。捷克太漂亮了，各座城市的古建筑保存得极度完好。古屋、古宅、古雕塑和古教堂，它们的身姿和风韵真是美呆了、帅呆了！各位游人的观光感觉呢，一定是看呆了、惊呆了。不用再找其他的词汇来形容赞美这里的风景了——美呆、帅呆、看呆、惊呆就是笔者对捷克观光效果的最真实的评价。

16. 乘大巴在东欧诸国旅行是件特别令人开心的事——看着《瓦尔特保卫萨拉热窝》和《桥》的电影画面，聆听着《蓝色多瑙河》和《拉德茨基进行曲》的美妙旋律，同时欣赏着车窗外如诗如画般的山水风光和田园秀色，这真是人世间最高级的快乐和享受。您难道不想亲身尝试一下吗？

旅行家指导——为您介绍在旅途中更好地观赏美丽风光的知识和窍门

出境游与国内游不同，境内游如果玩得不尽兴不过瘾可以再重新去，可是若想多次反复地去境外游览，那就比较费劲或者说会有些难度了——所以在国外旅游，我们一定要充分利用时间，尽可能多看多拍美丽的风景，收获最大的观光体验。在这其中有个重要的环节和问题，就是在行车途中要注意观看窗外的风光，窗外的美景多多，您的收获也一定很多。这个环节安排好了，会给您带来极大的开心和慰藉。

有些游客在行车途中不注意观看窗外的美景，在车上只知道打盹儿休息或是玩手机——这样一天下来除了在景区拍的几张图片，其他的什么都没记住，连目的地国家的基本情况都没弄清楚，那怎么会有满意的观光效果呢？

其实车窗外的风光非常精彩——以西欧的德、法、意、瑞这条线路来说，每天行车时间少则2~3小时，多则6~7小时，沿途美景无数，如果认真观赏，收获会极为丰富。

我觉得车窗外的风景大致有如下几种类型：1. 山水美景；2. 田园秀色；3. 城市或是城镇的市容风貌；4. 风土人情——每一种类型的画面都是多姿多彩，耐人寻味。如果它们交织在一起，那给游客的美感就更难忘了。看看异国他乡的山水有多漂亮，看看别处的田野乡村的风情有多秀美，看看那里的人是如何生活、如何劳作、如何休闲享受的，甚至人家的衣服怎么穿、房屋怎么盖，都有很大的学问。全身心地观察和感受另一个国家的自然风光和生活景象，这是一件多么有意思且有意义的事啊！不比我们在车里做其他无聊的事要强得多吗？

在行车途中打盹儿休息是必要的，因为出境游有点辛苦，但是睡够了就应该好好观赏车窗外的风光——有的人爱在车上看视频，有的人爱玩手机，但怎么不仔细想想：视频在哪里不能看呀？手机在哪里不能玩啊？可是车窗外的异国风情只有此时此刻能看到，过了这个村就没有这个店了。

正确的答案很清楚，那就是在异国他乡，我们不光要认真观拍指定行程中游览的景点景区，还要认真观览旅途中车窗外的迷人风光，这样观光效果肯定会更上一层楼。至于不少游客不注意观赏旅途中的美丽风光这件事，笔者认为某些旅行团的领队和导游也有责任。有些导游总觉得车里的气氛应该热闹，好像没达到这样的效果就是自己没把游客组织好失职了似的——于是总是鼓动游客，一会儿让每人都唱一支歌，一会儿让每人都演个节目，一会儿又让每人都讲一件自己印象最深的事。弄来弄去效果却是完全相反，因为游客都是萍水相逢、短暂相处，并不好意思在这里尽情表演抒发情怀。

所以观赏车窗外的美丽风光这件事，旅行团的各方人士也可以有作为——导游要多观察车窗外的多彩世界，还要多对游客进行引导告诉他们哪里好要留意关注；游客应该事先做好功课，弄明白旅途中可能见到的精彩风光和美丽画面，并在行车途中多重视、多上心、多留意并认真观拍。只要意识到观赏旅途中的美景这件事是旅行中的重要环节，并且处理得当就能取得事半功倍的好效果，那么身体力行后，我们就一定会有丰富的感悟和收获。

西班牙、葡萄牙、安道尔

欧洲经典旅游线中的重要组成部分

20. 西班牙、葡萄牙、安道尔三国连线游，欧洲经典旅游线中的重要组成部分

在欧洲的多条经典旅游线路中，西班牙和葡萄牙可谓是地位特殊，独树一帜。它们两国地处欧洲西南部，地理位置独特，一般不与其他国家连线游览；它们两国都有悠久的历史和灿烂的文化，随处可见个性鲜明的古典建筑和古迹名胜；它们两国的旅游资源极其丰富，足以支撑起 10 天以上饱满充实而又让人感到新奇快慰的欢乐游程。尤其令人称道的是这两个国家的气候非常温和，可谓是夏无酷暑、冬无严寒。笔者曾在冬天最冷的一月份去那里观光度假，丝毫没有感受到寒冷和不便。所以，当严冬时节寒风凛冽，许多欧洲国家不宜游览的时候，西班牙和葡萄牙两国就会突显出独特的观光价值和巨大的优越性。如果能够赶上相应的时间节点，看到西班牙足球甲级联赛的盛况和奔牛节人声鼎沸、万众欢腾的胜景，那更会是无与伦比的震撼。

现在国内旅行社推出的团队一般是西班牙、葡萄牙两国连游，有的旅行社会推陈出新，在游览的最后一天加上袖珍小国安道尔的观光和购物，这是非常精彩的安排。三国游览就是比两国游更吸引人。下面我们就把西班牙、葡萄牙、安道尔三国游的美妙行程，呈现给大家。

西班牙马德里城雕美景

☀ 当地气候

全年皆宜旅游，4 月至 10 月观光效果最好，冬季仍可正常游览。

✈ 对外交通

国内各大城市有航班同西、葡两国对飞，航程约需 11~13 小时。

🛂 签证制度

需办理欧洲申根签证，需提供个人收入证明和财产证明。交给旅行社办理很方便。

🕐 时差

西班牙马德里时间比北京时间慢 6 小时（夏令时），葡萄牙里斯本时间比北京时间慢 7 小时（夏令时）。

为您介绍此条线路的观光亮点和特点

1. 一次出行游览 3 个位于欧洲南部的国家，沿途所见名胜古迹众多、历史文化底蕴丰厚，总体观光效果能达到预期，收获丰富，令人满意称心。

2. 此线观光以古迹古建筑和人文佳景为主，以游玩自然山水为辅，加之以上三国地处南欧，气温与西欧和北欧相比要高出不少，因此一年四季皆宜前往。即使是冬季出行，风光亦不显惨淡，仍可获得满意的观光效果。

3. 此线有观光亮点，比如西班牙首都马德里和葡萄牙首都里斯本市区的多处名胜古迹都很出色，两国的滨海风光也有动人之处。旅途中没有水平太差的景点，因此观光效果很均衡，游客的心理感觉也会稳定，不会一会儿喜悦一会儿又失望。您会在一种平和稳定、幸福开心的状态中度过为期 13 天的旅程，这也是本条线路的独到之处。

笔者对此条线路的总体观光指导

1. 本条线路的设计很详细、很缜密，游遍了西班牙、葡萄牙两国主要的风景名胜区，没有明显遗漏。行程结尾在安道尔观光一日且小住一晚，对这个袖珍小国也有了较为全面的了解。所以线路设计和行程安排都非常合理，基本达到了深度游的效果。

2. 既然游览安排得很详细、很合理，那游客不需要标新立异，也不必另辟蹊径，在导游的引领下循序渐进，每天按指定行程安排走完全程即可。

3. 其他旅行游览方面的关照和提示，在后文中还有补充说明，供您参考。

旅行社公布的指定游程安排：西班牙、葡萄牙、安道尔3国13日游

第1天 从上海出发去欧洲

用餐：无　　　　住宿：飞机上

各位游客按照规定时间于机场集合，搭乘国际航班前往西班牙巴塞罗那。特别提醒：请勿走自助通道，应领馆销签的要求，需要在护照上盖有4个章，分别是：1.中国海关出境章 2.西班牙海关入境章 3.西班牙海关离境章 4.中国海关入境章。还须提供回程全程登机牌。

第2天 上海→巴塞罗那→瓦伦西亚　参考航班：CA839

用餐：午　　　　住宿：瓦伦西亚或周边酒店

飞机抵达后，在导游的协助下办理入境手续。后驱车前往巴塞罗那，抵达后在市区观光游览。

巴塞罗那带有哥特风格的古老建筑与高楼大厦交相辉映，共同构成了巴塞罗那令人迷醉的风景。格局凌乱的小巷子紧贴着新城区的边缘，古色古香的旧城区里会忽然冒出工业时代的烟囱，在巴塞罗那，这一切的不协调看来都顺理成章。

奥林匹克场馆旧址历史悠久，作为1992年夏季奥林匹克运动会的场馆之一，负责承办该届奥运会的开幕式与闭幕式这一重要任务。该场馆可容纳观众数量6.5万人，它坐落在奥林匹克公园旁边。在2008年前还曾作为足坛劲旅皇家西班牙人俱乐部队的主场，举办过多场重要赛事。

哥伦布纪念碑位于靠近巴塞罗那港口的兰布拉大街尽头，是1886年为了迎接万国博览会以及纪念哥伦布环球之旅的壮举而建。纪念碑用赭红色大理石建成，高约60米，碑上的哥伦布雕像高约7米，足以俯瞰巴塞罗那海港美景。碑身雕刻有凌空飞舞的五名女神，上有"光荣属于哥伦布"和"向哥伦布致敬"两行西班牙文大字，底座四周有八只石狮守护，威严肃穆。

兰布拉大街又称"流浪者大街"，街道两边布满了商店餐馆，中间是步行街，这里是游人最多的地方，还有很多兜售小玩意儿的小贩——银质耳环、手工编织围巾、明信片和冰箱贴等，游客在这里可以淘到不少宝贝。

中午在巴塞罗那享用午餐后，驱车前往海边小镇锡切斯，行驶时间约1小时。

锡切斯被称为"艺术之城"，聚集着许多艺术家和钟爱艺术的中产阶级人士。画家圣地亚哥·卢西尼奥尔曾在这里居住，他的故居现在被改造成了卡乌菲拉特美术馆，收藏着他的好朋友毕加索的作品。锡切斯海滨是疗养者的度假胜地，海边有一座玫瑰色的教堂，如同一朵盛开的鲜花。这里是艺术家汇聚的"艺术之都"，现在小镇以狂欢节、国际电影节和海滩而出名。游人来此可以参观锡切斯市政厅（电影《蓝色大海的传说》第一集中美人鱼到警察局被关的场景曾在此拍摄）、漫步海滩并观看海角边上的小城标志——玫瑰色教堂外景。

游览完毕后驱车前往瓦伦西亚，行驶距离约 313 千米，行驶时间约 3 小时 30 分钟。到达后入住酒店休息，今日行程结束。

第 3 天 瓦伦西亚→格拉纳达

用餐：早、午　住宿：格拉纳达或周边酒店

瓦伦西亚市区位于西班牙东南部，东濒大海，背靠广阔的平原，四季常青，气候宜人，被誉为地中海西岸的一颗明珠。现有人口约 80 万，是全国第三大城市。瓦伦西亚的海岸线大部分又直又平，只是在阿利坎特以北，山脉一直伸到海边。这里海岸线多岩石，景色美丽，长长的海滩闪烁着白色的砂砾，被称为"白色海岸"。在这一海岸线上最著名的旅游胜地是贝尼多姆，它过去只是个安静的小渔村，如今发展迅速，游人数量激增，仅在夏天就会有 100 多万人来避暑观光。城市的四周群山环抱，古木参天，峭壁危立。一幢幢古典或新式的别墅、旅店在棕榈树林间隐现；一艘艘游艇穿梭于平静的海面；一群群游泳爱好者在白色沙滩上尽情游乐嬉水，景色优美，场景动人。不远处的阿利坎特也是个繁华的市镇，它是西班牙传统的休闲度假胜地，海滨景色绚丽且铺有优美的海景大道，巨大的棕榈树荫覆盖在大道上面，很有诗情画意。

艺术科学城是由瓦伦西亚的设计师圣地亚哥·卡拉特拉瓦所设计。这项庞大的工程包括了科学博物馆、海洋世界、歌剧院等多座精美建筑，另外还有公园、运动场、音乐厅等辅助公共文化空间，是外国游客和当地居民观光游览、休闲运动的好去处。

午餐后驱车前往格拉纳达入住酒店休息，本日行程结束。

第 4 天 格拉纳达→龙达→塞维利亚

用餐：早、午　住宿：塞维利亚或周边酒店

格拉纳达位于西班牙南部，地处内华达山脉环抱之中。作为一座气质优雅的古城，格拉纳达能够闻名于世界，不仅是因为绝美而梦幻的阿尔罕布拉宫，更是因为这里独有的一种闲云野鹤般的生活意境。

阿尔罕布拉宫的名字来自阿拉伯语，是"红堡"的意思。该宫是阿拉伯式宫殿庭院的代表，位于格拉纳达城外的内华达山上。作为伊斯兰教建筑与园艺完美结合的作品，阿尔罕布拉宫早在 1984 年就已经被联合国教科文组织选入世界文化遗产名录。阿尔罕布拉宫主要的参观区域包括阿卡萨巴碉堡、纳塞瑞斯皇宫、轩尼洛里菲宫、清真寺浴场、花园等。由于阿尔罕布拉宫流量控制，如遇不能入内，将更换成托莱多大教堂或塞维利亚王宫观光。

午餐后驱车前往龙达，抵达后在市区游览。

龙达古城矗立在万丈悬崖之上，给人一种惊心动魄的壮美之感。努埃博桥横跨大峡谷将新旧城区衔接起来，过渡得十分自然得体。这座小城安宁、质朴，大部分的景点都在旧城，住宿与购物的地点则以新城为主。因此入夜后的旧城宛如一座空城，寂静的石板街道搭配着昏暗的街灯，使人倍感孤寂和清冷。

游览后驱车前往塞维利亚，行驶距离约 130 千米，行驶时间约 2 小时。到达后入住酒店休息，本日行程结束。

第 5 天　塞维利亚→里斯本

用餐：早、午　住宿：里斯本或周边酒店

塞维利亚是一座橘花飘香的城市，遍布公园、街巷的橘树是它的象征。每当橘花开放的时候，塞维利亚就迎来了欢乐的四月节和圣周大庆典。这是卡门、唐·璜、费加罗等艺术形象表演的舞台，一幕幕悲喜剧以塞维利亚的街道、教堂和斗牛场为背景上演。这是弗拉门戈的发源地，无论是欢乐还是悲哀，塞维利亚的舞步永远奔放有力。

塞维利亚大教堂是塞维利亚最著名的建筑，其与梵蒂冈圣彼得大教堂、伦敦圣保罗大教堂并称为"世界三大教堂"。大教堂的旧址原本是座大清真寺，14 世纪末时基督教统治者拆除了清真寺，并耗费百年时间建造了这座规模宏大的教堂。航海家哥伦布的灵柩就安放在教堂的墓地中。

塞维利亚王宫可以说是集合了塞维利亚历史建筑的精华，这座富丽堂皇的建筑曾经是塞维利亚的伊斯兰王宫，后来因为此地发生的国土复兴运动，它又成为基督教国王的王宫。之后经历代国王翻修，最终成为一座混合了各种历史文化元素的奇特宫殿。

吉拉尔达塔是塞维利亚的地标，不论在城市的哪个位置都能看到这座 97.5 米高的建筑。此塔由伊斯兰教徒阿莫阿德家族于 12 世纪末主持修建，伊斯兰风格浓郁，从塔下仰视觉得塔尖很小，其实那是一尊高 4 米，重达 1288 公斤的青铜神像，据说在风中它还会来回转动，塔顶 28 个大钟至今仍能用优美的音色为塞维利亚居民报时。

黄金塔是塞维利亚的航海史的辉煌见证，这里曾经是那些满载黄金白银的美洲船只的终点。黄金塔因以金色瓷砖贴面而得名，现在瓷砖已经没有了，但在斜阳照射下仍然会显得金光闪闪。

塞维利亚圣十字区处在塞维利亚王宫旁边，也被叫作旧犹太区，犹太人曾聚居于此。17 世纪的红色木质十字架是这里的标志。圣十字区由很窄的小巷组成，小巷中的空气流动很好，经常荡漾着清爽的微风。据说这是为了躲避塞维利亚炎热的夏日阳光，把街上的建筑建造成一定形态后形成的效应和结果，这足以见得犹太人在建筑力学原理方面展现出的聪明与智慧。这里还聚集了多家售卖旅游纪念品的手工艺品店，是个买伴手礼的绝佳购物地点。

午餐后驱车前往葡萄牙首都里斯本，之后入住酒店休息，本日行程结束。

第 6 天　里斯本→波尔图

用餐：早、午　住宿：波尔图或周边酒店

早晨在酒店集合，本日参观里斯本市区。

里斯本是葡萄牙的首都，是葡萄牙最大的海港城市，在史前时代就有人类居住于此。作为欧洲面积小，物价低，十分有趣的城市之一，里斯本是一个生活质量很高、令人心旷神怡的地方，市内的绵绵群山上可以眺望塔古斯河的美丽景色。

航海纪念碑又名大发现纪念碑，自1960年落成之日起便屹立于帝国广场旁，秀美挺拔的姿态以及颇具现代感的设计，也使其成为里斯本新的地标性景观之一。

贝伦塔是葡萄牙港口最经典的建筑，由曼努埃尔一世为纪念达·迦马抵达印度而下令建造，是一座典型的曼努埃尔样式建筑。它见证了葡萄牙在大航海时代无数船只的远航与别离，返航与重聚。

塞维利亚黄金塔的俏丽风姿

罗西欧广场位于里斯本市中心，犹如一颗跳动不息的心脏，它是整个城市的交通枢纽。广场建于19世纪中叶，形似巴黎的协和广场，却带有浓郁的阿拉伯建筑风格。

自由大道是当地非常繁华的一条商业街，服装店与快餐店、高档酒店并存，与商业广场融合为一体。

周末这里还会有跳蚤市场开业，烟火气息浓郁，街景迷人。

午餐后驱车前往波尔图，开始在市区游览。

自由广场是葡萄牙城市波尔图的一个广场，位于下城的圣伊尔德丰索堂区，这里是老城区的中心地带，也是整个波尔图最繁华的地方。

路易一世大桥横亘在杜罗河上，连接着波尔图市区和南岸的加亚新城，它不仅是一座极具观赏价值的雄伟铁桥，也是沟通杜罗河南北两岸的交通要道。来到大桥前，便是来到了波尔图最热闹的河岸风景中，充满魅力的港湾和河上的各式游船都会向您展示迷人的风姿和容颜。

游览后入住酒店休息，本日行程结束。

第7天 波尔图→萨拉曼卡

早晨驱车前往萨拉曼卡，行驶距离约350千米，行驶时间约4小时。

萨拉曼卡位于托尔梅斯河北岸，是莱昂地区萨拉曼加省的省会，也是西班牙最著名的历史名城和艺术中心，被称为"智慧之城"，是世界文化遗产。因为很多建筑是由一种黄色石块建造而成，所以萨拉曼卡还有一个美称是"金色都市"。这种石头刚采出来时表层柔软，适于雕刻精细的花纹，随着风吹日晒，那些石头上的花纹不但没有磨损，反而越来越清晰，使整个老城都呈现出柔和的金色，充满历史的沧桑感。到了傍晚，古老的教堂和各式宫殿染上了一层明艳的火红色，构成一幅绚丽的画卷，这是这座城市最美丽的时刻。

用"波澜壮阔"来形容萨拉曼卡市中心的马约尔广场一点也不为过，古典的巴洛克式建筑风格在西班牙的众多广场中可谓独树一帜，马约尔广场给许多游人的留下了关于萨约曼卡这座城市的第一印象，同时也是每位游客在萨拉曼卡开启徒步之旅的起点。

入住酒店休息，本日行程结束。

用餐：早、午　住宿：萨拉曼卡或周边酒店

第 8 天　萨拉曼卡→马德里

用餐：早、午　住宿：马德里或周边酒店

早晨驱车前往马德里，行驶距离约 220 千米，行驶时间约 2 小时。

抵达马德里后，在市区依次游览拉斯文塔斯斗牛场、西班牙广场、塞万提斯像、哥伦布广场、太阳门广场、马德里英格列斯百货公司。

无论从政治上还是地理上来说，马德里都是西班牙的中心。南欧高原炽烈的阳光给了马德里热情似火的气质与欧洲任何一个国家的首都相比它都毫不逊色。即使计划要好好享受这里的夜生活，也要记得养足精神去参观城里令人惊奇的艺术博物馆和有悠久历史的繁华市中心。

马德里拉斯文塔斯斗牛场位于城市东部，于 1929 年建成，是一座古罗马剧场式的圆形建筑，外墙为砖红色，仿佛在呼应斗牛士的红披风。斗牛场可容纳 32000 名观众，是西班牙全国最大的斗牛场。在每年 5 月的节日表演高峰时期几乎每天有斗牛比赛演出，那时候往往会座无虚席。作为西班牙水平最高的斗牛表演场所，全国乃至全世界的斗牛士们都以能在马德里斗牛场表演为荣。

西班牙广场位于马德里市中心格兰维亚大道的尽头。广场上有两座

拉斯文塔斯斗牛场，斗牛士们经常在这里上演尖峰对决

醒目的建筑分别是马德里塔楼和西班牙大厦，两座大楼的顶层都是欣赏马德里全景的好地方。

塞万提斯像为纪念西班牙最伟大的作家塞万提斯而建立，落成于1916年。整个纪念碑的中心是塞万提斯像，他的右手中是他的名著《唐吉诃德》，他因为战争而失去左臂，但雕刻家在这里用披风将其掩盖起来。在塞万提斯像前面的青铜雕像取自他的名著《唐吉诃德》的主人公唐吉诃德骑着他的瘦马，在他身后仆人桑丘骑着一头毛驴。纪念碑上面的地球四周刻有五个人像，分别代表了五大洲。碑的后方是原马德里第一高楼的西班牙大厦。

太阳门坐落在马德里市中心，于1853年从原来的5000平方米的面积扩建为12000平方米。广场呈半圆形，意指初升的太阳。广场周边坐落着多家百货公司与商店，是马德里著名的商圈与观光亮点。每到跨年，太阳门广场上奏响的钟声，标志象征着新年的开始。自1962年12月31日起，此处的新年庆典通过电视向全国转播。广场上有一座攀依在莓树上的棕熊青铜塑像，它是马德里的城徽。这里还有一个"零起点"标志，西班牙全国所有的公路里程都从这里开始向外计算，马德里市的门牌号也是以这里为起点向四周排列延伸。

马德里王宫是首都马德里最精美的建筑，也是世界上保存最完好的宫殿之一。9世纪，这里曾经是阿拉伯统治者的城堡，后来被基督教徒夺回后成了历代国王的居所，但1734年的一场大火烧毁了城堡，人们现在看到的皇宫是1764年重建的。

马德里真正的打折季在圣诞后的第一周正式拉开帷幕，一直延续到2月。此时当地人都会去城内最大的连锁百货公司英格列斯百货扫货。该百货商店是马德里街头巷尾都能看到的连锁店，店内货品齐全。该百货公司本身也拥有很多自己的品牌，其皮具和男士衬衣都做得很不错，性价比很高，是相当吸引客人的。午餐视游览情况而定，观光结束后安排入住酒店休息。

第9天 马德里→萨拉戈萨

用餐：早、午　住宿：萨拉戈萨或周边酒店

早晨在酒店集合，驱车前往萨拉戈萨，行驶距离约315千米，行驶时间约4小时。到达后在市区游览，萨拉戈萨是阿拉贡大区的首府，西班牙著名的大学城。摩尔人和基督教徒曾在这里聚居，留下了丰富的文化遗产。萨拉戈萨还是西班牙国宝画家戈雅的故乡，西班牙的圣母玛利亚朝拜中心。市区的主要景点都集中在皮拉广场附近，步行游览即可。

游览后入住酒店休息，本日行程结束。

第10天 萨拉戈萨→安道尔

用餐：早、午　住宿：安道尔或周边酒店

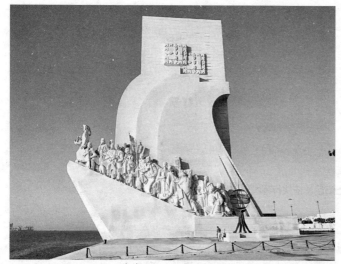

葡萄牙航海纪念碑，记录了航海强国的光荣历史

早晨在酒店集合后驱车前往安道尔，行驶距离约 300 千米，行驶时间，约 3.9 小时。

安道尔城是安道尔共和国的首都，位于安道尔西南部安克利亚山麓瓦利拉河谷地，瓦利拉河从城区流过。安道尔城面积 59 平方千米，是一个具有中世纪风貌的旅游城市。安道尔城最突出的建筑物是安道尔大厦，建于 1508 年，议会、政府和法庭都设在这里。

第 11 天 安道尔→巴塞罗那

用餐：早、午　住宿：巴塞罗那或周边酒店

早晨在酒店集合，驱车前往巴塞罗那，行驶距离约 200 千米，行驶时间约 2.5 小时。

巴特罗之家是一栋外形标新立异的公寓楼，以造型怪异而闻名于世，是鬼才建筑师安东尼奥·高迪成熟期的代表之作。您会看到整栋楼的墙面贴着彩色的马赛克，屋顶的样子酷似鱼鳞，像人骨一样的柱子和造型奇异的阳台，处处充满了魔幻色彩。每到夜晚华灯初上时，整栋楼在灯光的映衬下会显得格外妖娆妩媚。

米拉之家又名"石头屋"，不规则的墙面和平台，雕刻头盔士兵造型的烟囱是它最著名的标志。这栋楼的波浪形外观，是由白色的石材砌出的外墙、扭曲回绕的铁条和铁板构成的阳台栏杆和窗户组成的，颇具独特的创意和想象力。

古埃尔公园原本是 20 世纪初被开发作为高档居住区的地块，坐落在巴塞罗那市区北部的小山丘上，但由于 14 年内只卖出两套房，后来被市政府收购开辟成公园对市民开放。被买走的两户住宅中有一户的户主便是著名的建筑师高迪，他在这里工作和生活了 20 年，他的自然主义理念和设计风格在这座公园里得到了充分展现。

圣家族大教堂位于巴塞罗那市区北部，是巴塞罗那最负盛名的观光景点和地标，也是世界上唯一一座尚未完全建成便被列入世界文化遗产的建筑。教堂的建设工程由一个叫作约瑟芬的组织发起，目的是建造一座可以让颓废的人们向神祈祷并求得宽恕的赎罪堂。1883 年由年仅 31 岁的建筑天才高迪接手成为总建筑师，目前该教堂仍在建造过程中。

第 12 天 巴塞罗那→上海

用餐：无　　　住宿：飞机上

早晨在酒店大堂集合后前往巴塞罗那机场，在领队的协助下办理登机及退税手续，由巴塞罗那搭乘班机返回上海。

第 13 天 抵达上海后，愉快行程圆满结束

❤ 温馨提示：

抵达机场后请第一时间将您的护照、登机牌交予领队或导游，以便递交领馆进行销签工作。根据领馆的要求，部分客人可能会被通知前往领馆进行面试销签，请提前做好思想准备，谢谢您的配合。特别提醒：请勿走自助通道，因销签需要需要护照上盖有往返出入境的四个章。

笔者对每天具体游程做出的观光指导和提示

1. 旅行社规定的游程很丰富、很详细，文字介绍写得也不错，大家详细参照就行，这里不再做赘述。

2. 行程中观赏的景点很多，风格也挺相似。建议您出发前做好功课，先在网上预览一下，做到心中初步有数。另外在观光途中最好每天晚上写个简单的日记，把一天的观光内容和收获梳理、记录一下，这样游览完全结束后会留下更加清晰的记忆，否则有可能出现"浑打一锅粥"的局面，连去了哪里自己都记不清——这种结果很可能在这条线路中会出现，因为这条线路和观光效果非常"与众不同"。

关于此线餐饮、住宿、行车、游览、购物、娱乐各个环节的具体说明和指导

1. 🍚 餐饮

早餐在住宿的酒店内吃，西式早餐为主。正餐在经过的中餐馆中吃，8~10 人一桌，五菜或六菜一汤。餐标和用餐效果与去西欧的团队差不多，吃饱饭获取到足够用的营养是没有问题的。

2. 🏠 住宿

全程 3~4 星酒店，条件尚好，但也有住普通宾馆的时候，干净整洁没问题。部分酒店提供一次洗漱用品。

3. 🚌 行车

一辆观光大巴从头开到尾，与去西欧旅游一样。第一天上车时建议您选择一个合适的座位，往后那么多天座位原则上就不会变动了。

4. 👥 游览

按指定游程行进，适度参加一两个自费项目，就可以玩得很开心了。

旅行家指导：为您的南欧三国旅游出谋划策支高招

1. 西班牙、葡萄牙、安道尔三国游是近年来很时兴、很时尚的南欧旅行线路，受到了许多游客的关注和重视，沿此线一游，观光效果尚好，游客可适度参与。

2. 之所以建议大家适度参与而不是踊跃报名参加，是因为笔者看来这条线的观光效果是尚好，而不是极好。

3. 与欧洲其他线路比起来，西班牙、葡萄牙、安道尔这条线有优点也有不足之处。优点是途中见到的古迹名胜多，景点水平比较齐整；缺点是古迹名胜中以古建筑、古雕塑和教堂居多，类型和外观比较雷同，缺少千姿百态异彩纷呈的风姿和神韵。因此不太有震撼力，缺乏激动人心的观光效果。

4. 我觉得从常规的角度来看，西班牙、葡萄牙、安道尔这条线路不应该是大家去欧洲的观光首选——首选线路应该是西欧即德、法、意、瑞那条线路；其次应该是东欧和巴尔干那些国家如捷克、匈牙利、奥地利、塞尔维亚等；再次应该是北欧四国即丹麦、挪威、瑞典、芬兰。因为前三条线路中所去的国家个性很鲜明，风光秀丽而又气象万千，很吸引人。最后才是西、葡、安这三国。当然如果您侧重于观赏领略欧洲的悠久历史和文化底蕴，愿意从众多的古迹中挖掘自己想要的发现和收获，那您首选西、葡、安也没有问题。这是一个仁者见仁、智者见智的事情，没有一个太刻板、太固定的结论。

5. 综上所述，我建议您先去西欧、东欧和北欧，之后选择合适的机会去西南欧游览西、葡和安三国，这样欧洲风格不同的线路您就全去了，美感也全都充分领略到了。

6. 在上边介绍的西、葡、安道尔这条旅游线路中，提示您注意以下观光和拍摄要点：

A. 西班牙首都马德里的皇宫很气派，太阳门广场上有两座重要的雕塑，一定要好好观览。

B. 葡萄牙首都里斯本市区的古建筑和雕塑也很有特色，也应重点关注。

C. 塞维利亚大教堂外观非常气派，观拍时不可遗漏。

D. 葡萄牙的罗卡角是欧洲的最南端，其位置和地位与非洲南部的好望角相似，这里的海景不错，但没有好望角的狂涛恶浪，反而多了几分娇柔和妩媚，建议您在这的海滨小山丘的十字架纪念碑前留下自己的风姿倩影。

7. 另外，西班牙和葡萄牙的气候挺温暖的。我是在一月份去那里观光的，感觉风光挺好，没有太差劲的地方，就是安道尔有点儿冷，但是雪景更好看更动人。所以南欧这三国，何时去都方便都适宜，就看您如何选择和发挥了。

旅途趣闻·开心一刻
——与谁同桌用餐也有学问

中国游客参团去境外游览，途中吃团餐的标准和方式是不一样的。去美国、加拿大主要是吃自选快餐，而去西欧和俄罗斯呢，主要是吃桌餐。这里说的桌餐，一般是 10 人共坐一桌，西欧的标准是五菜一汤，俄罗斯是六至七个菜一汤。但不管是几个菜，反正菜上齐后原则上就不给加菜了（当然主食米饭是不限量的）。所以要让 10 个人在并不充足的菜量中吃饱吃好，那还真是要动一点脑筋，这也算是一门知识和学问。

首先的责任在导游，要付足费用，让餐厅把菜做好上足，不要贪污和克扣团队的伙食费。再有，我们普通游客在同桌用餐的团友选择上，也应该动点心思，因为选不同的团友、食友，结果是极其不一样的。

如果您与另外 9 个壮汉共坐一桌，他们都身形高大、食量也足，那不光坐着互相拥挤，而且 5~6 个菜可能根本就不够吃。可要是 10 个女士、老人或小孩共坐一桌，那不光坐着宽松，而且 5~6 个菜没准还吃不完，所以不同的选择就有不同的后果和结局。总而言之，在选择桌友和食友的时候，一定要注意要男女搭配、老少搭配，这事可真是马虎不得。因为谁和谁在一张桌子上用餐，一般是以出境后第一餐饭的座位为准的，之后就不再变化了。所以与谁同桌，关系到您整个旅程中用餐的"幸福指数"高低的问题。

澳大利亚、新西兰

不 可 遗 漏 的 旅 游 重 头 戏

21. 去太平洋畅览澳、新两国美景，不可遗漏的旅游重头戏

相信到大洋洲的澳大利亚、新西兰两国开心游乐一直是众多旅游爱好者的心愿，因为悉尼大剧院的精美造型、跨海大桥的倩影风姿以及大堡礁水下色彩斑斓的珊瑚奇景早就通过现代多媒体渠道映入了我们的眼帘、刻在我们的心里。严冬时节在黄金海岸的千层金浪、万顷碧波中开心嬉戏、击水冲浪，更能激起国内游客的无穷渴望、万般神往。同样精彩动人的是新西兰南、北两岛上的冰川、火山、峡湾和温泉美景，一直在吸引、诱惑着我们前往、打动着我们的心灵。还有大洋洲那优美的生活环境、清澈的水质和良好的空气质量以及地域辽阔、人烟稀少的宜居程度，同样令人倾慕和向往。

于是，在前不久，笔者从国内旅行社推出的大洋洲游览项目中选取了一条叫澳、新、凯、墨的经典旅游线路，在 12 天的时间内畅游了澳洲东海岸的 5 座名城和新西兰的北方岛屿，沿途所见可谓是佳景云集、异彩纷呈、气象万千。这是一段开心的游历，有着圆满精彩的观光效果，我把这条旅游线路和详细的行程真诚的推荐给各位旅游爱好者朋友。

圣玛利亚大教堂，悉尼的标志性古建筑之一

☀ 当地气候

6~8 月天气寒冷，不适合观光，其余时间皆可前往。但是每年 1~2 月气候炎热，所以 3~4 月和 10~12 月游览会更加舒适。

✈ 对外交通

国内各大城市都有航班与澳大利亚和新西兰对飞，其中北京飞悉尼用时约 12 个小时，北京飞奥克兰用时约 14 个小时。

🛂 签证制度

中国游客去澳、新两国旅游需要办理签证，需提供个人收入和财产证明，交给旅行社代办很方便。

🕐 时差

澳大利亚堪培拉时间比北京时间快 2 小时；新西兰惠灵顿时间比北京时间快 4 小时。

为您介绍此条线路的观光亮点和特点

1. 澳、新两国连线游，是大家去南半球观光线路中的亮点和重要组成部分，笔者认为我们一生中至少应该去一次。所以，应该尽早把这条线路提上日程。

2. 本线游程包括了澳大利亚东海岸的所有重要城市，游览内容丰富。由于澳大利亚西线和中线观光亮点并不多，所以沿此线一游，可以对澳大利亚主要旅游资源有重点了解，所以非常物有所值。

3. 本线只涉及了新西兰北岛景区中的一部分，说是走马观花也行，但是新西兰南北两岛的美景很多，加起来足以支撑一周以上的单独行程。故本线在新西兰全国的观光力度并不深，只适合首次去澳、新的游人，之后如想深度观览新西兰的美景，建议再参加一个新西兰一国深度游的团队，这样对那里的观赏和理解就会更加深入、透彻了。

4. 在国内各旅行社推出的澳、新两国游的不同线路中，本线算是性价比很好的——全面游览了澳大利亚、挑重点观赏了新西兰，行程时间不太长且收费标准适中，去后会让您感到满意称心。因此，笔者向您做重点推介。

笔者对此条线路的总体观光指导

1. 澳、新两国地处南半球，季节与北半球相反，也就是我国的冬天是那边的夏天，我国的盛夏则是那边的寒冬，请务必找准合适的旅游季节前往。

2. 悉尼的城市中心区非常漂亮，有歌剧院、跨海大桥和圣玛丽亚大教堂等标志性景点，必须认真观览。

3. 凯恩斯是离大堡礁很近的城市，它就是大堡礁的代名词。还有绿岛，它和大堡礁也是一码事，那里风光很好，去后会留下美好记忆，只要天气晴朗，大堡礁的风光就会激动人心。

4. 墨尔本的城市风光没有悉尼那样锋芒毕露，但城市总体风貌还不错，做一日游览见闻还算丰富多彩。

5. 黄金海岸沙滩辽阔、海景壮美，颇具观光价值。全市有数十座大型主题公园，每天去一个，一个月也玩不完。这个城市太精彩，短暂观光不过瘾。

6. 本线在新西兰的游程时间相对短暂，只看了北岛风光的一部分，但是效果还不错。只要能以罗托鲁阿艺术与历史博物馆为背景拍好一张纪念照，就很让人知足和满意。因为这座建筑太精致、太好看了。如果想做新西兰全岛深度游，那还需要增加 10000 元左右的费用和 7~10 天时间。

7. 建议您先沿此线出行一次，获取一段澳、新两国游的经历和记忆，之后再来一次新西兰深度游，细致地品味新西兰全国的美景，此举算是绝佳选择。

旅行社公布的指定游程安排：澳大利亚、新西兰两国 12 日游

第 1 天 北京→新加坡 参考航班：SQ807

早餐：无 午餐：无 晚餐：无 交通：飞机 住宿：飞机

在北京机场集合后，飞往新加坡转机，夜宿飞机上。

第 2 天 新加坡→悉尼（飞行约 11 小时）参考航班：SQ231

早餐：无 午餐：无 晚餐：有 交通：飞机/巴士 住宿：悉尼或周边

悉尼是澳大利亚第一大城市，是新南威尔士州的首府，也是澳大利亚最绚丽繁华的都市。现代化的摩天大厦与古老的船坞码头交相辉映、风情各异。这里有举世闻名的经典建筑悉尼歌剧院和形态优美的跨海大桥，等待游客来一览它们的迷人风采。抵达机场后，导游热情接机，之后游览海德公园，对于仅 200 多年历史的澳大利亚来说，这是一个相当古老的公园。园中大片洁净的草坪、百年以上的参天古树、柔和的丘陵和有名的亚奇伯德喷泉都是游人们流连忘返的地方。圣玛利亚大教堂是悉尼天主教社区的精神家园。教堂始建于 1821 年，而天主教神父正式来到澳大利亚是 1820 年，因此圣玛利亚大教堂又被称为澳大利亚天主教堂之母。

之后参观南半球最大的世界级海鲜交易市场悉尼渔市场，这里有百余种海鲜供您尽情品尝（自费）。麦考利夫人椅子是为纪念麦考利夫人而由工匠精心雕刻的石椅，它与悉尼歌剧院只相隔一道狭窄的海湾，这里的观景台是观看歌剧院和悉尼大桥的最佳地点。从这的海滨可以同时拍到歌剧院、悉尼海港大桥和整个海湾的全景图。因此麦考利夫人椅子是游客来悉尼后的必观之景。

悉尼歌剧院奇特外景

悉尼歌剧院是公认的 20 世纪世界十大建筑奇迹之一，也是悉尼的标志和名片。它坐落在澳大利亚新南威尔士州首府悉尼市的贝尼朗岬角，建筑造型新颖奇特、雄伟瑰丽，外形犹如一组扬帆出海的船队，也像一枚枚屹立在海滩上的洁白大贝壳，能与周围海上的景色完美地融合为一体。悉尼歌剧院不仅是悉尼艺术文化的殿堂，更是悉尼的灵魂。不论是清晨、黄昏或是夜晚，也不论您是徒步缓行或乘船出海邀游，悉尼歌剧院能随时为游客展现举世无双的迷人风采。悉尼海港大桥是早期悉尼的代表建筑，号称是世界第一单孔拱桥。它像一道横贯海湾的长虹，巍峨俊秀、气势磅礴，与举世闻名的悉尼歌剧院隔海相望，成为悉尼的标志和象征。

第3天 悉尼→蓝山→悉尼（往返约4小时）

早餐：有 午餐：有 晚餐：有 交通：巴士 住宿：悉尼或周边

早餐后，乘车前往蓝山国家公园观光。蓝山曾被英国伊丽莎白女王二世誉为"世界上最美的地方"。蓝山国家公园地处澳大利亚新南威尔士州境内的大蓝山地区，该区域拥有7个国家公园，在2000年被列入世界自然遗产名录。蓝山国家公园坐落在海拔100米到1300米之间的高原丘陵上，园内生长着大面积的原始丛林和亚热带雨林，其中以尤加利树最为知名。尤加利树是澳大利亚的国树，有500多种，其树叶是澳洲珍稀动物无尾熊唯一的食品。当您步入风景如画的原始森林国家公园，闻到整个空气中散发的尤加利树的清香气息时，一种清新脱俗、返璞归真般的美妙感受不禁油然而生。

大约16000年前，这里的地质因为火山爆发而变化，后来又经过长年累月的风雨侵蚀，使我们能够在今天看到蓝山公园内各种奇形怪状的岩石和山峰。在这里有400多种动植物，展现了澳大利亚自然生态进化史的清晰轨迹。在蓝山国家公园内居住着8万多居民，分布在7个大小村镇，人类与大自然能长期和谐共处，也是当地亮丽的风景。园内山水风光皆美，随处可见断岩、峭壁、峡谷、瀑布，其中三姐妹峰的身姿最为美丽动人。

蓝湖位于温特沃斯瀑布旁边，天晴时在蓝天的映衬下，湖景显得格外美丽动人。鲁拉小镇的秀丽绝不会输给欧洲的童话小镇，这里尤其适合秋赏红叶，春赏樱花。在小镇不超过200米长的街道两旁，分布着一些商店、咖啡屋、小餐馆，一切显得平静、闲适、温馨。游览完毕返回悉尼，入住酒店休息。

第4天 悉尼→凯恩斯（飞行约3小时）

早晨乘机飞往凯恩斯，凯恩斯位于澳大利亚东海岸最北端，因保持着大片原始状态的热带雨林，该地也被称为"热带之都"。抵达后游览佛莱克植物园，它建于1881年，占地辽阔，园内有多种热带植物，其中包括许多在其他地方看不到的稀有品种。这里种植的各式椰树和木生羊齿类植物是在澳大利亚独一无二的。澳大利亚的热带风情，在凯恩斯这座城市体现得最鲜明，在棕榈湾，随处可见茂密的热带雨林和各类棕榈树。白色的沙滩围绕着湛蓝的海水，令人赏心悦目。这里是休闲者的天堂，在林荫下接受清柔海风的吹拂，享受阳光的亲吻，是大自然给游人最好的恩赐。

早餐：有　　午餐：有　　晚餐：有　　交通：飞机、巴士　　住宿：凯恩斯

第 5 天　凯恩斯→大堡礁

早餐：有　　午餐：自助餐　晚餐：有　　交通：船　　住宿：凯恩斯

早餐后，游览绿岛大堡礁，绿岛是大堡礁海面上一个白沙环绕的美丽珊瑚岛，也是当地唯一有珊瑚礁和热带雨林共存的珊瑚岛。在绿岛游人可乘玻璃底船，详细地观赏大堡礁水下美景；也可从珊瑚沙滩下水，享受浮潜的乐趣。此外，晒晒日光浴或在热带雨林中散步都是不错的选择。午餐享用丰盛的自助餐。

第 6 天　　凯恩斯→布里斯班→黄金海岸（飞行约 2 小时）

早餐：有　　午餐：有　　晚餐：有　　交通：飞机、巴士　　住宿：黄金海岸 / 布里斯班

布里斯班是澳大利亚第三大城市，由于它处于南回归线南侧，常年都是令人舒适的亚热带气候，故有"艳阳之都"的美誉。抵达后游览南岸公园，南岸公园占地 16 公顷，是 1988 年世博会旧址。游人可沿着河边亲水平台跑步健身，在烧烤区自助享用美餐，在公园户外享受温暖的阳光。这里还有全澳大利亚唯一的市中心人造沙滩。南岸公园常年举办各类嘉年华活动，园内的摩天轮也已经成为地标式的观光亮点，即使隔着很远的距离，也能看到它岿巍的身姿和美丽的容颜。

布里斯班市政厅是澳大利亚现存最大、最富丽堂皇的市政厅，建于 1930 年。它是一座具有意大利新古典主义派风格的棱柱型塔式建筑，通体用昆州特有的棕黄色砂石建成。门厅高大，立柱雄伟，外观凝重而气派。它以前是布里斯班市政理事会的总部，现在称为市政中心。市政厅顶部有巍峨的钟塔，塔高 106 米，保持着澳大利亚钟塔的高度之最。之后乘车前往黄金海岸（布里斯班至黄金海岸车程约 1.5 小时）。黄金海岸位于澳大利亚东部海岸中段，布里斯班以南，是举世闻名的海滨度假胜地。它由数段总长达 42 千米的优质沙滩组成，并以碧水金沙和秀丽海景闻名于世，是冲浪者梦寐以求的水上天堂。抵达后游览天堂农庄，在这可以真正体验到澳洲农场的特色。游人能给袋鼠喂食，也可观看精彩的剪羊毛表演。午餐于农庄内享用澳式 BBQ 餐。观光结束后游人可获赠亲手怀抱考拉的照片一张。

之后乘坐直升机，从空中俯瞰黄金海岸完整的海岸线和城市壮丽的全景。

第 7 天　黄金海岸观光

早餐：有　　午餐：无　晚餐：有　　交通：巴士　　住宿：黄金海岸 / 布里斯班

早餐后，游览华纳电影世界，这是一处极有特色的主题乐园，走在城内的街上，就像置身于电影画面中，随时可以遇到电影明星，也可以随处看到歌舞表演。乐园里面有多处经典影片的拍摄场景，游人来到这里可以过一把在电影当中当主角的瘾。蝙蝠侠、超人等世人熟知的银幕形象也会随时出现在您的面前。在主题乐园中，您还可以了解

电影制作的整个过程，身临电影情节之中，会让您大开眼界。另外这还有四度空间探险、地底激流及爱因斯坦地心引力场等游乐项目。午餐于园内自理。之后参观狂野水世界，它是澳大利亚最大最好玩的水上乐园，它坐落于郁郁葱葱的亚热带花园中，拥有35条水滑道和众多的游乐设施，在美丽的黄金海岸独树一帜，成为当地独一无二的水上游览的极乐世界。

第8天 布里斯班或黄金海岸→奥克兰 （飞行约3.5小时）

早餐：有　午餐：无　晚餐：有　交通：飞机、巴士　住宿：奥克兰或周边

乘机飞往奥克兰，奥克兰位于新西兰北岛，是新西兰第一大城市。它依海而建，景色优美。奥克兰四周被海洋和火山环抱，有美丽的港湾、海滩和壮观的大桥，吸引着世界各国的帆船和冲浪爱好者，它是全世界拥有私人船只数量最高的城市，享有"帆船之都"的美名。著名的伊甸山景区位于奥克兰市中心，是一座休眠的死火山，形成于2万~3万年以前，是奥克兰陆地火山带中最高的火山，高达196米。该山山顶设有瞭望台，视野开阔，是眺望全城的最佳地点。站在山巅极目远眺，妩媚妖娆的海湾、修长挺拔的大桥、高耸入云的电视塔相应成趣且视野内到处有鲜花绿树掩映，整个城市就像一个大公园。伊甸山顶观光停留约20分钟。

澳大利亚黄金海岸秀丽海景

帕内尔文化区是品味奥克兰的现代风情与悠然古韵的好地方。1841年，帕内尔被确立为新西兰的第一个郊区，至今还保存有许多早期建筑物。踏入帕内尔区，一种时空倒错的感觉立刻会抓住游人的心。这里随处可见细致的白色庭院、雕花的小巧阳台、弯曲的石板路，景色柔美宛如一座中世纪的欧洲小城。

海港大桥位于奥克兰北部，是跨越怀特玛塔港的一座钢质架构组合桥。大桥雄姿与停泊在奥克兰游艇俱乐部的船舶桅杆美景相映，组成了一幅壮观而美丽的图画，令人心动。

第9天 奥克兰→罗托鲁阿（车程约3.5小时）

早餐：有　午餐：有　晚餐：有　交通：巴士　住宿：罗托鲁阿及周边

早餐后，驱车前往当地毛利族人的最大部落——罗托鲁阿。这里遍布天然地热景观和各式温泉，其间森林密布，湖光潋滟，山色迷离，风光柔美。空气中硫黄气味浓重，但多处热泉中泥浆沸腾的地热景观很独特迷人。来到新西兰，只有感受过罗托鲁阿的

地热景观，您才会感到不虚此行。玛塔玛塔小镇是大名鼎鼎的电影《魔戒》首部剧中霍比特人居住村庄的取景地。爱歌顿皇家牧场是新西兰最大的观光牧场。在广袤的草场上，悠闲食草的羊群、闲庭信步的黑白花奶牛、相互嬉戏的梅花鹿群构成了美丽独特的田园风光。游人可参观农场中的奇异果园，品尝特色蜂蜜，充分体验当地地道的牧场生活并享受其中的乐趣。彩虹泉原始生态园是世界最大的彩虹鳟养殖中心，世界仅有的新西兰史前冷血爬行动物大蜥蜴、新西兰濒临灭绝的珍稀动物高山鹦鹉及百岁鳗鱼，在这里都能看到。罗托鲁阿湖是新西兰北岛第二大火山湖，湖上风光很优美，湖水碧绿清澈，这个秀丽的风景区每年都会吸引到数十万计的游客。

随后体验温泉地热公园足浴，游览数平方千米的地热公园，这里的地热喷泉眼全部裸露在地表，我们可以在此放松一下，泡泡温泉足浴，亲密接触一下新西兰的地热泉流，缓解和消除旅途中产生的疲劳。

第 10 天 罗托鲁阿→奥克兰（车程约 3.5 小时）→墨尔本（飞行约 4 小时）

早餐：有　午餐：有　晚餐：无　交通：巴士　住宿：墨尔本

早餐后，游览红树森林，红树森林又名为怀卡瑞瓦森林，因林中生长着笔直高耸的加利福尼亚海岸红木树而得名。美丽的红木森林是新西兰最壮丽的自然景观之一。走入茂密的红木林，映入眼帘的是无数参天大树拔地而起，傲然屹立，枝繁叶茂，遮天蔽日的场面，景色非常迷人。市府花园亦称罗托鲁阿历史与艺术博物馆，这里有一座英国伊利莎白式的橘红色顶的群楼，在绿树、草地和亭台水池的映衬下，显得风姿极美，是拍摄风景和人像纪念照的最佳地点之一。之后乘车返回奥克兰，途经汉密尔顿，游览汉米尔顿花园，花园由 6 个不同国家主体风格的花园组成。从美国、英国和意大利到日本、中国和印度，每座花园的风格和景色都自成一派，每种风格和布局创意都会让您感到意外和惊喜。

观汉密尔顿大学城，感受异国的学府文化气息。后云怀卡托河畔，怀卡托河从汉米尔顿市蜿蜒流过，市区就分布在怀卡托河两岸。漫步河畔，能感受汉密尔顿这座花园城市独有的气息。晚乘机飞往墨尔本，抵达后入住酒店休息。

第 11 天 墨尔本城市观光

早餐：有　午餐：有　晚餐：有　交通：飞机、巴士　住宿：飞机

墨尔本是澳大利亚维多利亚州的首府，是公认的世界上最适合人类居住的城市之一，它享有"花园城市"的美誉。早餐后游览墨尔本的"798"——涂鸦街，低矮的街区墙面上遍布随性的涂鸦，此地聚集了诸多来自世界各地的艺术家，各式画廊、广告、杂志社、音乐工作室也纷纷搬来这里，使得这个颓废街区平添了当代艺术的个性和迷人气息。随后云皇家植物园，它位于澳大利亚墨尔本市南亚拉的鸟林大道旁，占地 40 公顷，园中汇集了来自全球各地 12000 余类、30000 多种植物。您可以在一望无际的绿

罗托鲁阿历史与艺术博物馆，新西兰北岛上最著名的网红打卡地

茵花园内休息，也可以在长满奇花异草的草坪和小道上散步，更可在奥内曼托湖边欣赏湖上悠闲游动的黑天鹅。墨尔本有"花园城市"的美誉，阿尔伯特公园不光风景如画，还有全世界最美的赛车场地。由于墨尔本赛车赛道是由公园改建的，观众与赛道的距离也特别近，因此在这里观赛，临场感受的效果会非常强烈。这里经常会举办 F1 赛车活动，吸引着来自世界各地的八方游客。晚上乘机离开澳大利亚飞往新加坡，夜宿飞机上。

第 12 天 墨尔本→新加坡→北京（飞行约 11 小时）　参考航班：SQ218

新加坡到北京飞行约 6 小时，到达后结束愉快行程。

笔者对每天具体游程做出的观光指导和提示

第 1 天 北京→新加坡 参考航班 SQ807

从北京飞往新加坡，之后转机去澳大利亚悉尼。如欲在飞机上休息好，请注意两段飞行都要申领靠窗的座位，好好养精蓄锐，因为到达悉尼后会立即开始规定游程，没有休息的时间。

第 2 天 新加坡→悉尼　参考航班 SQ231

上午抵达悉尼，先后游览海德公园、圣玛利亚大教堂、麦考利夫人椅子等景点——其中大教堂规模宏大，造型精美，外观内景都要观拍；而麦考利夫人椅子本身意义不太重要，但它却是眺望悉尼歌剧院远景的绝好地点——世界公认的经典画面就出在这里——如果天公作美，抵达时又是顺光和侧光，那拍出的美图效果一定激动人心。

之后，还有一个绕到悉尼歌剧院跟前近距离观拍的机会。但因拍摄建筑外观角度和造型不同的原因，在这里拍的画面与麦考利夫人椅子那边完全不同，但有异曲同工之妙。之后，还可走进剧院内部参观。

悉尼歌剧院所在地叫贝尼朗岬角，它的周边都是全市最佳观景点，远看海景壮阔，近看海港大桥身姿威武矫健，360度范围内的美景都很动人。一定要与领队和导游协商，延长在这里的停留时间，加深自己对这座城市的美好印象——抵达澳洲的第一天，就看到好几处最美的标志性景观和景区，可谓是好戏一开头，就高潮迭起、先声夺人。

第3天 悉尼→蓝山→悉尼（往返约4小时）

全天游览蓝山国家公园。旅行社规定的游程已经说得很详细了，照游程内容随团行即可。要注意观拍形态分明的三姐妹峰和鲁拉小镇。小镇秋、春、冬（澳大利亚的季节与北半球相反）三季风光皆美，如诗如画。游览完毕后返回悉尼。

蓝山公园，山巅美景

第4天 悉尼→凯恩斯（飞行约3小时）

凯恩斯是澳大利亚东海岸靠北端的城市，去那里主要是为了游览世界闻名的海上名景——大堡礁。大堡礁是庞大的水上和水下礁石群，分布范围甚广，从南到北范围之大与我国的台湾差不多。凯恩斯是距大堡礁群最近的城市之一，也是欲去大堡礁观光的游客集散地。

抵达后先观看棕榈湾和弗莱克植物园两个景区，风光挺美，之后入住酒店休息。凯恩斯的游船码头对外开放，城市夜景也很柔美，游客可留意关注。

第5天 凯恩斯→大堡礁

乘游船去绿岛观光。绿岛是大堡礁群礁中最常规的观光点，它的地位和含义与北京的八达岭长城相似——北京有许多与长城有关的旅游区，如八达岭、金山岭、慕田峪、箭扣等，其中八达岭是人们最常去的标志性景点。绿岛上有白色沙滩、绿色丛林，还有简单的餐厅和客房。岛上的旅游度假设施水平很一般，比我国三亚的蜈支洲和分界洲岛差得远。但在岛上看到的海景很漂亮，乘坐玻璃底船观看水底世界也会让人感到情趣盎然。

第6天 凯恩斯→布里斯班→黄金海岸（飞行约2小时）

先从凯恩斯飞往澳大利亚第三大城市布里斯班，短暂观光后，乘车去往黄金海岸。

黄金海岸的观光重头戏是乘直升机在空中俯瞰城市全景——直升机飞行速度很快，起飞后会在天上转两圈，用时共 5 分钟。请切记登机时要坐在机舱的第一排座位上，靠右边为好，这样能透过机窗观赏拍摄到碧海金沙相映和高楼林立壮观气派的名城佳景。

第 7 天 黄金海岸观光

早上有短暂的自由活动时间，可以自行到海边，畅观这里的无边碧海和金色沙滩。之后游览华纳兄弟电影世界，这是一处大型主题公园，与美国的好莱坞影视城功能相似，但规模略小，不过园中制造出的新奇场景和欢声笑语令人无比快活和震撼。

下午去狂野水世界，游乐效果一般，因为我们国内欢乐谷一类的大型游乐园多得是，所以见到这样的地方一点都没有新鲜感。不过若是盛夏时节抵达，还是可以在其中玩得很开心。

第 8 天 布里斯班或黄金海岸→奥克兰 （飞行约 3.5 小时）

早晨乘飞机飞往新西兰奥克兰，它是新西兰第一大城市，飞行时间约为 2 小时。抵达后立即开始游览。主要活动有伊甸山顶观光、观看市区风貌和参观帕内尔文化区等，游客按指定行程行进即可。

第 9 天 奥克兰→罗托鲁阿 (车程约 3.5 小时)

本日的游览内容很丰富，主要是在罗吐鲁阿一带，所到之处新西兰当地特色浓郁、特色鲜明。虽然没有见到名山大川，但沿途风光柔美且多彩多姿，按规定内容观光就行。

第 10 天 罗托鲁阿→奥克兰 (车程约 3.5 小时)→墨尔本 （飞行约 4 小时）

白天在新西兰罗吐鲁阿和奥克兰游览，晚上飞往澳大利亚墨尔本。在新西兰的游程中有一个观光大亮点，就是市府花园（即罗托鲁阿艺术与历史博物馆 ）。它是一片造型绝美的红顶黄墙英式风格建筑群，颇具迷人风姿神韵，以它为背景拍摄风景和人像照，是您到过新西兰的绝好证明和珍贵纪念。

第 11 天 墨尔本城市观光

全天游览澳大利亚墨尔 墨尔本涂鸦一条街特色十足，街景奇异迷人本。规定游程中列举的观光内容非常清楚，也很丰富。墨尔本虽然享有"花园城市"的美名，但它的城市中心区没有悉尼那么好看，也缺少像悉尼歌剧院和跨海大桥那样的标志性景观。不过我们不必求全责备，只要把本日规定的行程认真走完，那观光效果还是会让人感到满意开心。

晚上或次日凌晨乘飞机飞往新加坡。

第 12 天 墨尔本→新加坡→北京（飞行约 11 小时）　参考航班：SQ218

清晨到新加坡，换机飞往北京，下午抵达，游览圆满结束。

关于此线餐饮、住宿、行车、游览、购物、娱乐各个环节的具体说明和指导

1. 🍜 餐饮

早餐在住宿的宾馆酒店内吃，全是西式餐，营养成分绝对够用。正餐是在中餐馆吃，10 人一桌，6 菜 1 汤，大致是三荤三素的搭配，吃饱应该不成问题。

2. 🏨 住宿

全程住当地四星级酒店，偶尔会住一晚三星的，当然评星标准比国内略低，但条件设施尚好，能达到干净、舒适的标准。

3. 🚗 行车

澳大利亚地域辽阔，城市间相距较远。在澳大利亚各个主要城市之间，都是乘飞机穿行往返，没有乘火车和旅游大巴的。澳大利亚到新西兰之间，更是要飞越太平洋的辽阔海面。所以全程（含往返路程）共飞行了 8 次，游客可能会感到些许辛苦，这也是本线在交通方面的特点。至于在澳大利亚同一城市和在新西兰境内的观光途中，公路路况和车况都很好，这一点完全可以放心。

4. 👥 游览

本线路游览内容丰富，至少在澳大利亚境内经过的每个城市景点和景区都是很全面、很丰富的（所以团费的收费标准也不算低），游客按规定线路行进即可获得满意观光效果。当然导游会在途中推出一些自费项目，比如乘飞机从空中俯瞰大堡礁全景。笔者认为它们并不是游程中不可缺少的组成部分——如果参加了，效果会锦上添花。但如果不参加，一点损失和遗憾也没有。

发烧友关照：如何在澳大利亚和新西兰玩得高兴开心？

1. 澳、新是南半球两个重要的国家，风光好且生活水平也很高。国人一定要抽出时间去那里欢乐一游。

2. 要选合适的季节前往，北半球的夏季（指 6—9 月）在南半球的澳、新两国则是冬天，这期间前去游览效果欠佳——一般到 4 月、5 月，南半球就到了秋天。澳洲的

气温还不太冷，但是新西兰的某些城市树叶就会脱落了，景点风光就可能会打折扣。所以，在我国的冬季（指11月至次年4月）去澳、新观光效果最好。

3. 去澳洲，悉尼肯定是观光重头戏——重头戏中的重头戏就是观拍造型奇异的悉尼大剧院了。团队会到大剧院的两侧都进行观光拍摄，由于时间的关系，这两侧必定有一侧是正光而此时另一侧就是必然的逆光。建议团友集体出面与导游商议，在阳光正面照射的时候去往麦考利夫人椅子那里，从那个角度拍的大剧院和跨海大桥画面是经典是绝配。如果是逆光时到那里，可能会让您垂头丧气、懊悔不已——团队的观光顺序是可以调整的，一定要与导游认真交涉，以便实现自己的目标和心愿。

4. 去澳大利亚和新西兰观光团队线路有区别，建议您报名参团时，大堡礁这个地方一定要有，没有大堡礁的线路最好别去，因为它的观光效果不够完美。

5. 在大堡礁观光时，一般团队要选择去绿岛，它是大堡礁的一部分，也是大堡礁常规的游览中心，观光效果还行。有的团队导游为了多挣外块，对游客说绿岛不是大堡礁的组成部分，而真正的大堡礁要乘观光飞机从空中才能看到，而乘飞机观景是自费项目，至少需要1000元人民币，希望您自行分辨并选择。

6. 乘飞机从空中观赏大堡礁美景也不是不可以，但是需要提前预约——一般是约到次日。如欲参与这个项目一定要留意第二天的天气状况，因为天气好时，光线好水上的风光才好看。只有晴朗天气阳光才能照进水底，水下的大片珊瑚礁才会折射出五彩缤纷的光泽。若天气是阴沉的，海面上就会混沌一片，看不到好风景，您这1000元就彻底白花了。

凯恩斯绿岛海滨风光

7. 凯恩斯市区各类旅行社的门店特别多，每家都有大堡礁空中观光和水下潜游的项目，而且分不同的区域和不同的观光地点，游客自己购票参与也行，可以作为规定项目中的观光补充。

8. 乘直升机观赏市区全景是黄金海岸观光最激动和震撼人心的方式，可以见到数百幢高层建筑新楼的美丽身姿和无边大海的千重银浪、万顷碧波均可收入眼底。但直升机只飞行5分钟，在城市上空绕两圈就落地，可以说美景是稍纵即逝。所以上飞机时一定要把握时机，要坐在第一排右侧靠窗的座位，只有这个位置才能透过机窗观拍到黄金海岸的壮丽全景。

9. 在黄金海岸的那天，一定要早点起床，去海边迎接东方升起的冉冉朝阳——清晨的海边没有游人，分外宁静，沐浴金色霞光和轻柔海风，与金沙银浪相依相偎相融，如诗如梦。

10. 华纳兄弟影视城同美国的好莱坞一样，园内的游乐和互动项目极多，都是制造梦想和奇迹的地方。好好体味这半天的欢乐时光吧！最大限度地忘掉心中的阴郁和烦恼，生活中本来就应该充满阳光。

11. 本线游程由于时间紧凑，并没有在新西兰把美景看全，没看到名山大川和足以振奋人心的重量级景观，但是新西兰的佳景并不少，足以支撑一周左右甚至更长时间的深度游览。在时间和经费都方便时，建议您补上这一程。

帕劳全景 5 日游

宝岛虽小但游乐方式丰富多样

22. 帕劳，宝岛虽小但游乐方式丰富多样

笔者是无意中看到了国内一家旅行社发布的广告和宣传材料后报名交费，去太平洋上的岛国帕劳做了 5 天短暂的观光游览。游览结束后我的感受用 4 个字就可以完全概括，那就是"喜出望外"——帕劳的风光好美，海疆宽广，礁岛秀立，热带风光极为绚丽多彩；帕劳的观光亮点真多，有水母湖、牛奶湖、大断层、情人桥，处处都是风姿绰约，美丽动人；帕劳的社会稳定、治安状况良好，游人在那里感到平静安宁、踏实放心；帕劳的民风很淳朴，那里的居民很真挚，那里的笑脸很迷人。因此，我真心地建议大家抽时间去帕劳开心一游，这个美丽的国家会给您带来温馨难忘的美好记忆！

帕劳老爷大酒店外景

☀ **当地气候**

　　一年四季皆宜游览，5—10 月为雨季，11 月至来年 4 月为旱季，这两个季节，游人的感受各有千秋。

✈ 对外交通

我国香港和澳门有航班同帕劳首都（科罗尔）梅莱凯奥克对飞，澳门飞帕劳约需5个小时。

🈁 签证制度

帕劳对外国游客施行落地签政策。

🕐 时差

帕劳时间比北京时间快1小时。

为您介绍此条线路的观光亮点和特点

1. 飞越太平洋，畅观帕劳美丽的宝岛风情，是充满诱惑力的全新体验。

2. 既有岛上陆地观光，又能乘船出海饱览大洋深处的水上风情，还有数次潜水游乐的机会，可把水下世界的多姿多彩尽收眼底，观光感受无比快乐开心！

3. 从澳门或香港乘飞机前往，可顺路在港澳畅快一游，可谓是锦上又添花，美妙感觉更上一层楼。

笔者对此条线路的总体观光指导

1. 目前国内旅行社推出的帕劳行多是半参团游或称为半自助游，游客交费后由旅行社提供机票安排好当地酒店住宿，理论上说是抵达后自行安排岛上的观光和游览。旅行社不提供全程领队和导游。

2. 但是为了方便游客，旅行社一定会推出订制好的当地一日游套餐，一般推出2~3种一日游套餐；游客出发前在国内即可预订这样的套餐——一般会预订两个一日游套餐——这样在帕劳共停留3天，既有两天固定的游览内容且非常丰富充实，又有当地导游陪同引领，有专车接送，还送精美正餐，这样在当地可以玩得非常圆满开心。

3. 旅行社提供的一日游都是以出海为主，既看海上风光又能潜泳，饱览水下世界的惊人美景。但如果游客不愿意购买一日游套餐，那理论上只能在陆地上观景——帕劳的海岛和海滨风光也挺美，这样能省下一些费用，效果也不错。

4. 建议您购买1~2个一日游套餐（每个一般800~1000元），因为物有所值。抵达帕劳后，先有专人接机，后送酒店住宿休息。参加套餐游览时，早上导游会开车到酒店接您去乘船出海，一切都方便。游客到了帕劳如果不出海观光而只在陆地上呆着，那观感会打折扣。笔者认为来到帕劳不是为了省钱，而是要最大限度地获取愉悦和欢欣。

旅行社公布的指定游程安排：帕劳全景 5 日游

第 1 天 从澳门乘机，飞往帕劳。

第 2 天 帕劳海上观光（套餐项目）：浮潜教学→七彩软珊瑚洞→情人桥→ 德国水道 →无人岛→七十群岛 →大断层

　　早餐：酒店　午餐：当地特色美食　晚餐：自理

　　早餐后随即展开帕劳海上浮潜之旅。专业导游将细心地向每位旅客教授浮潜的基本常识，让各位游客能在辽阔的帕劳海域，轻松地漂浮在海上观看着美丽的海洋世界。

　　抵达世界七大海底奇景之一的七彩软珊瑚洞，您会立即被眼前炫丽的景色所震撼。在这里，游客以浮潜方式就能看到五彩缤纷、色泽艳丽的软珊瑚奇景。

　　情人桥是矗立在海上的美丽岩礁，据说在此拍摄的情侣和夫妻皆能白头到老，您一定要在这儿拍下美丽的纪念照。

　　在前往海底奇景大断层的途中，游船先要穿越德国水道。这条笔直的水道贯穿着

帕劳群岛奇丽海景

帕劳环礁，它是由德国人兴建的，始于 1900 年左右，当时是以炸药炸开环礁，开通出了一条可以连结安佳尔岛的水道，以便运送磷矿。由于中间的礁石被炸掉了，所以形成了奇异独特的洋流和暗礁景观。

　　中午在无人岛享用午餐，品尝当地特色美食包括海鲜火锅、当地蔬果、饮料、蒸鱼。

　　随后沿途欣赏世界自然遗产七十岛礁岛林立的神秘景色。

大断层是一个高度落差达数百米深的水下岩石断崖，这个断崖最浅处离水平面只有1米距离，而最深处则达到600余米，这里是所有浮潜行程中最受大家欢迎和喜爱的地方。有成群的热带鱼在水下遨游，组成一幅美丽的画面。帕劳约有1500多种鱼类和800多种软硬珊瑚，在大断层海域就可以看到其中的绝大部分。大断层的奇景一定会给您带来新奇和感动。

第3天 帕劳海上观光（套餐项目）：牛奶湖→蓝色珊瑚礁→长沙滩→水母湖

早餐：酒店 午餐：BBQ烤肉＋当地特色美食＋当地蔬果＋饮料无限畅饮＋蒸鱼
晚餐：自理——导游可以免费接送您去市区享用美味海鲜餐

早上去的第一个景点就是令人惊叹的牛奶湖，这是一座天然潟湖，它的湖底蕴藏了大量的雪白火山泥，在阳光的照耀下显出牛奶一样的乳白色，所以就被称为"牛奶湖"。这些乳白色的火山软泥中含有丰富的矿物质、盐分及少量的硫黄，爱美的您可以在那洗浴，让天然养分滋润您的皮肤。经验丰富而又服务热情的导游在船只到达后还会纵身下海，从底下挖上牛奶泥供大家涂抹，做全身水疗。

洛克群岛中有座小岛，这里的海水像水晶般透明清澈，水面下长满了多种各色各样茂密的珊瑚，由于其中有难得一见的蓝色鹿角珊瑚，因此此地被命名蓝色珊瑚礁。这里的珊瑚群生长得非常自然完整，就像是座海中的珊瑚花园，吸引着众多浮潜爱好者前来观光拍摄。

本日的午餐在写真拍摄的最佳场景长滩岛享用，请携带相机到这里尽情发挥，随手一拍都是美景。运气好的话，到了退潮时分，整片细长一直延伸到天边的雪白沙滩就会完整露出，碧水金沙的景色相当美丽动人。此外还会提供草裙等特色服饰供各位穿着拍照，让游客免费完成海岛写真留影的愿望。

本日的观光重点是公认的世界七大海上奇观之首——水母湖，这是帕劳最出名的景点。在这您必须先爬过一座小山，之后会看见一个山中的湖泊，它的底部与外海相通，每天清晨，需进行光合作用的水母会从湖底漂浮上来，这样就形成了成千上万呈粉橘透明色的有无毒水母在湖水间翩翩起舞的动人画面，带给游客前所未有的视觉美感。水母湖的水母对人类无害，所以尽可放心地在这里遨游。提示：请不要将外来物品带入水母湖，在进入水母湖之前尽量不要抹防晒霜，请不要试图带走小水母也不要将水母托出水面。

♥ 温馨提示

1. 如时间允许，导游会推荐更多精彩景点，游客可根据自身兴趣自愿选择，付费参与，如未选择，请于船上耐心等候。

2. 本行程罗列的景点观光顺序仅供参考，出游时应以当地导游根据洋流天气路线等因素做出的实际安排为准。

第4天　全天自由活动。

第5天　上午自由活动，午后乘飞机离开帕劳飞往澳门，游览结束。

笔者对每天具体游程做出的观光指导和提示

KB 大桥，帕劳最重要的跨海交通要道

第1天　澳门乘机，飞往帕劳。

从澳门机场登机，直飞帕劳首都科罗。抵达后有当地导游接机，乘专车到酒店休息。

第2天　帕劳海上观光（套餐项目）：浮潜教学→七彩软珊瑚洞→情人桥→ 德国水道 →无人岛→七十群岛 →大断层

原则上是自由活动，自己安排。规定行程中推荐了一日游的套餐，您尽可参与。内容很丰富、很充实，既有海上美景观光（含德国水道、大断层、长沙滩、情人桥等著名景观），又有水下潜泳，这样水上风光的辽阔壮美和水下佳景的神奇瑰丽、多姿多彩您就算是看全了。中午还能品尝特色午餐，晚上还能享用海鲜宴，席间还有特色民族歌舞表演。这一天的行程足够让您高兴开心。

第3天　帕劳海上观光（套餐项目）：牛奶湖→蓝色珊瑚礁→长沙滩→水母湖

今天理论上还是自由活动，但仍然可以参加旅行社推荐的一日游套餐，内含牛奶湖、蜜月岛、黄金水母湖、美人鱼水道等多处景点，还有水下浮潜观光摄影等游乐活动。午间仍有丰盛午餐。这一天的观光体验亦可算是丰富多彩，神奇诱人。

第 4 天　全天自由活动。

海上海下的美景前两天您基本上看全了。今天应该彻底放松，不再受行程的束缚，在几个主要岛屿上随便逛随便转，玩到哪儿算哪儿——获取身心最大的自由和快感。当然即使是随便转也可以有个大概的目标，建议您去巴贝尔岛上的总统府看一下，那是帕劳最有特色的建筑；也可以从巴贝尔岛东侧的 KB 大桥（这是帕劳最有名的跨海大桥）一直步行到科罗岛东侧的老爷大酒店，那是岛上最豪华也是最漂亮的酒店，店前是帕劳最美的海滩。贯穿全岛的步行虽然有点累，但能把该国首都的有名街区都看清楚，是非常清新和幸福的体验。

第 5 天　上午自由活动，午后乘飞机离开帕劳飞往澳门，游览结束。

上午在帕劳自由活动继续游玩观景，中午有当地导游送机场，午后乘机飞回澳门。

发烧友关照：如何在帕劳玩得省钱又开心？

1. 选好住宿的酒店，您支出的费用多少是和住宿酒店的级别挂钩的。以上文的 5 日游来说，住豪华酒店如老爷酒店、假日酒店等费用可达近万元甚至是万元出头，住普通的宾馆可能只需 5000 元左右。欲在之中找平衡，可选择中档的酒店，比如爱尔森林度假村，费用 6000 元上下，且条件尚好，尼莫之家等经济酒店还要更便宜一些。

2. 不同的酒店，提供餐食的状况也不同，有的提供早餐，有的三餐全含。帕劳的物价很贵，如果自行解决正餐，一菜一汤加米饭约需人民币 200 元。如果买点心面包和一个肉罐头，填饱肚子约需 30 元。

3. 海边上的风光和水下的奇景，参加一日游都可以看到。陆地上的观光亮点大概有 3 处，分别是：A. 总统府，在大岛（巴贝尔岛）上，外观独特，个性鲜明，是帕劳最有观拍价值的建筑物之一。它的位置离帕劳主岛科罗岛约有 35 千米远，打车往返约需 100 美元。B. KB 跨海大桥，桥型挺美，独具风姿，游客远观近拍皆可入画。C. 科罗岛上的老爷大酒店和酒店前的海域，是岛上豪华宾馆最多、精美建筑最密集的地方，这里的海滨风光也最美。建议在此停留至少 3 个小时时间。

4. 岛上基本无公交车，出行一是可以步行，反正市中心的核心位置区域（即主要街道旁的帛硫大酒店一带）大致只有一千米长，步行就可以。但是从这走到老爷酒店，就需要 1.5 小时。二是可以打车，但出租车极少，据说只有 10 辆。所以想出远门，最好让酒店前台联系车辆，但车费可真是不便宜。

5. 旅行社推出的几个一日游套餐，可以出发前在国内预订购买也可在帕劳当地买，但价格有很大差异。在国内买便宜，到了当地再买至少贵 20%，可是到了当地买更灵活——比如今天看天气阴沉观拍效果不好，那可以改为明天去；在国内买好了，就没有如此变通和调整的余地了。

6. 几个出海观光的一日游，开心是开心，但还真有点儿累——因为观光游乐内容挺多，您得一一体验尝试。帕劳天气很热，室外待的时间长了暑热难忍。还有就是要长时间穿着潜水服，很闷，不透气。所以出海前一天，您必须休息好，攒够了充足的体力，才能战胜困难和不便，获取神奇美妙的观光经历和记忆。

7. 最后提示您：帕劳的景色非常美，海上风光开阔壮丽、水下奇观多彩多姿。任何人前去一游，都会满意而归。因此，笔者向大家强力推荐！

跨越大洋去斐济

海上奇景令人赞叹不绝

23. 跨越大洋去斐济，300 余个岛屿构成的海上奇景令人赞叹不绝

斐济，我心中的人间天堂——"当我离开了寒风凛冽的祖国北方，迎着朝阳飞行8000 千米来到太平洋海上。机窗外有千朵祥云掠过蓝天，脚下是万顷碧波泛起金涛银浪。332 个岛屿撒遍海疆，犹如珍珠玛瑙般熠熠闪光。这个美丽的国家叫斐济，它是我心中的人间天堂。"

以上是笔者创作的《斐济——我心中的人间天堂》这首歌的第一段歌词，这个太平洋上的岛屿国家，就像歌中唱得这么美丽和漂亮。

斐济群岛位于南太平洋的中心，由 332 个岛礁组成，介于赤道与南回归线之间。斐济气候温暖，佳景云集，到处都有如诗如画的美丽风光，是世界著名的度假胜地、旅游天堂。这里的田野是绿色的，随处可见似锦的繁花和浓密的椰林；这里的海滩是金银两色的组合体，金色沙滩和洁白浪花相依偎，变幻出无数美丽动人的花边和图案；这里的海洋是彩色的，蓝色的海波与各式珊瑚、热带鱼类交相映衬，显得那么色彩艳丽、五彩缤纷。斐济有完善的度假设施和品种齐全的游乐项目，任何人来到斐济，都会有新奇精彩的发现，都会度过一段令人如痴如醉般的美妙时光。下面就让我为您介绍去斐济旅游的有关注意事项。

斐济丹娜努岛热带风光

☼ 当地气候

全年皆可游览，但 5—10 月为旅游最佳时节。

✈ 对外交通

北、上、深、港有航班与斐济对飞，其中上海飞往楠迪用时约 12 小时。

▣ 签证制度

中国游客去斐济享受免签政策，来去自由。

🕐 时差

斐济苏瓦时间比北京时间快 4 小时。

为您介绍此条线路的观光亮点和特点

斐济的旅游资源极为丰富且个性鲜明。它由 332 个岛屿组成（其中有人居住的约有 106 个）。这里碧海无边、礁岛秀丽、佳景如云，随处可见如诗如画般的绚丽风光。斐济的旅游景区和风景名胜数量太多，可以说到处都是观光亮点，但是它的重点又很突出——主要的游客集散地和美景聚集区都在群岛中最大的维提岛上及这个岛屿周边。所以说欲去斐济旅游首先应该到达维提岛，这个岛上最重要的城市是楠迪，以楠迪为中心向四周辐射，即可拥有满意的游乐效果。

楠迪岛上的旅游景观很多也很集中，主要有丹娜努岛、丹娜劳港、沙巴马尼亚湿婆庙、斐济文化中心、沉睡巨人花园、楠迪文化村等等。另外，楠迪的中心商业街也值得逛一逛。

在上边列举的这些观光亮点中，笔者认为前 4 个最有观光价值。

1. 丹娜努岛

在楠迪市区的西北方向，与维提岛只有一河之隔。岛上的空间很大且绿化和植被很好，到处是繁花似锦、绿草如茵、椰林茂密。深秋时节，高大的扶桑树上朵朵红花绽开，花蕊朝天怒放，更把宝岛风光装点的五色缤纷，艳丽夺目。

丹娜努岛是斐济的旅游特区，除各国游客以外，当地人一般是不能随意上岛的，所以岛上的秩序和生活基调非常祥和稳定、井然有序。几乎楠迪所有高级的五星酒店都在这里，每家酒店都占据了海滨的最佳位置，都有秀美的沙滩、浓密的热带丛林和漂亮的泳池，店内设施的豪华和气派更是不言而喻，所以每家酒店都是一个旅游天堂和极乐世界。只要游人在酒店内住宿美食休闲娱乐，即可得到最高级的美妙体验和享受。

2. 丹娜劳港

在丹娜努岛的西南方向，是楠迪最大的游船港口之一，所有的海上娱乐项目都从这里开始，去所有的旅游岛都要在这登船。港口内泊满各式外观新颖建造精美的客轮和游艇，与蓝天白云碧水清波相映，给人以赏心悦目的美好感觉。港口内街景云集，还有漂亮的商业区，餐厅、酒吧、咖啡厅等，白天人头攒动热闹非凡，晚间彩灯齐放霓虹闪烁，很有诗情画意。游客白天从这里登船出海观光，黄昏时回到这享受美食娱乐，得到的全是温馨难忘的美好记忆。

3. 沙巴马尼亚湿婆庙

是楠迪岛上最大的印度神庙，紧邻楠迪的中心商业街区。庙的规模并不太大，身姿也谈不上岿巍，但它造型非常精美。尤其是寺庙的外观颜色非常鲜艳，用五色缤纷、

沙巴马尼亚湿婆庙色彩鲜艳，建造精美，独具风姿神韵

光彩照人来形容丝毫也不过分。它是斐济特色建筑中的佼佼者，更是游客不可遗漏的必观之景——如果从一张人像纪念照的背景上就能看出和认定您去过了斐济的楠迪市，那这个背景一定是沙巴马尼亚湿婆庙。

4. 楠迪市区的中心街东大街

楠迪市最热闹繁华的商业街，全长也就是一千米左右，街两侧全是商厦和店铺，各式餐厅饭店也是一应俱全。说实话，这条街两边的建筑外观和规模比不上我们国内任何一个县城的中心街，但它却是整个楠迪市区人气最旺的街区。斐济当地居民的民风习俗和市井人情在这里体现得淋漓尽致。所以去这条街观光购物，看看当地人的生活场景和生活状态，很有乐趣很有兴味。在楠迪的观光日程中，这应该是不可遗漏的重要内容。

笔者认为上边的4个地方是游客的观光重点，一定要认真关注。楠迪文化村、沉睡巨人花园等可随后观览。

不过，光看上面几个景点还不行，因为斐济还有更漂亮的风景，那就是位于深海上的各个岛屿，也就是游人说的"外岛"。外岛是相当于内岛而言的——丹娜务岛就是内岛，它紧邻楠迪市区（只有一河一桥之隔），岛的概念并不鲜明。而"外岛"远离楠迪陆地，大洋深处的海景太辽阔、太壮美、太诱人了。

楠迪周边有许多"外岛"，比如玛娜岛、金银岛、玛洛洛岛、玛拉玛拉岛、玛塔玛妈阿岛、玛玛努卡群岛等，虽然它们的风光不同、岛上的游乐设施不同，但都有观光价值，游客可根据自身情况自由选择。笔者向大家推荐的两个岛屿是玛拉玛拉岛和玛玛努卡群岛。

A. 玛拉玛拉岛

这个岛被当地人称为"海岛俱乐部"，大概是在岛上可以玩得既省钱又开心的意思。它距楠迪不太远，距丹娜务岛船程约需45分钟。玛拉玛拉岛面积不太大，但景色很不错，这里有金黄的沙滩和碧澈的海水，岛上亦长满茂密丛林。此外还有非常好的露天泳池和餐厅，游人可以在这里参与各式水上游乐项目，阳光浴、沙滩浴和特色午餐给人的感觉也很美妙，令游客满意和开心。

但是这个岛上没有宾馆酒店，因此没法住宿，所以游客到此都是一日游，早出晚归。但正是这个原因，使得这个岛上的观光费用很便宜，所以很有吸引力。笔者予以重点推荐。

B. 玛玛卡努群岛

丹娜努岛海滨风光

由 20 多个岛屿组成，玛娜岛是其中的杰出代表，它离丹娜努岛稍远一些，约有 1 个多小时的船程。这里地处深海，海水水质绝佳，清澈无比。岛上娱乐设施极多，乘船、浮潜、滑翔伞和热气球等一应俱全，可以说不论是上天还是下海，全都由您随心所欲。更重要的是，这里许多岛上都有宾馆酒店，游人可以短游又可长住，所以时间充裕且经费充足的游客，都会来此度过他们在斐济的美妙时光。

去斐济的观光游乐方式

国内有不少旅行社经营斐济旅游的项目，几乎全是半自助游，即旅行社负责预订机票和酒店住宿，游客抵达楠迪后自己安排观光游览。由于楠迪市区各个景区相距不是太远，交通还算便利（公交车不多但出租车不少），所以半自助游完全可以玩得省钱又开心。

笔者对此条线路的总体观光指导

别看斐济全国景区不少，但目前外国游客主要是去维提岛的楠迪市，因此在这里抓住观光要点很容易——笔者把这个事概括成"四个一"，即"一座庙、一条街、一个内岛、一个外岛"。"一座庙"就是沙巴马尼亚湿婆庙，最具观拍价值；"一条街"就是楠迪的中心商业街东大街，这里可以休闲购物，更能观赏当地的民俗风情；"一个内岛"就是丹娜努岛，至少应该在那玩两天；"一个外岛"可任选，笔者推荐的是玛拉拉岛和玛玛努卡群岛二选一，在那里可以看到斐济最漂亮的海上风光。若是时间和经费都充足，可以两岛全选，那观光效果绝对是更上一层楼，太棒了！

旅行家指导：如何在斐济玩得高兴开心？

1. 选好旅行社，因为售后服务很重要。笔者向您郑重推荐携程旅游网，他们服务热情周到，宾客至上。

2. 选好一个酒店，因为去斐济旅游基本上是一个酒店连续住，不换地方。

3. 楠迪商业街东大街的西口和沙巴马尼亚湿婆庙紧挨着，可以一并观览。

4. 如果住在丹娜努岛上的酒店，那么步行观景，即可看遍岛上的美丽观光。

5. 如果住楠迪市区的酒店，去丹娜努岛也方便，打车半小时可到，车费约需 10 美元。另外中心商业街东大街东口有公交车去丹娜努岛港口，车费约 1 美元。

6. 丹娜劳港的售票处出售去各个"外岛"的船票，游人可随意选择。但发船时间大都在早晨，因此最好提前一天购票，否则早上出发时再买票可能来不及。去每个外岛每天大概就是一班船，过了这村就没有这个店了。

7. 丹娜努岛上的各家豪华酒店全是设施和环境俱佳，它们都没有围墙或是围栏，门卫也不盘问和阻拦客人，酒店的大堂和餐厅都可自由出入。因此您可以在各家酒店随意穿行，看最好的海景，享受最赏心悦目的园林风光，品尝各俱特色的风味美食。在斐济"玩酒店"的经历记忆真美妙，让人永久难忘。

8. 如果在玛拉玛拉岛和玛玛努卡群岛之间做观光选择，笔者认为后者的风光和观光效果略胜一筹，虽然费用稍高一点但物有所值。

9. 斐济的交通和酒店业很发达，全自助游也丝毫没有问题。但笔者还是建议您参与半自助游，因为有专业团队给您"兜底撑腰"，旅途中的一切都不成问题。

发烧友关照：为您介绍节约旅费的窍门

去斐济，消费水平和旅费支出的标准差异在选择不同酒店住宿这个环节上体现得最明确了——同样是 5 晚 7 天的行程，住在丹娜努岛上临海的五星级酒店至少要 10000 元以上，达到 12000~15000 元也很常见。可住在市区的酒店度假村，可以找到 6000 至 7000 元的地方。比如诺富特度假村位置不错，庭院风光也很好，有露天泳池，除了不邻海以外没有任何短板，可费用只要 7000 元出头。从这个酒店去丹娜努岛打车约需 12 美元，半小时后即可抵达，到了之后即可观赏和享受美丽的滨海风光。以居住 5 晚每天去丹娜努岛打车往返一次来计算，每天约需 24 美元，5 天共 120 美元，折合人民币才 850 元左右。弥补了酒店不临海的缺陷，比住丹娜努岛的酒店少花了至少数千元，这笔账太划算了。再说丹娜努岛上风光虽然好，但是它周边的海水质量不是太出色，宾馆酒店多了肯定有污染。反正您还要去玛拉玛拉岛或是玛玛努卡群岛观光，所以能见到大洋深处美丽海岛的如画风光，那么是不是一定要住在丹娜努岛的海景酒店里，

诺富特度假村环境优美，景色迷人

真的就不是那么重要了。所以我上边的建议可供您认真参考。

亮点闪击·旅途花絮

1. 斐济的国花是扶桑花，据说是从中国繁育过去的，别名叫"中国蔷薇"。2025年是中国与斐济建交 50 周年，两国关系很好很密切，斐济对中国游客实行免签政策，当地人对中国人非常友好非常热情。

2. 玛娜努岛也是观赏日出和日落的绝好地点。一天黄昏，我看到一对情侣相依相随漫步在海边沙滩上，他们知道自己在享受优美的风光和意境，但他们没有意识到自己的身姿倩影已和阳光、海水和沙滩一起，组合成了一幅美丽画面，为我们带来绝美的观感，让人感到好柔美、好温馨。

3. 在斐济，不光能看到好风景，还能领略到美丽的田园风情，当地的民风民俗也非常多姿多彩。当地人对外国人非常友好，问候都是主动说出来，次数之多真到了不绝于耳的程度。您若想请他们帮忙拍摄，他们绝对有求必应且无比落落大方，喜悦发自内心。

4. 所以到斐济观光游乐，笔者最大的收获是寻找到了世上罕见的那种无忧无虑、无拘无束、轻松随意、健康阳光的生活态度和方式。要是我们都活得这么开心自在就好了，更何况那里还有秀美动人的风光和绚丽多彩的民族风情。

5. 斐济的胖人很多，许多人体重都在 200 斤以上，但是他们在当地只能算是中等身材，因为 300 多斤的人也很常见。肥胖是富足美满兴旺的象征——这一点和岛国汤加的国情相同，胖人会受到全社会的尊重。

6. 在斐济，男人女人都穿裙子、头发上都插花戴花，这几乎是所有人的习惯。虽然这里高温、高湿且多雨，人们当然爱出汗，但他们肯定用了特殊的肥皂和香水，因为每个人身上都飘散出淡淡的芬香气味，活得很讲究、很用心、很有质量。

7. 在斐济，每个人都会对您笑脸相迎。当地人之间，经常也会瞬时间开怀大笑。气候温和、风调雨顺、生活富足、身心健康而又没什么压力，甚至就是完全与世无争，在这里只有笑的理由，实在找不出哭泣和皱眉的缘由。

8. 斐济真是个好地方，地处大洋深处安静的一隅，阳光充足，雨量充沛，气候温和，风光秀丽，远离无休无止的矛盾纷争，真是一个少有的乐土仙境，非常令人留恋和向往。这也是我在歌词中把这个国家称为"人间天堂"的理由和原因。

本章用两段歌词作为结束语：

前面我们展示了《斐济——我心中的人间天堂》这首歌的第一段歌词，后面还有两段歌词，我继续把它们分享给大家，作为本章节精彩的结束语。第二段是："苍翠的峰峦辉映着碧绿的田垄，清澈的河水闪烁着美丽波光，挺拔的椰林撑起擎天巨伞，似锦的繁花盛开在原野山乡。湿润的海风吹拂着每座礁岛，晶莹的雨珠滋润出桃李芬芳。这个富饶的国家叫斐济，宝岛风情带给您无限安宁吉祥。"

第三段歌词是："乘滑翔机到高空俯瞰大海，驾摩托艇在大洋上犁波耕浪，登上宝岛近看热带雨林瑰丽风景，潜水到碧波下畅观海底世界异彩奇光。斐济观光令人无比开心畅快，旅游带来的美感举世无双。人生最大的幸福是自由和潇洒，愿我的心永远在太平洋的云空间展翅高翔。"

以上三段歌词都是笔者自己写的，还没来得及找人谱曲呢。各位读者朋友之中有谁是音乐家、作曲家，能帮我把上边的歌词谱上曲吗？必有重谢啊！

玛拉玛拉岛，斐济海上的度假天堂

朝鲜平壤、开城、妙香山

探访独具特色的神秘国度

24. 跨过鸭绿江去朝鲜，探访独具特色的神秘国度

朝鲜全称叫朝鲜民主主义人民共和国，是我国的近邻。它西临黄海，与我国的山东省隔海相望；北临鸭绿江，与我国辽宁、吉林两省相依相偎。在丹东，中朝两国的界河鸭绿江江面大致有 1000~2000 米宽；到了江的上游长白县县城，江水就只有几十米宽了；再往上走几十千米，鸭绿江就变成几米宽的涓涓细流了，而到了长白山山麓，除了地面上按规定距离设置的界碑外，中朝两国的国土就完全连接在一起了。

因为是山水相依的近邻，中国游客赴朝旅游非常容易——一般从丹东出境，开销2600~3000 元人民币，就可以完成一次 4 天 3 晚的标准行程了。

朝鲜有名山，金刚山、妙香山风光都很美；朝鲜有大江，鸭绿江水清波荡漾，两岸景色秀丽风光如画；朝鲜有名城，首都平壤是外国游客重点观光区域。

朝鲜的对外开放程度不高，许多事情并不能跟外边的世界完全接轨。但也正因为如此，这个国度颇显特殊

屹立在平壤市区的金日成和金正日铜像

和神秘。大家应该在合适的时间和合适的季节，去朝鲜做一次常规而标准的观光游览，发现和感受这种特殊和神秘是件很有意思也很有意义的事。

☀ 当地气候
每年 4 月至 10 月为旅游季节，冬天不适合观光。

✈ 对外交通
北京等城市有航班直飞朝鲜首都平壤。陆路交通主要是从辽宁丹东出境，乘火车抵达朝鲜平壤。

▣ 签证制度
中国游客去朝鲜旅游，只有跟团游，四日游及以上需办理签证，手续不复杂。

⏱ 时差
朝鲜平壤时间比北京时间快 1 小时。

笔者对此条线路的总体观光指导

1. 朝鲜确实是个特殊的国度，百姓的生活方式、生活水准都与当今世界上的许多国家不一样，这也正是让外国游客感到陌生和新奇的地方。所以，去朝鲜观光亦算是探奇览胜，相信会有新的发现和收获。

2. 在朝鲜，观光亮点的位置呈中、南、北三个方位分布——中部是首都平壤，城市是气派的也是干净整洁的，大同江边的风景也很动人，能为游客留下深刻的印象；南部是三八线，是朝鲜和韩国军事分界线，给人的观感和记忆就更深刻了；北部是妙香山，夏秋时节风光很美，坐落在山间的金日成国际友谊馆馆藏丰富，前去观光也算不虚此行。

3. 观看朝鲜民众的生活方式、生活场景也很有意思，每个细微的环节都能让游客感触颇深。

所以，综上所述，去朝鲜旅游能获得与其他国度不同或者说是差异很大的观光感受，那一次就是完全值得和应该的。因此建议您在合适的季节合适的时间点参团游览。如果能再顺路观览我国北方的丹东和大连、沈阳等城市，那收获还是丰厚和令人满足的。

旅行社公布的指定游程安排：朝鲜平壤、开城、妙香山4日游

第1天 丹东→新义州→平壤

8：20在丹东火车站口集合，办理出境手续。10：00乘火车离开丹东经鸭绿江大桥赴朝鲜平安北道首府新义州，办理入朝手续，海关检查。午餐（火车上吃朝鲜盒饭）后火车离开新义州去平壤，途中可浏览独特的田园风光。

黄昏时抵朝鲜首都平壤。导游接车后去平壤市中心参观金日成铜像。晚餐后入住酒店休息。

第2天 平壤→开城（板门店·三八线）→平壤

在酒店享用早餐后，乘车去开城。开城是朝鲜的边境城市，距板门店和三八线很近。抵达后参观板门店，它是朝鲜和韩国军事分界线上的共同警备区。参观项目有位于北纬38度线南约5千米的军事分界线，这里是1953年7月27日朝鲜停战谈判协议签字的地方，现在朝韩双方联络特别委员会会址坐落于此。这里的朝鲜战争停战谈判现场、停战协议签字会场都保存完好，游人可以观览和拍摄。谈判会场外边，只地上一线之隔，就分清了南北两

板门店三八线观光区一角

个不同国度的界限，游人万万不可随便超越隔离线，否则可能引起严重的纠纷。

之后在开城参观高丽博物馆，这里保藏陈列着 1000 余件珍贵的历史文物。在开城还会安排购物活动，游人可购买当地的特色土产和工艺纪念品。

返回朝鲜首都平壤后，参观平壤地铁，它号称是世界上最深的地铁。参观朝中友谊塔，缅怀和悼念在朝鲜战场上浴血奋战牺牲生命的中国人民志愿军烈士。观赏特色建筑凯旋门的外景。

晚餐后回酒店娱乐、休息。

第 3 天 平壤→妙香山→平壤

早上在酒店内享用早餐。之后乘车去金日成主席过去常年休养的圣地妙香山，参观有"朝鲜藏宝库"之称的国际友谊展览馆，内有世界各国领导人、政要及名人赠送的 20 多万件珍贵礼品。之后观览朝鲜最为古老的寺庙——普贤寺，庙中保存着朝鲜珍贵的佛教文件遗产——八万大藏经。午餐品尝当地农家风味菜。下午返回平壤，参观万景台金日成故居、万寿台喷水公园、人民大学习堂、主体思想塔等市区主要建筑。其中主体思想塔是为祝贺金日成七十寿辰而建的，于 1982 年 4 月 15 日竣工。然后观赏平壤少年宫和在校学生的歌舞表演。

晚餐后回酒店娱乐、休息。

第 4 天 平壤→新义州→丹东

早上在酒店内享用早餐。之后参观朝鲜最大的广场——金日成广场，它是朝鲜举行重要的政治活动、文化活动和公众大会及阅兵的场所，其功能和级别相当于中国北京的天安门广场。

之后去平壤的朝鲜民俗纪念品商场购物，选购特色食品和纪念品。

购物完毕后从平壤火车站乘火车离开，途经新义州，于下午抵达丹东，游览圆满结束。

特别提示：以上线路为春、夏、秋季节的标准观光方式，如果是冬天前往，在游览的第 3 天可能会不去气温较低的妙香山，而去南浦参观南浦水闸，看西海岸秀丽风光，并走进南浦农场，体验朝鲜农民的幸福生活状态。在朝鲜还可以去金刚山游览，一般会在上述行程中加上一天时间，变成 4 晚 5 天游。

关于此线餐饮、住宿、行车、游览、购物、娱乐各个环节的具体说明和指导

1. 🍵 餐饮

早餐在住宿的酒店吃，标准不低，有馒头、花卷、米粥、面包、点心、凉菜、热菜、牛奶、果汁。还能吃到荷包蛋或咸鸭蛋，还能有少许肉食，吃饱吃好真的没问题。

正餐会在专门接待中国游客的指定餐厅中吃。主食一般是米饭、饺子，有时有冷面。

菜有荤有素。荤菜一般有鸡块、炸鱼、炖牛肉等等，朝鲜泡菜肯定有。由于饭菜味道与中餐相近，所以吃起来很顺口。此外还能享用"铜锅宴"等特色美食，席间还经常有朝鲜民族歌舞表演。总之，在"吃"这个环节上，比我们预料的要好很多。而且在品种搭配这个问题上，甚至还值得我们学习和效仿——比如这一餐的主食本来是米饭，但快要吃饱时，又送上来一碗带着酸汤的水饺，这样有干有稀、有汤有水，吃完了热热乎乎、暖暖和和，真的让人感到很舒服。

另外，在往返丹东和平壤间的国际列车上为游客提供的午餐盒饭，质量也挺高，有肉有蛋有菜，米饭的量也很足。感觉比我们国内列车上每盒25元的盒饭要好许多。

参观平壤地铁，是重要的观光内容之一

2. 住宿

中国游客一般住在羊角岛国际饭店，楼高47层，客房条件相当于国内二星级，设施一般，房间不太大，但干净整洁没问题。服务员、迎宾员、行李员一般能说汉语且服务态度很好，服务质量基本能与国际接轨。在酒店的最高层，还有一个圆型旋转餐厅，供应各类中、西餐菜肴，价格适中，可以一边吃一边看城市风景，是美食休闲佳境。一些收费稍低的普通团队不住羊角岛酒店，而是住档次差一些的普通酒店，环境和店内设施条件与羊角岛相比有明显差距。

3. 行车

乘旅行社专门提供的旅游大巴，车况尚好，平壤市区的路况也还行。但是在去妙香山和三八线的途中公路路面偶有损坏、坑洼不平，不过也不是什么大问题。

4. 游览

严格按旅行社指定的行程走，没有灵活变通的可能。旅途中步行时女导游在前边领路，男导游在后面断后，也基本排除了您"走错路"的可能。请切记要按规矩行事，按指定的线路走，私自脱离团队或进入不该进的场所，可能会有严重的后果。

5. 购物

旅途中导游会安排几次购物，可选的品种主要有烟、酒、高丽参、民族服装、宝石、泡菜等特色商品，质量基本有保证。游客可以视情选购。另外金日成等领导人的著作在街边书店中也可以买到，可以买一些了解或留作纪念，导游见了会很高兴。

6. 娱乐

除了在特定的季节和时间段可以看到大型歌舞表演《阿里郎》外，一般的团队不会安排什么专门的娱乐活动。晚间可以在房间里看电视，能看到央视的几套节目。酒店里有餐厅和酒吧，可以去享用美食和休闲。另外在羊角岛国际饭店的高层房间内可以见到平壤的夜景。

发烧友关照：为您介绍在朝鲜旅游的有关注意事项

1. 通过旅行社去朝鲜旅游观光很容易，可以在您所在城市中的旅行社报名参团，直飞平壤。也可以提前在丹东市的各家旅行社用电话和网络报名，只要提供相应的护照、照片等必备材料，旅行社会为您办好一切手续。您只要提前一天抵达丹东，次日上午就可以出境赴朝鲜游览了。

2. 旅行社会认真为您介绍赴朝鲜旅游时的有关事宜，游客一定要当回事，不能掉以轻心。尤其是不允许携带的东西一定不能带，这不是儿戏。

3. 火车离开丹东到达新义州后，会有朝方安检人员上车检查，非常严格和认真。这是固定的程序，作为游客，应该理解和配合。同样，抵达平壤后的安检也很严格，但一般游客只要不带违禁品，那还是可以正常通过的。

4. 入住羊角岛饭店后，可以先在店内休息，享受美食并休闲娱乐，这里有商店和餐厅，在旅游旺季还可能有桑拿和洗浴。酒店内的空间足够大，您在里边怎么享乐都行。但是不要走出酒店外边的院门，因为可能会有安保人员阻拦您。

5. 在朝鲜每天的观光游程中，都会有3名朝方人员引领、陪同您。其中1位是导游，一般是年轻貌美的女士；另一位男士算是导游兼安保员，同时兼导游和监督游客的双重责任；第三位是摄影师，全程为团队拍摄视频——游览结束后会向游客出售他拍摄并经过后期制作的光盘，作为您在朝鲜观光时留下的纪念。他们3人有前有后也有中间的位置，全程引导和监督您按规定行程走，为游客提供热情服务的同时也杜绝了您想自由发挥、去非指定地点猎奇的可能。这样挺好，游客不随便游览，也就不会惹出不必要的麻烦和纠纷。

6. 在朝鲜，不要直接称呼国家领导人的姓名，前面需要加上特定的尊称。三代领导人名字前面的尊称都不一样，这一点当地导游会为您做详细介绍。如果直接说出领导人的名字，那会让当地人认为是极端不礼貌，有可能遭到反感、劝诫和批评。

7. 在平壤观光，在景点正常的范围内走动没问题，但不能随意进入非指定的场所，更不能进入寻常百姓的家。在妙香山的博物馆，可以在导游的引导下在指定的展厅内随意观赏，但未指定的展厅坚决不能去，严禁拍摄图片和视频。在板门店观光时，对游客的要求和限制极其严格，游客一定要听从指挥，不可跨越雷池一步。我国游客在朝鲜如果违反相关规定，会有严重后果，请切记。

8. 目前在朝鲜观光，吃、住、行、游几个环节的接待水平，达到一般水准没问题，游客不要有什么忧虑。个人认为没有必要自带什么食品，方便面及榨菜一类的基本用

鸭绿江大桥和鸭绿江水上风光

不上。相反，每天晚上倒是应该到羊角岛酒店顶层的旋转餐厅坐一坐，品尝一下当地特色美食。即使只喝一杯果汁，感觉也很舒服。如今去朝鲜旅游，应该算是"严格之旅、严肃之旅"（指旅途中要认真遵守该国的相关规定），但并非艰辛之旅、贫困之旅或痛苦之旅。这是笔者根据在朝鲜的亲身游历得出来的印象和结论，仅供您参考。

韩国首尔、济州岛6日游

处 处 都 有 诱 人 风 光

25. 跨过黄、渤海去韩国，首尔、济州岛都有诱人风光

韩国地处朝鲜半岛的南端，北隔三八线与朝鲜接壤，西临黄海与中国隔水相望。主要的大城市有首尔、釜山、仁川等。韩国的经济繁荣，工业尤其是制造业水平很高，支柱产业有汽车制造业、电子产品制造业、船舶制造业及钢铁工业等。2023 年，韩国的人均 GDP 为 3.31 万美元，居世界先进水平。由于中韩两国是近邻，中国游客去韩国

旅游观光非常简便容易，不光可以从所在城市直飞往返，还可以从天津和威海坐船渡直达韩国仁川港，且费用低廉。找个空闲时间去韩国游览，看看首尔和济州岛的美景，尝尝烤肉、泡菜、炸酱面、冷面、炒

首尔景福宫光化门城楼外景

年糕、石锅拌饭等特色风味美食，非常开心和实惠。如果能在往返途中顺路游览我国干净整洁、美丽宜居的海滨城市威海，那保证能让您幸福满满，终生难忘。

☀ 当地气候

每年 4 月初至 11 月初为旅游佳季，冬季不适合观光游览。

✈ 对外交通

国内各大城市有航班同首尔对飞，北京飞首尔航程约 2 小时。从威海乘客轮到韩国仁川约需 10~14 小时。

🎫 签证制度

需办理旅游签证，建议交给旅行社代为办理。

🕐 时差

韩国首尔时间比北京时间快 1 小时。

为您介绍此条线路的观光亮点和特点

1. 去韩国的团队有单游首尔和周边地带的，也有单游济州岛的。而我们推荐的这条线路两个地方全包含，内容全面、物有所值。

2. 本条线路是国内的各个旅行社组织的韩国团队中最常规最标准的，虽然谈不上深度游，但也基本上涵盖了韩国目前对外开放的主要景区和景观，线路和游程安排上中规中矩，观光效果尚好。

3. 去首尔主要看城市风光和都市风情，去济州岛主要看滨海风景。首尔很现代化，济州岛海景不错，但是论风光，它可能比不上我国的海南。所以游客不要抱太高的期望值。这一点需要事先说清楚，各位要有适当的心理准备。

旅行社公布的指定游程安排：韩国首尔、济州岛 6 日游

第 1 天 威海→仁川→首尔

餐食：无　　　住宿：观光酒店

先从威海乘机飞往韩国仁川，抵达仁川后导游接机乘车赴首尔，后入住酒店。

第 2 天 首尔观光→济州岛

餐食：早、午、晚　　　住宿：韩国观光酒店

前往参观韩国最大的皇宫景福宫，领略韩国古典建筑的气派与恢宏。景福宫是 1395 年由创建朝鲜王朝的李成桂所建筑的第一处正宫，1592 年毁于倭乱。得以幸存至今的建筑是举行即位大典朝礼仪式的勤政殿以及迎宾馆庆会楼等。参观民俗博物馆，该馆展示了整个朝鲜半岛人民生活和社会发展的历史轨迹。之后乘车赴韩国原总统府青瓦台，青瓦台的显著特征就是它的青瓦，也有人称青瓦台为"蓝宫"，它是韩国原总统官邸及政治中心。一到青瓦台首先看到的是主楼的青瓦，它的主楼背靠北岳山，青色的瓦片与曲线型的房顶相映成趣，非常漂亮。后前往观看涂鸦秀，它是将现场绘画技术和先进媒体声光艺术相结合的新概念表演方式——把绘画的过程和轻松活泼的喜剧、默剧与精彩的舞蹈相结合，颇具独特感染力。

济州岛上的火山爆发遗迹

游览完毕后乘坐航班前往济州岛，晚餐后入住酒店休息。

第3天　济州岛观光

餐食：早、午、晚　住宿：韩国观光酒店

早餐后，游览世界上最大的海中火山口城山日出峰。城山日出峰海拔182米，因10万年前海底火山爆发而形成，它位于济州岛东端，是一块高耸的巨岩。其顶部有巨大的火山口，直径600米，深90米。99块尖石围在火山口周围，如同一顶巨大的皇冠。火山口东南面及北面是悬崖，只有西北面是草坪山脊，与城山村相连。由于山脊上铺了草坪，游人既可徒步也可骑马登山。在城山日出峰顶观日出画面绝佳。后参观城邑民俗村，这里现有400余栋古老宅屋，被指定为韩国的民俗风貌保护区。后前往涉地可支参观游览。涉地可支是著名韩剧《蓝色生死恋》的拍摄地，因为火山的喷发，这里的礁石是黑色的，色泽独特，春天时这里长有大片的油菜花，郁郁葱葱，美景袭人。后前往汉拿树木园，这里有约900种济州岛上的自生树种和亚热带植物。泰迪熊博物馆是为展示百年来深受全世界人们喜爱的玩具熊而特别建立的。在两个展馆中可以见到世界各地生产的玩具熊，憨态可掬，惹人怜爱。晚餐后，入住酒店休息。

第4天　济州岛→首尔观光

餐食：早　住宿：韩国市区四星级酒店

早餐后乘坐国内航班返回首尔。

到达后先前往人参店、化妆品店、国际免税店购物。之后游览南山公园和N首尔塔。N首尔塔是首尔经典的地标式建筑，也是韩国年轻人的约会天堂。在塔上可鸟瞰首尔市区美景。看完N首尔塔，还有一个观光亮点就是观赏情人锁墙。在韩国常有情人聚集于此系上连心锁，奉上自己的期待和祝愿，希望两颗炽热的心像坚固的铁锁一样，永远地扣在一起，不分不离，相伴永远。这道爱情锁墙也成为首尔南山上最为亮丽的风景。游览紫菜博物馆，观看了解韩国泡菜、紫菜的制作过程，品尝韩国正宗口味海苔制品，在此还可以免费穿上韩服自由地拍照留念。后乘车返回酒店休息。

第5天　首尔

餐食：无　住宿：韩国市区四星级酒店

全天自由活动(不含车、餐、导)。

第6天　首尔→仁川→威海

集合后前往机场，办理出境手续后乘坐国际航班返回威海，结束浪漫旅程。

笔者对每天具体游程做出的观光指导和提示

第1天 威海→仁川→首尔

从威海飞往韩国仁川，抵达后换乘旅游车去韩国首都首尔，入住酒店休息。

第2天 首尔观光→济州岛

在首尔观光，参观景福宫、民俗博物馆、青瓦台，另外看一场涂鸦秀表演。

景福宫规模很大，主要宫殿的外观也非常宏伟气派，其级别和地位与我国北京的故宫有相似之处，游人可以在各座殿堂内外仔细观拍。在这里拍摄的人像纪念照是来过韩国首尔的绝好证明。

青瓦台是韩国原总统宫邸所在地，因其主楼上的青色瓦片而得名。游人不能入内参观，只能在外墙外边瞭望里面大概的风景。不过有一个地方，就是青瓦台南侧一个

道路出口的对面，在这里可以非常清晰地看到里边的主楼青瓦白墙的楼身。这个地方虽然戒备很严，但允许游客拍照。

涂鸦秀在首尔市区钟路区首尔剧场内表演，演员非常有才，身怀绝技。这场演出不光艺术感染力很强，而且震撼人心。一定要足够重视，认真观看。

晚上飞往济州岛，1小时就到，抵达后入住酒店休息。

第3天 济州岛观光

全天游览济州岛，规定游程中的内容介绍很详细，游人照章行进即可。笔者提示您城山日出峰是观拍重点，火山喷发后留下的遗址是济州岛的观光亮点。

除去岛上几处景观外，在这里还可参加自费项目游船出海兜风，快艇劈波斩浪的感觉也很刺激和新鲜。

首尔街景

第4天 济州岛→首尔观光

早晨从济州岛飞回首尔。先参加一些购物活动，之后游南山公园、N首尔塔、紫菜博物馆等。首尔塔高200余米，与北京西三环路上的中央电视塔和上海的东方明珠电视塔很相似，内部功能也差不多，规定游程中的内容是在塔外观看。此外，南山公园的情人锁墙有意思，可留意关注。

第5天 首尔

全天自由活动，可以在酒店休息，也可逛街购物。笔者推荐您去明洞大型商业区观光休闲购物并品尝美食，这里有各类大型商厦和专卖店，有多条美食街和步行街，真是琳琅满目、五花八门、应有尽有。名牌衣物名牌箱包多的是，但价格并不都贵。韩国和世界各地的风味小吃摊比比皆是，到处是青烟袅袅、香飘四溢，但饭菜的价格却很亲民。希望您在这度过美妙时光。

另外，首尔以北还有个三八线景区，它与朝鲜观光的三八线不太一样——朝鲜那个是真的三八线，与韩国只一线之隔，一脚跨出去可能就超越国界了。但是韩国这个三八线景区并不紧挨国境线，它距真正的三八线还有10~20千米远，因此它只是在三八线附近的一个观光点。这里有高架的观景台，可以眺望三八线那边的远景。

这个三八线景区有时开放有时不开放，可以向导游询问。如能去可自费报名由导游组织前往。

关于此线餐饮、住宿、行车、游览、购物、娱乐各个环节的具体说明和指导

1. 餐饮

以当地风味餐为主，味道完全能接受。每顿都有泡菜，让饭菜有更多滋味。

2. 住宿

一般级别的旅行团就是住普通宾馆，条件尚好。

3. 行车

共飞行4次，每次时间都不长，因此没什么劳累和辛苦可言。在济州岛和首尔当地游览时，车况路况都很好，在各景区间自由往来易如反掌。

4. 游览

只有4天观光时间，按规定线路行进，再适当参加1~2个自费项目就行了。没有太多自由发挥的余地。一些具体环节上的注意事项，笔者已在上文中有所提示，在下边的发烧友关照这个栏目中，还会为您再做一些说明和指导。

韩国三八线景区中的望拜坛一角

发烧友关照：如何在韩国玩得圆满顺利、高兴开心？

1. 要寻找合适的旅游季节，冬季风光惨淡，不适合观光。每年 4~10 月前往，效果更佳。

2. 可以参加国内大中城市旅行社组织的韩国游团队，形式以双飞为主，但团费比较贵，来去匆匆，旅途中没有什么额外的收获和观光感受。也可以先到北京、天津或者是威海，然后参加往返乘船游，即往返行程都是乘客轮。北京、天津的客人乘的是天仁号客货轮（从天津塘沽港发船），抵达韩国仁川港，船程约 24 小时，途中可观览渤海和黄海的海上风光。从威海出发，乘的是新金桥号轮船，到韩国仁川港，船程大约 10 小时。

3. 乘船去韩国的最大特点是团费便宜，以从威海出发为例，双飞游大概要 3500 元，而双船游只需 2500 元。再以从北京出发为例，双飞游要 4000 元左右，而双船游只要2300 元甚至更低。

4. 乘船游还有个优点，就是可以顺路游览一下国内几个城市的风光美景——从国内其他城市先到北京，畅游之后再从北京参加双船游（有专线大巴从北京送客人到天津塘沽港上船），肯定是物有所值。而先到威海玩几天，再去韩国亦有异曲同工之妙。因为威海这个城市太漂亮、太干净了，风光也很美。不光有刘公岛、成山头、环翠楼、国际海水浴场等观光亮点，其城市的水质和空气质量绝对是国内一流，给人的感觉太好太舒服了。

5. 如果是盛夏时节，国内许多城市的居民都会在滚滚热浪的熏蒸中度日，这时候来到威海，来到著名的国际海滨浴场，一早一晚都是凉风习习、舒适宜人。在这里海风清新且空气洁净，每呼吸一口凉爽的空气都足以沁人肺腑，跟喝了冰镇的橘子汁似的。威海三面环海，海风劲吹，空气中有一点杂质也片刻就被吹跑了。加之城市有关部门极为注意保护环境，所以夏天的威海就是人间天堂，最起码是国内最舒服的避暑胜境，这一点没有任何疑问。所以夏秋之季，到威海观光之后去韩国一游，感受甚佳——这是旅游线路安排上的绝配，您可千万要参考我的建议，一定要动动这个心思啊！

6. 去韩国游览一次是应该的，但目前的观光线路中没有名山大川，没有大江大河，去后只会觉得还不错，但不会有震撼人心的效果。再有去韩国购物倒是不错，能买到不少名牌商品，价格不太贵。在威海城区也有不少韩国商城，也可被国内游客关注、选择。

日本东京、大阪等 6 日游

在最佳季节游遍日本的主要美景

26. 樱花时节访东邻，在最佳季节游遍日本的主要美景

日本的国土面积为 37.8 万平方千米，其中陆地面积 31.8 万平方千米。全国由本州、四国、九州和北海道 4 个大岛和 6800 多个小岛组成，以"千岛之国"来形容日本，非常恰如其分。

日本东邻太平洋，西临东海、黄海、朝鲜海峡和日本海，与中国、朝鲜、韩国、俄罗斯相望。其中日本九州岛上的长崎市距中国上海仅有 460 千米，真是一衣带水的近邻。日本有众多的名胜古迹且自然风光秀美，环境整洁干净，且距中国甚近，空中飞行 3~4 个小时即到，所以国内赴日旅游的热度一直维持在较高水平。加之日本经济发达，工业尤其是制造业水平极高，能生产出不少质量高、性能出色的产品，所以去那里观光购物也是不少游人热衷的事。

大阪城公园中的天守阁城楼，是大阪城市中的标志性景观

现在国内各大城市中的旅行社都在经营赴日观光的线路，但是日本全国游或是称为全景游还是不多。目前最常规的游程是本州岛 5~7 日游，主要是在东京、大阪、奈良、箱根、横滨、名古屋等大城市和周边地带，游览并眺望富士山的美丽身姿。行程很经典、很标准，观光效果较好，能达到令人满意的水平。

建议您在四月樱花盛开的时候去日本一游，那时风光最动人。较好的方式是先做一次本州岛游，然后等到秋冬时节去北海道，那时您能看到一个风光类型完全不同的精彩世界。

☀ 当地气候

一年四季皆宜旅游，春、夏、秋三季温度适宜，观光效果好。但冬季雪景独特，风景有个性。每年三、四月樱花盛开，此时前去，美景最为动人。

✈ 对外交通

国内各大城市都与日本各大城市间有航班对飞，北京直飞东京用时 3 小时左右。

⊕ 签证制度

中国游客去日本旅游，需办理签证，需提交个人收入和财产证明（包括存款证明）。建议交给旅行社代为办理。

⊕ 时差

日本东京时间比北京时间快1小时。

为您介绍此条线路的观光亮点和特点

1. 日本是列岛，北部、中部和南部的岛上都有风格不同的美景。本线涉足的是日本中部本州岛上核心区的几个主要城市，主要看的是都市风情、古迹名胜和著名山丘景区。游程很标准、很常规也很典型，适合首次去日本观光的游客选用。

2. 日本的大阪和东京等大城市很华丽也很干净，给人的印象很好。富士山的山姿很漂亮，给人的美感长久而永恒。如果用心感受会有满意的观光效果和感受。

3. 日本国民的文明礼貌水平很出众，很讲究社会公德，不论城市还是乡村，环保工作都做得很好，所到之处都非常干净。公民的工作态度和生活态度都很认真、严谨，上班时好好干活，下班后好好享受，这应该是大多数人遵循的理念和准则。日本人的健康水准和生活水平都很高。

笔者对此条线路的总体观光指导

1. 本线的观光内容挺标准也挺全面的，游人按日程行进即可。还可以适度参与购物活动。观光加购物，应该是许多中国游客赴日本的目的。

2. 本线路有名城有名山，但没有大川和大江大河。说实话，笔者看来日本的自然山水风光中绝少有长江三峡、桂林山水和黄山、庐山那样的美景，所以游客的期望值不要太高。

3. 日本北部的北海道和南部的冲绳风光都很好，但国内旅行社一般不推出日本国的全景游，而是分段分岛进行。欲去北海道或是冲绳，尽可与国内各旅行社联系，自然会有其他合适的线路在恭候您。

旅行社公布的指定游程安排：日本东京、大阪、京都、奈良、富士山、箱根6日游

第1天 北京→大阪

酒店：关西或周边地区酒店　　　用餐：全天自理

本日从北京国际机场乘飞机赴大阪，抵达大阪后乘车赴酒店，入住酒店休息。

第2天　大阪→京都

酒店：关西或周边地区酒店　　　用餐：早、午

在大阪城公园停留约40分钟，它是丰臣秀吉于1583年所建，由雄伟的石墙砌造而成，大阪城公园内城中央耸立着大阪城的主体建筑天守阁，阁体上镶铜镀金，十分精美壮观。附近有风景秀丽的庭园和亭台楼阁，园内到处是奇花异草，满目青翠，风光柔美，充满诗情画意。

在心斋桥、道顿堀停留约1小时，这里是大阪最大的繁华街区，集中了许多精品屋和专卖店，从早到晚熙熙攘攘，到处是市民和观光游客的汹涌人流。这里大型百货店、百年老铺、面向平民的各种小店铺鳞次栉比。道顿堀有很多美食店，不仅有日本料理，还可以品尝到亚洲、美洲和欧洲等世界各地不同的特色风味餐。

在世界文化遗产金阁寺停留约40分钟，它的正式名称是鹿苑寺，因为建筑物外面包有金箔，故又名金阁寺。它位于京都，是一座最早完成于1397年（应永四年）的日本古刹，也是一座临济宗相国寺派的寺院。金阁寺为住宅式的建筑，配以佛堂式的造型，和谐幽雅，是日本古代庭院建筑的杰作。这栋"四周明柱、墙少的建筑物"使人联想起船的结构，而下面的一池碧波则给人以海的象征，金阁寺就像是一艘跨越时间大海驶来的美丽的船。该寺不仅是知名的观光旅游景点，也是被日本政府确定的国宝级古迹名胜，并于1994年被联合国教科文组织列入世界文化遗产名录。

在祇园古街停留约30分钟，游客在这里可以找寻艺伎时代的风情，体验日本关西文化的精髓。祇园是京都的艺伎区，是京都有代表性的特色区。附近有许多古香古色的餐馆和茶馆可供消遣，路上或许可以看到行色匆匆的艺妓与您擦肩而过。

第3天　关西→奈良→中部

酒店：中部或周边地区酒店　　　用餐：早、午

金阁寺秀美外观

在奈良公园游览约 40 分钟，园区包括由天平时代延续下来的东大寺、兴福寺以及正仓院等名胜古迹，是一座历史悠久、规模雄伟、绿树成荫的著名园林。公园内有三五成群的鹿群，总数量超过 1000 只，它们因被看成是神的使者而受到人们的悉心照顾。在这里，您可以与小鹿们亲密接触，感受人与自然和谐共存的美好意境。

在春日大社游览约 20 分钟，它是日本全国各处春日大社的总部，于 768 年为了守护平城京及祈祷国家繁荣而建造。

在奈良町停留约 30 分钟，奈良町是奈良最古老的小镇，位于猿泽池那里的小巷内。在奈良町百年前江户时代的木造格子窗建筑并排而立，老街里还藏着很多家外观古朴、内部改造得风格很时尚的咖啡馆或茶社，同样列入世界遗产名录的元兴寺也位于奈良老街里。

在热田神宫游览约 40 分钟，它是日本最古老和地位最高的神宫之一。传说此宫是在 3 世纪时由日本武尊倭建的妃子宫簣媛所建，用以供奉倭建使用的草雉剑，即日本三大神器之一的天业云剑。传说草雉剑是被放逐的须佐之男取自八岐大蛇尾部，并献给天照大神，后来便作为三大神器之一赐给天照大神的子孙——日本天皇。日本历代的当权者都以各种形式表达对热田神宫的尊敬。

在综合电器店停留约 1 小时，日本的电器制造业风靡世界，从电冰箱、彩电到计算机及其软件和数码照相机，包罗万象，游人在此可任意选购。

第 4 天　中部→箱根

酒店：箱根或周边地区酒店　　　　　用餐：早、午、晚

在富士山五合目游览约 1 小时，富士山是日本的最高峰，也是世界上最大的活火山之一，主峰海拔高达 3776 米，山底周长约 125 千米，占地面积为 1200 平方千米。富士山山体呈圆锥状，古时曾反复喷发，岩浆堆积而形成山体，山姿极为优美。山顶有巨大的火山口，直径约 800 米，深约 200 米。富士山作为日本民族的象征之一，亦被日本人民誉为"圣岳"，在全球都享有盛誉。富士山由山脚到山顶分为十合，由山脚下出发到半山腰称为五合目。现在游人乘坐旅游巴士可上到海拔 2305 米的五合目，这里的景色一年四季随季节变化而不同——日出日落，风云变幻，都会令富士山呈现不同的身影和画面，百态千姿、奇异迷人。如天气不好五合目封山，旅行社将更改为一合目替代观光游览。

在忍野八海游览约 40 分钟，位于山梨县山中湖和河口湖之间的忍野村，这是一片涌泉群，因错落有致地散布着八个清泉泉眼而得名，是忍野地区重要的国家自然风景区，有"日本九寨沟"之称。忍野八海以优美的自然环境闻名，这里田园风光秀丽，天气晴朗时池水波光粼粼与美丽的富士山合为一体，美不胜收。

在平和公园游览约 20 分钟，平和公园是典型的日式庭园建筑，园区广植各种树木

及花卉，是观光游览胜境。这里也是远观富士山全景的最佳地点——天气晴朗时，富士山的壮丽景色可一览无余，视觉美感极为强烈。

忍野八海景区泉池秀色

在舍利白塔参观约 20 分钟，银白圣洁的佛塔坐落在平和公园园区内，塔里供奉着释迦牟尼佛的舍利子，充满灵秀与肃穆气氛。

在御殿场奥特莱斯停留约 80 分钟，它是日本品牌店最多的大型商场，也是日本最热闹的商业区之一。这里有约 210 余个直销名品旗舰店。每当周末和假日，逛街人潮络绎不绝。顾客在此能感受到繁华气派的城市街道风情，并可尽情地体验购物乐趣。

第 5 天　箱根→东京

酒店：东京或周边地区酒店　　　　用餐：早、午

在皇居外苑、二重桥游览约 40 分钟，这里是历代天皇及其家人的住所。广场中间有一座为纪念皇太子成婚而建的大喷水池。南侧的二重桥是游客的必到之地。二重桥下的护城河，波平如镜，宫宇垂柳倒映其中，显得格外美丽，被公认为是皇居最美之地。附近的东京皇居前广场，位于丸内高层楼街和皇居之间。广场内有一座由东京美术学校的师生在 1904 年铸造的铜像，铜像高 4 米，重 6 吨多，造型精美，展示了当时日本铸造技术的最高水平。

在银座游览约 60 分钟，银座是日本东京中央区的一个主要商业区，是世界三大名街之一。象征日本自然、历史、现代的三大代表性景观（富士山、京都、银座）之一的银座，与巴黎的香榭丽舍大道、纽约的第五大道被并列称为世界三大繁华街区和商业中心。游人在此可畅享国际大都市的喧嚣和华丽。银座街区遍布大型商厦、名品专卖店和高档豪华酒店和会所，是购物和休闲的天堂。晚间这里彩灯齐放，霓虹闪烁，非常漂亮。

在浅草观音寺游览约 20 分钟。浅草寺的历史很悠久，为日本观音寺总堂，它的起源据传是在 1370 年前，一对以捕鱼为生的兄弟俩在隅田川中发现了观音像，就建了这座寺院供奉起来。现在的浅草观音寺建筑群是在二战后重建的，寺院的正门雷门，是通往浅草观音寺的入口处，门下挂了一个百斤重、四米高的红色大灯笼，已成为该寺的标志之一。

在仲见世商店街停留约 20 分钟，仲见世街上售卖各种充满日式风情的扇子和用纸

制作的各种日式小工艺品，深受游客的欢迎。这条长约 300 米的路上密集分布着 100 多家店铺，街中人群熙熙攘攘，热闹非凡，场景红火而迷人。

第 6 天　东京→北京

用餐：早

乘坐大巴车前往东京成田国际机场，搭乘国际航班飞往北京，结束愉快的行程。

笔者对每天具体游程做出的观光指导和提示

第 1 天　北京→大阪

乘飞机飞往日本大阪，飞行时间约为 4 小时。抵达后入住酒店休息。

第 2 天　大阪→京都

本日从大阪玩到京都，反正这两城市离得很近。

大阪城中的天守阁很雄伟也很精美，旁边还有护城河，河中有游船，风光类型与我国北京的故宫外墙处的景色挺相似，可以拍出一些好照片。

心斋桥、道顿堀是休闲购物佳境，这里豪华高档的专卖店、精品屋很多，且平民化的小商铺也有不少。这里烟火气很浓，许多餐厅菜馆中的特色风味美食品种繁多但价格还挺亲民，能引起人们消费的欲望。商业中心区内还有不少游乐设施，烘托出生动活泼的欢乐气氛。建议您在这里享用美食并购物。

京都的金阁寺造型色彩俱佳，四周还有碧水清波环绕簇拥，是日本国宝级的建筑，已被列入世界文化遗产名录，在这里也能拍出好看的图片和视频。

第 3 天　关西→奈良→中部

奈良的奈良公园和春日大社是在一起的，一并观览就行，公园内人与鹿群亲密接触和互动的场面很美好很动人。热田神宫历史悠久，馆藏文物数量很多品种丰富，宫内的环境也好，有庞大的宫馆和参天巨树，兼具有历史和观光价值。

第 4 天　中部→箱根

本日的重点是观赏日本民族的象征富士山，按游程中规定的内容，游人要分别在山腰、山下和山的对面的不同高度、角度和不同的位置观览和拍摄，如果天公作美，富士山的雄姿会给游人带来惊喜和感动。

五合目景区在山腰，从这里向上仰望，会清晰地看到山颈和山头，连山顶的积雪都清晰可见。忍野八海在山下，环境柔美，在这里也可看到富士山，山光水色皆动人。平和公园是为了表达人们反对战争、珍爱和平的愿望而建的。这里是远眺富士山的绝佳地点，从这里可以拍到山的全景，如果把山和人拍在一起，那就更有纪念意义了。

奥特莱斯是购物天堂，与大阪的心斋桥有异曲同工之妙，游人可在此选购自己心仪的商品。

富士山五合目山岳风光

第 5 天　箱根→东京

本日在日本首都东京游览。说实话，虽然东京的城市建设给人的总体感觉很好，城市气派并干净，但是规定游程中涉足的这几处景区景观并不具备能震憾人心的效果。大家按指定游程和次序行进即可，不必要求太高。

通常情况下，皇居外苑游人是不能入内参观的，顶多是看看外边的二重桥和护城河，还有皇居前的广场和铜像。浅草观音寺也是让游人短暂停留观景。仲见世商业街倒是特色鲜明。而本日最大的亮点应该就是在银座观光购物了。

银座商业区很了不起，号称是"世界三大名街"之一，也算是东京城市的重要标志和象征。其中心街两侧的建筑很齐整，每家商厦也都很气派、很豪华也很上档次。不过目前我们较大城市的繁华商业街区也非常多，所以个人感觉银座并不会带给人太多的新奇和惊喜，大家在此持平常心逛街购物就行了。不过别看银座的级别档次高，但有些商店的商品却并不都特别昂贵，赶上降价促销，大家买到物美价廉的物品的概率还是挺高的。

第 6 天　东京→北京

从东京飞回国内。

关于此线餐饮、住宿、行车、游览、购物、娱乐各个环节的具体说明和指导

1. 🥢 餐饮

普通的团队以吃日本当地风味简餐为主——说实话，无论是早餐还是正餐，食物的品种和分量都挺"袖珍"的。种类不太多，也不能让人大吃大喝，但每餐的食材安排得很简明、很节俭，这也是在日本观光旅游的特色之一。不过还是能做到干稀搭配、荤素搭配，每餐能吃饱，营养也充足。途中会安排几顿烤肉自助餐和涮锅自助餐，这时候菜品是不限量的。偶尔还会吃一两次经过改良的中餐，宫保鸡丁、麻婆豆腐、鱼香肉丝都能吃到，但味道肯定没有国内那么正宗。

2. 🏨 住宿

豪华旅行团当然会住高档宾馆酒店，而一般级别的团队会住普通宾馆——干净整洁，但房间面积都不大，非常袖珍，这又是日本旅游的特色之一。可是房间小是小，但里边的设施都很现代化，尤其是卫生间内很干净，冲水马桶的功能多到让人吃惊，

这一点给人印象很深。

3. 🚗 行车

从国内飞往日本就几个小时的时间，过程不漫长，感觉也不辛苦。在日本国内的行程中一般是一辆观光车开到底，那几个主要城市相距都不远，车况好路况也好。地陪导游很热情也很敬业，途中会介绍日本的自然风光和风土人情，让人大开眼界，感觉也很舒服。当然行程中介绍商品、推荐购物的语言段落也不会少，但这对游客来说没有什么坏处。

4. 🚶 游览

东京银座商业区特色街景

以上线路基本涵盖了日本本岛主要城市的主要风光名胜，游人在导游引领下按规定行程推进即可。由于日本的科技和工业尤其是制造业的水平很高，所以有许多质量好而名声甚佳的商品，因此笔者建议您郑重关注旅途中的购物机会，能买到称心如意的东西是极大概率的事。

5. 🛒 购物

旅途中会在心斋桥、道顿堀、银座等地安排数次购物活动，游客应该珍惜这些机会。可以挑选的商品有家用电器、化妆品、营养保健品、药品、工艺纪念品、服装及特色风味食品等等。这里笔者提示的是几个重要的商品门类，可选购的具体商品种类多了去了，届时看您的心情和需求确定。总体上说，日本的商品质量好、款式新、使用寿命长且价钱相对合理，购物时认真挑选，获得满意的购物效果概率极高。

发烧友关照：为您提供赴日旅游的提示和指导

1. 日本与中国是一衣带水的近邻，从北京或上海乘飞机几个小时就可抵达日本本州岛核心的几个大城市如东京、大阪、横滨、名古屋等，交通非常便利。日本的气候和旅游季节与中国几乎一致，因此去日本旅游观光是件轻松的事，无须长时间准备，基本上说是什么时候有了去那里游览的念头，买了机票即可上路。

2. 目前国内旅行社推出的团队线路和观光内容主要是对着东京、大阪、奈良、京都等几个城市，有的线路会把横滨也捎带上。沿途所见主要是城市风光、古迹名胜和一些山岳景区（主要指富士山），横滨城市周边的海景也很美。主要的观光亮点就是这些。

3. 笔者个人认为东京、大阪、横滨等城市的都市风光不会给人带来太多的惊喜，因为上述几个地方虽然气派华丽，但比不上上海和深圳那样的风姿和神韵。因此，笔者看到日本几个大城市后，并没有太多的新奇和激动。

4. 笔者认为日本的自然风光总体水平也比中国略逊一筹，青藏高原的辽阔壮美、桂林山水的精美瑰丽、长江三峡的气势磅礴、宝岛海南的椰风海韵，都足以激动人心，甚至会令人永生难忘。但是在日本本州岛上，见到的风景比较柔美，达不到让人感到惊心动魄的程度。当然富士山山姿极美，这一点应该承认。

5. 综上所述，笔者认为去日本旅游前对观光效果不要有太高的期盼，以平常心态按顺序走完行程中的观光日程就挺好。当然在平和公园那个地方应该全身心地投入和努力观拍，因为在那里，只要天气晴好、阳光明媚，富士山壮丽的全景会打动所有人。

6. 日本的环境保护工作做得非常好，虽然日本的工业发达，但空气质量和水质都非常好，基本上见不到明显的环境污染。日本人的精神文明水平和个人素质很高，遵守社会公德、公民之间以礼相等互相尊重，尤其是讲究卫生，爱护环境。这些都是他们的优点，值得学习和效仿。

7. 日本人也很注意养生，吃饭时尽可能做到营养均衡，他们倡导文明的生活方式，注意保持家庭生活环境方面的清洁卫生。因此，他们的身体素质很好，在大街上经常看到一些六七十岁的人还在工作，真是不简单。

8. 建议首次去日本观光的游客选择本州岛上的常规标准线路，第二次或第三次去就应该关注北海道和冲绳了。北海道的秋冬风景极有特色，冲绳的海景也算动人。我们可以列入计划，把上述几条线路都走完、玩好，获取丰富全面的观光感受。

9. 建议您把购物也列入日本之行的游程中，如果您独具慧眼而又认真挑选，可以买到称心如意的好商品。

横滨唐人街一角

毛里求斯 7 日游

去印度洋深处探访神秘岛国

27.

去印度洋深处探访神秘岛国，
毛里求斯美景感人至深

红顶教堂，毛里求斯岛上最引人关注的人文佳景

七天游毛里求斯，畅览非洲岛国奇丽风光——在那一望无际的印度洋上，有一颗名珠闪耀着夺目光芒——这是一个面积近 2000 平方千米的庞大岛屿，岛上有连绵起伏的山峦、广阔无垠的绿野、挺拔秀立的礁岩、随处可见碧水清涛和金沙银浪。这个美丽的岛国就是毛里求斯，它像一颗晶莹闪亮的珍珠，镶嵌在碧波万顷的印度洋海面上。

不久前，笔者从上海直飞毛里求斯，在这个美丽的国家开心游乐了整整一个星期，度过了一段令人难忘的美妙时光。下面我就把自己的开心游历介绍给各位读者，与大家分享。

☀ 当地气候

毛里求斯属于亚热带海洋气候，全年分为冬夏两季。其中 11 月至来年 4 月为夏季，5 月至 10 月为冬季。全年皆可游览，冬季前往稍显凉爽，体感更佳。

✈ 对外交通

中国上海有航班同毛里求斯路易港对飞，飞行时间至少需 11.5 小时。

⊚ 签证制度

毛里求斯对中国游客实行落地签制度，手续相对简单。

🕐 时差

毛里求斯路易港时间比北京时间晚 4 个小时。

两年玩转世界

为您介绍此条线路的观光亮点和特点

> 毛里求斯作为一个岛国，面积不算太小，有2040平方千米，它全岛的各个位置都有美丽的风光，旅游景观多且重点突出、个性鲜明。在主岛的中央，有七色土、鹿洞火山口、黑河谷国家公园、夏马尔瀑布等著名景点。在主岛的东侧，有鹿岛海上娱乐中心，那里各式游乐项目繁多，是水上运动的天堂。在岛的南侧，蓝湾、自然桥、大浪湾、天涯海角、莫纳山等美景一字排开，各具迷人风姿。在岛西侧的海豚湾中观海豚的新奇经历会让各国游客大呼新奇和过瘾。在岛的北侧和西北侧，自然风光和人文美景完全交融，炮台山、大湾、红顶教堂和首都路易塔，都颇具观光价值，能为游客留下深刻的印象。

笔者对此条线路的总体观光指导

到毛里求斯游览的方式和线路安排很简单，用一句话就可概括，就是"住进一家滨海度假村，开心愉快地看遍全岛风光名胜"。目前国内有多家旅行社经营毛里求斯观光的项目，其中我认为运作得最出色的是携程旅游网——他们推出的毛里求斯7日半自助游游览内容丰富、线路和观光内容安排合理，游览和休闲相结合且方式动静相宜、张弛有度，让人很感满意和舒服。

这个7日半自助游的要点是：1. 首日和末日是往返路程时间，首日从国内飞往毛里求斯，末日从毛里求斯返回国内。2. 选定一家滨海度假村，连续住宿5天，并在度假村内美食、休闲、娱乐。3. 赠送毛里求斯南部半日游，含蓝湾、自然桥、大浪湾、天涯海角等景点。4. 赠送西线海豚湾观赏海豚的项目（时间大约3小时）。5. 有3天自由活动时间，可以"玩酒店"，也可以自费到岛上其他地方游览。

旅行社公布的指定游程安排：毛里求斯7日游

第1天 上海→毛里求斯

从上海直飞毛里求斯。预计中午11点前后到达。抵达后开启毛里求斯南部半日游，游览景点主要有蓝湾海滩、自然桥、大浪湾、天涯海角。午餐需自理。

下午结束观光后送去酒店、度假村，住宿休息。

第2天 海豚湾游览

乘车去海豚湾，抵达后换乘游船出海，参加追逐和观拍海豚的开心游乐，用时3小时左右。之后返回酒店。

如果前一天航班不是在中午之前而是在下午抵达毛里求斯，那南部半日游改在今

286

天进行，即在海豚湾观海豚后去南部作半日游览。

第3天 自由活动

全天自由活动。

第4天 自由活动

全天自由活动。

第5天 自由活动

全天自由活动。

在以上3天的自由活动时间内，有4种需自费参加的1日游项目可以选择，分别是线路1：北部浪漫之旅——红顶教堂、蔻丹广场、路易港、炮台山（午餐自理）。线路2：神奇动物在这里——卡塞拉自然公园、七色土、火山口、黑河峡谷、圣水湖、提供中式午餐。线路3：东海岸鹿岛之旅——双体船出海、特色BBQ午餐、鹿岛水上三项游乐。线路4：灯塔岛加鹿岛之旅——快艇出海、特色BBQ午餐、鹿岛水上三项游乐。游客选中以上项目后可直接向携程网报名交费（每个项目费用需400元左右），即可成行。

第6天 毛里求斯→上海

上午自由活动。下午送机场，晚上乘飞机离开毛里求斯。

第7天 到达上海

飞抵上海，游览圆满结束。

补充提示

1.携程网推出的七日游，住的是位于毛里求斯西南边缘的克里奥尔悦宜湾度假村，这里风光好，性价比绝佳。全包价约需11000元。

2. 上述半自助游已含毛里求斯南部游览和西部海豚湾游乐。

3. 行程中有3天自由活动时间。笔者建议在用1天时间"玩酒店"，即在度假村内休闲娱乐。另外2天参加自费项目：第1天去北线游览，主要的观光点有炮台山、路易港、红顶教堂、大湾，观光效果很好；第2天去东线的鹿岛一日游，那里水上游乐项目繁多，还能乘船出海观光。这样毛里求斯全岛四周的滨海美景您就基本上全领略完毕（个人认为中部的黑河谷国家公园、圣水湖、

伞街，毛里求斯陆易港最具个性的特色街道

七色土等景区风光一般，可以舍去），宝岛之行没有任何遗憾。

笔者对每天具体游程做出的观光指导和提示

第1天 上海→毛里求斯

从上海飞抵毛里求斯约需11个小时——这个岛上到处都有好风景，火山遗迹、原始森林、辽阔海疆和国际都市风情应有尽有，给人留下的观感是五彩缤纷、如诗如梦。

毛里求斯只有一个国际机场，叫拉姆古兰机场，它与首都相距很远——首都路易港在岛的西北边，而机场在岛的东南边，至少相距六七十千米。但岛上公路交通便利，这点路不算什么。机场的候机楼内部装饰很漂亮，赏心悦目。

笔者认为，在毛里求斯观光游乐，最重要的问题是选择一个好的酒店。因为整整一周时间都是住在这里，每天坐车出去观光但不更换住处——旅行社游程选择的是克里奥尔悦宜湾海滨度假村——它坐落在毛岛的西南角，环境优美，村内景色非常漂亮。克里奥尔悦宜湾度假村肯定不是最豪华的酒店，但它是公认的性价比最好的酒店之一——它专有的海滨沙滩长达两三千米，为客人提供了足够辽阔的游乐空间。村内有三家餐厅、三个泳池和完备的游乐设施，住在这里非常舒适惬意。

这个度假村的客房是乳白色，与绿色的椰树林相映衬，色彩很好——嫩绿色的泳池水映蓝天白云，看上去很感柔美艳丽。村里空气清新、海风沁人——每天待在这样的地方，没法不拥有好的心情。

第2天 在毛里求斯西侧的海豚湾观赏海豚

这里是海豚每天固定出没的地方，见到海豚的概率超过百分之九十。

上午九点前后，已有多艘游船和快艇在海豚湾的海面上占据了绝佳的位置，这些船和船上的人全是同一目的，就是观看、欣赏、追逐甚至是直接触摸海豚。据说在这出现的海豚是在睡觉，它们能一边睡觉一边游动。

海豚是特别通人性的动物，总是在游船前边人们期待的地方出现，好像有意让人观赏似的——少则十几只，多则几十只，1小时多一点的时间内先后共10次跃出水面，每次少则几十秒，多则2~3分钟，让观光者大呼开心过瘾。

观赏完海豚，我们驱车到毛里求斯海岛南边，观看南部风景线的各个景区。

这也就是南部半日游套餐的观光内容。南线景点有蓝湾、大浪湾、天涯海角、自然桥等，风光各异，各具迷人风韵。

蓝湾：柔美而开阔的大型海滩，景色好，游览设施齐全，嬉水游乐和登船兜风，都有快乐美感。

大浪湾：沙滩宽阔，景色壮观，海潮汹涌，白浪淘天。给人带来强烈震撼。

天涯海角：伸向海面的一处山岬岩石，算是毛里求斯海岛的最南端之一。其身份和地位与我国海南三亚的那个天涯海角景区相似，但规模和气势相差甚远，不过在这游览一次观感还是不错的。

驱车走过一段艰难的坑洼不平的路，就来到了毛里求斯南线最有特色的景点自然桥。这是一处火山喷发后的遗迹。巨大的桥型岩礁凌空悬架在海水之上，海上狂涛奔涌，桥下水声震天，吓得人真有些心酥腿软。

笔者个人认为天然桥是毛里求斯最震撼人心的景点，也是世界级的自然奇观，就是每人收费100元也值得一看。

在毛里求斯，建议您要专门抽出两天时间来"玩酒店"。因为毛里求斯岛上的每家大型酒店和度假村都占据了海滨的绝佳位置，都有非常整洁的环境和美丽的风光，亦有非常完善的旅游度假和餐饮娱乐设施，每家酒店都是一个"极乐世界"。

克里奥尔悦宜湾度假村内到处有挺拔的椰树且芭蕉秀立、棕榈成林，亦有水质清澈的泳池供客人嬉水。度假村北侧还有一座山峰莫纳山，它屹立在海边，形态优美，远观近看都动人。因为莫纳山上发生过奇异的历史故事，所以已被列入世界文化遗产名录。

在毛里求斯的每家海滨酒店中，游人既可以随时投入大海的怀抱，也可以在人工泳池中享受宁静和温馨。在这里，只要能与水接触，得到的一定是高级享受。

克里奥尔悦宜湾度假村内有三家餐厅，分别是主餐厅、印度餐厅和东南亚餐厅，客人可以随意享用——菜品极多接

毛里求斯大浪湾海上的碧波银浪

近百种且风味齐全而口感甚佳，尤其是许多菜与中餐味道相近。许多人都说，在这儿待了一星期，前几个月的减肥成果全都泡汤了。

度假村的消费方式是一价全含——只要交了团费，村内的餐饮住宿酒水饮料和其他项目全都不再另收费。虽然是"羊毛出在羊身上"，但这种消费方式让人很感省心省事。度假村前台有两名中国女性服务员，很漂亮很热情，有她们在，中国游客，不论遇到什么难题都可以迎刃而解。

第3天~第5天 毛里求斯北线观光游览

这里的观光景区主要有首都路易港、大湾海滨度假区，还有一座大名鼎鼎的建筑，即红顶教堂。

毛里求斯首都路易港还真挺繁华挺发达，至少其核心部分有许多现代化建筑且"洋味十足"。在这观光休闲娱乐还真是挺享受的，物价好像也不太贵。不过这个核心区面积不大，半小时左右足可绕行一周。

伞街是路易港极具特色的步行商业街区，以街道上方悬挂着数百顶五色缤纷的遮阳伞著称，风光独特，是路易港的名片之一。在伞街上观光购物确是别有一番感觉和心情。

红顶教堂是早年法国人修建的，地处毛里求斯岛上的北部海滨，其实规模很小，但外观精巧玲珑，很有迷人的风姿神韵。据说不久前因明星艺人在此举办婚庆典礼而知名度骤增，成了外国游客到达毛里求斯后的必观之景，每年有近百万人来此观光摄影。

红顶教堂前方的海上风光也很美，站在这里眺望远方，让在毛里求斯观光游乐而产生的好心情达到了顶峰。

在毛里求斯观光一周，深深体味到了这个国家的富饶和美丽。去毛里求斯观光一次，观感非常独特，不会跟其他国家的观光效果混淆——游览亚洲的海岛国家可能会混淆，因为风格都差不多；游欧洲国家记忆也可能会混淆，因为主要是看古建筑和教堂。但游览毛里求斯留下的经历和记忆绝对与众不同。

第6天~第7天 毛里求斯→上海

开心游乐结束了，我们离开毛里求斯返回中国。笔者近来游览了好几个岛屿国家，真有点上瘾。因为这些岛国具有相同的特色，就是阳光充足、雨量充沛、热带风光旖旎、海上风光秀丽，颇具观光价值。

以上各个景点，足以支撑起7天左右的观光游程，因此到毛里求斯一游，一定会让您感到物有所值，不虚此行。

旅行家指导：如何在毛里求斯玩得高兴开心？

1. 选准旅游季节，毛里求斯夏天有点炎热，建议春、秋、冬三季前往，感觉更舒服一些。

2. 毛里求斯主岛的海滨四周都有豪华的酒店和度假村，它们都占据了环境好而风光美的地段和位置，都有沙滩和露天泳池，设施好条件完善，都会带给游客满意和欢欣。这些度假村的收费标准是根据自身条件和档次决定的，差别很大，便宜的10000元左右就行，贵的20000元也不止，游客根据自身条件和喜好任选一家即可。

3. 笔者力荐上文中几次提到的克里奥尔悦宜湾度假村，它条件很好，但收费标准不高，超级实惠，建议您重点关注。

4. 毛里求斯的景点虽然分布在全岛四周，但公路路况还行（路不宽但还算平坦，关键是车少不拥堵），所以居住在一家度假村，乘车游遍全岛的方式绝对可行——不用每天调换酒店，那样太麻烦、太折腾、不踏实、不安稳。

5. 毛里求斯南线的自然桥海景非常好，观感极为惊险刺激，应好好观拍。而西线海豚湾中观赏海豚的游历无比新奇有趣，会成为终生难忘的美妙记忆。北线的路易港和红顶教堂是拍人像纪念照的好地方，若是想让别人一看照片就知道您去了毛里求斯，那就请您在这两地方留下您的风姿倩影。

6. 毛里求斯与马尔代夫的风光有异曲同工之妙，但区别还是明显的——马尔代夫观光和享受的地方和亮点在那些"外岛"（指孤零零地坐落在大洋深处的小岛）上，而毛里求斯好看的地方在"主岛"周边；马尔代夫的海水水质太好太清澈，而毛里求斯海水的碧透程度稍差一些；马尔代夫的旅游方式和收获的效果比较单一，而毛里求斯的游览内容更显丰富多彩——所以它俩虽然都是印度洋上的宝岛都甚俱观光价值，但是它们谁也代替不了谁。因此作为游客而言，如果能既游马尔代夫又玩毛里求斯，那才是人世间的高级享受。

亮点闪击·旅途花絮：说说在毛里求斯海豚湾观拍和追逐海豚的开心游历

上午八点刚过，在毛里求斯主岛西线的著名景区海豚湾的海面上，已经汇聚了至少四五十艘快艇和游船，船上艇上站满坐满了来自世界各国的游客，他们或是紧张张望，或是翘首期盼，所有人的目标都非常明确，就是要在这里观看和追逐海豚。

到海豚湾观拍海豚是毛里求斯观光项目中的重头戏，几乎所有游客都愿意参与——在这里观赏到海豚的可能性极高，概率超过百分之九十，且效果绝佳。据说这里是全球公认的观拍海豚的最佳地点。

在人们预料的时间节点上，海豚出现了，有好几十头，它们动作悠闲、身姿优美，一会儿浮出水面、一会儿潜入海底。尖尖而细长的嘴、背部突起的鳍，一分为二的尾和那呈流线型的躯体完美结合，堪称茫茫大海中无与伦比的美丽精灵，它们的风姿和神韵打动了现场所有的人。

海豚们极有灵性，它们总是在游船和游艇的前方出没，仿佛是有意让人们观

清晨在海豚湾海面上，游人正在等待着海豚出现，以便开心观拍

赏它们拍摄它们似的。如果这些船艇围成了一个圆圈,那海豚们总会在圆心浮出水面,尽情展示它们的优美体形、曼妙身姿和悠然自得的游水技巧,令现场所有的观光客都极其兴奋,大呼开心和过瘾。

游客中不乏有体力超群身手矫健和意志坚强者,他们立志要和海豚们拥抱和亲吻。他们早已换好了泳衣泳裤,一旦看到海豚出现,他们就立即跳入海中,劈波斩浪、快速冲刺,试图触摸海豚——但是没有一个人能真正如愿——海豚游泳的速度远比人快得多,再说它们非常聪明,好像背后都长着眼睛,您能游到距离它一两米的地方,但不可能真正触及它们的身体。多番尝试失败后这些人只能摇头认输而爬回游船上。此时此刻所有围观者都发出了会心的微笑,他们赞叹海中精灵的灵巧和智慧,也非常清晰地认识到海豚才是这片大海真正的主人。

一个小时的时间里,海豚群在海豚湾的中心在游人期待的海域范围内浮出水面10余次,每次时长少则几十秒,多则2~3分钟——所有游人都看得很清楚,并且用相机、录像机记录了它们出没时的动人场面和完整过程,所有人都感到喜出望外。

此前笔者也在国内和世界各地多次参加过观赏海豚之旅,但没有一次能看到过这么大的海豚群集体游动,很难获得这样的圆满效果。比如我国广西著名的海滨景区三娘湾,那里因为可以看到著名的中华白海豚而闻名,出海观海豚也是三娘湾景区中的招牌和观光重头戏。可是在那人们见到的海豚头数极少,一般也就是两三头的事,它们在海面上也是稍纵即逝,很少露出完整的身体,比毛里求斯海豚湾的观豚效果差得远。

为什么毛里求斯海豚湾中的海豚总是定时定点出现且数量这么多而且游动缓慢,好像有意让人类观拍、有意给游人表演似的呢?请教当地导游和权威人士后,我们才弄清了其中的原委和答案——原来这片海域是海豚们睡觉和休息的固定地点——海豚的大脑分为两半,睡觉时只休息了一半,而另一半还在工作,所以它们还能游动。但是它们游动不快并且不能潜入深水,这样就会在这里缓缓游动并不时浮出水面,给游人创造了绝好的观拍机会。而当海豚完全休息好了两半大脑同时工作时,它们的动作会快如疾风闪电——早已游到深海捕鱼大快朵颐去了,怎么能让人轻易在浅海见到它们的身姿和踪影呢?

答案居然是这样——让人顿悟也让人开心!大自然中的一切真是太有趣太奇妙了,有些奥秘人类有可能永远也弄不清。但是我们只要记住在茫茫的印度洋上,游人能留下这样一段有趣的经历,并且能用现代的图片影像手段记录下来,就足让我们感到欣喜和振奋。这个国家叫毛里求斯,这个观豚佳境叫海豚湾……

马尔代夫游乐

绝美的海岛风光令您永生难忘

28. 马尔代夫游乐，绝美的海岛风光令您永生难忘

马尔代夫共和国（又称马尔代夫群岛）位于印度大陆最南端约600千米远的印度洋深处，由1987个珊瑚礁组成的岛屿。这里海疆辽阔、礁岛秀美、海水清澈碧透，风光原始、美景如织，宛若仙境。

1900余座珊瑚礁散落在碧绿的大洋海，恰似镶嵌在绿色绒毡上的翡翠珍珠——这里有世界上最充足的阳光和最清澈的海水，各处礁岛上均有金色沙滩和茂绿丛林且形态色彩各异，景色旖旎生动，风光无比绚丽迷人。

旅游业是马尔代夫的支柱产业，当地人开发旅游资源的视角独特、理念新颖。他们的开发的模式是"一礁一岛一酒店"——在最漂亮的岛屿上兴建舒适豪华现代化的酒店和度假村，让游客在岛上住舒适宜人的宾馆客房和水上别墅，观赏最美丽的海景并享受观光度假休闲娱乐的全方位综合服务，这堪称是人世间最高级的享乐方式。由于上述模式已被当地人运作到高度完善甚至是炉火纯青的地步，所以深受各方游客的关注和欢迎。近年来去马尔代夫观光度假已成为世界各国游人的出行首选和必修课，任何人去马尔代夫开心一游，都会觉得不虚此行。

马尔代夫总统府，马累岛上外观最漂亮的特色建筑

☀ 当地气候

马尔代夫气候温和，全年皆宜旅游。但此地冬季多雨，夏季日照强烈，游人应选择自己认为合适的季节前往。

✈ 对外交通

主要是靠空中航线与世界五大洲各个国家连通。我国北京、上海两个城市有航班与马尔代夫首都马累对飞，单程飞行时间7小时左右。

🛂 签证制度

马尔代夫对中国游客实行免签制度，国内游客欲去马尔代夫，拿护照找旅行社报名即可。

🕘 时差

马尔代夫马累时间比中国北京时间慢3小时。

为您介绍此条线路的观光亮点特点

去马尔代夫旅游，主要应有两大目的，并一定能获取两大观光感受：一是去看海，这里有世界上最清澈碧透的海水和最动人的水上风光，其海水清澈的程度简直无法用语言来形容。如果一定要说的话，那"透明"两个字应该算是最恰如其分——海水清澈到跟没有水似的（水下能见度超过 30 米），这样的绝景应该是世上独一份。在蓝天白云的映衬下，金色沙滩、绿色树林和斑斓的海波全都呈现出登峰造极般的诱人图案和光泽，其画面和色彩之美丽让人目不暇接、眼花缭乱。游人在此留下的观光感觉和记忆也一定是神奇惊叹、如梦如幻。

二是享受最舒适开心的度假——住在风光如画的海岛上，酒店客房条件优越、空调制冷效果奇佳、冰箱里塞满各色果汁饮品、餐厅中的特色美食更是香气扑鼻让人垂涎欲滴。游客每天的度假内容就观赏海景并游泳嬉水，拍摄各类美图和视频留作珍贵纪念。此外，就是开心品尝各式美味佳肴，观看世界各国的电视节目，晚间或在海边观景或去丛林深处漫步或是在岛上轻歌曼舞，一天又一天，真是舒服极了。

马尔代夫观光旅游的总体现状介绍

马尔代夫的首都是马累，岛上居住生活的居民有将近 30 万人，人口密度很大，商业、餐饮服务业也很发达。马累岛上的观光亮点主要是国家博物馆、总统府、星期五清真寺等等。

马尔代夫的国际机场坐落在与马累岛隔水相望的机场岛上，这里与世界各国许多城市有航班对飞。机场岛上还有水上飞机场和快艇游船码头，前者有水上飞机把游客送往各个旅游岛，后者则是用快艇和游船来完成这一功能。

在马累和机场岛旁边，还有一个呼鲁马累岛，面积比马累岛大，有跨海大桥与马累岛相通。

上述 3 个岛屿相距很近，但是观光的理想地点并不在这，而是在茫茫大海深处的各个旅游岛。

何为旅游岛？其实就是风光优美且在岛上建了酒店和度假村能够接待游客的岛屿。目前马尔代夫的旅游岛约有 140 余个，中国游客常去的有 30~40 个岛。这些旅游岛的风光和酒店住宿的餐饮水平均有很大不同，且与游客需要支出的费用高度相关——风光好且岛上酒店豪华舒适的，收费标准一定很高；岛上风光逊色一些而酒店豪华程度差一点的，收费标准就会低许多。还有一个因素也决定着上岛费用的高低，那就是所去的旅游岛与马累岛的距离是远还是近——距离近的用快艇即可到达，费用就低，而距离远的必须用水上飞机来接送，费用一定会贵许多。

如果以风光秀美和岛上酒店的级别和水平来衡量划分的话，一般游客可以选择的岛大概有以下3个级别和水平：

1. 高级豪华型的，主要有安娜塔拉吉哈瓦岛、瑞喜敦迪古拉岛、翡诺岛、中央格兰德岛、禧亚世嘉岛、伊露岛等。上述岛屿的上岛费用在18000~30000元/人。

乘船遨游在马尔代夫群岛的碧水清波上

2. 中档级别水平，主要有铂尔曼岛、奥臻岛、库拉马提岛、曼德夫岛等。以上岛屿的上岛费用在13000~18000元/人。

3. 经济型，主要有班多士岛、欢乐岛等。以上岛屿的上岛费用在8000~10000元/人，甚至更低一些。

也可以按照我国国内旅行社粗略划分的星级和收费标准来给岛屿分类：比如4星级岛屿8000元/人起，五星级岛屿10000元/人起，六星级岛屿16000元/人起，七星级岛屿30000元/人起。

目前国内旅行社马尔代夫游的经营运作方式

完全随团游几乎没有，完全的自助游也不多，而几乎全用机票+船票(或水上飞机)+岛上酒店（含住宿餐饮）的运作模式，也就是半自助游——即旅行社提供去马累国际航班的往返机票，抵达后再用快艇或水上飞机把客人送到各自选定的旅游岛上，安排好住宿和餐饮，然后由客人自己在岛上住宿观光游乐4~7天，之后原路返回国内。以上项目旅行社收费方式是一价全含，游人交纳费用后基本高枕无忧。至于在岛上如何观光游乐，那全看自己怎么安排和发挥，玩得越"花势"越好。由于马尔代夫各个旅游岛的级别相差很大，收费标准也是大相径庭，在同一季节同一时间，去高档的岛屿大概要2万~3万元，可是欲去水平一般的经济型岛屿（或称为4星级岛屿）也许8000元左右就行了。

笔者重要提示

通过网上查询或是向旅行社咨询，可以轻松地搞清楚马尔代夫各个旅游岛的级别水平和上岛费用的收取标准。笔者对游客的建议是"各取所需，量力而行"。经济条件非常优越而又想留下终身难忘的享受经历和记忆的游客，当然可以选择 2 万~3万元的豪华海岛。但是欲寻高的性价比，想要既便宜实惠又玩得愉快开心的，选 1 万元左右上岛费的也很不错。没必要过分攀比。马尔代夫没有风光太差的岛屿，就是8000 元的旅游岛，也能获得开心愉悦的观光享受。尤其是有的岛上岛费贵，只是因为它离马累岛太远，需要水上飞机长时间的飞行，而岛上的风光并不是最好，那这样的岛最好免去。

当然还有一个重要的选岛原则，那就是不能离马累岛太近，因为马累是首都，人口众多，它周围的海水水质肯定不是最好的，因此离它最近的旅游岛也应该尽量回避。

关于游程的安排和推荐

目前国内的旅行社推出的半自游行日程主要有两种：一是抵达马累后立即转机或转船到相应的旅游岛上，一住就是 4~7 天。二是抵达马尔代夫后先在马累或呼鲁马累岛上住一晚，次日再去自己选定的旅游岛，并在岛上住 4~7 天。笔者力荐第二种方式，因为不在马累停留一晚就不能看清马尔代夫首都的风景和状况，也就不能深入完整地了解马尔代夫这个国家的全貌，所以会留下缺撼。只有在马累停留观光一天，才能拥有完整的观感。

发烧友关照：如何在马累和呼鲁马累岛上玩得高兴开心？

1. 注意在空中观赏马尔代夫群岛的壮丽全景

在飞机抵达马累岛之前的 20 分钟内，可以看到非常壮观的岛礁全貌（美景集中在机身左侧），同样离开马尔代夫时也可看到相同的美景（美景在机身右侧）。请在领取登机牌时争取申请到相应的靠窗座位，并注意观赏和拍照。

2. 应该步行绕岛一周，看清马累的详细风貌

在马尔代夫的各旅游岛上，都可以看到诱人的海上风光。而细观马累岛，则可领略到马尔代夫首都特色鲜明的城市生活场景和独特的民俗风情——马累岛很小，步行一小时即可绕岛走完一圈。看看将近 30 万人是怎么挤在一个小岛上而又生活得平稳有序的，是件很有意思的事情。

3. 沿逆时针方向行进，观光更显顺畅舒服

从马累岛的中心广场上沿海边先向西，再向南、向东再向北走一圈，马累全景尽收眼底，这样行进观光效果很好，相反如果是反向行走，可能会让人感到有些别扭。

4. 抓住马累岛上最具特色的建筑物，拍下最有意义的人像纪念照

整个马尔代夫群岛每个岛礁的海拔高度都很低——一般只高出海平面1~2米，没有名山大川，也缺少高大的标志性建筑。因此许多人去了马尔代夫后虽然玩得高兴开

呼鲁马累岛上的秀丽街景

心，但没有拍到有特色的人像纪念照——也就是说拍的照片不能成为去过马尔代夫"强有力的证明"——各个旅游岛上的风光都美，但海上风光却略显平淡，背后没有让人能看后就一目了然的标志——那怎么能让人看过照片后就知道您真的去过马尔代夫呢？若想解决这个问题很容易，那就是在马累岛上拍照，那里有特色鲜明的标志性景观。马累岛上有3处高大的建筑物，一是星期五清真寺，二是国家博物馆，三是总统府。清真寺不适合拍人像照，因为它四周有其他建筑物遮挡，特征不明显；博物馆规模不小，但缺点是形态不分明没有个性；真正有代表性的建筑就是总统府了——它造型美观、色彩鲜艳，楼前有小广场，中心飘扬着马尔代夫国旗，以它为背景拍摄的纪念照，画面最经典。总统府坐东朝西，下午拍照是顺光，把握好拍照时间节点即可。

5. 呼鲁马累岛上风光平淡，像样的建筑只有一个小型清真寺，不过这里有许多低层的居民小楼，外观精致色彩鲜艳，看上去很赏心悦目。

6. 凡是从马累水上飞机场起飞后朝北飞行的水上飞机（送游客去北方的各个岛礁）航线都经过呼鲁马累岛，所以到了这个岛上，随时都能看到机型各异的小飞机擦着楼尖或树梢飞来飞去，很有欢乐动感，这是呼鲁马累岛上的独特景观，值得专门前去观赏体验。

旅行家指导——如何在马尔代夫的各个旅游岛上玩得高兴开心？

1. 一定要选取自己中意而又价位合适的目的地

去马尔代夫观光度假，一般人都是匆匆过客，逗留时间一般不少于4天，而也很少超过7天。反正也就是这么短的时间，因此选太贵的岛没必要。只要能观拍到出色的水上风光就足够了，岛上酒店是否豪华则是次要的。

2. 各个岛上的酒店的餐饮方式是不一样的，有的三餐全含，有的只含两餐或只含早餐。个人认为至少要住含两餐的酒店，否则吃得不好，营养不充足也影响观光心情和效果。

3. 马尔代夫气候炎热，日照强烈，所以在海岛上居住，防晒是个大问题——正午时在户外观光一定要打伞或戴遮阳帽，下海游泳一定要抹防晒霜。

4. 海岛上的观光每天应该分为3个时间段，早上起床后天气相对凉快，应抓紧时间游览到10点钟左右。中午天气太热，应老老实实在房间里休息午睡。下午三四点钟太阳落下去一些了，再出去游泳戏水。晚上可去海边观夜景或参加歌舞娱乐活动。

5. 每个旅游岛上都有大量的当地人服务员来为游客服务，服务员们的数量可真不少——有开船接送客人的，有在酒店前台值班的，有打扫客房卫生的，有在餐厅为客人烹制各类佳肴美味的，有负责供水供电的，有管安全保卫的——他们的总数竟能达到游客数量的60%。他们都受过严格的培训，收入水平在当地应属上乘，所以他们的心态都很好，为游客服务非常友好周到。毫不夸张地说，正是因为他们的努力和付出，才保证了各国游客在马尔代夫过得高兴开心。所以我们对他们要心存感激，热情友善。见面后要互致问候，打扫完客房后要付给人家一点小费——只要双方都是笑脸相迎，友好相处，那就绝对能给大家带来美好的心情。

推荐物美价廉性价比极佳的旅游岛——欢乐岛

欢乐岛不大不小，它位于南马累环礁上，距马累不远不近、距离适中（约45分钟快艇航程）。欢乐岛的对外宣传口号是"保持原样"，即不过度开发，尽量保持海岛的原始风貌。这在当今很多海岛都在大兴土木，建造高档酒店度假村的马尔代夫，显得弥足珍贵，可以说是独树一帜。欢乐岛的岛上风光挺好，东、西、北三侧都有平坦沙滩，岛中心长满热带植物和花草，四周的海水也非常清澈，在此观光并游泳嬉水是高级享受。岛上没有水屋只有沙滩别墅，设施不豪华但客房干净整洁。关键是收费低廉，从北京出发往返，先在马累岛上住一晚再到这个岛上住4晚，每天含两餐，收费只要8000元左右，这么便宜实惠的岛屿真的不多见。笔者曾在此岛上留下过开心快乐的游乐经历和记忆，所以力荐您去此岛欢乐一游。

关于马尔代夫观光的补充提示 何为"水屋"和"沙屋"？何为"跳岛观光旅游"？

①看国内各旅行社发布的马尔代夫观光的广告，上边经常出现"水屋"和"沙屋"的字样，主要是在住宿这个环节上，经常出现住几晚"水屋"或是几晚"沙屋"的描述。那何为"水屋"、何为"沙屋"呢？它们其实都是宾馆、酒店和度假村的客房。"水屋"就是直接悬空架设在大海水面上的吊脚楼一类的建筑，一般为钢木建筑，它室内的空

马尔代夫群岛水上风光

气好(海风可以穿堂而过),从窗内向外看到的海景也好,有的"水屋"旁还有步梯,客人可以从这儿直接走下去到海水中游泳戏水游乐。由于"水屋"建造成本高、位置好、住着舒服,所以它就是豪华舒适和浪漫温馨的代名词,相对应的收费标准也很高。

"沙屋"就是泛指建在海岛陆地上的宾馆酒店客房,它一般为砖混结构或是砖木结构。"沙屋"的建造容易一些、室内的设施条件并不差,但它室内的空气和观光视野没有"水屋"好,也没有"水屋"中的浪漫色彩浓厚,所以"沙屋"是平常和普通的代名词,相应的房费也会便宜一些。

明白了"水屋"和"沙屋"的区别,游客也就容易做出自己的判断和选择了。但是许多旅行社并不是机械和死板地为游客安排酒店客房,而是尽可能地把事情弄得机动灵活一些——所以并不是住水屋就一直住水屋,住沙屋就完全住沙屋,而是经常会把二者巧妙地有机结合起来:比如游客在一个岛上连住6天,可以是其中3天住沙屋而另外3天住水屋,这是一种很好的方案,游客非常愿意接受。

②那何为"跳岛"旅游呢?就是在马尔代夫旅游休闲度假时,理论上说游客是要在同一个岛上连住4~7天的,观光和游乐也会在这个岛上进行。但是有的游客觉得在一个岛上太单调太死板,希望到别的岛上看看新的风景,于是"跳岛"这件事就应运而生了。

"跳岛"是指从您长住的岛上乘船,开到别的岛上去观光游乐——一般是标准的一日游,早出晚归。这种游乐方式目前在马尔代夫很盛行——与您所在岛屿的酒店前台联系即可,也可向自己报名的旅行社垂询,一般凑够一定人数即可成行。费用视具体情况而定,以笔者的观察,跳岛一日游最低也需650元/人,船程越远所去的岛屿酒店级别越高就越贵。"跳岛"游览不是什么新鲜事,从技术上说也完全可行。但我要提示的是,一定要去相距不太远的岛,否则距离太远船程太长,路上要是有点什么意外的状况发生,造成您不能正常返回,那麻烦就大了,会很被动。

"水屋""沙屋"和"跳岛"的有关常识介绍完了,祝您在马尔代夫玩得高兴开心!

亮点闪击·旅途花絮·精彩回放

1. 欢乐岛上没有"水屋"只有"沙屋",这些沙屋没有一座建在空旷处让骄阳暴晒,而是都掩映在绿树丛中。白天人们看到的往往是一座座屋角,晚上见到的是一屡屡柔和微弱的灯光,景色很柔美很朦胧。

2. 据说摄影家很忌讳在正午时间拍照,因为这时光线太强不柔和,但这条原则在马尔代夫不适用。只有正午时分热带植物才能有效地反射阳光并显示出浓绿的光泽,也只有正午时分阳光直射水下才能让人看到海底世界的五彩缤纷。

3. 欢乐岛和整个马尔代夫群岛的水下,都为彩色珊珊瑚礁所覆盖,在阳光的映照下闪烁着色彩绚丽的七色波光,令人惊叹不已,欣喜万分。

4. 马尔代夫海岛的特点是除了露出水面的岛屿外,在岛的四周还有向外延伸至少几百米长的水下礁盘,礁盘异常平坦且水深一般不会淹没人,所以礁盘上就是游人嬉水踏浪的欢乐世界,只要不去蓝色的深水区就是安全的。

5. 在马尔代夫水下游乐和海水浴的感觉真好,被晶莹、清澈、嫩绿、碧透的海水洗涤、浸泡、冲刷、荡漾的美感真是只能意会而难以言传。

6. 在马尔代夫,没有固定游程的休闲度假真是舒服透顶。早上肯定是自然醒,上午可以在岛上和海上开心游乐。中午可以闻到餐厅中飘出的煎鱼和烤牛肉的香气。午餐后休息一下,之后又是各样的撒欢和嬉戏,稍后丰盛的晚宴就开始了。晚宴后可以在岛上看当地人的歌舞表演,也可去栈桥上观看灯光吸引来的海下游鱼(大鱼可真不少)。之后回到房间中玩手机、看电视。一天又一天,真是舒服极了。可惜如此欢乐只能持续短短数日,要是永无休止就好了

7. 在马尔代夫,您会有许多新的发现:原来海蟹可以大摇大摆走上岸边,不怕成为人们的盘中餐;原来贝类可以自由行走,而不是消极被动地被水冲上沙滩;原来许多海鱼的体能惊人,在水下穿梭冲刺的速度快如疾风闪电……缤纷艳丽的马尔代夫水下世界总能带给人们无穷无尽的新奇和惊艳。

由蓝天白云、碧水清波和漂亮游船组成的马尔代夫风情画,画面清新柔美,给人观感绝佳

北美之旅

国土辽阔、资源丰富、美景众多

29. 用 17 天时间游览夏威夷和美国东西海岸，再去加拿大领略枫叶之国的迷人风光

如果您想游遍世界五大洲取得圆满的观光效果，那北美之旅应该是其中不可缺少的重要游览内容。北美洲主要有美国和加拿大两个大国，它们有以下共同特点，就是国土辽阔、资源丰富、美景众多，甚具观光和游玩价值。其中美国共有 50 个州，几乎其中每个州内都有个性突出、特点鲜明的美丽景观。而加拿大共有 10 个省，其间遍布青山翠谷、清澈溪河和茂密森林，夏季风光如画，而金秋更以其枫叶殷红、绚烂夺目的"万种枫情"而名扬天下，激动人心。

由于美、加两国的旅游资源很丰富，足以支撑 30 天左右的深度游览。但是这样长的行程时间和相应的游览费用，并不能为所有游客轻松接受。于是我们国内的各大旅行社就开动脑筋，拓展思路，为首次去上述两国的游友们精心设计了一些用时短、费用低，重点突出且观光效果很好的旅游线路，今天为大家郑重介绍的美国、加拿大 17 日游就是其中的杰出代表。依

以下行程安排，游客先从国内飞到宝岛夏威夷，观光后再飞美国本土，欣赏完西、东海岸和中部的数处名城佳景后，抵达加拿大东海岸，游览蒙特利尔、渥太华、多伦多和尼亚加拉大瀑布，之后飞回中国。16日的观光费用约需 14000 元左右，价格亲民，物有所值。

美国拉斯维加斯城市夜景

☼ 当地气候

美国的气温同中国差不多，西部地区（旧金山、洛杉矶）的旅游佳季是 4 月至 10 月；东部地区（纽约、华盛顿）的旅游佳季是 5 月至 9 月；南部地区（奥兰多、迈阿密）气候温暖，12 月至来年 5 月观光最适宜；北部地区（芝加哥、底特律）天气稍显凉爽，6 月至 9 月风光最为迷人。

✈ 对外交通

中国各大城市都有航班与美国各大城市对飞，北京飞往夏威夷需 10 个小时左右；北京飞往纽约需 13~15 小时。

🖥 签证制度

去美国和加拿大旅游需要办理签证，手续非常严格，要提供个人收入和财产证明。尤其是办理美签，还要到使领馆面试后才能通过。建议交旅行社代为办理，他们会对游客提供相应的指导和辅导，这样成功率更高。

🕐 时差

夏令时期间，美国华盛顿时间比北京时间晚 12 个小时；非夏令时期间，美国时间比北京时间晚 13 个小时。

为您介绍此条线路的观光亮点和特点

1. 一次出行，游览了美国和加拿大两个国家。其中在美国游览了东、西海岸及国家中部有代表性的主要城市（如洛杉矶、圣地亚哥、拉斯维加斯、华盛顿、纽约等），算是比较丰富全面的深度游览，观光效果很好。况且在行程开始时，我们还去位于太平洋深处的夏威夷做了两天开心的游乐，可谓是锦上添花、美感更上一层楼。

2. 在加拿大，着重游览了东海岸的主要名城如渥太华、蒙特利尔和多伦多，游览效果也不错。还能在旅途中饱览尼亚加拉大瀑布的气势磅礴和加拿大千岛湖的辽阔壮美、奇异诡秘，游乐效果也很令人满意开心。

3. 美国和加拿大都是"领土面积上的超级大国"，它们的旅游资源都很丰富，美景数量极多，如果参团出行一次把这两国家都"玩深、玩透"确实很吃力、也不太现实；国内各大旅行社推出的旅游线路大都是在 20 天以内游览美、加有代表性的主要城市和景区，获取清晰明确的主体印象和美好观感。本文推荐的美、加 17 日游就符合上述的预期和特点，因此特别适合首次去美、加两国观光的游客关注和选择。建议您先沿此线走一次，之后再在金秋时节参加一个加拿大的全方位深度旅行团，把加拿大全国的美景都尽收眼底，这样您的北美观光行再无任何遗憾。

笔者对此条线路的总体观光指导

1. 美国的气候和游览季节和我国差不多，加拿大要更凉爽、更寒冷一些。因此建议您在每年 4 月下旬到 10 月中旬去美、加一游，冬天不要去，观光效果较差。

2. 此线旅行社设计的游览内容已经很好，每日应跟随导游和领队"用心、用力"地走完规定的行程。另外出发前应该做好功课，对美、加两国的历史、自然条件、旅游资源和风俗习惯有一个大致的了解，"心明眼亮"地玩比"糊里糊涂"地玩，效果要强得多。

3. 此线有一些自费项目，建议您积极参与。比如参观好莱坞影视城、拉斯维加斯城市夜游、科罗拉多大峡谷观光、乘船游览加拿大千岛湖等等，都是个性鲜明、物有所值的游览方式。若不尝试一下，观光效果可能会打折扣。我国自古就有"穷家富路"的处事原则，笔者认为用在这里很合适，因为这些美景只能在当地看到，"离开这个村就没这个店了"。再说"花了的钱才是自己的"，获取开心的经历和记忆最重要。至于钱的问题，回国后努力多挣一点再少花一点，就齐活了。

旅行社公布的指定游程安排：美国东西海岸、夏威夷、墨西哥蒂华纳、加拿大东海岸 17 日游

第 1 天 北京→夏威夷（飞行时间约 10 小时）

用餐：晚　　住宿：Ewa Hotel 或同级

于首都国际机场集合，搭乘次日凌晨的航班直飞前往夏威夷瓦胡岛，抵达后前往酒店休息。因经国际日期变更线，实际抵达夏威夷的日期为从北京出发的日期。

第 2 天 夏威夷观光

用餐：早、午　　住宿：Ewa Hotel 或同级

早餐后参加瓦胡岛精华游，途经钻石头火山，该山是一座死火山，它是威基基海滩上最明显的一个山岩制高点。卡哈拉是夏威夷最高级的住宅区，也是全瓦胡岛居民最向往的住宅区之一。随后，参观恐龙湾约 10 分钟，因从远处看这里的海滨像是一只趴着熟睡的恐龙的形态，而被称作恐龙湾。恐龙湾是海底死火山，是世界级的浮潜圣地。如遇政府安全管制，则只能远

夏威夷珍珠港军港一角

观。后参观喷泉口，它有"黑石喷泉"之称，因海底有洞穴，所以一旦有海水涌入，便会向空中喷出 16 米高的水柱浪花，非常具有震撼力。之后参观夏威夷的冲浪胜地自沙湾海滩。之后参观大风口，大风口坐落在努阿努帕里州立公园，是瓦胡岛一处著名

山岳断层式的观光点，前方视野开阔、风光壮美。特别安排前往夏威夷珠宝店活动及夏威夷土特产店活动。结束上午的游览后，下午自由活动。推荐自费行程大环岛深度游：游览瓦胡岛最精华最美丽的北海岸，远观坐落在库劳山谷之中的一座悠静古庙——平等院。接着参观"西安事变"的主角张学良先生及赵一荻女士的长眠之地——神殿之谷和草帽岛公园。之后乘车沿着夏威夷主干公路，欣赏瓦胡岛最原生态的海滩，并了解夏威夷原住居民的生活方式。参观北海岸最北处的落日海滩，那是瓦胡岛最受游人欢迎的海滨景区，也是冲浪者的天堂。沿途还可欣赏到前美国总统奥巴马最喜欢去度假的哈雷伊瓦小镇。最后一站是带大家去领略世界最大的都乐菠萝园，那里种植的菠萝是世界上味道最甜美的。

第3天　夏威夷→洛杉矶（飞行时间约9小时）

用餐：早　住宿：Bokai Garden 或同级

早餐后，前往第二次世界大战著名的战场珍珠港参观，这里有设备完善的游客中心，保存有珍贵的历史照片及战舰模型，还可看到军舰、潜艇和鱼雷与导弹的实物。之后去市区观光，看美国领土上唯一的皇宫遗址的依兰尼皇宫、观赏披着金黄色外袍的卡羊哈美哈国王铜像、车览象征州议会以及被浓密树荫包围的白色建筑物夏威夷州长官邸。之后乘机前往洛杉矶，晚入住酒店休息。

第4天　洛杉矶→圣地亚哥→蒂华纳→洛杉矶（单程行车时间约2小时）

用餐：早、晚　　住宿：Bokai Garden 或同级

早餐后，前往人称"南加州从不下雨"的地方，它是美国西部著名的旅游胜地美国太平洋舰队司令部的所在地——圣地亚哥。圣地亚哥是美国西南边境港市，也是美国西海岸主要的海军基地。美国海军第三舰队司令部及所属许多部队的司令部都驻扎在此。舰队半数以上的舰艇包括航空母舰、核潜艇等均以此为母港。第二次世界大战期间，圣地亚哥为美军西海岸司令部驻地和珍珠港的后方基地，1980年后为美国第三舰队主要支援基地。抵达后先前往圣地亚哥老城游览，然后参观圣地亚哥军港，退役的中途岛号航母和著名的"胜利之吻"雕塑都是这里的观光亮点。

从美国出境去墨西哥蒂华纳小城参观（约15小时），它是墨西哥第四大城市，也是墨西哥北边境地区的商贸中心。观光内容有墨西哥市政府，革命大道、不锈钢大拱门和墨西哥最大的国旗等。

第5天　洛杉矶观光→拉芙林（行车时间约5小时）

用餐：早　　住宿：PIONEER 或同级

本日特别安排前往洛杉矶精品店活动约1小时，上午观光，下午乘车前往拉芙林，晚入住酒店休息。

推荐本日自费前往好莱坞环球影城参观，这是到洛杉矶的必游之地。好莱坞——

屹立在圣地亚哥军港海边的著名雕塑"胜利之吻"——造型绝美，感动了无数人

人类的造梦机器、世界电影制片业的中心。在好莱坞电影人制作的大片中，多有震撼人心的宏大场景。您进入了环球影城，就像走入电影拍摄的过程和情景中亲身感受这一切，非常新奇刺激，真是妙趣横生。您可以舒适地坐在内置有先进的高清显示器的有轨电车内，穿行在完整丰富的外景场地中体验这一切的新奇和美妙。另外参观电影的制作过程，回顾经典影片片段，探索荧幕后的影城之旅也是观光的重要内容。环球影城中每天都会上演海陆空大战真人秀，规模宏大、场景逼真，各种枪、炮、飞机、舰艇一块儿上，对决令人倍感惊奇和震撼。

第6天　拉芙林→南峡周边小镇（行车时间约 3.5 小时）

用餐：早　　　住宿：Rodeway Inn 或同级

乘车前往南峡周边小镇，到达后入住酒店休息。

推荐自费前往世界七大自然奇景之一的科罗拉多大峡谷，它位于亚利桑那州，分为南北两部分，是美国最具特色的自然奇观。据说人类在太空中俯瞰地球时唯一可见的自然景观就是这个大峡谷。1919 年，威尔逊总统将大峡谷地区辟为"大峡谷国家公园"，1980 年大峡谷被列入世界遗产名录。该峡谷山石多为红色，从谷底到顶部分布着从寒武纪到新生代各个时期的岩层，层次清晰，色调各异，并且含有各个地质年代的代表性生物化石，又被称为"活的地质史教科书"。凝视大峡谷的宽阔壮美，给人强烈的震感。面对这大自然的鬼斧神工创造的奇迹，游客们无不感慨万千、流连忘返。游览时要着重观览大峡谷南岭，南峡谷是真正的大峡谷国家公园。导游会引领游人前往最著名的马特尔观景点和光明天使观景点拍照，获取最佳观感。

第7天　南峡周边小镇→拉斯维加斯（行车时间约 4 小时）

用餐：早餐；　住宿：ARIZONA 或同级

本日从南峡乘车前往拉斯维加斯。

白天可以自费前往全世界最奇特的狭缝洞穴也是世界十佳摄影地点之一的羚羊彩

穴和马蹄湾观光。它们位于美国亚利桑纳州北方，是柔软的砂岩经过百万年的时间被洪水侵蚀及自然风化形成的天然景观。该地在季风季节经常出现洪水且流速相当快，对山峡谷地形成了强有力的冲刷和侵蚀，形成了峡谷底部的尖缝和洞穴奇观，及谷壁上坚硬光滑、如同流水线条和波纹般的边缘。游客将随纳瓦霍印第安向导行参观羚羊彩穴。随后前往马蹄湾，它被《国家地理》杂志评选为十大最佳摄影地点之一。在300多米直下的悬崖下，绿色的科罗拉多河围绕着红色的马蹄状岩石，蜿蜒流淌出270度的转角，极具震撼力。翻过一段小山坡，沿着布满细沙的步道前行，眼前会豁然开朗，此时您一定会沉醉于碧水蓝天和红色山岩钩织出的动人心魄的美丽画面中——在科罗拉多河沿岸任意一点由上往下俯瞰，呈270度巨大迴旋形态的马蹄型弯道，都足以震憾人心。随后前往拥有"世界娱乐之都"的不夜城拉斯维加斯。

推荐自费行程：晚上可参与拉斯维加斯城市夜游活动，内容包含世界最顶级酒店参观、参观世界最大灯光秀音乐喷泉、游览步行街等等。游览后入住酒店休息。

第8天　拉斯维加斯→华盛顿

用餐：全天自理　　　　住宿：Best Western 或同级

乘机前往华盛顿，晚上入住酒店休息。

温馨提示：美国国内航班不提供餐食，请自备。

第9天　华盛顿观光→纽约（行车时间约 4 小时）

用餐：早、晚　住宿：DaysInn 或同级

早餐之后在华盛顿城市观光，参观白宫、林肯纪念堂、国会大厦等景点外观。

白宫又名美国总统府，它是一座白色大理石圆形建筑，主楼有 6 层，位于华盛顿宾夕法尼亚大道 1600 号，是华盛顿之后美国历届总统办公和居住的地方。

林肯纪念堂被视为美国永恒的塑像及华盛顿市区的标志，它是为纪念美国第十六届总统亚伯拉罕·林肯而建，是一座用通体洁白的花岗岩和大理石建造的古希腊神殿式建筑，外观凝重而美观。

国会大厦是美国国会的办公大楼，此地亦被称为国会山。国会大厦是一座巨柱环立的建筑物，中间是皇冠形的圆顶式大楼，在华盛顿市内很多地方都能看到国会大厦的雄姿。国会大厦也是华盛顿城市的中心点，占据着全市最高的地势，它是华盛顿最美丽、最气派的标志性景观。

华盛顿纪念碑是为纪念美国首任总

华盛顿林肯纪念堂外景

统乔治·华盛顿而建造的，它坐落在贯穿国会大厦和林肯纪念堂统一的中轴线上，碑体高大（高 169 米），拔地倚天，是世界上最高的"方尖碑建筑"之一。

参观美国战争纪念建筑，主要参观越战纪念碑，它又称越南战争纪念碑、越战将士纪念碑或越战阵亡将士纪念碑，位于美国首都华盛顿中心区离林肯纪念堂几百米的宪法公园的小树林里，游人可顺路游览。

之后乘车前往纽约，晚入住新泽西酒店。

第 10 天　纽约观光→曼哈顿岛

用餐：早、晚　住宿：Days Inn 或同级

早上前往纽约城市观光，游览。

前往南街码头自由活动 1 小时，南街码头位于纽约曼哈顿下城的东河岸边。看惯了纽约的摩天大楼，走到南街与福顿街交叉口的南街海港之后，会发现这里的低矮旧建筑、海港码头、鱼市场及老餐馆景观，是如此的平和亲切又活力四射。

在华尔街参观约 20 分钟，华尔街以美国和全球的金融中心、投资中心的身份闻名于世，著名的纽约证券交易所、美国证券交易所也在这里。

在联合国总部大厦参观约 15 分钟，联合国总部大厦是联合国总部的所在地，被称为"国际领地"。途经时报广场，广场得名于《纽约时报》早期在此设立的总部大楼，是纽约商厦与剧院最密集的区域，是繁盛的娱乐及购物中心，每年的新年钟声均在此敲响。

途经洛克菲勒中心，它是一个由 19 栋商业大楼组成的建筑群，各大楼底层是相通的，由洛克菲勒家族投资新建，在 1987 年被美国政定为"国家历史地标"。

在第五大道观光不少于 1.5 小时，午餐自理。这是纽约曼哈顿区的中央大街，是"最高品质与品位"的代名词，名牌商店遍布，所有世界级的名店几乎都可以在这条大街上找到。

游览结束后，返回酒店休息。

第 11 天　纽约→加拿大蒙特利尔（行车时间约 7 小时）

用餐：早、晚　住宿：Quality Inn 或同级

早餐后乘车前往加拿大蒙特利尔，晚入住酒店休息。

第 12 天　蒙特利尔观光

用餐：早　　　住宿：Quality Inn 或同级

全天自由活动，本日只含酒店住宿及早餐。

推荐自费前往魁北克古城，先俯瞰省议会大楼，阿拉伯罕平原的古战场和魁北克新旧城全景。之后游览魁北克古城内部景观，观赏景点有古堡酒店、凯旋教堂、古炮台、皇家广场、香槟街、艺术画廊等等，离开古城后前往有"小尼亚加拉大瀑布"美誉的

水晶瀑布游玩。游览完毕后返回蒙特利尔。

第 13 天 蒙特利尔观光→渥太华（行车时间约 4 小时）

用餐：早、午、晚　　　住宿：Days Inn 或同级

早餐后游览皇家山公园约 30 分钟，皇家山公园坐落于蒙特利尔市区中心海拔 233 米的皇家山坡顶。从山顶往下眺望，圣罗伦斯河和高楼大厦林立的市区景致尽收眼底。

圣约瑟夫大教堂是建在蒙特利尔市的最高处海拔 263 米的天主教礼拜堂，在这里参观约 15 分钟。蒙特利尔奥林匹克公园是 1976 年蒙特利尔奥运会的主会场，这座露天运动场以及其倾斜的塔台已成为蒙特利尔的象征，在

蒙特利尔奥运会主会场，是蒙特利尔城市的标志和象征

这里参观约 20 分钟。最后前往蒙特利尔当地最热闹最繁华的特色街道圣凯萨琳路自由活动约 1 小时。之后前往渥太华，这里是加拿大首都和政治文化中心。作为加拿大第四大城市，独特的文化个性、优美的城市风光、闲适的生活情调，使渥太华不仅受到加拿大人民的钟情和追捧，还吸引了世界各国游客倾注的目光。

第 14 天 渥太华观光→多伦多（行车时间约 4 小时）

用餐：早、午、晚　　　住宿：Howard Johnson 或同级

早餐后在渥太华市区游览，观赏国会大厦、和平塔、加拿大总督府等景点外观。国会大厦是意大利哥特式建筑群，两侧的对称建筑曾分别为首相府和总督府，现已成为众议院和参议院的议会大厅。和平塔为纪念一战中所有牺牲的加拿大烈士而建，塔内设有琴钟，共有音阶各不相同的铃铛 53 个，每天午后 13 点钟，都会奏响雄浑悦耳的钟乐；加拿大总督府花园内有一片友谊林，来访的各国国家元首都会在这里植树留念。之后观渥太华河和丽都大运河河上美景。游览结束后，乘车前往位于美加边境上的加东最佳的旅游景点之一的千岛群岛，自由活动 1 小时。这里的整个水域就像一个美丽的世外桃源。最后前往多伦多，多伦多是加拿大最大的城市，是安大略省的省会，也是全球人口和种族最多元化的都市之一。其丰富多彩的族裔特色，令这座城市缤纷绚丽，绽放无穷魅力。

第 15 天 多伦多→大瀑布→多伦多（单程行车时间约 2 小时）

用餐：早、晚　住宿：Howard Johnson 或同级

早餐后在多伦多市区游览，参观加拿大著名的多伦多大学、省议会、市政厅和世界最高的建筑物 553 米的多伦多 CN 塔。多伦多 CN 塔为全世界最高的通信塔，是加拿大的著名象征，也是多伦多城市风景线的重要标志。CN 塔的塔顶观景台为世界上最高的观景平台，从塔顶可远眺多伦多市，安大略湖及多伦多各岛屿的美丽风光和壮丽全景。之后乘车游览尼亚加拉大瀑布，瀑布位于加拿大和美国交界的尼亚加拉河中段地区，是世界三大瀑布之一，亦享有世界七大奇景之一的美誉佳名。它以宏伟的气势、充沛的水流，震撼了慕名而来的所有游人——从伊利湖滚滚而来的尼亚加拉河水流经此地，突然向下垂直跌落 50 余米，巨大的水流以银河倾倒之势冲下断崖，声及数里之外，场面震人心魄。抵达后在尼亚加拉大瀑布水边自由活动，您可以细细欣赏大瀑布之美，也可合影留念，永久记录这美好的时刻和难忘的精彩瞬间。

第 16 天 多伦多→北京 飞行时间约 15 小时

用餐：早　　住宿：飞机上

下午乘机返回北京。

第 17 天 北京

晚上抵达首都国际机场，结束愉快旅程。

笔者对每天具体游程做出的观光指导和提示

第 1 天 北京→夏威夷（飞行时间约 10 小时）

本日从北京飞往夏威夷。去美国旅行准备工作比较繁琐，要做的事情很多，一定要准时到达机场，听领队和导游讲述一切注意事项。肯定是乘坐"红眼航班"，飞行时间约 10 个小时，下午抵达夏威夷。夏威夷的风光很美，但本日只是车览或短暂下车观光。随后享用晚餐，到酒店住宿休息。

第 2 天 夏威夷观光

上午去钻石头火山、恐龙湾、喷泉口、白沙湾海滩、大风口等景点，上述各景风光尚好，但没有达到锋芒毕露和震撼人心的地步，正常观拍即可。午餐后自由活动，有两种选择：一是自费参加"夏威夷大环岛深度游"，行程 4 小时左右；二是到檀香山市区最著名的威基基海滨度假区（市中心的海滨，与我国三亚的三亚湾相似）观光、游泳、嬉水游乐。这两种方式效果各有千秋——前者会加深对瓦胡岛总体的了解，后者会留下对夏威夷旅游区核心部位的深刻印象。笔者倾向于后者，因为有充足时间在市区最美、人气最旺的海滨游览，会玩得省钱、快乐、开心！

檀香山的夜景也秀美，观拍会有很好的效果。

第3天 夏威夷观光→洛杉矶（飞行时间约9小时）

上午去夏威夷著名军港珍珠港观光，这里海景美，还有可能看到停泊在港内的巨型战舰。之后依次观赏市中心的几个特色建筑和雕像，它们的外观都很好看，请留意观拍。

下午乘飞机离开夏威夷，飞往美国西海岸的名城洛杉矶，飞行时间约9小时。

第4天 洛杉矶→圣地亚哥→蒂华纳→洛杉矶（行车时间约2小时）

本日的游程很精彩。先是到圣地亚哥军港参观，能看到退役后锚泊在这里的中途岛号航母。航母排水量很大，达到近9万吨，庞大的船体用普通相机镜头根本拍不全，必须用全景功能才可以。航母甲板上还停着许多退役的著名型号的战机，让人大饱眼福。这里还有一座著名雕塑"胜利之吻"，它生动形象地诠释了二战结束时人们欢乐喜悦的情形。这些都会为本日的游览日程增添极为亮丽的色彩。

之后出境到墨西哥第四大城市蒂华纳参观游览，观光时间约2~3小时——个人认为这个城市规模只相当于我们国内的一座普通县城，但是这里的中心街区有几处好看的街景，还有一个干净整洁而外观工整的市政厅，以它为背景拍人像纪念照很合适。

观光过程中当地人会为游客奉上欢快活泼的歌舞表演。游客在蒂华纳小城留下的观感很好——特色鲜明、风光柔美，生活情调很是浪漫温馨。

下午回到美国境内，到洛杉矶市中心参观。著名的"星光大道"和在大道上做即兴表演的影视明星会给您留下很深的印象。

蒂华纳都市风光

第5天 洛杉矶观光→拉芙林（行车时间约5小时）

重点游览好莱坞影视城。虽然是自费项目，但是几乎每个游客都愿意参加。这里是追逐梦想和实现梦想的地方，也是开拓和发挥人类聪明智慧和创造能力的乐土佳境，只要用心体味，一定会在这里受到强烈的震撼，但这种震撼必须亲身经历才体会得到，没法用语言来形容。

之后驱车5个小时，去另一个城市拉芙林。

第6天 拉芙林→南峡周边小镇（行车时间约3.5小时）

本日有一个重量级的观光项目，即科罗拉多大峡谷——它的景色非常壮观迷人，已被列入世界自然遗产名录。该峡谷的风光在各类媒体中都有详细介绍，这里不必再赘述。请认真听取导游讲解，认真拍摄图片和视频。观光时间约 4 个小时。

第 7 天 南峡周边小镇→拉斯维加斯（行车时间约 4 小时）

本日有两个自费项目，一个是羚羊彩穴，一个是马蹄湾——它俩都是形态及色彩俱佳的世上不可多得的妙景奇观，都值得参与，会让您过够观光和拍照的瘾，留下不可磨灭的美好观感。

晚上抵达著名不夜城拉斯维加斯。该城的夜色很好看，夜生活的内容极为丰富多彩——领队和导游会带您依次参加中心街、城市最大最高级的酒店、世界上最著名的灯光烟火秀和特色步行街等，五彩缤纷的都市风情会让您流连忘返。

第 8 天 拉斯维加斯→华盛顿

上午有宝贵的半天自由活动的时间，建议您再去拉斯维加斯的中心街区看一看，昨晚看的主要是夜景，其实这个城市白天的市容风貌也不错。这样一来城市夜景和昼景您就看全了。

下午乘飞机飞往华盛顿，飞行时间约 4.5 小时。

第 9 天 华盛顿观光→纽约（行车时间约 4 小时）

上午均为华盛顿城市中心区观光——主要观光点有白宫、林肯纪念堂、国会大厦、华盛顿纪念碑等，都是市内的标志性景观。它们的名气都很大，外观美观且各具特色和迷人风采。观看拍摄美国首都的城市风情当然是件令人难忘的事，其中以白宫、国会大厦和林肯纪念堂为背景拍摄人像纪念照，画面最好、最合适。逗留时间 3 小时左右。

纽约华尔街边的巨型铜牛雕塑

午后乘车前往纽约，车程约 4 个小时。

第 10 天 纽约观光→曼哈顿岛

全天在纽约观光游览，规定行程的内容中几乎涵盖了这个城市中所有代表性景观，包括华尔街、联合国总部大厦、洛克菲勒中心、第五大道、时报广场等等，还能乘游船在海上观拍著名的自由女神像，游览内容非常精彩。纽约的城市中心区高楼林立，与我国的上海浦东很相似，区别在于纽约的高层建筑外观形态比较统一，显得工整规范，而上海浦东的超高级建筑身姿各异、差别很大，更显灵活多变、生动美观。

要提示的是，有的团队乘船在纽约海上观光是规定项目，有的团队则是自费项目。

若是自费项目也请务必参与，因为海上看到的城市风光比在陆地上好看多了。

第 11 天 纽约→加拿大蒙特利尔（行车时间约 7 小时）

离开纽约，驱车开往加拿大东海岸城市蒙特利尔，车程约 7 小时。

第 12 天 蒙特利尔观光（当日只含酒店住宿及早餐）

在蒙特利尔停留，全天自由活动。

行程上说可以参加自费的一日游活动，即交费后随一日游团队观光。笔者认为自由行也挺好，因为蒙特利尔交通方便，城铁四通八达，游客自行观光很容易。焦点应该对准魁北克古城，那里有不少古建筑，特色鲜明。另外，这里还有唐人街，街上中餐馆和店铺很多，应该在这里好好逛逛，找一找在境外久违的亲切感。

第 13 天 蒙特利尔观光→渥太华（行车时间约 4 小时）

上午在蒙特利尔观光，内容是参观皇家山顶、圣约瑟夫大大教堂等。这几个地方观光效果都一般。下午乘车去另一个城市渥太华，车程约 4 小时。

第 14 天 渥太华观光→多伦多（行车时间约 4 小时）

上午在渥太华观光，参观外形极美的各组城市特色建筑，分别是国会大厦、和平塔、加拿大总督府等等。其中总督府的外观真是"美呆了，帅呆了"，其拍摄价值雄踞加拿大国内的同类景观之最。以它为背景拍好人像纪念照，应该是您此次加拿大之行中最精彩的事之一。

下午乘车去多伦多，车程约 4 小时。途中经过一个叫千岛群岛或是叫千岛湖的地方，湖面开阔、岛屿众多，与我国浙江的千岛湖有异曲同工之妙。在这里乘船游湖也是自费项目，但建议您参与——在湖边观光没劲，乘船在群岛间穿行才会让人觉得妙趣横生，很有迷人的韵味。

第 15 天 多伦多→大瀑布→多伦多（单程行车时间约 2 小时）

上午多伦多市区观光，其中多伦多大学、省议会、市政厅和多伦多电视塔是游览重点。

之后行车 2 小时，到加拿大大瀑布市去观赏著名的尼亚加拉大瀑布。这个巨瀑煞是气派壮观——它是世界三大瀑布之一，亦享有世界七大奇景之一的佳名美誉。团队会在这儿给游客留下充足的观光时间，约 2 小时，游人把这个瀑布看清楚、拍精彩毫无问题，留下永生难忘的美妙观感也没任何疑问。美中不足的是这个瀑布跨越美加两个国家，而它位于加拿大大瀑布市市区的南侧，也就是说在加拿大这一侧拍摄都是从北向南拍，一天中大部分时间都是逆光，因而拍不出光线太好的图片，这点让人感到遗憾。

游览完了大瀑布，此线所有观光内容结束。

第 16 天 多伦多→北京 飞行时间约 15 小时

乘飞机离开多伦多，返回北京。

第 17 天 抵达北京

到达北京机场，游览全部结束。

关于此线餐饮、住宿、行车、游览、购物、娱乐各个环节的具体说明和指导

1. 🍲 餐饮

早餐都是在居住的酒店内吃，全是西式早餐或者说是美式早餐。餐食品种以各类面包、点心、咖啡、牛奶、果汁为主。

正餐主要是当地华人开的中餐馆去吃——不是点菜小锅单炒的中餐馆，而全都是自选快餐店。里边餐食品种非常丰富，各类凉菜、热菜一应俱全，果汁饮料也是名类繁多。其中菜品数量少则 40~50 种、多则 60~70 种，并且是中西合璧，有牛排、有炸鸡、有各种沙拉，肯定有炸烹大虾或是清炒虾仁。且吃多少有多少，分量管够。另外，一定会有麻婆豆腐、糖醋里脊、素炒白菜、清炒豆芽这 4 道菜，也一定会有西红柿鸡蛋汤——这全是为了迎合华人食客的口味而安排的菜肴，游客吃起来非常爽快和顺口。毫不夸张地说，笔者参团游览了五大洲近 80 个国家，在美国吃的团餐最好，最让人感到满意和舒服，口感甚佳且营养极丰富。另外可能会有一些天的行程中只管早餐和一顿正餐，而另一顿正餐由游客自己解决，但这不是大问题，解决的方法很多，后边另有相关的内容介绍。

2. 🏨 住宿

住宿条件依游客的参团标准而异，豪华旅游团肯定住中、高档宾馆酒店，普通团肯定住普通宾馆酒店。不过再普通的酒店也能达到干净整洁的标准，这个环节没任何问题。让人感到新鲜和奇异的是美国很多酒店和宾馆都是木质的房屋结构，房间并不小，条件也不差，但就是整栋房屋的稳定性没有砖混结构那么结实稳定。许多时候您一跺脚，房屋就会颤动。再仔细观察，好像这样的房屋还很多。

3. 🚗 行车

旅途中一共有 5~6 次飞行，其余是公路行程。坐旅游大巴沿公路行进，车况路况均好，是高级享受。但是航班如果是乘美国航空公司的飞机，那空乘人员可不一定都是年轻貌美的"空中小姐"，服务态度也并不一定会"和蔼可亲"，这一点游客要有心理准备。这样的航班坐一两次您就会怀念中国民航了——空姐多年轻、多漂亮啊！服务是多么专业、多么规范、多么热情和温暖人心啊！乘坐中国航空公司的飞机，是我们的骄傲和幸运。这样说毫不夸张和过分，真的。

4. 👥 游览

此线由于加上了夏威夷，因此在美国的游程还算丰富，行程后半段看了加拿大东

部的主要景区，效果也不错。如果在按指定游程内容观光的同时，也适度地参与一些自费项目，那此行的游历和记忆，就会非常圆满和难忘了。

旅行家指导：如何在美国和加拿大玩得高兴开心？

1. 应选准旅游季节，每年的4~10月应为旅游佳季。美、加两国的东海岸比西海岸的气温要低，在11月至次年3月这段时间内，美、加两国的风光不是最佳状态，东海岸的景色更显惨淡。因此建议游人选择合适的季节前往。

美国洛杉矶星光大道美丽街景

2. 去美国的各团队线路行程有很大的差异，有的只去本土观光，有的除了去本土之外，还会带上夏威夷。笔者建议连本土带夏威夷一起游览，这样对美国的印象观感才会更全面和清晰。

3. 美国西海岸的圣地亚哥、洛杉矶以及拉斯维加斯风光都有不俗之处，会给游客带来美好经历和记忆。

4. 特别要提一下拉斯维加斯，城市风貌极具个性和特色——白天安静平和，晚间无比红火喧嚣、多彩多姿。建议您在白天简略游览市容，晚间再在特色街区做深度游，把那里的新奇尽收眼底。

5. 科罗拉多大峡谷和羚羊彩穴风光有个性，如果在适当季节前往，留下美妙观感不成问题。

6. 华盛顿虽然是首都，市区重要建筑物挺多，但高层建筑并不多，笔者认为它的总体城市风景谈不上华丽气派，游客对此应有心理准备。

7. 蒙特利尔的城市风光一般，但渥太华市中心以总督府为代表的建筑群非常好看，一定要在那好好拍风景照和人像纪念照，记录精彩瞬间并留下您的风姿倩影。

8. 如果是盛夏和金秋时节，加拿大千岛湖上的风景会很动人。即使需要自费登船游湖，那也建议您参与。湖面碧波万顷、礁岛秀丽迷人，看上去很有诗情画意。

9. 尼亚加拉大瀑布风光很壮美，从美国方向也就是南边观拍角度和光线更佳（从南往北拍摄光线更好，一天当中大部分时间是顺光），而从加拿大方向观拍大部分时间是逆光。看看您是否能创造条件抓住机会什么时候再来到瀑布美国的一侧，用最佳方式记录和展示"世界顶尖级巨型瀑布"的迷人风采。

10. 美国的优秀风光景区很多，足以支撑 13 日以上整个国家的深度游，建议您有时间参加这样的游览，把美国东西海岸以及中部的美景一网打尽。

11. 加拿大美丽动人的景区也是极多，建议您有机会也抽出 10 天左右的时间做一次加拿大全国范围内的深度游——大家对"枫叶之国"合适的观光季节有高度共识，那就是金秋时节风景最佳！

旅游常识·旅行家指导：如何顺利地获取美国签证？

美国签证，也就是人们常说的"美签"，只有获取了它，才能到美国观光旅游。在美签的有效期内持有者还会得到许多其他国家在出入境方面提供的便利——对有美签的人，一些国家可以允许其免签出入境。因此能否获取美国签证，对于欲在世界各地观光旅游的人来说，是件挺重要的事情。

较之其他国家来说，获取美签是件有难度的事，因为美国对将要入境的人会进行比较严格的审查，对于达不到相应要求和资质水准的人，美国是可能拒绝其入境的。因此如何顺利地拿到美签，这是件郑重的事，也算是一门知识和学问。下面笔者就根据自己的经历和观察体验，为各位介绍一点相关的常识、经验和技巧。

1. 最好通过旅行社来申请和办理美签，最好以去美国观光游览的理由来办——交纳费用给旅行社（一般是人民币 1000 元出头），社里的相关人员会帮助您做好一切准备工作：备齐相关的各种资料，填好各类表格，告诉您面试时应该注意的问题并为您提前预约好去美国使领馆面试的时间。这样能省去您许多麻烦。况且以参团去美国旅游的理由申办签证，能通过的概率和可能性会大得多。

2. 按正常的理论标准来衡量和阐述，可以认为美国大使馆或是领事馆对申领签证人的资格审查，

联合国总部大楼，矗立在纽约市中心，这座建筑内每天都要上演许多神奇的故事，激荡着五洲风云

是替自己的国家在把关。那合格标准大致是什么呢？笔者认为大致有三个条件：

A. 要有去美国的明确理由，并且要快去快回，不能做长期目的不明确的停留。尤其是不能接受去了那里就不想回国的人——"有移民倾向"的人，是美国最要严加防范和抵制的。

B. 要遵纪守法，不能危害美国的社会安全和稳定——以此衡量，有些有劣迹有犯罪历史或是不良记录的人，也通常被拒签。

C. 要有经济实力，能支付自己在美国逗留时的相关费用，不能给美国的社会增加负担和麻烦。

明白了上述 3 条标准，我们就知道应该如何准备相关的材料和说清自己的资质状况，以便获取美使领馆的审查和批准了。笔者认为要注意的事项也是三条：

A. 以参团旅行的方式和理由申领美签，目的明确（最好能说清要去哪些城市和景区）且日程期限清楚，能通过审查的可能性很高。

B. 自己没有违法犯罪的记录，这是必须的。否则通不过审查那不能怪别人只能怨自己。

C. 要有一定的经济实力——最好多提供相应的证据，比如房产证、有私家车的证明和银行的存款证明和流水账单——有定期的稳定的收入记录最好。这些旅行社都会提醒您一一准备好。备好相应的资料后，旅行社通常会有一个与您见面的程序，面对面地对您进行一些有关辅导，告诉您到领使馆面试时的注意事项。之后为您预约一个面试时间，到时您准时去使领馆就行了（这个预约的时间是可以调整和改变的，个人的感觉是一旦预约好了，那日期向后推迟可以，但是想提前，那基本没戏）。

笔者要做的相关提示是：

1. 要让旅行社给您预约一个比较好的面试时间，以上下午不早不晚的时间节点为宜——签证处刚上班或是马上就要下班的时候，是大家公认的"效果和结果很差的"时间段。

2. 面试官只能看清您的上半身，所以不必像有的人追求的那样要全身着豪装、脚蹬名牌皮鞋，但是您的面容要整洁，不要胡须老长或头发零乱，女士可以化淡妆。这并不是要去讨好谁，而是说面试的双方都要认真和郑重，要尊敬对方，这一点肯定是没有错的。

3. 要准备的材料必须全部携带并拿在手上，面试官有时需要您再提供一些资料和说明，您能马上递进窗口为好。否则一时找不到，再摸兜翻包，那就不好了。办什么事情，过程流畅是很重要的。否则一停顿、一忙乱，结果可能就不太好了。

4. 最后要补充的是：如果被拒签，平静礼貌地离开就行了，不要抗议不要争辩，因为效果会适得其反。

最后有两点关照

1.如果有过几次或者多次去往别的国家(尤其是相对发达的国家)的记录,再去申请美签,通过的可能性就会大一些;相反首次出国就去办理美签,拒签的可能性高。因为美国、加拿大、日本、澳大利亚等国家的观念和对入境者的审核方式及标准差不多,去过了其中几个国家后,美国的面试官可能就会对您显得宽松些、放心一些。因此想获取美签,最好先做些铺垫,先去世界上其他国家玩一玩,并按时返回,这样会让自己的游历更丰富,也会让自己的出入境记录多一些——良性的记录多了,自然会得到别人的信任。

2.世界各国人民之间没有根本意义上的矛盾和仇恨。个人认为大多数使领馆的面试官不会有意为难人,所以申请美签没有那么艰辛和恐怖,有正当理由的人绝大多数是可以通过的。再说目前国内的生活水平和其他方面的状况也挺好了,所以对于申请美签这个问题一是应该认真对待,二是完全可以顺其自然。您说是不是这样呢?

南美 5 国 16 日游

远涉重洋，壮游南美

30. 远涉重洋，壮游南美5国，13次飞行间的旅途故事多姿多彩

如果您已经游遍了五大洲、三大洋，看遍了世界上主要的旅游风光和名胜古迹，饱览了这颗美丽星球上的奇异和绚丽，又想在近期内为自己的行程画上精彩圆满的句号，那应该如何为这个美丽的过程安排一个辉煌的顶点，如何选取一段圆满的游历作为结束语呢？笔者建议您参加一次南美5国连线游，一口气把秘鲁、智利、阿根廷、巴西、乌拉圭的美景尽收眼底——那个地方距中国很远，与我们国内的风景区风格迥异、差别巨大，因此充满迷人的色彩很有新意和诱惑力。在那里，您可从空中俯瞰纳斯卡大地画的神奇和诡异，可以到深海领略鸟岛的新鲜和刺激，可以领略亚马孙河水的宽阔和浩荡，更能畅观伊瓜苏大瀑布的磅礴和大气——单说行程中经历的十余次飞行，从空中饱览南美大地的无边壮景这一丰富游历就足以让您印象深刻，永生难忘。如果能精心选择游程和线路，那还可以顺路浏览美国的名城迈阿密，大西洋沿岸的风光非常秀美；如果再能从阿根廷南端延续自己的探险之旅，那可在9天之内去南极洲打个来回，获得登峰造极般的美妙观感，没有任何问题。

下面我就为您介绍推荐这条经过精心筛选的黄金旅游线路：南美5国16日游，相

巴西里约热内卢耶稣山胜景

信您一定能从中获取美好的观感和启发。

☀ 当地气候

南美洲的最佳旅游季节是每年的 11 月到次年 4 月。巴西位于南半球，其季节与北半球相反。当地夏季是旅游旺季，如果想避开人潮和高温，4 月到 10 月是比较好的时间。智利旅游最好安排在每年的 10 月至次年的 4 月之间，此时南半球正处于夏秋交替时期，气候宜人，景色秀丽。阿根廷的最好季节是春季和秋季，滑雪者当然会选择在冬季前往安第斯山脉。

✈ 对外交通

中国有些大城市有航班同南美国家对飞，航程漫长，很费时间，且途中要经停或是转机才能到达。北京飞秘鲁应在美国转机，飞行约 22 小时甚至更长时间；北京飞巴西通常在欧洲经停或转机，航行时间 24 小时以上。

◎ 签证制度

去南美诸国旅游需要办理签证，手续很严格，尤其是阿根廷和巴西，程序很复杂。但是如果有美国签证，手续就会简化许多。建议先办好美国签证，再去南美就容易多了。

◷ 时差

南美诸国时间比北京时间慢 11—13 小时，视不同国家而异。

为您介绍此条线路的观光亮点和特点

1. 行程共 16 天，重点游览了南美洲的秘鲁、智利、阿根廷、乌拉圭、巴西 5 个国家，返程中还在美国迈阿密短暂停留观光并购物，总体观光效果是很好的。

2. 南美各国的风光类型与国内的主要景区反差很大，观后让人感到新奇而开心，这应该没有任何疑问。

3. 由于路程远、飞行跨度长且飞行次数多，此行成本较高。况且当地目前可参与的自费游览项目不太多，购物次数也很少，因此这些成本必然摊在每个游客应缴纳的团费上，每人约需 4 万元（甚至更高），比同等时间同等距离的其他出境旅游线路要贵许多，游客应有相应的心理准备和承受能力。

4. 此线适合已多次出国，游览过亚、非、欧等多个国家的游客——它的功能相当于"压轴戏"，为您的五大洲游览划上圆满的结束语。首次出国或首次做跨洲际长途旅行的游客，建议您考虑其他大洲的其他线路。

笔者对此条线路的总体观光指导

1. 16天时间里，游览了南美5国，除了游乌拉圭科洛尼亚小镇属于"打擦边球"外，其他4国观光效果尚好。

2. 在秘鲁，纳斯卡大地岩画和鸟岛，都是世界级的著名景观，给人印象极深。而首都利马城市中心的主要建筑景观您也看全了，没有明显遗憾。

3. 智利圣地亚哥市中心阿玛斯广场的代表性建筑您都观拍到了，还能登上圣母山看市区远景，游览内容也算丰富圆满。

4. 行程中对阿根廷首都布宜诺斯艾利斯的城市风光做了重点观光安排，这个环节没有明显遗漏。但是阿根廷国家挺大，还有一些景点（尤其是几个南部城市）本线路没有涉及，建议您另行安排，找合适的机会补上这个缺憾。

5. 别小看乌拉圭的科洛尼亚小镇，它的风光很好。再说去那里虽然只做了一日游，但等于您的游程中多了一个国家，总比少去一个国家要强因此应该感到欣喜。

6. 更好看的风光全在巴西——伊瓜苏的瀑布胜景、里约和圣保罗的城市风光、亚马孙河的豪迈壮阔，都足以让人印象深刻，甚至是拍案叫绝。就冲着巴西这几处美景，本线也算是物有所值。

7. 不要忽视返程中经过的美国迈阿密，它的滨海风情非常美丽，绝对能够陶醉人心。建议您好好安排一下，若是能把当天的购物时间用来观赏城市风光，则会喜出望外。

综上所述，笔者认为南美这条黄金旅游线除了成本较高外，其余全是优点，建议您认真考虑，一生中至少去一次，这样您的全球行才会不留遗憾，更显完整圆满。

旅行社公布的指定游程安排：南美5国16日游

第1天 北京→达拉斯→利马

酒店：飞机上　用餐：飞机上　交通：飞机

在北京首都机场集合，乘坐美国航空公司航班前往秘鲁首都利马，中途在美国达拉斯转机，次日早晨抵达。

第2天 利马→纳斯卡大地画→皮斯科

酒店：皮斯科当地四星级酒店　用餐：早、午、晚　交通：汽车

早餐后乘车前往机场，之后乘飞机观看纳斯卡大地画，飞行时间约4小时，沿途可观赏沙漠风光及太平洋滨海风情。然后在旅游机场换乘小型飞机到空中观赏世界神奇之迷的大地画（在空中盘旋飞行时间约1小时），映入眼帘的是错落在沙漠地上历经数千年风吹不散、雨淋不变的神秘几何动物图案，使人倍感新奇。这些大地画是公元400—650年在纳斯卡历史文明发展进程中创造和形成的，图案共有800多幅，分为三角形、长方形、菱形、平形四边表等多种形态和轮廓，充满令人不可思议的神奇美

感。而纳斯卡地画的成因之谜至今无人能解，它能吸引各国游客的就是巨大的神秘感。游览完毕后乘车前往皮斯科，晚餐后入住酒店休息。

第3天　皮斯科→利马

酒店：利马当地四星级酒店　用餐：早、午、晚　交通：汽车

早餐后乘车前往帕莱卡斯海狮岛码头，换乘游艇去鸟岛浏览。行船途中可观赏到号称世界神奇之谜的山间烛台奇观。鸟岛是一片挺立在深海中的奇礁怪岩，礁岩下还有石缝和洞穴，每当海涛涌过后，发出巨大的轰响，景色很壮观。游人抵达后可以见到数以万计的海鸟在海空间上下翻飞、群起群落的壮观场面，而海豹、海狮、企鹅等海兽也是随处可见，观光效果非常新奇诱人。

游客就是乘坐这样的小型飞机，去空中欣赏纳斯卡大地画

游艇需要根据当时海域情况决定是否可以出海，若因当天风浪较大不能出海，则此项目取消，费用为提前预付不可退。最后乘车返回利马（车程约4小时），晚餐后入住酒店休息。

第4天　利马→圣地亚哥

酒店：圣地亚哥当地四星级酒店　用餐：早、午　交通：飞机、汽车

酒店早餐后，在利马市区游览首都城市风光。首先去武器广场，也被称为马约尔广场。这个宽阔的广场是利马的城市中心，也是游览利马最理想的起始点。这座城市的大多数老建筑都在1746年的地震中被损坏，如今广场上唯一一座保持原状的建筑是广场中央的青铜喷泉，它建于1651年。在地震后，广场四周的建筑得以重建，如今这个广场已被联合国教科文组织列入世界遗产名录。除了大教堂以外，广场上还有大主教宫、欧多之家、总统府等建筑。在工作日的中午，您可以在总统府门口观看士兵换岗仪式。连接着武器广场与另一个圣马丁广场的是热闹的联合街。这条步行街两侧坐落着各式新老建筑，满是餐厅和商店。矗立在这条街上的圣母仁慈圣殿教堂，外景非常华丽美观。之后赴机场搭乘飞机飞往圣地亚哥。

第5天　圣地亚哥观光

酒店：圣地亚哥当地四星级酒店　交通：汽车

早餐后前往智利总统府参观，它们于圣地亚哥市中心。之后沿着阿玛斯广场可以看到西班牙风格的多座建筑，如中央邮局、历史博物馆、神圣主教堂等。之后去登攀智利首都的制高点圣母山。这座位于市中心东侧，将近70米高的小山丘曾是西班牙侵

略者为了抵御原住民而建的要塞,如今这里已找不到当年激烈斗争的痕迹,小山变成了一座安详宁静、草木茂盛的绿色公园。只有山顶上残留下的一座坚固的石造建筑遗址让人们想象当年惨烈的激战场面。在山顶上,还可环视圣地亚哥的城市远景。晚餐后返回酒店休息。

第6天 圣地亚哥→布宜诺斯艾利斯

  酒店:布宜当地四星级酒店 用餐:早、晚 交通:飞机、汽车

  上午搭乘飞机前往阿根廷首都布宜诺斯艾利斯,抵达后去参观世界三大剧院之一的科隆大剧院。科隆大剧院与美国纽约的大都会歌剧院和意大利米兰斯卡拉歌剧院齐名,它位于阿根廷首都布宜诺斯艾利斯市中心,建筑风格雍容典雅,既显出文艺复兴时期意大利的建筑风格,又具有德国建筑宏伟坚固和法国建筑装饰优美的特征,外观非常美丽动人。歌剧院的内部装饰非常华美,金碧辉煌,色调美观,可容纳2500余名观众。著名声乐家如帕瓦罗蒂、多明戈都曾在剧院此演出过。晚餐后入住酒店休息。

第7天 布宜诺斯艾利斯→科洛尼亚→布宜诺斯艾利斯

  酒店:布宜诺斯艾利斯当地四星级酒店 用餐:早、午、晚 交通:汽车

  早餐后前往港口,搭乘游轮前往拉普拉塔河对岸的乌拉圭古镇科洛尼亚,途中穿越世界上最宽的内河——拉普拉塔河(船程约1小时15分)。之后登陆对岸码头,办理出关手续后,步行前往圣卡洛斯古城区。这座古城是葡萄牙殖民者在1680年建于拉普拉塔河,如今仍然随处可见残断的城墙和林立的古炮筒,许多历史遗迹景观至今保存尚好,可供今人观览。在小镇的高处,晚可望见布宜诺斯艾利斯城市闪烁的灯火。之后参观圣贝尼托教堂、巴伦西亚科技大学旧址、古斗牛竞技场、古码头、总督府旧址、德尔萨克拉古城门等古迹名景。

乌拉圭科洛尼亚古镇上的灯塔,游人可登塔观光,一览城区美景

也可登上老科洛尼亚灯塔,眺望阿乌两国交界的河口风光。之后搭乘游轮返回布宜诺斯艾利斯,晚餐后返回酒店休息。

  如遇当天海面风浪较大,不能乘船前往乌拉圭,旅行社将改为布宜诺斯艾利斯古农庄一日游览,所发生费用不退还。

第8天 布宜诺斯艾利斯→伊瓜苏

  酒店:伊瓜苏当地四星级酒店 用餐:早、晚 交通:汽车、飞机

早餐后车览七月九日大道和方尖碑，它们都是布宜诺斯艾利斯最重要的城市标志性景观。七月九日大道是市区的中心干道，亦被公认是全世界最宽的道路。方尖碑高67.5米，于1936年竣工，它是庆祝布宜诺斯艾利斯市建成400周年而兴建的。其碑体洁白，颇具高雅圣洁的动人美感。五月广场坐落在布宜诺斯艾利斯最早的市中心地区，周围有不同历史时期的多座建筑。其中粉红色外墙的玫瑰宫（也就是总统府）、自由女神像、五月革命历史博物馆和市政厅及新古典派风格的布宜诺斯艾利斯大教堂等都颇具观光价值。之后搭乘航班前往伊瓜苏，抵达后导游接机办理过境手续，晚餐后入住酒店休息。

第9天　伊瓜苏→里约热内卢

酒店：里约当地四星级酒店　用餐：早、午、晚　交通：飞机、汽车

早餐后游览伊瓜苏大瀑布，这座世界上跨度最大的瀑布隐藏在密林之中。游客将穿过林间观光路抵达瀑布正面，去揭开她的神秘面纱。其实在走近瀑布之前就可以听到隆隆的巨大水流声了。瀑布总宽度达到4000米，高约82米，由275个子瀑布组成，且水量异常充沛，景色非常壮观，用"水雾弥漫、涛声震天"8个字来形容毫不过分。该瀑布于1984年被列入世界自然遗产名录，2011年被评为世界新七大自然奇观之一，您可在此留下永生难忘的美好观感。观瀑之余也别忽视了身边的各种小生灵，"8"字蝴蝶也许会突然落在您的手臂和肩膀上，从树林里钻出来的小浣熊是出来觅食的，它非常愿意和您合影留念。下午搭乘航班前往里约热内卢，晚餐后入住酒店休息。

第10天　里约热内卢观光

酒店：里约当地四星级酒店　用餐：早、午、晚　交通：汽车

早上登耶稣山，这是在里约热内卢市区的任何一个地方都可以仰望到的圣山。该山山高710米，山顶屹立着一尊巨型耶稣雕像，身高30米，重达1145吨，是为巴西独立运动成功而兴建的，它仿佛是一个巨大的白色十字架悬浮在空中，守护着里约城市。站在耶稣山上，可与耶稣伸手像合影留念，也可向下俯视看到整个海湾。海面上银色的波光不停地闪烁与蓝色的海水相映衬，画面充满动感。连绵不断的大大小小的山丘屹立海上宛如千岛湖一般。远处那绵长的跨海大桥，如长虹卧波，将两片城区连接起来。大海边、山谷间，高大气派的高层建筑和外观别致的别墅群鳞次栉比、交映生辉。这座美洲最漂亮的城市，给人的美感非常强烈。太阳落山之前，我们乘坐缆车登上面包山，余晖之下，对面耶稣山上的耶稣像发出耀眼光芒，给人强烈震撼。华灯初上之时，站在山顶的每一个角落，都能看到不同的城市夜景。晚餐品尝巴西烤肉，鲜嫩多汁的巴西烤肉，会再为您提供一次味觉享受。之后返回酒店休息。

第11天　里约热内卢→圣保罗

酒店：圣保罗当地四星酒店　用餐：早、晚　交通：飞机、汽车

上午搭乘航班前往圣保罗，抵达后游览州议会附近的开拓者雕像和护法英雄纪念碑，观拍圣保罗特色景点蝙蝠侠胡同。该胡同为维拉马达莱纳区深处的一条数百米小巷，巷子从地面到墙上的每一寸都布满五颜六色的涂鸦，如果想要感受一下浓郁的南美色彩，那就应该把这条巷子作为起始点。之后观览圣保罗大剧院、圣保罗大教堂、十八世纪皇宫花园、皇宫博物馆、圣保罗独立广场、巴西独立纪念碑、拉美议会大厦和拉美民俗展馆（亦称为拉美纪念馆）等特色建筑景观。

第 12 天 圣保罗→玛瑙斯

酒店：玛瑙斯当地特色酒店 用餐：早晚   交通：飞机、汽车

早餐后前往机场，乘机飞往玛瑙斯，这个城市就在亚马孙河河边。抵达后到亚马孙河畔观看当地一个有名的农贸市场，在这里您能看到当地的各种水果和蔬菜还有手工制作的服装和用品。之后欣赏百年大剧院又称为亚马逊剧院的外观，它是市区的标志性景点。伴随着落日余晖您将进入晚餐时间，之后入住酒店休息。

第 13 天 玛瑙斯→迈阿密

酒店：飞机上 用餐：早、午、晚   交通：飞机、汽车、游船

早餐后乘船游览亚马孙河。

亚马孙河的清晨安静恬美，即使天空有云，但强烈的阳光还是会穿过云层倾泻到河面，河上的水波反射着七色的太阳光，蓝色、红色、黄色、绿色、紫色……甚是好看。

亚马孙河河长 6400 千米，是世界第一长河，它的水流量则稳居世界第一。该河共有 1.5 万条支流，流域面积几乎与澳

乘游艇飞驰在亚马孙河上

大利亚的国土面积相等。河区景色非常辽阔壮观，动人心魄。

游船航行在亚马孙河上，两岸风光无限。船行途中会见到世界上最大最长的水上浮动码头，全长 1313 米。亚马孙河上游由黑河和索利芒斯河组成，索河河水为黄色，黑河河水为浓咖啡色，因密度、流速不同，两种河水在交汇处形成了长达数十千米、互不相融的黑黄交汇的河景奇观，此景被人们称为"大河婚礼"。之后我们继续航行进入亚马孙雨林中，如果运气好，您会看到亚马孙河流中独有的粉色海豚，另外巨大的帝王莲植物平铺在宽阔的河面上，形态也很好看。丛林中的土著人依然保留着原始的生活习惯，他们会为游客奉上民族歌舞表演。在亚马孙雨林中用午餐，菜品主要是

金龙鱼、银龙鱼、食人鱼等各种鱼类和海鲜，又称全鱼宴。饭后继续在雨林深处行船，看河上景观。黄昏时游览完毕上岸享用晚餐，之后前往机场搭乘航班飞往迈阿密，于次日早晨抵达。

第 14 天 迈阿密观光

酒店：迈阿密当地三星级酒店　用餐：午、晚　交通：汽车

抵达迈阿密后前往小哈瓦那街区，感受迈阿密的拉丁美洲风情。这里是古巴等中南美洲移民聚集地，主要观光内容有参观街景、看古巴手工雪茄店、选购闻名于世的古巴雪茄烟等。之后前往海滨著名的南沙滩景区，那里有 20 世纪 30 年代以来建造的上百座风格各异的古老建筑，范思哲故居是其中的佼佼者。南沙滩景区沙滩辽阔、棕榈林茂密，海景很迷人，亦是迈阿密的休闲度假胜境。午餐后赴苏格拉斯品牌折扣城，这里是美国规模最大的奥特莱斯和其他众多零售商的聚集区，各类高端设计师品牌店应有尽有，您可在此畅享购物的乐趣，之后返回酒店休息。为了给您充足的购物时间，晚餐敬请自理。

第 15 天 迈阿密→芝加哥→北京

酒店：飞机上　用餐：飞机　交通：飞机

早上前往机场搭乘航班经芝加哥转机，飞回北京。

第 16 天 回到北京

抵达北京，结束愉快的南美之旅。

笔者对每天具体游程做出的观光指导和提示

第 1 天 北京→达拉斯→利马

乘班机经美国去秘鲁首都利马。行程很漫长，出发前一定要休息好，要按指定时间到达机场，协助领队导游做好出发前的一切准备。领登机牌时一定要申请一个靠窗的座位（两段飞行都靠窗最好），便于旅游中好好休息，养精蓄锐。

第 2 天 利马→纳斯卡大地画→皮斯科

乘小型飞机在空中观赏纳斯卡大地画，图案很奇异，视野很开阔，观光效果很好，是高级享受。但是为了让游客在空中从不同的角度看清大地画的图案，飞机会反复地"画 8 字形态"飞行，左右盘旋，上下翻飞，带来的不良后果是可能让人晕机和呕吐，所以游客登机前不要吃过量食品，不要大量饮水，以免造成身体和肠胃的不适。观光途中不要在机舱中胡乱走动，在自己座位旁的机窗前观景即可，机长一定会让机舱两侧的游客都看清大地上的奇观妙景。

第 3 天 皮斯科→利马

从帕劳卡斯码头上快艇，去海上看鸟岛奇观，非常惊险刺激——不光海鸟多、飞

乘船去秘鲁鸟岛观光

起来遮天蔽日，还有大量海豹、海狮能与人几乎是零距离的接触，观光效果绝对能让您喜出望外——但是海上气温低，快艇行驶时风很大，因此请注意穿衣戴帽保温保暖。还有海岛海礁间有时有涌浪，游船会上下颠簸，游客请注意系好安全带，否则掉下海去是什么结局就不好说了。

第4天 利马→圣地亚哥

参观秘鲁首都市区，中心是马约尔广场。代表性建筑主要有青铜喷泉、大主教宫、欧多之家、总统府等，旁边的圣马丁广场旁也有不少特色建筑，仔细观览拍摄即可。

第5天 圣地亚哥观光

上午参观智利首都圣地亚哥——市中心的观光亮点主要是阿马斯广场周边的总统府、中央邮局、历史邮局、历史博物馆、神圣主教堂等。它们的外观造型都不错，适合拍风景照和人像纪念照。之后在圣母山上看到的城市远景也挺动人。

第6天 圣地亚哥→布宜诺斯艾利斯

飞往阿根廷首都布宜诺斯艾利斯。抵达后观科隆大剧院，它的内景外观都很好。晚上如有时间，应该走出酒店，好好看看七月九日大道上的美丽夜色，方尖碑的夜景也很动人。

第7天 布宜诺斯艾利斯→科洛尼亚→布宜诺斯艾利斯

从布宜诺斯艾利斯出发，乘船去乌拉圭的科洛尼亚古镇，全天游览这个古镇——

这是在乌拉圭境内的唯一一天的观光游览，一定要好好珍惜，中午还能品尝一顿烤肉大餐。古镇上的古建筑不少，按行程介绍的内容观览就行。但笔者要提醒各位的是，一定要关注镇中心的老科洛尼亚灯塔，它是观光大亮点——以它为背景拍人像纪念照很有意义，是您到过乌拉圭的绝好证明。登上塔顶，阿、乌两国边界界河上风光会尽收眼底。下午返回布宜诺斯艾利斯。

伊瓜苏大瀑布壮景

第8天 布宜诺斯艾利斯→伊瓜苏

上午游览布宜诺斯艾利斯市中心的城市景观——七月九日大道、方尖碑、五月广场、阿根廷首都最有名的标志性建筑全在观光范围内。注意一定要以方尖碑和五月广场上的玫瑰宫为背景拍照留念，极有纪念意义。下午乘飞机去伊瓜苏。

第9天 伊瓜苏→里约热内卢

从早晨到午后，一直在伊瓜苏大瀑布观光——这个瀑布的场面非常壮观，绝对能震撼人心！请注意，刚走下旅游车进入景区后即可看到瀑布景观，但这里的瀑布只是"子瀑布"，比景区中心位置的"主瀑布"水平差的远，没必要在这儿拍照，纯粹是耽误时间。要尽快向里走，走到瀑布的核心部位（步行至少要20分钟时间），在这里，您才能真正看到令人终身难以忘怀且激动人心的飞瀑壮景。

下午乘飞机离开伊瓜苏去里约热内卢，飞机起飞后能在空中见到伊瓜苏瀑布的全景，请留意观看。

第10天 里约热内卢观光

全天在里约热内卢观光，最佳观光点在耶稣山和面包山两座山的山巅。本日不用提示观光要点，因为全天经过的地方都是观光要点——里约热内卢被称为"世界上最美的海滨城市"，这可真是名不虚传——山怀抱着水、水依偎着山，山水相间形成了浑然天成而又无比柔美自然的妙景奇观。好好拍摄视频和图片，这有可能成为您一生中最珍贵的旅游风光纪念。

第11天 里约热内卢→圣保罗

上午从里约飞往圣保罗，午后开始游览。圣保罗是巴西最大的城市，景观主要有开拓者雕像、护法英雄纪念碑、蝙蝠侠胡同、拉美纪念展馆、皇宫博物馆、圣保罗大剧院等，都是个性鲜明而独特的超级观光亮点，请详细观拍，记录它们的美丽外观和丰富内涵。

第 12 天 圣保罗→玛瑙斯

　　离开圣保罗，飞往玛瑙斯。玛瑙斯是巴西北部城市，坐落在著名的亚马孙河河滨。到这里来主要是为观览亚马孙河的风光——但是本日只是在河边预览，明天才会乘船到河上开心游乐。本日的另一个观光内容是参观当地著名建筑歌剧院的外景，这个剧院正面和背面都好看，适合拍人像纪念照。

第 13 天 玛瑙斯→迈阿密

　　从早晨到黄昏，用大半天的时间乘船游览亚马孙河——世界第二长河的风光无比壮阔而迷人，会使您在观光时间中都会处于极度兴奋的状态。游毕亚马孙河干流，还会进入支流，观看热带雨林奇观，这里还有土著人的歌舞表演。黄昏时上岸。本日有个美食项目是品尝全鱼宴，时间或在中午或在晚上，反正是高级享受，相信会给您留下很深的印象。

　　晚上离开玛瑙斯，飞往美国迈阿密。

第 14 天 迈阿密观光

　　早晨抵达迈阿密，先游览小哈瓦那街区，再观览当地名景金沙滩——沙滩辽阔、海景壮丽，风光很迷人。有纪念意义的摄影地点是范思哲名人故居。午餐后会专门安排很长的购物时间，到美国最大的奥特莱斯购物中心选购各类名牌商品。

布宜诺斯艾利斯七月九日大道迷人夜色

第 15 天　迈阿密→芝加哥→北京

从迈阿密登机，经芝加哥转机，飞离美国。

第 16 天　回到北京

抵达北京，游览圆满结束。

关于此线餐饮、住宿、行车、游览、购物、娱乐各个环节的具体说明和指导

1. 🍲 餐饮

早餐都是在住宿的宾馆酒店中吃。正餐中有中餐也有当地风味餐，当地风味餐虽然不太合中国人的口味，但餐标不低，营养充足，满足游客出行中的体力需求。中餐大都是到当地华人开的中餐馆中去吃，8~10 人一桌，菜品较丰富——至少是八菜一汤，在巴西还有十菜一汤甚至是十四菜一汤的时候。另外，巴西不太缺水，所以这里的渔业资源丰富，餐桌上经常出现名贵的鱼——比如金龙鱼、银龙鱼，在国内都是名贵的观赏鱼类，卖到上千元一条都有可能，可在这里，居然能让人像鲤鱼、草鱼一样炖熟后就给吃了——有时候一餐中竟然会上好几道鱼菜，让人大饱口福。总之与去其他国家其他线路的团队相比，南美 5 国这个旅行团伙食很棒，您开心享用就是了。

2. 🏨 住宿

旅途中住的酒店一般是当地四星标准，在美国短暂过境时住的是三星级标准。国外酒店的评星标准比国内略低，因此，各位就理解为全程住三星级酒店好了——客房里条件尚好，干净整洁。

3. 🚌 行车

从国内去南美的途中，会有长距离的飞行，可能接近或超过 20 个小时，有点辛苦，大家要有思想准备。在南美各个国家甚至是各个城市间行进的时候，也经常会采用飞行的方式。这一趟行程走下来，居然飞行了 13 次，创造了全球各条跨国旅游线路的飞行次数之最。这是南美的国家地域辽阔和国土面积很大造成的，大家接受这个现实就行，不要怕麻烦，再说飞行次数多在空中看到的美景也多，这不是什么坏事。

此外南美各国提供的旅游车车况也还行，路况也说得过去，游客不会感到明显的不适应和不舒服。

4. 👤 游览

16 天游览了南美 5 个国家，返程中还会在美国迈阿密短暂停留，旅行收获挺丰富的——当然这只是游览了各国有代表性的主要景区，而不是全方位的深度游。但是首次去南美，游玩到这个程度还是挺不错的。所以笔者认为这条线路的观光效果很好，总体上说完全是物有所值，因此希望各位踊跃参与。至于此行中没有涉及的一些著名景点，比如阿根廷的火地岛、乌斯怀亚等等，大家可以另选时间前去——上述两地可

以在乘坐南极游轮时一并观赏。

旅行家指导：如何在南美 5 国玩得高兴开心？

1. 从空中俯瞰纳斯卡大地画时，应于起飞前在机场的候机厅里仔细观看有关的文图介绍，并记清每幅大地画的名称和图案，这样心中有数了，再去空中一一对号，更能获取清晰明确的观感。

2. 在秘鲁鸟岛观光时，能与海狮海豹零距离接触，有时离趴在礁石上的它们只有一两米远，请记住既要拍照片又应拍视频，这样画面会更生动完整和美观。

3. 秘鲁利马圣马丁广场上的圣马丁将军雕像是拍人像纪念照的绝好地点。

4. 智利圣地亚哥市中心的武器广场亦是拍摄人像纪念照的绝佳地点。

圣地亚哥城市广场一角

5. 阿根廷首都布宜诺斯艾利斯市中心的七月九日大道非常宽阔，个人感觉比北京的长安街还要气派和宽坦。矗立在大道中段共和国广场的方尖碑高 67.5 米，挺拔壮观，是观光亮点，在这拍风景和人像纪念照白天和晚上皆美，请予重点关注。

6. 伊瓜苏大瀑布是南美最大的瀑布，也是世界五大名瀑之一，亦被称为"南美第一奇观"。它的总宽度近 4000 米，是由多个宽度不一的子瀑布组成的庞大瀑布群，与壮美的尼亚加拉大瀑布有异曲同工之美，但画面更显灵活多变。这里观光的人很多很拥挤，您一定要有耐心，要随着人流一步一步向前走，一直走到观光栈桥的尽头，在这里观瀑，收获的感受会让您永生难忘。

7. 里约热内卢是世界上最美的海滨城市之一，美就美在这里有山有水、山水相间并且山光水色融合得很好、很自然。个人认为里约的风光比我国的三亚要略胜一筹——登上耶稣山顶，您一定会发出由衷赞叹。但是光有美景还不够，观拍美景需要好的天气和光线——祝您有好运，祝您在里约停留时赶上一个大晴天。

8.巴西的亚马孙河很辽阔、很壮观，其水色的青绿程度和水量的充沛程度远超我国的长江和黄河，能看到这么气势磅礴的大河是每个游客的幸运。注意拍好河上各式快艇飞驰而过的画面，颇具生动美感。

9.迈阿密是座美丽的城市，大西洋海上的风光非常动人。请您开动脑筋，利用好这短短一天的过境游时间，获取最佳观感。我个人的意见是应该把下午购物的时间用来去海边游览。当然如何与导游或是领队交涉，获得他们的批准，这个环节很关键，就看您的口才如何了。应该好好找点理由和借口，再把语言组织和安排一下，只要领队和导游一松口，同意开绿灯，那您在迈阿密这天下午的行程和经历，定会成为终身难忘的美好纪念。

关于本线旅游的补充提示

现在国内各旅行社推出的南美游线路挺多，游览天数和收费标准差别很大。本文推荐的线路重点突出、游览内容丰富但收费相对不贵，16日游团费约需38000元左右，性价比绝佳。还有一些时间更长的线路，比如笔者见过24天左右的南美游，收费60000元左右（甚至更高），时间充裕而又经济条件好的游客尽可关注这样的超长线路。

以上说的团费价格是疫情前的正常收费标准。疫情结束后，境外观光恢复开放，大多数线路的价格都恢复到了正常状态，但也有价格虚高没有降下来的，南美的团队就属于这类情况。别着急，等一等，相信不久后，参团费用会回落到正常的价位。

旅行家指导：如何在长途飞行中获取舒适的感觉并观拍好机窗外的风光？

长途飞行是每个想要远行的游客必须经历的环节，有时这个过程会长达10余小时甚至更长的时间——在飞行途中是否能吃好睡好过得舒服一些，对于每位乘客来说都至关重要。笔者在这里说说自己的体会，期待与大家相互学习和交流。

笔者建议您一定要申领一个靠窗的座位——这样安静、舒服，没人打扰，便于休息和观赏窗外的美丽风光——坐在紧邻过道的座位很麻烦，乘务员会在过道中走来走去，送食品饮料还要处理其他事情；而乘客也要去洗手间或是有其他方面的需求——机舱内的过道那么窄，路过的人那么多，您能睡得香甜和待得安稳吗？睡觉轻或是睡眠质量差的人，坐在靠过道的位置上，有可能会彻夜不眠，真是让人心情郁闷，甚至是痛苦万分。坐在中间的位置更是麻烦，左边有人右边也有人，只有左右两边的人都安静地一动不动，您才能坐得安稳、睡得深沉，但这不太可能。

所以长途跨洲际飞行尤其是坐"红眼航班"，最重要的事情就是申领一个靠窗的座位（现在许多航班都开通了线上选座和值机）。既能休息好，天亮时还能观拍窗外的风景——云海奇观很迷人，地面上的山川、田野、河流也是千姿百态引人入胜。只要您的座位靠窗，就可以尽情享受这一切，何乐而不为呢？

作者的话
——说说我的旅游经历，说说我编写创作的旅游图书

我是从 20 世纪 90 年代中后期开始在华夏大地上尽情邀游、开心享乐的，一晃已经有二十多年时间了。我在 1998 年写出那本《跟我游中国》，又在 2004 年推出了第 1 版《自助游中国》（这本书很畅销，一共出了 11 个版本），一晃也有二十多年的时间了。现在我把这本能引导大家玩转世界的旅游指南书奉献给各位读者朋友，希望能给大家带来便利和欢欣。

在过去的二十多年间，我一直在开心愉快地做着两件事，一件是旅游，另一件是写书。

旅游这件事真好——且不说能见到多少名山大川和壮观美景，单说这种生活和享受方式就令人感到万般开心和幸福——因为人在旅途中会感觉不单调、不沉闷、不枯燥、不重复，每天都有新发现、每天都能活出新内容——这真是人世间美妙的享受。

编写创作旅游图书更是令人快活开心的事。因为我可以把自己在旅途中的所见、所闻、所想写进书中介绍给广大读者，为他们提供出行指导和导游服务——这样就把我个人的经历和快乐变成了对大家的贡献和帮助，这事想起来做起来真的乐趣无穷。我最开心的事是收到读者的电话和短信，告诉我他们看了我的书后得到了出行方面的帮助和指导，从而玩得更省钱、更开心。这一刻我感到自己真是一个幸福的人，因为我能够帮别人做事、为读者服务，我感到了自己辛勤忙碌的意义和价值。

希望今后有更多的朋友继续做上面的两件开心事，让我们一起快乐同行——中国玩遍了还有神奇诱人的国外、国外玩遍了还有气象万千的外星球。开心探索游乐之旅与时俱进，其中的快乐也将始终伴随我们，年复一年，未有穷期！

鲍威

2024 年 12 月 3 日

责任编辑：王欣艳　石赜睿
责任印制：冯冬青
封面设计：树　蕙

图书在版编目（CIP）数据

两年玩转世界．跟团篇 / 鲍威著．-- 北京：中国
旅游出版社，2025. 1. -- ISBN 978-7-5032-7446-6

Ⅰ. K919

中国国家版本馆 CIP 数据核字第 2024E36134 号

书　　名：两年玩转世界　跟团篇

作　　者：鲍威　著
出版发行：中国旅游出版社
　　　　　（北京静安东里 6 号　邮编：100028）
　　　　　https://www.cttp.net.cn　E-mail: cttp@mct.gov.cn
　　　　　营销中心电话：010-57377103，010-57377106
　　　　　读者服务部电话：010-57377107
排　　版：北京艺品佳文化有限公司
印　　刷：三河市灵山芝兰印刷有限公司
版　　次：2025 年 1 月第 1 版 2025 年 1 月第 1 次印刷
开　　本：889 毫米 ×1194 毫米 1/32
印　　张：11.5
字　　数：453 千
定　　价：59.80 元
ＩＳＢＮ　978-7-5032-7446-6